金融级
IT架构

数字银行的
云原生架构解密

网商银行技术编委会 / 主编

电子工业出版社
Publishing House of Electronics Industry
北京·BEIJING

内 容 简 介

《金融级 IT 架构：数字银行的云原生架构解密》介绍了网商银行成立至今的 IT 技术架构演进路线，涵盖了分布式、单元化、弹性混合云、云原生多个基础架构领域，同时介绍了技术风险、安全可信、业务架构等多方面的技术实践经验，我们希望和读者分享网商银行在金融级 IT 技术上做的独特探索，跟大家探讨数字化时代金融级 IT 架构的发展方向。

本书作者是网商银行核心架构师，深度参与了相关技术方案从前期设计到后期投产的完整过程，内容新且权威。本书以网商银行自身技术实践为主线展开，讲述的内容代表了领先的技术方向，相关技术经过了真实的生产环境锤炼，包含了网商银行技术团队独到的实践经验，书中阐述的核心技术荣获中国人民银行颁发的 2019 年度"银行科技发展奖"二等奖。

本书填补了市场空白，契合当前银行业分布式架构转型趋势，对打造金融级分布式架构具有借鉴意义，相关技术经过了大规模的生产环境验证，在分布式架构领域具有领先水平，适合从事分布式、云原生架构建设，以及金融级高并发、高可靠、高容量系统打造的金融 IT 从业者，或对此有兴趣的读者。

未经许可，不得以任何方式复制或抄袭本书之部分或全部内容。
版权所有，侵权必究。

图书在版编目（CIP）数据

金融级 IT 架构：数字银行的云原生架构解密 / 网商银行技术编委会主编. —北京：电子工业出版社，2021.7
ISBN 978-7-121-41425-1

Ⅰ.①金… Ⅱ.①网… Ⅲ.①数字技术－应用－银行业务－研究－中国 Ⅳ.①F832.29

中国版本图书馆 CIP 数据核字（2021）第 130849 号

责任编辑：张彦红
印　　刷：北京捷迅佳彩印刷有限公司
装　　订：北京捷迅佳彩印刷有限公司
出版发行：电子工业出版社
　　　　　北京市海淀区万寿路 173 信箱　　邮编：100036
开　　本：720×1000　1/16　印张：27　字数：483 千字
版　　次：2021 年 7 月第 1 版
印　　次：2024 年 12 月第 7 次印刷
定　　价：109.00 元

凡所购买电子工业出版社图书有缺损问题，请向购买书店调换。若书店售缺，请与本社发行部联系，联系及邮购电话：(010) 88254888，88258888。
质量投诉请发邮件至 zlts@phei.com.cn，盗版侵权举报请发邮件至 dbqq@phei.com.cn。
本书咨询联系方式：(010) 51260888-819，faq@phei.com.cn。

编委会

唐家才、高嵩、余锋、蒋易民、王恒、胡泉、张园超、周健涌、任健钱、于永恒

撰 写

蒋易民、王恒、胡泉、于永恒、蒋维杰、杨祥合、阚广稳、杨祥东、王百峰、姜辽、谭翔、赵峰、张园超、吴飞飞、王骞、孔令河、陈遥、邱崇飞、李恒、周健涌、高帅、杨蛟、任健钱、袁正海、侯天怡

鸣 谢

金晓龙、溥琳、宋必果、高云、王大海、左依婷、徐婷、王琼玥、王晓航、杨冰、何征宇、陈亮、王维、韦韬、黄挺、王乐、张晓霞、陈劲松、郑波、沈孝栋、江浩、雍迪、刘恭亮、周杰、许玉勤、邓翔、邹志鹏、姚伟斌、伍瑞平、钟流、徐万青、韩冰、张海涛、周仁丹、马晓航、林水镜、张岱、张化仁、陈磊、朱震宇、周宇、柴昊天、吕晨晨、王潘安、林巍伟、孙巍、范彬、汪正、麦士杰、刘斌、谢世明、高洪晶、王洪泽、夏龙、王钊、姚伟杰、曹书豪、张鸿、赵新鹏、张富、吕伟、徐乾、张东明、赵震、吕博、刘琦、宋树龙、刘顺、马腾飞、黄秀娟、王磊、程许友、王子剑、杨海悌、毛小云、李峰、尹井峰、周智颖、季冬伟、宋顺、石建伟、李唯、郑志祺、邵俊雄、罗中惠、岳明亮、楼磊磊、张乐、黄龙超、杜宏伟、吴克柱、林鑫、韩旭、杨冠超、夏鸿杰、章耿、周营、叶青、王斌、丁云翔、李振宇、李洋、李治玮、周登朋、盛延敏、胡志凯、肖祎、王成昌、吴珂、卢斌、谭雅翔、曲志兵、王召京、何吉根、刘煜、陈喜、仲光明、周志浩、李超、史培培、卢飞、师婷婷、弓子介、于瀚凇、师文汇、田启杰、潘海龙、詹杭悦、奚亮亮、程广、庄晓丹、陈真、吴成辉、王宇、李婷婷、谭国涛、汪永勤、张永、张亮、郭钇汝、崔晓旻、时晖、倪波、王志强、席江平、祝贵可、吴晗、陈文鸿、梅大卫、洪亮、冯士恒、林鹏、欧小梅、邱占波、何淦、任卫东、潘振昊、柴静宇、王昌帅、贾朝阳、管维刚、李鹏、陈传义、王伟伟、梁建冬、王泽睿、徐新明

作者简介

基础技术架构部

致力于通过分布式架构、云计算、大数据、AI等技术构建数字化银行技术底盘，从同城容灾到异地容灾，从"两地三中心"到"三地五中心"，从"单

元化异地多活"到混合云弹性架构再到云原生架构,从日常技术疑难杂症处理到容灾演练、应急响应、新数据中心建设、技术架构升级换代都能看见他们的身影,为全行业务发展构建大容量、高可靠、低成本、合规、高效、智能的基础技术底盘,探索前沿技术方向,与同行开展技术交流。

信息安全部

负责网商银行的信息安全,涵盖基础设施安全、应用安全、数据安全、威胁感知、红蓝演练、安全自动化/智能化等方向。团队成员均是各领域安全专家,在红蓝攻防、威胁情报、零信任、可信计算、隐私计算等领域有较多研究,致力于通过创新安全技术守护用户的数据与资金安全。未来愿景是让网商银行成为全球最安全可信的银行,探索数字银行安全的最佳实践,助力银行业数字化转型。

业务架构部

负责网商银行所有金融产品和商业模式在企业级架构层面的顶层设计,同时也是网商银行中后台系统的核心建设者。团队成员负责全行信息标准制定、企业级架构治理,同时带领技术团队负责产品中台、财务计量工具、财务核算、管理会计、金融同业、智能资产负债管理等多领域多平台的研发落地。团队成员拥有传统大行、互联网金融企业等的从业经历,具备丰富的金融领域业务经验和深度解决方案的设计能力,擅长以创新型技术、平台化理念和智能化思想站在企业级视角,解决全局性的业务与技术难题。未来整个团队期望在普惠金融、数字化银行、交易银行等创新业务场景下再创佳绩。

SRE 团队

主要负责网商银行的运维及高可用、资金安全能力建设,围绕变更风险防控、线上故障的快速发现、定位、自愈,日常风险发现等平台能力,期望打造一套基于分布式架构的高可用、资金安全的技术风险防控平台,并通过持续运营,提升网商银行的可持续服务能力,助力网商业务发展。

质量与技术风险部

负责建立和持续完善网商银行的产品研发运维体系,构建可靠、安全的生产机制,建立从产品立项到产品需求、系统设计、系统编码、系统测试、系统发布,再到产品试运行及推广、持续监督运营与优化,最后到产品下线的全生命周期的规范、科学的产品研发流程。致力于革新传统测试手段,沉淀风险技术能力,通过数据化积累和智能化实践提效降本。未来愿景是打造网商银行金融级安全底盘,保持持续稳定和安全,并建立一支业务精湛、技术一流、使命必达的质量与技术风险团队。

前　言

当前，伴随着移动互联网的不断发展、智能设备的不断普及，人类社会正在加速迈入以开放、共享、协作、智能为特征的数字化时代，以云计算、大数据、人工智能、区块链、物联网、5G、虚拟现实等为代表的新一代信息技术蓬勃发展，正以前所未有的速度和力量，改变着人类社会的生产方式和人们的生活方式，推动着商业模式与技术的深度融合，科技作为第一生产力得到了进一步强化和发展，推动着全球社会形态、生产关系、经济格局和竞争态势发生深层次的变革。

在数字化时代，数据不仅变得越来越庞大，而且也更具多样性，价值也越来越大，数据已成为驱动新经济发展的"石油"，数据的重要性得到越来越多的共识。海量的数据中蕴藏着无限商机，洞悉数据未来，对数据进行有效的获取、合理的分析和妥善高效的利用，企业将获得更多的发展契机，形成竞争力，从而占领市场先机。国际数据公司（International Data Corporation）于2017年发布了《数据时代2025》白皮书，书中预测未来数据量的增长速度惊人，2025年全球的数据量将达到163ZB（Zettabyte，十万亿亿字节，泽字节），数据来源以及数据量的剧增引起的应用趋势也会产生变化，这是数据未来发展的大势所趋。

中国互联网络信息中心（China Internet Network Information Center，CNNIC）2020年发布的第45次《中国互联网络发展状况统计报告》显示，我国网民规模为9.04亿人，互联网普及率达到64.5%，数量庞大的网民推动着中国的消费市场蓬勃发展，为数字经济的发展奠定了坚实的用户基础。数字经济中新业态、新模式不断涌现，已成为经济发展的新动力和新增长点。2020年春，在新冠肺炎疫情的影响下，很多行业遭遇了一场重大的生存考验，受疫情影响，个人的生活消费习惯有很大的改变，"非接触式"服务激增，对金融行业而言，很多人减少了去金融机构线下网点办理业务的次数，尽可能选择线上办理业务，这也是一次前所未有的极端外部力量对金融产品、运营、风险管理、信息科技等进行的全方位的压力测试。

危险往往与机遇相伴，这次疫情加速了金融机构的线上化和数字化转型，部分数字化能力领先的金融机构取得了积极性的成果，金融服务正在逐步弱化对物理网点柜台的依赖，《银行4.0》作者布莱特·金（Brett King）提到的"银行服务无处不在，就是不在银行网点"正在变成现实，金融业数字化转型是大势所趋。在数字化时代的当下，金融需求日渐多样化，业务创新日新月异，数字化进程对金融业的影响愈加深远，金融行业需顺应时势，积极拥抱新技术，重构新业态，进行数字化、智能化、普惠化、开放化转型，不断提升数字经济服务能力，使其覆盖更多受众。移动化的高普及率、庞大的用户规模、巨大的人口红利，使得我国金融行业所面临的业务类型、数据量、并发量都与国外存在巨大的差异，对IT基础设施和架构的要求也存在巨大的差异，银行业与科技的融合日益加深，在推动银行业深化转型的同时也对银行业信息科技风险、信息安全、业务连续性等方面的管理能力提出了更高的要求。

在数字化时代的当下，金融需求出现了场景化、碎片化、多样化、长尾化、普惠化的新特点，百年未有的变化冲击着传统金融级IT架构。新金融级IT架构应该包含什么样的新能力？关键挑战是什么？如何进行稳妥升级转型？新兴技术如何支撑金融级架构演进？核心金融系统如何保证风险可控？业务架构如何适应数字化要求？信息安全建设如何为业务和技术发展保驾护航？我们希望本书可以帮助同行在了解浙江网商银行（以下简称"网商银行"）IT发展历程的同时，也能获得一些解答上述问题的启发，期望能给同行带来一些可参考、可借鉴、可落地的经验。

网商银行依托于阿里巴巴集团和蚂蚁集团多年来沉淀的云计算和分布式底层平台技术，从筹建之初就将所有核心业务系统以分布式的架构创建于云平台之上，是中国第一家将核心系统架构在云计算和分布式数据库上的银行，具备自主可控、弹性化和安全可信等诸多特性，实现了可伸缩、高可用的服务计算能力，能够做到弹性资源分配与访问管控，具有处理海量数据及高并发金融交易的能力，使网商银行可以为用户提供随时随地、便捷的金融服务，利用互联网和大数据的优势，给更多小微企业提供金融服务。

在移动互联网背景下，银行业务更新换代速度加快，业务需求研发迭代周期大大缩短，应用变更变得非常频繁。网商银行自成立以来，在技术演进方面一直密切跟踪最新技术发展趋势，在 IT 体系建设上持续开展了大量的探索和实践工作，锐意进取，勇攀技术高峰，经历了多轮技术"底盘"升级换代，由早期的"同城双活"到"两地三中心"再到如今的"三地五中心"，依托蚂蚁集团在分布式架构领域多年的技术沉淀，特别是金融云架构、单元化机制、精细化路由控制、OceanBase 分布式数据库等技术，建成了云上的"异地多活"容灾体系。"异地多活"容灾体系的建成，使网商银行具备"随时随地、按需扩容、随时切换"的全业务容灾能力，大大提升了业务连续性保障能力和用户体验水平。中国人民银行印发的《金融科技（FinTech）发展规划（2019—2021 年）》提出合理布局云计算，统筹规划云计算在金融领域的应用。随着云计算技术的不断发展，云原生技术日趋成熟，云基础设施的重大变化带来研发场景、软件生产模式的一系列变革，网商银行密切关注业内发展趋势，从 2019 年开始规划云原生和安全可信架构的落地，迎接云原生时代的到来，为业务发展提供安全、稳定、高效和敏捷的基础设施。本书将从多个方面阐述网商银行多年的实践经验，希望能最大程度上呈现"干货"，确保读者"开卷有益"，助力行业技术发展。

最后，我谨代表本书的作者们，向所有陪伴网商银行成长的用户，以及网商银行所用的阿里巴巴集团和蚂蚁集团技术产品的研发者和运维保障者们致敬，正是广大网商银行的用户带动了业务发展，进而驱动了技术发展，而正是技术产品的研发者和运维保障者们打造的技术方案、产品和沉淀的经验成就了本书。感谢所有来访网商银行进行交流的同行，正是你们的到来孕育了本书，我们希望本书能弥补现场受限于多种因素而不能充分交流的遗憾。感谢所有参与和支持本书创作的人员，感谢参与本书出版的以张彦红、高丽阳编辑为代表的电子工业出版社所有成员，没有你们本书不会面世。谢谢大家。

蒋易民

网商银行信息科技部基础技术架构部负责人

2021 年 5 月于杭州

读者服务

微信扫码回复：41425

· 获取本书配套视频课程

· 加入本书读者交流群，与更多同道中人互动

· 获取【百场业界大咖直播合集】（永久更新），仅需 1 元

目 录

第 1 章　金融级架构面临的挑战 ································ 1
1.1　容灾 ·· 2
1.1.1　数据容灾 ·· 4
1.1.2　应用容灾 ·· 5
1.1.3　业务容灾 ·· 7
1.1.4　部署结构 ·· 7
1.2　容量 ·· 10
1.2.1　应用可伸缩 ·· 11
1.2.2　数据可伸缩 ·· 13
1.2.3　数据中心可伸缩 ·· 16
1.3　成本 ·· 16
1.4　安全架构挑战 ·· 18
1.5　研发运维效率 ·· 20
1.6　技术风险防控 ·· 20
1.7　应对思路 ·· 22
1.7.1　微服务 ··· 24
1.7.2　"异地多活"单元化 ······································ 28
1.7.3　弹性架构 ·· 29
1.7.4　云计算 ··· 30
1.7.5　云原生 ··· 32

1.7.6　安全架构 ··· 36
   1.7.7　技术风险防控 ··· 36

第 2 章　云基础设施架构 ·· 41
  2.1　金融基础设施的机遇和挑战 ··· 42
     2.1.1　金融基础设施的窘境 ·· 43
     2.1.2　云计算助力数字金融 ·· 45
  2.2　云产品选型 ··· 46
     2.2.1　云服务器 ·· 46
     2.2.2　云存储 ··· 51
     2.2.3　总结 ·· 57
  2.3　云网络规划 ··· 57
     2.3.1　网络拓扑整体设计 ·· 57
     2.3.2　专有网络 VPC ··· 59
     2.3.3　IP 地址规划 ·· 60
     2.3.4　总结 ·· 61
  2.4　云产品架构 ··· 61
     2.4.1　整体架构 ·· 61
     2.4.2　高可用架构 ··· 63
     2.4.3　SWIFT 架构 ··· 64
     2.4.4　总结 ·· 64
  2.5　云资源规划 ··· 65
     2.5.1　建设阶段 ·· 65
     2.5.2　运营阶段 ·· 65
     2.5.3　总结 ·· 67

第 3 章　存储架构 ··· 68
  3.1　数据库部署架构 ·· 72
     3.1.1　分布式数据库 ·· 73
     3.1.2　"异地多活"之"三地五中心" ································· 76

	3.1.3	数据访问路由策略	80
	3.1.4	多集群部署	83
	3.1.5	容器化部署	84
3.2	数据库逻辑架构		86
	3.2.1	分库分表	87
	3.2.2	数据源高可用	90
	3.2.3	历史库	91
3.3	缓存架构		98
3.4	存储链路分析		101
3.5	架构演进		103
3.6	数据安全		108
	3.6.1	备份恢复	108
	3.6.2	存储加密	111

第4章 云单元架构 115

4.1	为什么需要云单元		115
	4.1.1	从集中式架构到分布式架构	116
	4.1.2	分布式系统架构演进	117
	4.1.3	微服务架构下的容灾和容量问题	122
	4.1.4	云单元架构的诞生	124
4.2	云单元架构总览		124
4.3	架构目标		125
	4.3.1	跨地域弹性部署	126
	4.3.2	全业务"多地多活"	127
	4.3.3	一体化研发运维	127
	4.3.4	海量交易处理能力	128
4.4	云单元架构的特征		128
	4.4.1	架构特征	129
	4.4.2	逻辑架构	130

4.5 单元化改造主要思想 131
4.5.1 分而治之 131
4.5.2 D-I-D 原则 132
4.5.3 十三条原则 134
4.6 单元化流量路由 139
4.6.1 路由规则设计 139
4.6.2 HTTP 流量路由 142
4.6.3 RPC 流量路由 144
4.6.4 消息流量路由 146
4.6.5 调度流量路由 153
4.6.6 数据流量路由 154
4.7 应用与数据单元化 157
4.7.1 分布式应用 158
4.7.2 分布式数据 159
4.8 分布式中间件 160
4.8.1 基础开发框架 161
4.8.2 微服务平台 164
4.8.3 分布式数据访问代理 175
4.8.4 分布式可靠事务服务 179
4.8.5 分布式消息队列 181
4.8.6 分布式全链路跟踪 182
4.9 业务单元化实践案例 183
4.9.1 灵活多变的路由决策机制实现 183
4.9.2 如何优雅地过渡到单元化架构 186
4.9.3 如何实现跨地域单元数据一致性 188
4.10 总结与展望 190

目 录

第 5 章　混合云弹性架构 …… 191
5.1　弹出 …… 193
5.1.1　无状态弹出 …… 196
5.1.2　有状态弹出 …… 201
5.2　弹回 …… 203

第 6 章　云原生架构 …… 206
6.1　架构概览 …… 210
6.2　容器技术 …… 212
6.2.1　不可变基础设施 …… 214
6.2.2　容器化实践过程 …… 216
6.2.3　集群混部应用 …… 220
6.3　服务网格 …… 222
6.3.1　MOSN …… 223
6.3.2　DBMesh …… 227
6.4　Serverless …… 229
6.4.1　Ark Serverless …… 232
6.4.2　模块化开发 …… 236
6.4.3　任务托管 …… 241
6.5　云原生研发流程 …… 243
6.5.1　云原生 DevOps …… 243
6.5.2　关于配置化的研发效率 …… 244
6.6　可信云原生 …… 246
6.6.1　安全可信架构 …… 246
6.6.2　安全容器 …… 248
6.6.3　服务鉴权 …… 249
6.6.4　链路加密 …… 251
6.6.5　数据访问鉴权 …… 253

6.7 云原生运维 ··· 255
   6.7.1 容器集群运维 ··· 255
   6.7.2 Mesh 运维 ·· 264
   6.7.3 Sidecar 运维 ·· 269
   6.7.4 Mesh 的技术风险防控 ··· 273
   6.7.5 发布和运维平台统一 ··· 277
6.8 云原生实战场景 ··· 278
   6.8.1 混部技术应用 ··· 278
   6.8.2 应用镜像化发布 ·· 284
   6.8.3 服务网格技术应用 ··· 288
   6.8.4 Serverless 技术应用 ·· 296
   6.8.5 安全可信技术应用 ··· 301

第 7 章 技术风险防控架构 304

7.1 多级业务分区发布 ·· 305
7.2 全站自动化变更防控 ·· 307
7.3 资金安全 ·· 309
   7.3.1 资金安全简介 ··· 309
   7.3.2 资金安全防线 ··· 310
   7.3.3 资金安全防线运营 ··· 315
   7.3.4 小结 ··· 317
7.4 全链路压测 ··· 317
   7.4.1 压测链路与仿真 ·· 319
   7.4.2 容量规划 ··· 321
   7.4.3 压测风险识别 ··· 323
   7.4.4 压测风险管理 ··· 324
   7.4.5 压测实战 ··· 325
   7.4.6 自动化压测 ·· 327
   7.4.7 云原生全链路压测 ··· 328

目 录

- 7.5 大促技术保障 ································· 329
  - 7.5.1 大促活动保障台 ······················ 330
  - 7.5.2 自动化预案 ···························· 331
  - 7.5.3 限流熔断 ······························ 332

第 8 章 业务架构 ······································ 333

- 8.1 数字化转型下的银行业务架构 ············ 333
  - 8.1.1 数字化银行设立初衷 ················ 335
  - 8.1.2 数字化银行顶层设计 ················ 335
  - 8.1.3 数字化银行落地过程 ················ 337
  - 8.1.4 数字化银行效果呈现 ················ 339
- 8.2 中台战略 ··· 340
  - 8.2.1 中台战略概述 ·························· 340
  - 8.2.2 业务中台 ······························· 343
  - 8.2.3 数据中台 ······························· 347
- 8.3 大数据与人工智能 ··························· 352
  - 8.3.1 数据化风控 ···························· 353
  - 8.3.2 智能流动性管理 ······················ 357
  - 8.3.3 智能化运营 ···························· 361
- 8.4 金融开放 ··· 363
  - 8.4.1 金融场景开放 ·························· 365
  - 8.4.2 金融机构协作 ·························· 367

第 9 章 安全可信架构 ······························· 369

- 9.1 安全架构概述 ·································· 369
- 9.2 默认安全机制 ·································· 371
  - 9.2.1 问题背景 ······························· 371
  - 9.2.2 解决思路 ······························· 372
  - 9.2.3 实践落地 ······························· 373

9.3 可信纵深防御 ······ 386
9.3.1 问题背景 ······ 386
9.3.2 解决思路 ······ 387
9.3.3 实践落地 ······ 389
9.4 威胁感知与响应 ······ 390
9.5 实战演练检验 ······ 393
9.5.1 目标设定 ······ 393
9.5.2 红队攻击规划 ······ 393
9.5.3 实施演练 ······ 394
9.5.4 实战演练规范 ······ 395
9.5.5 复盘 ······ 395
9.6 数字化与智能化 ······ 395

第10章 未来展望 ······ 403

附录A 本书插图索引 ······ 406

扫码即刻订阅本书视频精解

第 1 章

金融级架构面临的挑战

以银行为代表的金融机构信息化建设起步较早,长期以来,金融机构大规模运用高端产品,在 IT 架构领域一直是高可靠、高标准、低风险的典范,IT 投入也远超其他行业,早期主要采用集中式架构和高端硬件设备,在较长时间周期内有效地支持了存款、贷款、支付、结算、理财、外汇等业务的开展,信息技术已成为银行业经营发展的命脉。

以云计算、大数据、人工智能、区块链等为代表的新一代技术已经崛起,伴随着移动互联网的高速发展,它们在不断向金融领域渗透,使得 IT 架构领域迎来新的发展动力。银行业通过信息科技转型来应对挑战,构建"技术先进、安全可靠、自主可控"的银行科技体系,在保持传统金融行业"高可用、高标准、低风险"特性的同时,也增加了互联网金融对"高性能、高弹性、低成本"方面的要求。随着数字经济的高速发展,信息系统的用户量、数据量快速增长,对系统处理能力提出了更高要求,原有的集中式架构已无法适应业务快速增长的需要。互联网企业投入了大量的技术力量,经过多年的发展和演进,走出了一条解决海量数据存储、计算以及应对高并发交易的道路,通过微服务分布式架构、云计算和大数据等技术构建了一套能满足业务发展要求的技术体系,经过多年的工业级生产运用已很成熟，并且已经有商业化的解决方案，具备极高的借鉴、推广价值。

本章将从多个方面进一步阐述金融级架构面临的诸多挑战，并结合网商银行信息科技多年来的发展经历给出一些应对思路。

1.1 容灾

在系统高可用架构设计中，容灾能力的建设是不可或缺的，容灾设计强调的是系统对灾难事件具备快速响应能力，保障系统持续高可用，系统面对异常情况，如软硬件自身故障、外界环境影响（自然灾害）需具备快速恢复能力，保障系统的持续高可用。

《商业银行数据中心监管指引》（银监办发〔2010〕114号）明确规定了商业银行数据中心的要求。第五条要求商业银行应于取得金融许可证后两年内，设立生产中心；生产中心设立后两年内，设立灾备中心。第六条要求商业银行数据中心应配置满足业务运营与管理要求的场地、基础设施、网络、信息系统和人员，并具备支持业务不间断服务的能力。第七条要求总资产规模一千亿元人民币以上且跨省设立分支机构的法人商业银行，及省级农村信用联合社应设立异地模式灾备中心，重要信息系统灾难恢复能力应达到《信息安全技术 信息系统灾难恢复规范》中定义的灾难恢复等级第5级（含）以上；其他法人商业银行应设立同城模式灾备中心并实现数据异地备份，重要信息系统灾难恢复能力应达到《信息安全技术 信息系统灾难恢复规范》中定义的灾难恢复等级第4级（含）以上。

《信息安全技术信息 系统灾难恢复规范》（GB/T 20988—2007）中的灾难恢复能力等级分为6个级别，级别越高要求就越高，实现难度就越大，其涉及7大要素：数据备份系统、备份数据处理系统、备用网络系统、备用基础设施、专业技术支持能力、运行维护管理能力、灾难恢复预案。灾难恢复能力等级评定原则上如要达到某个灾难恢复能力等级，应同时满足该等级中7个要素的相应要求。第1~3级不要求灾难恢复所需的全部数据处理设备处于就绪状态或运行状态，只要求数据能完整备份；第4~6级要求灾难恢复所需的全部数据处理设备处于就绪状态或运行状态，第4级不要求有远程备份，也不要求实时备份，只需批量备份，第5级要求有远程备份和实时备份，第6级要求远程实时备份，实现数据零丢失，应用软件是"集群的",可实时无缝切换,具备远程集群系统的实时监控和自动切换能力。从监管指引看,商业银行数据中心需要具备容灾能力,具备在灾难发生后恢复业务的能力,支持业务不间断服务的能力,以满足监管合规要求。

衡量灾难恢复能力的级别有两个技术指标,RPO(Recovery Point Objective,恢复点目标)和 RTO(Recovery Time Objective,恢复时间目标)。RPO 用于表示灾难发生后,系统和数据必须恢复到的时间点要求。RTO 用于表示灾难发生后,信息系统或业务功能从停顿到必须恢复的时间要求。表 1-1-1 中描述了不同灾难恢复能力等级下 RPO 和 RTO 需要达到的水平,网商银行目前已经达到灾难恢复能力最高等级,即第 6 级。

表 1-1-1 RPO、RTO 与灾难恢复能力等级的关系

灾难恢复能力等级	RPO	RTO
1	1 天至 7 天	2 天以上
2	1 天至 7 天	24 小时以上
3	数小时至 1 天	12 小时以上
4	数小时至 1 天	数小时至 2 天
5	0 至 30 分钟	数分钟至 2 天
6	0	数分钟

《信息安全技术 信息系统灾难恢复规范》中对灾难恢复能力 6 个等级、7 个要素的定义,可以用于指导灾备建设,设计容灾方案,能够让我们更加明确和清晰地确定建设目标和内容。对于金融行业来说,最高等级必然是终极目标。

容灾方案须满足 3 个要素:应用和数据都具有冗余性、冗余备份位于距离较远的物理位置、数据备份系统具备全方位的数据复制能力。容灾从保护等级上划分可以分为 3 个级别,分别是数据级别、应用级别及业务级别,三者的关系可以用 3 个嵌套的同心圆表述,业务恢复等级逐步提高,需要的投资费用也会相应增加,在业务恢复速度和难度、实现难度等方面也有所差异,如图 1-1-1 所示。容灾能力最终会体现到部署结构上,在日常或者紧急情况下都能很好地保障业务连续性。

在容灾能力建设中,无论是哪种级别,选择"适合自己的"是关键,需要根据自身实际需要和外界要求(如监管要求)量身打造,而在建设过程中,容灾能力也是经过长期积累,不断发展演进形成的,不能一蹴而就,一步到位,而是需

要一个循序渐进的过程。数据容灾能力是应用容灾能力的基础，异地灾备建设可以先建数据容灾能力，网商银行开业一年后才具备完整的同城容灾能力，三年左右才具备异地容灾能力，建设异地容灾能力是先完成了数据级建设，再扩展完成应用级建设的。

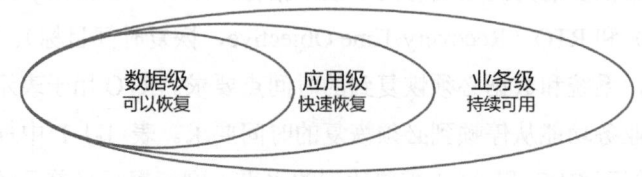

容灾级别	恢复速度	恢复难度	实现难度	建设成本	运维成本
数据级	较慢，RTO 天级别	高	较低	较低	较低
应用级	较快，RTO 小时级别	较低	较高	较高	较高
业务级	持续可用，RTO 分钟级别	低	高	高	高

图 1-1-1　3 种容灾级别的对比

1.1.1　数据容灾

业务连续性是关乎企业生死存亡的大事，而数据层的容灾能力对确保业务的连续性是至关重要的，随着信息化、互联网的快速发展，数据逐渐成为企业最重要的资产，数据灾难发生的后果越来越严重。据 Gartner（高德纳）分析报告显示，在大灾难事件发生之后，五分之二的企业再也不能恢复运作，三分之一的企业在两年内发生倒闭。据美国明尼苏达大学的研究发现，如果企业在发生灾难后两周内无法恢复业务系统，其中 75% 的企业会发生业务停顿，43% 的企业再也无法重新开业，在遭遇灾难时没有灾难恢复计划的企业中，将有超过 60% 的企业在两到三年后退出市场。自 1979 年美国费城的 SunGard 建立了世界第一个灾备中心以来，灾备已逐渐成为在企业发生数据危机时最有效的挽救机制。

灾难事件的范畴很广，导致数据被破坏的事件包括自然灾害（如地震、海啸、洪水）、硬件故障、人为操作失误、恶意攻击等。从数据保护的应对角度而言，硬件故障、软件故障、人为错误、病毒影响为常见的主要原因，一般情况下，本地具备数据中心灾备能力，进行数据保护即可。自然灾害属于较低概率事件，但仅有本地数据保护能力往往还不够，还需要异地远程灾备能力。与异地远程灾备相比，本地数据保护成本较低，也可以提供较好的 RPO 和 RTO 水平，而异地远程灾备能力建设一般用于应对 7% 的小概率灾难，技术复杂，投入大，需要根据业务自身情况和外界的监管要求等选择合适的灾备等级和技术。对金融行业而言，哪怕是极低的小概率自然灾害，也可能导致数据被破坏，影响业务连续性，如用户数据不能恢复，轻则机构停业，严重情况下可能导致机构破产。

可靠的容灾能力除了应用、数据都具有冗余性外，还需要确保备份在物理上具有长距离性（上百千米以上），灾害总是在一定范围内发生，因而充分长的距离才能够保证备份不会被同一场灾害全部破坏。另外，可靠的容灾能力需要具备全方位的数据复制能力。国际标准 SHARE 78 对容灾系统的定义有 7 个等级：0 级（无异地备份）、1 级（实现异地备份）、2 级（热备份站点备份）、3 级（在线数据恢复）、4 级（定时数据备份）、5 级（实时数据备份）、6 级（零数据丢失），从最简单的仅在本地进行磁带备份，到将备份的磁带存储在异地，再到建立应用系统实时切换的异地备份系统，恢复时间也可以从几天到小时级，再到分钟级、秒级，直至零数据丢失。目前针对这 7 个等级都有相应的容灾方案，在选择容灾方案时需重点区分它们各自的特点和适用范围，结合自身对容灾系统的要求，选择一个层次的方案。对金融企业来说，每一条数据涉及的金额可能都是巨大的，零数据丢失必然是终极目标，具备数据层的容灾能力是必然要求，如图 1-1-2 所示。

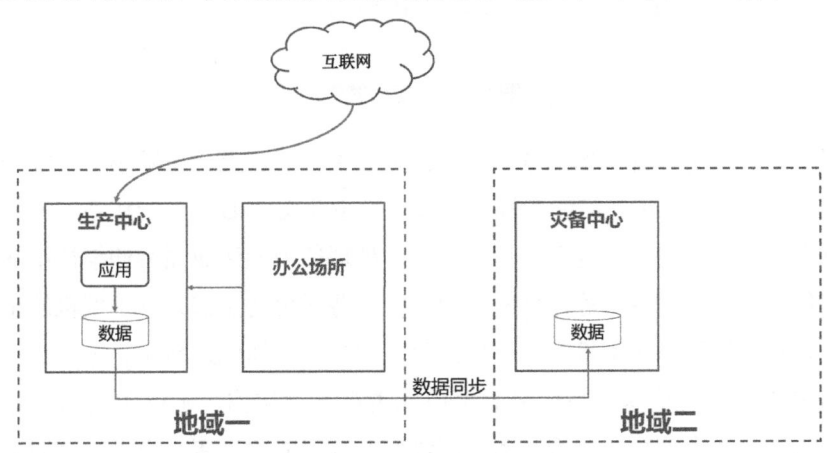

图 1-1-2　数据层的容灾能力

1.1.2　应用容灾

应用容灾就是在数据容灾之上，建立一套与生产系统相当的备份应用系统，在灾难发生后，将应用迅速切换到备用系统，备份系统承担生产系统的业务运行，其核心关注点是连续的应用服务，是在数据容灾的基础上，把应用系统也备份到容灾站点。应用容灾和数据容灾最大的区别是在生产中心发生灾难时，灾备中心是否具备接管生产中心的业务的能力，能否保障业务的连续性。

应用容灾确保系统能提供可持续的服务，当灾难发生时，让用户的服务请求能够透明地继续正常处理，保证信息系统提供完整、可靠、安全的服务，如图 1-1-3 所示。

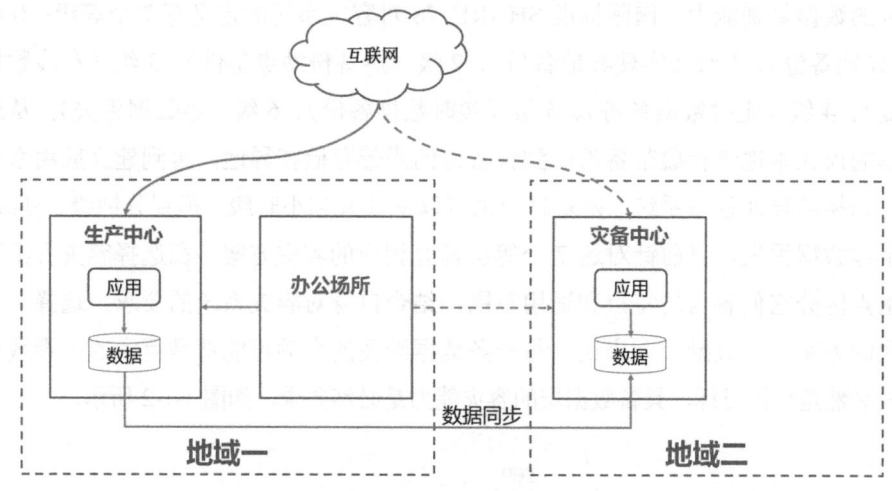

图 1-1-3　应用容灾

银行核心应用系统（如账务）一般部署在主机平台上，使用小型机（一种介于 PC 服务器和大型机之间的高性能计算机，主要支持 UNIX 操作系统）构建，可用性高，运行稳定，但也存在风险集中、处理能力触达瓶颈后伸缩性不够、价格昂贵等问题，而具备同等计算能力的 x86 服务器价格虽然只有小型机的十几分之一，但稳定性不如小型机高，硬件故障率较高，诸如磁盘损坏、内存损坏这些问题较常见。无论是基于小型机的集中式主机平台架构，还是使用 x86 处理器的分布式开放平台架构，是否具备应用级别的容灾能力直接决定了对客服务的稳定性。

对业务连续性要求较高的行业，如金融（银行、保险、证券等）行业，信息系统运行的任何故障都会在互联网上被大众资讯无限放大，直接影响业务经营和品牌价值，要确保业务连续性，IT 系统具备应用容灾能力是最基本的要求。

1.1.3 业务容灾

业务容灾是最高级别的容灾方案，如图 1-1-4 所示，数据容灾和应用容灾都是在 IT 范畴之内，而业务容灾除了做到数据和应用的容灾外，还需要确保非 IT 系统的连续性，比如电话、办公地点等。

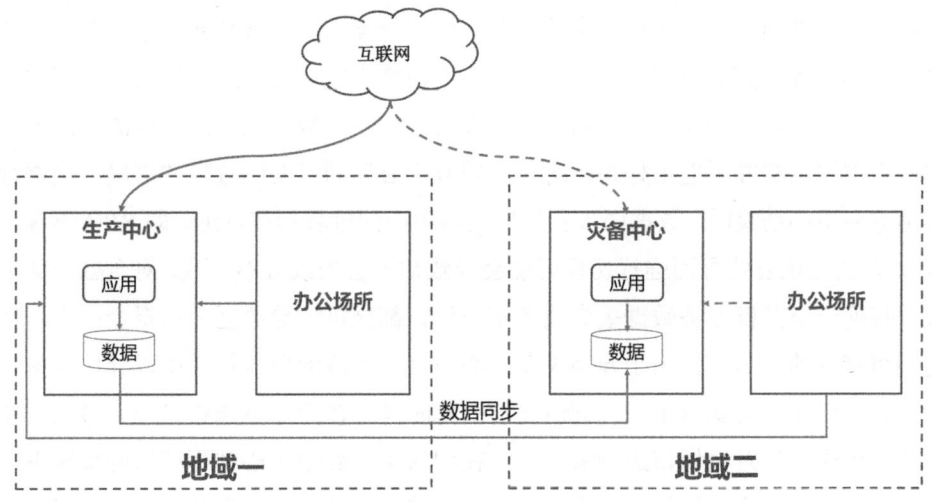

图 1-1-4　业务容灾

当火灾等灾难发生后，原有的办公场所已不能用于正常工作，即使 IT 系统所在的数据中心仍能正常提供服务，但业务处理除了需要原有的数据、原有的应用系统外，也需要工作人员能够正常地开展业务，需要确保后台服务（包括业务运营和 IT 运维）可以通过网络安全地进行。

尽量避免依赖固定的办公场所，应做到随时随地只要有网络就能开展工作。金融机构对网络隔离性要求严格，一些关键的业务和运维操作仍需要有固定的办公场所来支持物理隔离和接入特定金融网络进行业务相关操作，这就需要规划多个工作场所，提高业务接入网络的备份能力，避免单一工作场所不可用影响业务连续性。业务容灾不仅要考虑支撑系统的服务提供能力，还要考虑服务使用者的接入能力，以及关键岗位工作人员的备份。

1.1.4 部署结构

任何容灾方案反映到物理世界都需要一个部署结构去承载，对于金融机构来说,传统的单数据中心不能规避地域级别灾难,当数据中心发生故障后,会导致业务长时间发生中断,严重时甚至发生数据丢失,无法保护数据的安全,造成无法挽回的经济损失,业务连续性保障水平不足。

以"同城双中心"(生产中心,同城灾备中心)和异地灾备中心组成"两地三中心"的部署结构可以支撑较高的业务连续性保障水平,该结构可解决单机房在电力、面积等方面的限制,规避数据中心所在楼宇发生的灾难、地域性自然灾害和人为破坏(如网络光纤被挖断)等导致的数据中心故障风险。传统的"两地三中心"部署结构并不能很好地应对"同城双中心"同时发生故障的情况,当进行异地灾备中心切换时,数据同步到异地灾备中心的过程存在延迟,即RPO不等于0,如要快速恢复业务而强行切换可能会导致数据丢失或者不一致,对金融业务来说,任何一笔关键业务数据丢失或者不一致,都极可能导致巨大的资金损失,都是不可接受的。另外,由于异地灾备中心日常不承载业务流量,所以异地灾备中心是否可以在"同城双中心"同时出现故障时马上接管业务是要打个问号的。在实践过程中,当发生城市级别故障时,在同城两个数据中心都不可用的情况下,企业往往不敢切换到异地灾备中心,而是等待"同城双中心"故障恢复,忍受一段服务不可用时间。传统的"两地三中心"如图1-1-5所示。

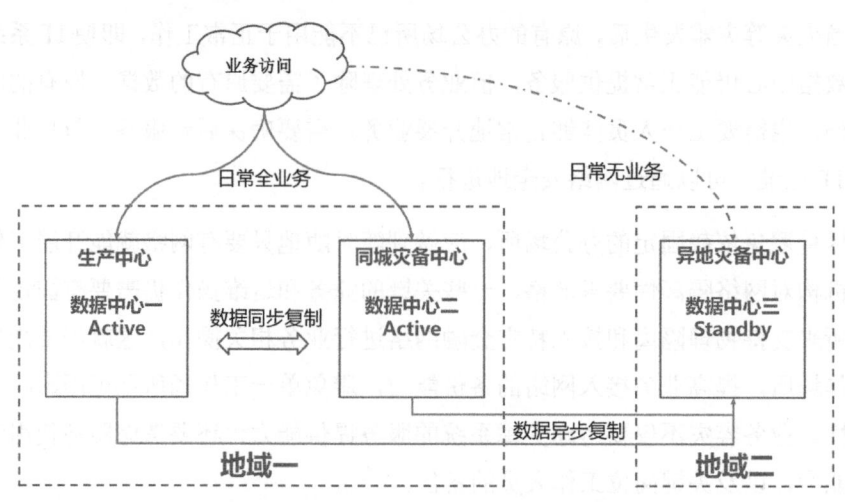

图 1-1-5 传统的"两地三中心"示意图

部分金融机构在传统的"两地三中心"基础上为了充分利用异地灾备中心的IT资源,会将部分业务选择性分配给灾备机房处理,以提升整体资源利用率,不同数据中心处理的业务存在差异，地位不均等，一般异地灾备中心只处理批量业务而不处理联机交易，如图 1-1-6 所示。

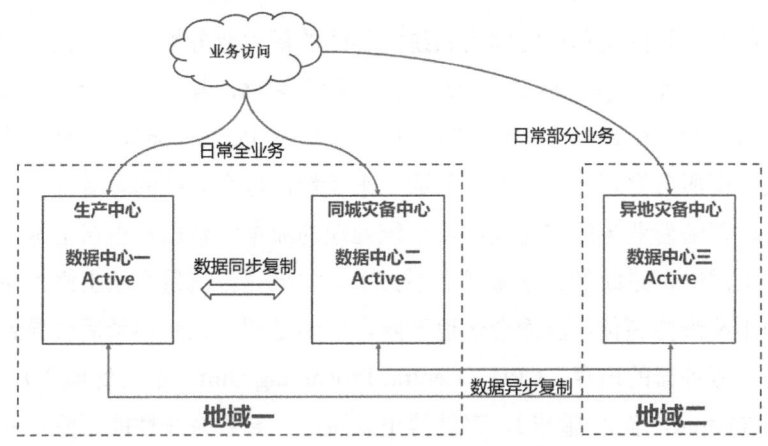

图 1-1-6 "两地三中心"示意图

有别于"两地三中心"，"多活中心"的部署结构在少数数据中心发生故障或灾难时，其余每个数据中心都可以正常处理业务并对关键业务或全部业务实现接管，实现用户的"故障无感知"，多数据中心之间地位是均等的，已无"主备"之分，在正常模式下协同工作，并行为业务访问提供服务，实现了对资源的充分利用，避免了个别数据中心处于闲置状态，造成资源浪费。但要实现"多活"数据中心的架构需要解决流量调配、数据拆分、时延等方面的问题，挑战巨大。"多活中心"如图 1-1-7 所示。

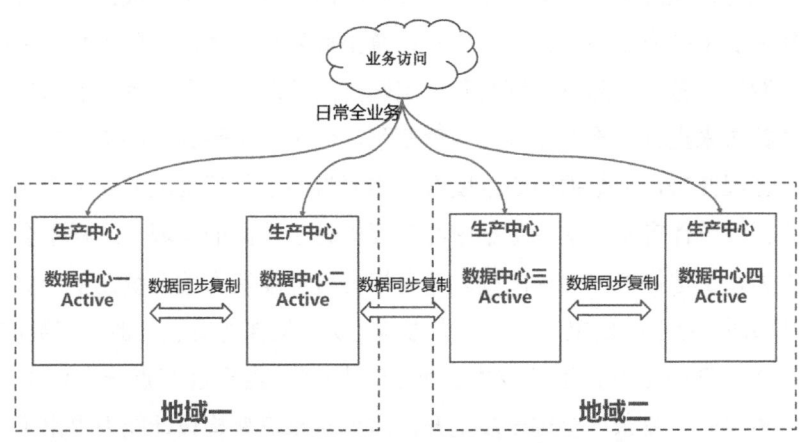

图 1-1-7 "多活中心"示意图

1.2 容量

这里的容量指的是单位时间内系统能吞吐的最大业务量,一个系统的吞吐量通常可以通过 QPS(Queries Per Second,每秒查询率,是系统在规定时间内所处理查询流量多少的衡量标准)和 TPS(Transactions Per Second,每秒传输的处理事务个数,即服务器每秒处理的事务数)来衡量。每个系统的容量都有一个相对的极限值。伴随着业务的快速发展,系统处理的流量和数据量也在上涨,当系统达到容量上限时,系统的吞吐量就上不去了,如果业务流量继续上涨,系统的吞吐量不但不能维持高位,反而会快速下降,原因是超出系统容量后会导致系统超负荷工作,服务器的内存、CPU(Central Processing Unit,中央处理器)、网络、IO(Input/Output,输入/输出)、存储等出现瓶颈,导致系统性能下降,业务连续性得不到保障,进而妨碍业务的发展。

容量的保障能力取决于系统架构的可伸缩性。可伸缩性是一种衡量系统处理能力的指标,高可伸缩性的系统在伴随业务不断发展的过程中,能够保持旺盛的生命力,只需通过很少的改动甚至只是硬件设备的添置,就能实现整个系统容量的线性增长,满足高吞吐量和低延迟、高性能的要求。

可伸缩性可以通过横向和纵向两个方向扩展。横向扩展通过增加系统的处理节点来提高系统的整体处理能力,典型做法有通过选用普通 x86 服务器,构建出一个系统集群,通过负载均衡将流量分发到不同节点上,可以根据用户量或数据量的增加情况来扩充服务器数量,提升系统集群处理能力。在单个数据中心的物理空间、网络设备、电力供应等基础设施匹配的情况下,系统容量能通过横向增加服务器数量来提升,不存在系统容量瓶颈。由于单个数据中心承载的服务器数量有限,延展开来,从数据中心维度看,需要将系统集群处理节点部署到多个数据中心来提升整体容量,这些数据中心需要能处于不同的地域,这样不会受单一地域在电力、土地等多方面的限制。具备横向可伸缩能力的系统在单个服务器节点出现故障时,对系统的整体处理能力影响不大,但伴随着服务器节点数的增加,整体运维复杂度会上升,维护成本会增加,特别是当集群节点分布到不同地域的不同的机房时,复杂度会进一步上升,这就对系统架构设计能力提出了更高的要求。

纵向扩展通过提升现有服务器节点自身的处理能力来提升系统的整体处理能力，典型做法是升级现有服务器的配置，如升级内存、CPU、硬盘，或者用更高规格的硬件配置替换现有的。这种方式由于不增加处理的节点数，系统复杂度低，架构设计相对简单，运维复杂度相对较低。缺点在于，系统一般部署在一台服务器上，往往对服务器的硬件配置要求很高，同时对服务器自身的稳定性要求极高，服务器价格比普通 x86 服务器要贵很多，并且单台服务器的处理能力是有上限的，只要业务在不断发展，终将触达系统容量上限。另外，整个系统的处理能力集中在一台服务器上，没法避免单点问题，单台服务器出现故障时，整个系统就无法运转。最后，由于系统集中在一台服务器上，可能在新版本投产和日常维护期间不得不停止对外服务，不能做到 7 天×24 小时不间断服务。

综上所述，可伸缩性架构往往按照横向可伸缩方案来设计，在不改变系统软硬件设计的前提下，通过改变系统部署的服务器数量就可以扩大或缩小整体架构的服务处理能力，调整容量大小，通过普通的 x86 服务器构建系统集群，增加服务器数量可以获得平滑、线性的容量提升，实现高吞吐量和低延迟、高性能。系统架构具备高可伸缩性，就代表具备一种弹性扩缩容能力，要实现这种弹性能力，具备灵活的容量管理能力，需要从应用、数据、数据中心多个维度进行考虑，在实践过程中技术问题多，挑战大，同时还会面临成本和效率方面的考验。

1.2.1　应用可伸缩

随着业务的快速发展，应用承载的压力越来越大，当需要提升容量时，应用是否具备可伸缩性至关重要，而应用伸缩性的好坏往往取决于应用的状态如何管理，要确保应用是无状态（Stateless）的，即应用服务器不存储请求上下文信息。从运维角度看，日常运行时，可能会因硬件故障导致部分服务器节点不能正常工作，需要补充新的服务器，确保应用容量"水位"不受影响，这也就要求应用服务器在扩容时需要避免太多人工干预，进行类似文件拷贝、环境变量设置等操作。应用无状态化后，部署应用的不同服务器节点都是相同的、对等的，涉及状态的信息将存放在缓存、数据库、文件对象等处。

应用被设计成无状态后，将部署有相同应用的服务器组成一个集群，任何用户的请求都可以发送到任意一台服务器上去处理，通过负载均衡机制将用户请求按照某种规则分发到集群的不同服务器上，每个用户的请求都可能落在不同的服务器上，任何一台服务器处理的结果都是相同的。负载均衡相关硬件或者软件需要及时发现集群中新上线或下线的服务器，并能向新上线的服务器发送请求，停止向已下线的服务器发送请求，当需要提升系统计算层的容量时，把新的应用服务器加入集群中即可，从而实现了应用服务器的可伸缩性。

应用要具备良好的伸缩性，仅实现应用的无状态还不够。如果单个应用提供过多的功能，难免导致复杂性上升，运行过程中单台服务器仍可能消耗大量的CPU、内存、磁盘、网卡等物理资源，从而导致单台服务器的处理性能下降。通过增加更多服务器并不能带来集群整体容量的线性增长，极端情况下还会引发雪崩效应。由于单个数据中心能提供的服务器规模有限，应用要获得更强的伸缩性，还需要应用能支持多个机房、多个地域部署的能力，做到机房和地域级别的可伸缩性，这就要求应用集群具备良好的流量路由控制能力，灵活地在不同机房和地域分发流量。

即使应用具备良好的可伸缩性，通过增加大量的服务器来应对容量问题，仍会由于依赖一些关键的存储资源而很快达到容量瓶颈。关键的存储资源一般是数据库，而数据库连接不是共享的，一般而言，每台服务器启动后会先"预热"一个连接池，初始化少量连接，确保随时可用，应用每发起一个事务就必须独占一个数据库连接，直到事务结束才会释放对连接的占用。

如果应用层流量是随机的，而数据库是按用户分片设计的，那么每台应用服务器上的数据库连接池都可能创建过所有分库的连接，随着应用服务器不断扩容，用户流量上涨，会导致数据库连接建立数量快速上升，而数据库连接是数据库非常宝贵的资源，受限于数据库所在的物理机，而商业数据库还受限于昂贵的软件费用，所以其不能无限增加。这种情况下面临的问题将不再是应用集群扩容，增加一台应用服务器后，当流量进来时就需要新增若干数据库连接，数据库的连接数将很快到达上限，应用服务器也就不能继续扩容了，系统整体容量达到瓶颈，当业务流量继续上涨时，只能通过限流来保护系统不出现雪崩效应。如图 1-2-1 所示，每台应用服务器与所有分库数据库服务器都建立了连接，应用服务器数与数据库连接数同时增长。

第 1 章　金融级架构面临的挑战

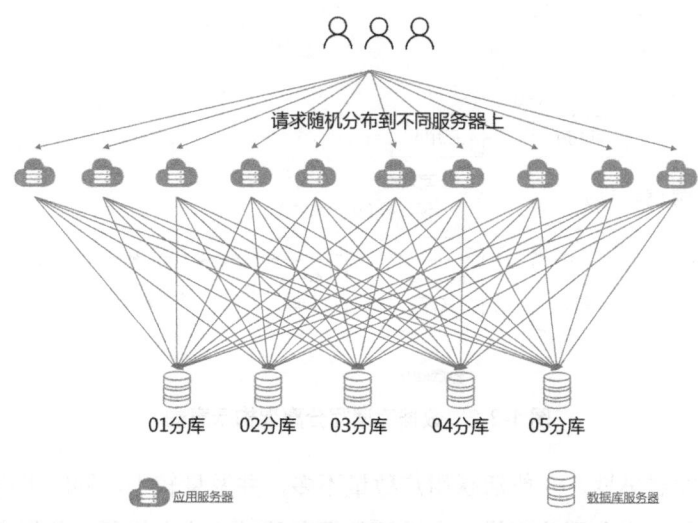

图 1-2-1　应用服务器数与数据库连接数同时增长

系统整体的容量保障水平仅依靠应用的可伸缩能力是不够的，还需要数据和数据中心层面的可伸缩能力共同来支撑。

1.2.2　数据可伸缩

随着业务的快速发展，业务数据的访问量和存储量会快速增长，这就要求系统在数据层面具备良好的可伸缩能力，能灵活地进行扩容，支撑业务增长。针对业务数据访问量上涨的情况，在数据不经常变化或者可以接受一定延迟的情况下，可以通过读写分离架构进行简单的伸缩性扩展。目前主流的数据存储产品还是关系型数据库管理系统（Relational Database Management System，RDBMS），主流的关系型数据库都支持数据复制功能，通过配置多个备库可以有效地缓解单库在过大访问量来临时的压力，读写分离架构实现了数据读能力的水平扩展，如图 1-2-2 所示。

仅将数据读写进行分离获得的伸缩性是有限的，读写分离架构下主备库在数据上几乎是完全一致的，从存储能力上来说，当业务数据急剧增长时，单台物理机必然会面临磁盘空间不足的问题，无法存储所有的数据，即使是小型机也会出现瓶颈，同时写的能力也将受限。除了读写分离，通过将数据进行垂直和水平拆分能获得更大的伸缩能力，一般先垂直拆分，再水平拆分，每个分库中的分表只存储部分分片的数据。

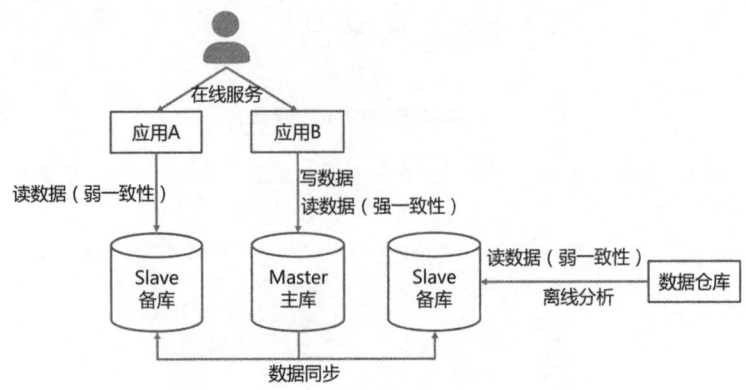

图 1-2-2　数据库读写分离架构示意图

在系统发展早期，一般活跃用户数量不多，并发量较小，同时考虑需求迭代速度、技术复杂度和团队规模，在设计数据存储时往往会将所有数据存放到一个数据库中进行访问操作。举个例子，对于一个支付系统，早期用户和交易数据都位于一个库中，如图 1-2-3 所示，User 表存放用户数据，Trade 表存放交易数据，Account 存放账务数据，拆分前用户、交易和账务数据都存放在 DB_Pay 中。随着业务和技术团队的发展，数据库迎来了第一次拆分：垂直拆分，将包含了很多表的数据库，根据表的功能的不同，拆分为多个小的数据库，每个库包含部分表，拆分后分表存放在新库 DB_User、DB_Trade 和 DB_Account 中。

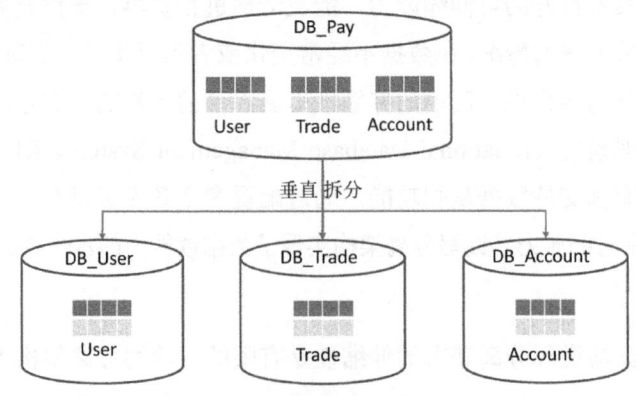

图 1-2-3　数据库垂直拆分示意图

系统通过上述方式进行垂直扩展后，系统存储容量得到了大幅提升，但随着业务的继续发展，单个库不足以承载急剧增加的数据量，另外即便上述表设置了索引，也仍不能避免数据量过大而导致的表操作性能下降的问题。

典型的问题有锁冲突导致性能下降，这时需要对数据库进行水平分区（sharding，即分片），将原本一张表维护的海量数据分配给多张表进行存储，分库分表从具体实现上可以分为三种：只分表、只分库、分库分表，如图1-2-4所示。

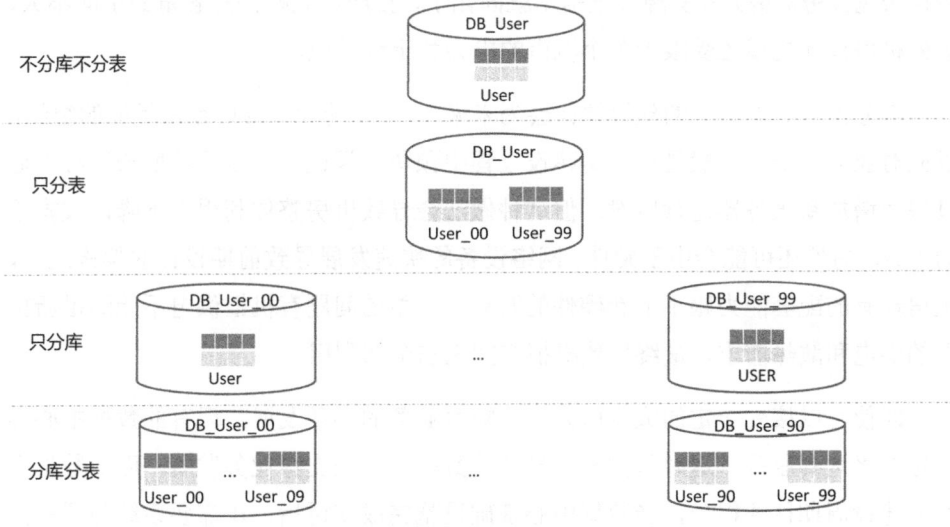

图 1-2-4　数据库水平拆分示意图

针对不同的场景可以进行选择性拆分，只分表的方式拆分后，不同的表还是存放在同一个库中，当库中多张表中只有某张表或者少量表数据量过大时，可以选择用这种方式进行拆分，只拆部分表，其他表保持不变。只分库需要将现有的DB（数据库）拆分成多个库，同时在新库中新建同构的表，不同库中只存放原来库中表的部分数据。分库分表会同时进行库和表的拆分，一般而言，面向海量交易的系统（亿笔以上数据）往往会选择分库分表，网商银行采用的是"百库百表"，设计上每天可以承载 100 亿笔交易流水。

分库分表的设计让数据具备可伸缩性，同时减少了建立索引的开销，但在这个过程中要解决多数据源透明访问、分布式 ID、分布式事务、链路耗时上升等问题，其中最复杂的是拆分数据库后交易在多个用户间发生时会出现跨库，对交易事务产生影响，原来的单库事务变成了涉及多库的分布式事务，需要有一套机制确保数据一致性。网商银行采用的是柔性事务，通过 TCC（Try，Confirm，Cancel）模式分两阶段提交来保障分布式事务的最终一致性。

1.2.3 数据中心可伸缩

数据中心从设计到投产并交付后，数据中心的包间、电力、机架、服务器、网络带宽（跨机房）等资源容量基本就固化了，投产后大幅提升容量的空间不大，另外机房设计规模还受限于单个城市的电力和土地供应。

部分银行数据中心的建设往往会为未来 3～5 年的业务发展预留足够的空间，以应对业务增长，一般是在机房建设过程中预留空闲机位，在业务增长过程中通过快速增加新服务器进行应对。但这种做法会导致机房整体利用率下降，成本压力上升，另外还可能会由于硬件、网络设备的快速发展导致前期设计的架构过时，机房现有的配套能力跟不上新硬件的发展。典型的问题有机柜供电不能满足新机型的供电和散热需求，最终导致机柜空间无法全部利用。

即使可以接受一定的成本压力，伴随着业务的不断发展，现有的数据中心容量也终将达到瓶颈，这时就需要建设新的数据中心来支撑业务发展，而新数据中心的建设周期往往很长，当数据中心基础设施完成交付后，还需要系统部署和业务流量导入，考虑到新数据中心可能出现异常而导致回退操作，这个阶段往往需要旧机房保留较长一段时间。如旧机房未达到设计年限，考虑资产利用率也需要旧机房和新机房继续同时支撑业务发展。数据中心直接在硬件层面决定了整体系统容量上限，大容量必然需要多数据中心来支撑，系统架构上需要能支持数据中心维度的可伸缩。考虑到城市供电、自然灾害等影响，数据中心的可伸缩性需要能跨越地域限制，多数据中心需要分布在多个地域。传统的"两地三中心"架构中的两地往往间隔上百千米，近几年发展起来的"三地五中心"的两地间隔最长可达上千千米，通过实现数据中心的可伸缩性可以解除整体容量瓶颈，系统处理能力将可伴随数据中心的增加得到线性增长，最终实现高吞吐量，满足业务发展需要。

1.3 成本

这里提到的成本主要指 IT 系统的总体拥有成本（Total Cost of Ownership，TCO），不但需要考虑硬件、网络设备、数据中心，以及灾备建设等基础设施相关成本，还需要考虑软件购买、研发和运维人力资源投入等成本。传统的主机平台上构建的集中式架构，往往依赖 IOE（IBM 的小型机、Oracle 的数据库、EMC 的存储设备），据统计和测算，在给定的可用性和一致性目标下，集中式主机平台成本是分布式开放平台成本的 10 倍左右。

在应对海量用户和交易量时，需要确保较高水平的容灾能力和较大的容量以满足业务发展需要，这就需要在 IT 基础设施和前沿架构与技术上进行投入。而基础设施层面的投入巨大，投入成本需要是可控的，如果成本过高，会吞噬业务利润，伴随业务竞争的加剧，利润空间进一步下降，IT 成本问题将越发凸显。部分银行单个账户涉及的 IT 成本少的几十元，多的达上百元，如果能将每个账户的 IT 成本降低到几元，甚至几角，在用户快速增长的过程中，规模效应会非常突出，银行无疑将获得巨大的竞争力。网商银行和微众银行两家互联网银行都已将单个账户的 IT 运维成本降到十元以下。由于长尾效应，互联网银行的单个用户创造的价值不如传统银行，降低成本对互联网业务的持续发展非常关键，将 IT 运维成本降至每户一元甚至更低，将进一步提升互联网业务的竞争力。

由于金融行业对灾备的要求较高，灾备能力的建设往往会带来投入的增加，特别是数据中心的灾备能力建设。中大型银行以及部分互联网银行（包括网商银行），往往同时建设了同城和异地灾备数据中心，投资规模至少要一千万元，数据中心日常运行费用高，并且服务器每年存在折旧，几年后将超出保修期，故障率上升，必须汰换。如果这些数据中心不能最大程度上日常使用，而仅仅在灾难场景中启用，将会是巨大的资源闲置。另外，业务运营活动往往会带来流量的急剧上涨，比如在"双 11"大促（大型促销活动）期间，网商银行的系统峰值水平达到全年最高，但日常系统峰值水平要低很多，如果仅根据峰值水平简单地增加服务器规模，也会出现资源闲置。如何减少单笔交易的处理成本，获得稳定性、可靠性以及容量的支撑，需要一套良好的架构体系来实现，分布式、单元化、云计算、混合云、混合部署等架构的运用可以大幅提升成本控制和优化水平。

1.4 安全架构挑战

数字银行的业务性质决定了数字银行在安全方面必然面临巨大挑战：

- 安全威胁大。数字银行在线资产价值高，若黑客攻击成功则可能获得巨额收益，因此黑客愿意付出更大的成本来攻击数字银行。
- 防御难度高。数字银行对外暴露的攻击面更大，业务更新迭代的速度更快，因此防御难度更大。
- 需要兼顾安全和效率。在保证安全的同时，数字银行需要兼顾低成本和高效率的目标。
- 安全要求严格。金融行业是强监管行业，随着《网络安全法》《数据安全法》的出台，监管对网络安全和个人隐私信息保护的要求日趋严格。

金融业务中贷款、存款、转账、计息、清算和账务等业务和钱都密切相关，有着天然的安全诉求，也有着对应的高风险。不法分子以前是在现实中铤而走险抢银行，现在则是在网络上不露面就可以抢银行了。当利益足够大时，攻击也会足够强。若黑客攻击成功则可以获取巨额收益，这促使一些人在黑暗中默默观察，等待发出致命一击。同时，数字银行没有实体柜台，用户开户、登录、收钱、转账均通过 APP 在线上操作，完全暴露在互联网上，所以数字银行比传统银行的暴露面更大，整体的防御难度也更大。

而传统银行和互联网银行的核心区别在于效率，互联网银行在业务策略上和互联网业务一样，需要小步快跑、快速迭代来适应分秒必争的业务变化。在一致的高安全要求下，两种银行走向了两条截然不同的道路。在传统银行中，用户需要去线下实体柜台进行身份认证、办理实体银行卡以及领取 U 盾等安全产品，银行业务搭建在传统 IDC（Internet Data Center，互联网数据中心）机房中的 IOE 中，这里面的硬件和软件均为闭源的"黑盒子"。为防止员工电脑被攻击，保障数据安全，工作电脑均为台式机且禁止上互联网，禁止使用各种输入设备（USB、摄像头、无线网卡等），只能在这台电脑上访问邮箱，开发时需要连入虚拟桌面进行开发测试，代码无法下载到本机。另外有一台单独电脑可以上互联网，但无法访问银行内部系统。特殊情况下，例如工作人员出差时可单独申请通过 VPN 连入虚拟桌面，进入一个特殊的办公网。在做一些线上变更操作时需要进入专门的物理环境 ECC（Enterprise Command Center，企业总控中心）才可以进行。员工手机不能连入办公网。办公网、开发网、测试网、生产网完全隔离，生产网内部一般也会划分为多个区域（公网应用、办公自动化、核心、交易、决策、分析等区域）进行隔离。

在传统银行的安全架构中，有很多"战略大于战术"的决策，比如更多的行政管理限制，减少对安全人员个体能力的依赖，能隔离的就隔离、能禁止的就禁止。在效率和安全中侧重安全，不依靠人去平衡。存在大量的信任区域和防护边界，一旦突破即可畅通无阻。在安全产品上，也更多依赖于外部安全厂商提供的安全能力，银行内部的安全更多是一种安全运营角色。在业务和技术变化不快的情况下，这不失为一种好的战略。

但在快速变化的互联网领域，这种战略就不太适用了。对手们都在比谁跑得更快，反应最慢的就会掉队。我们需要更快地调整产品去适应用户需求，更多地迭代去提升用户体验。为了支持业务快速发展，各类新技术也在不断迭代。从 PC 时代到移动互联网时代、从电脑办公到移动办公、从 IDC 集中式计算集群到云上分布式计算、从虚拟机到 Docker、从 WSDL 到微服务（Microservices）和服务网格（Service Mesh）。这些新技术让互联网银行能够构建容错性好、易于管理和便于观察的弹性扩展应用。结合可靠的自动化手段，能够轻松地对系统做出频繁和可预测的变更。

用户习惯发生了变化，应用形态发生了变化，服务调用发生了变化，发布流程发生了变化，甚至工作方式也发生了变化，这些变化都对传统的安全架构带来了巨大挑战。原有的基于边界防护、信任区域的逻辑已无法适应当前的架构。

在新技术支撑的互联网银行中，我们直接下载手机 APP 即可进行在线身份识别并开户，随时随地打开 APP 进行转账等资金操作，暴露的攻击面和防御难度更大。业务搭建在金融云、IDC 机房和私有云的混合云中，使用的是普通的 x86 服务器、OceanBase 数据库，底层的硬件、软件不再像之前一样是"黑盒子"。员工随时随地可以连入办公网进行开发测试和变更，用手机可以处理各类日常工作。不再有基于主机、IP 地址、端口级别的隔离，也没有了办公网信任区域。这一些如何通过安全架构支撑呢？

安全威胁大，防御难度高。既要高效，又要安全，还要符合监管要求。这一系列挑战使得互联网银行架构无法通过传统安全方式去实现，如何通过新的方式去达成也是一项高难度挑战。

1.5　研发运维效率

在互联网金融背景下，业务快速迭代，发布频率高，如何在保障稳定性的前提下确保投产效率，保证业务需求快速落地，特别是保证核心业务全年零停机维护，挑战巨大。传统架构下的运维模式对应用版本发布与变更管控粒度过大，一般是选择机房级别变更，不能实现比机房级别粒度更小的变更，线上环境运维风险高，对系统稳定性、可靠性的保障难。

在建站扩容能力上，新的IDC交付后很难快速投产并处理真实业务流量，机器闲置时间较长，因此遇到业务处理瓶颈时，不能迅速扩容，且对上层业务不够透明。在运维能力上，除了要求运维人员提升维护能力，往往还需要依赖外部厂商的售后服务能力，驻场支持往往很昂贵，非驻场支持的响应、处理时效往往满足不了要求。其根本原因还是架构复杂，需要运维人员掌握大量的操作步骤以及技术细节，这容易导致运维过程中出现人为错误而引起重大事故，达不到同城和异地RPO为0、RTO趋于0的容灾要求。因此，容灾过程需尽可能对运维人员透明化，高度集成在管控平台能力中，通过产品化的方式提供标准、友好的操作界面，减少对运维人员的能力要求和缩减人工操作步骤，通过产品化打造"一键切换"的能力，在提高执行效率的同时尽量避免人为失误。在自动化运维能力上，无论是应用层、中间件层，还是数据库等存储层都需要大量人工操作，系统自适应能力不足，操作复杂，执行过程分散，快速恢复难度大。综上所述，在基础架构整体升级的情况下，还需要对运维管理体系进行进一步的升级和优化。

1.6　技术风险防控

银行业的运营高度依赖信息系统，特别是像网商银行这样没有设立线下网点的互联网银行，业务开展完全依赖信息系统提供服务，系统资源和业务数据都依赖数据中心进行集中化处理，信息系统7天×24小时不间断运行，每时每刻都有可能发生故障，另外信息系统的运行也会受系统使用部门、运维保障部门、外部供应商（数据中心、网络、电力供应商）等的影响，同时也可能受地震、洪水、火灾等自然灾害影响，这对业务的连续经营带来极大的挑战。一旦出现信息系统自身故障或者数据中心故障，将会导致运营中断，出现业务停顿，如处置不当，可能会造成巨额经济损失。另外，监管要求越来越严，业务经营透明度越来越高，社会各界对经营出现差错、服务不稳定的容忍度越来越低，所以运营中断还会诱发重大声誉风险和法律风险，极端情况下可能会诱发全行业的业务中断，所产生的损失难以预估。

为了确保业务连续性和资金安全，避免发生运营中断事件以及资损事件，技术风险防控能力建设是非常重要的，《商业银行业务连续性监管指引》（银监发〔2011〕104号）中，对重要业务运营中断事件进行了说明，即指因下述原因导致信息系统服务异常、重要业务停止运营的事件。主要包括：

（一）信息技术故障：信息系统技术故障、配套设施故障；

（二）外部服务中断：第三方无法合作或提供服务等；

（三）人为破坏：黑客攻击、恐怖袭击等；

（四）自然灾害：火灾、雷击、海啸、地震、重大疫情等。

《银行业信息系统灾难恢复管理规范》（JR/T 0044—2008）对灾难的定义是：由于人为或自然的原因，造成信息系统严重故障、瘫痪或其数据严重受损，使信息系统支持的业务功能停顿或服务水平达到不可接受的程度，并持续特定时间的突发性事件。

随着分布式微服务架构和云计算的运用，无论是服务器、系统和服务规模，还是架构复杂度都在上升，同时，大量使用x86架构的PC服务器，硬件自身的可靠性也在下降，系统开发越来越快，业务变化频繁，业务复杂度高，用户多，并发性高，系统运行过程中的风险可能隐藏在某些"看不见，摸不着"的微小环节和部位，可能是一个运维端口，也可能是一条命令的下发通道，业务连续性保障难度也越来越大。

随着信息系统的广泛运用，以及新技术、新架构、新产品的不断引入，技术风险在不同的领域、层级、时段都可能发生，整体复杂度之高，涉及环节之多，已经超出个别人员和小团队的掌控力，一些生产问题仅分析和查找原因就需要花费大量的时间。技术风险防控能力建设的重要性越发凸显，需要在高可用和资金安全两个方面持续投入，增加系统稳定性。不仅要具备处理硬件故障、代码缺陷、流量异常等常态化问题的能力，还需要具备处理小概率事件的能力，如数据被误删除、网络光纤被挖断、自然灾害导致个别机房不可用等。这将是一场持久战，面临巨大的挑战。

需要建设一套统一的、灵活的、可持续演进的，同时集容灾、大容量、效率优化于一体的高可用架构体系，确保业务系统在面临机房故障及重大城市级灾难时，能够365天×24小时持续不间断地提供金融服务，同时不受距离、地域等物理条件的限制，实现高可用、弹性伸缩并可灵活扩展的并行计算服务能力，使信息系统灾难恢复能力等级达到《银行业信息系统灾难恢复管理规范》中所规定的6级（最高等级）标准，通过计划内的演练、维护和持续改进，不断对体系进行打磨，建设配套的演练和度量系统，提升技术风险防控水平。

1.7 应对思路

随着移动互联网、云计算、大数据、社交网络等信息技术的蓬勃发展，互联网金融应运而生，促使银行业向互联网模式逐步转型。一个看似简单的愿景："任何人在任何地点、任何时间、任何场景中，通过多种手段均可使用银行服务"，使得新一代的金融级系统必须直面海量用户，以及随之而来的海量交易与数据，从而面临着巨大的技术挑战。而分布式架构和云计算技术已经成为业内公认的解决方案。整个IT架构站在分布式云计算架构的新起点，朝着更高性能、更大容量、更高可用、更强弹性、更智能化的方向发展。

分布式云计算架构按照一定的维度将系统和数据进行拆分，通过特定的负载均衡机制，将业务分摊到多个节点上处理。这种架构的优点是可以采用更开放的软硬件架构，各节点松耦合，对底层产品的可靠性、可用性依赖降低，可以基于廉价的硬件和开源软件构建。分布式和云计算相辅相成，云计算是实现分布式的有效手段和关键基础设施，分布式又是云计算的必然选择和技术前提。分布式架构本身不只是简单的服务调用的分布式,更重要的是数据的分布式,因为一切服务的基础是数据,数据分布式的粒度直接决定整个分布式架构的能力。

中国人民银行印发的《金融科技（FinTech）发展规划（2019—2021年）》提出,合理布局云计算,统筹规划云计算在金融领域的应用。随着云计算技术的不断发展,云基础设施的重大变化带来研发场景、软件生产模式的一系列变革,网商银行密切关注业内发展趋势。网商银行从诞生之日起就是一家将核心系统架构在云上的银行,建成了基于云计算"基座"的分布式架构,在多年云计算和分布式架构的探索与实践过程中,逐步完成了"两地三中心"架构落地。在这基础之上,又开展了单元化"异地多活"架构、弹性架构、混合云架构、云原生架构的探索和实践。目前正在构建金融级云原生分布式架构,为业务发展提供安全、稳定、高效和敏捷的基础设施能力,迎接云原生时代的到来,图 1-7-1 描述了网商银行从云架构走向金融级云原生架构的三个阶段,通过技术架构升级,逐步应对信息系统在容量、稳定、安全、成本、合规、效能等多方面的挑战。

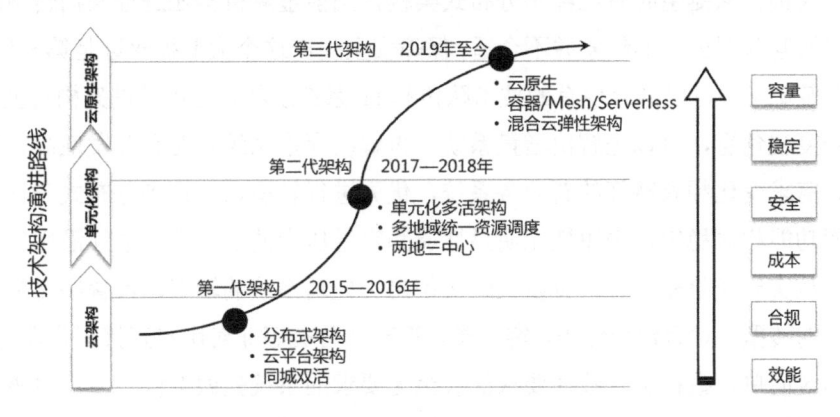

从云计算走向金融级云原生架构

图 1-7-1　网商银行三代架构发展历程

图 1-7-2 展示了网商银行整体架构包含的核心组成部分,演进路线大致分为几个阶段：数据垂直拆分,数据水平拆分,分布式架构构建,云计算平台构建,单元化"多活"架构建设,弹性架构建设,混合云架构建设,云原生可信架构建设。通过架构升级和持续演进,打造金融级 IT 基础设施,提升 IT 信息系统应对多种挑战的能力。

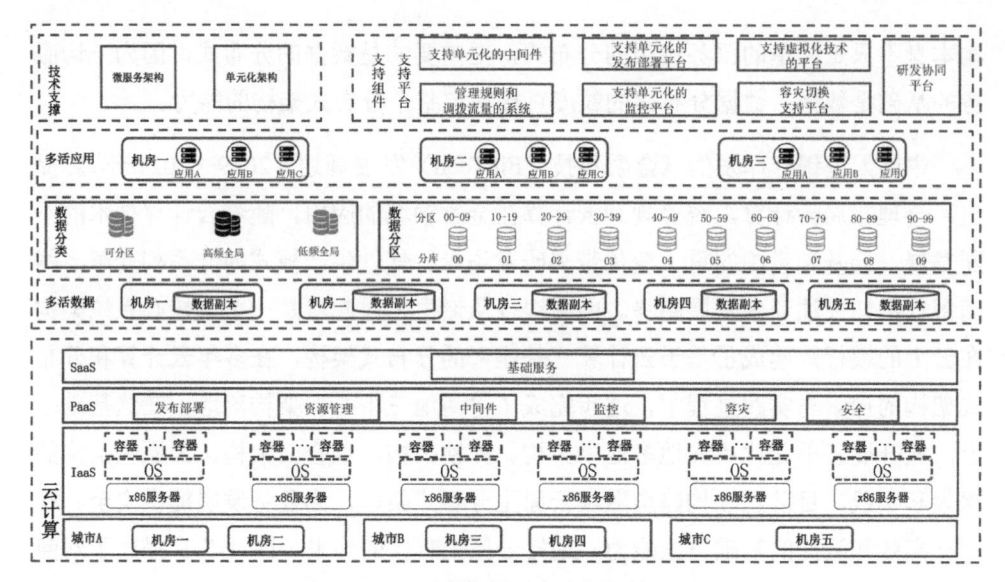

图 1-7-2　网商银行分布式云计算架构

网商银行从诞生时就已经是分布式架构，当前金融机构在进行架构转型时，完全照搬互联网公司的经验并不合适，保障安全生产这个大前提永远是第一位的，在这个基础上，可以结合现有的技术队伍和 IT 系统现状，逐步推进架构转型。从实施难度视角看，可以先解决增量系统，再解决存量系统。对有并发性高、数据量大、需求变化频繁特征的新业务系统，优先进行转型，切换到分布式云计算架构，而功能相对稳定，中短期无明显性能和容量压力的现有系统继续沿用集中式架构。从实施风险视角看，可以先解决信息类处理系统的转型，再解决交易类处理系统的转型。对后台统计类、客服类、管理办公类等非对用户直接提供服务的，逻辑相对简单，数据强一致性要求低甚至无要求的系统先做架构转型，对核心的支付、账务、理财、存款、贷款、外汇等系统，可以在积累更多经验，条件成熟时推动转型。

1.7.1　微服务

随着"互联网+"的不断推进，移动互联网快速普及，金融行业 IT 系统需要应对互联网渠道瞬时高并发、多频次、海量流量的交易，以及多样化需求、个性化定制等多方面的挑战。金融应用场景与日俱增，小额交易呈现爆发式增长，"秒杀"成为新常态，IT 系统面临"潮汐"式流量不稳定的压力，业务数量需求越来越大，质量要求越来越高，迫切需要金融行业提升信息科技能力。"天下武功，唯快不破"，快速响应市场需求已经成为企业竞争的决胜因素。从技术层面如何做到快速响应未来众多的不确定性变化，持续快速交付，让开发人员可以在短时间内高效编写、提交、编译、测试代码，与众多项目成员并行合作变得尤为关键。传统应用的集中式、单体架构模式在代码维护与集成编译方面困难重重。代码集中，部署集中，难以做到持续快速交付，并且其在应对快速上涨的容量、性能需求时扩展瓶颈明显，已不能满足业务发展对IT系统快速响应的要求，展现出了较明显的不能进一步发展的"疲惫"状态。

金融行业近几年面向互联网+转型的关键动作之一是IT核心引擎的升级，从集中式架构向分布式架构演进。演进过程中往往会选择在现有核心之外，先基于分布式架构构建第二核心，用来支撑快速增长的第二类、第三类账户对IT系统能力的需求。基于微服务分布式架构的运用使复杂应用的持续交付成为可能，通过服务拆分，代码可以使用多种语言编写，分布在多个主干上。单项服务易于被一个开发人员理解、修改、维护，可以做到多个研发团队并行开发、编译、发布。同时，在团队组织上让同一个业务或者基础服务领域（如用户、合约、账务）的研发人员汇聚在一起，进一步提升了专业集中度，提高了研发、交付效率。

微服务指将大型复杂软件应用拆分成多个简单应用，每个简单应用描述着一个小业务，系统中的各个简单应用可被独立部署，各个应用之间是松耦合的，每个应用仅专注于完成一件任务并很好地完成该任务（定义参考中国信通院发布的《云计算发展白皮书（2018年）》）。微服务架构（Microservice Architecture）是一种架构理念，与传统的单体架构（Monolithic Architecture）相比，微服务架构旨在通过将功能分解到各个离散的服务中，实现单个系统复杂度和耦合性降低，通过系统之间的轻量级通信机制实现相互协作，具有更细粒度的独立部署、独立扩展、跨语言编程等特点。微服务实现了应用架构的细粒度变化，应用之间相互独立，服务之间相互解耦，变更周期不再联系在一起，可以有各自相对独立的变更计划。可以独立地对每个服务进行重启、升级改造、发布部署和增减服务节点等，频繁更新不会对用户产生影响。当然，微服务架构在带来灵活性、开发敏捷性的同时也带来了运维层面的挑战，随着应用微服务数量的增加，微服务间的通信、部署依赖、数据一致性、监控，以及安全性的管理成为新的挑战。另外，由于要拆分，数据存储会存在放大效应，一笔交易需要更多存储资源，随着交易量的增加，数据量会大幅增长，对数据存储、处理和计算能力也会带来挑战。

目前，业内在微服务技术架构实践中主要有侵入式架构和非侵入式架构两种实现形式。侵入式架构是指服务框架嵌入程序代码，通过使用框架提供的 SDK（Software Development Kit，软件开发工具包）进行开发，常见的框架有 Spring Cloud、腾讯的开源微服务框架 TARS、阿里巴巴的开源分布式服务框架 Dubbo、蚂蚁集团的 SOFAStack（Scalable Open Financial Architecture Stack）。SOFAStack 包含了构建微服务体系的众多组件，包括研发框架、RPC（Remote Procedure Call，远程过程调用）框架、服务注册中心、分布式链路追踪、Metrics 监控度量、分布式事务框架、服务治理平台等，结合社区优秀的开源产品，可以快速搭建一套完善的微服务体系，并作为微服务开发和运行治理的必要支撑，帮助实现微服务注册、发现、限流、治理等能力。网商银行从筹建时起，IT 系统架构就是基于 SOFAStack 构建的分布式微服务架构。

当前业内以侵入式架构为主，其主要特征是所有代码部署在同一个进程内，包括业务逻辑代码、依赖微服务框架构建的非功能性代码和框架自身客户端，如图 1-7-3 所示。由于侵入式架构本身的服务与通信组件互相依赖，当应用数量和服务接口越来越多时，侵入式架构在服务间调用、服务发现、服务容错、服务部署、数据调用等服务治理层面将面临新的挑战。

非侵入式架构则是以代理的形式，与应用程序部署在一起，接管应用程序的通信网络且对其透明，以服务网格为代表。业内目前常见的服务网格框架有 CNCF（Cloud Native Computing Foundation，云原生计算基金会）的官方项目 Linkerd 以及 Google、IBM、Lyft 联合开发的开源项目 Istio。蚂蚁集团也发布了服务网格产品 CloudMesh，它是基于 Istio 开源项目研发的企业级云原生网络通信方案，为分布式应用提供流量管理、安全加密、可观察性、服务治理等能力，实现灰度发布、蓝绿部署、滚动升级，助力企业数字化转型。服务网格作为应用与基础设施的桥梁，突破了传统的 SDK 接入方式，以对应用透明的方式处理服务之间、服务与基础设施之间的通信，实现应用研发和基础设施最大程度上的解耦，服务网格承担了更多非业务功能性的通用能力的实现，应用研发可以大幅减少非业务逻辑的开发投入，研发人员可以将更多精力用于业务开发。

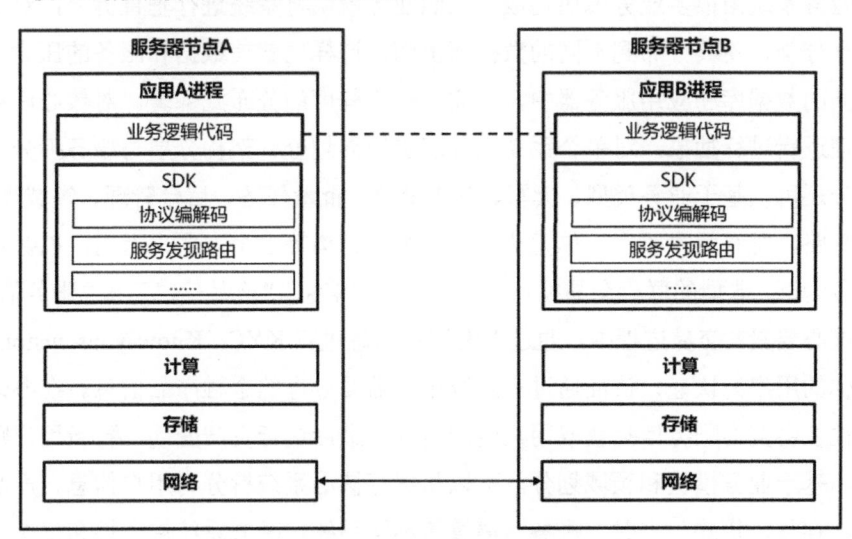

侵入式微服务架构当前还是主流

图 1-7-3　侵入式微服务架构

通过非侵入式架构构建微服务是发展趋势，服务网格的出现正在推动微服务架构进入新的时代，网商银行当前也正在推进服务网格的全面落地。服务网格是一种非侵入式架构，其通常由一系列轻量级的网络代理组成，其典型特征是业务逻辑代码、依赖微服务框架构建的非功能性代码和框架自身客户端分别部署到了不同进程中，如图 1-7-4 所示，出现了一个边车（Sidecar）进程，负责应用之间的服务发现、路由、调用、负载均衡、健康检查、限流、熔断和监控，可以保证应用的调用请求在复杂的服务网络拓扑中可靠地穿梭。

非侵入式微服务架构是未来

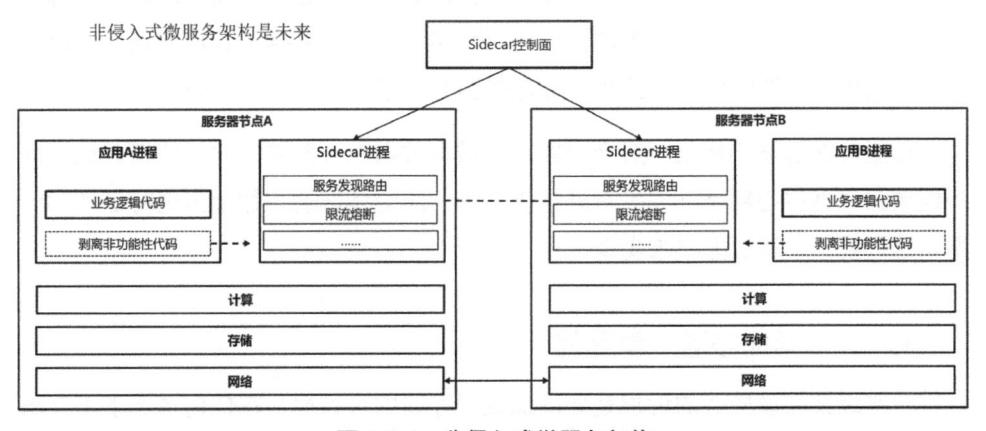

图 1-7-4　非侵入式微服务架构

业务系统由很多业务模块构成，按照业务模块将系统进行垂直拆分，对数据表进行分类，使其分布到不同的数据库上面，这样也就使数据和服务的压力分担到不同的数据库和应用服务器中，以完成一定程度的分布式部署。对核心底层业务处理逻辑进行抽象，对单个系统进行职责边界划分、架构分层与服务拆分。服务拆分还可以基于业务类型、读写、联机交易、批量任务、后台管理、领域类型、关键链路、发布版本频率、单元化约束、组织结构等多个方面来考虑。以银行核心业务为例，典型的联机交易往往包含了"用户信息""产品信息"和"账务信息"三个核心要素。交易过程中，通过查询用户信息进行 KYC（Know-your-customer，了解你的用户）认证，认证通过后获取用户需要办理的金融产品信息。在办理过程中往往会查询账务信息获取用户资产情况，最后进行资产变动，更新用户账务信息。基于业务模块和领域划分，可以将银行核心系统拆分为用户信息、产品、合约、存款、贷款、理财、账务、清算等不同系统，降低系统耦合性和复杂度，提升系统整体性能。由于业务系统中的事务主要高度内聚在模块内，对模块与模块之间的事务一致性要求不高，少量关键业务采用传统的冲正、对账等手段就能解决，网商银行主要通过分布式事务框架解决多系统间的事务问题，进行微服务分布式架构升级的技术成本和挑战不会太大。

云计算平台的计算服务器和数据服务器都普遍采用 x86 架构的服务器，单机处理能力有限，当单表数据过大（例如账户数据上亿笔），x86 架构下单机性能不足以支撑高并发请求时，数据水平拆分势在必行，需要将原来一张大表的数据在水平维度拆分为多张小表，分开存储在不同的数据库中进行并发处理。水平拆分虽然能带来处理性能的水平扩展，但同时也带来了大量数据一致性问题，因此，可靠、通用、高性能的分布式事务处理能力是数据水平拆分的前提。

微服务在部署架构上一般会停留在同城多数据中心部署，并不能很好地实现跨地域的数据中心部署并同时对外提供服务，跨地域部署往往会出现时延增加问题，这需要一种解决方案来实现。

1.7.2 "异地多活"单元化

金融级架构最核心的诉求是要确保数据存储的可靠性，在任何情况下不会出现数据丢失或者不一致，确保用户信息完整、准确，特别是要确保资金安全。假设存储系统本身不会出现缺陷导致数据出现问题的情况，当存储系统部署到生产环境中后，外部环境将直接决定存储系统能否稳定运行。这里的外部环境主要涉及地域、数据中心、网络。为应对容灾方面的挑战，传统的"两地三中心"在应对城市级灾难时仍不能很好地满足服务可用性和数据无损方面的诉求。

单元化是将一个系统的架构按某种数据特征维度进行单元划分。比如银行有1亿名用户，假如按照用户维度进行划分，则可以分成20个单元，每个单元存储500万名用户信息。每个单元是一个从流量层、应用层到数据层的完整、自治、独立的生态系统，能为用户提供绝大部分服务，数据访问都尽量封闭在这个单元内。因此可以将一个单元部署到任何地域，单元和单元之间能够互为备份，这为"多地多活"部署提供了可能。有少量服务确实存在需要跨单元的情况，这就需要服务具备单元间的分发和调度能力，以及分布式事务框架支持跨单元的事务一致性保障能力。

1.7.3 弹性架构

在新系统部署上线、新业务投产之前，往往会先根据对业务量的估算，准备一定规模的服务器。从提出采购申请，到生产商制造、物流运输，到服务器到货、安装、通电，到服务器初始化、性能压测（压力测试），再到交付投产，往往需要好几个月。服务器供给能否满足业务发展需要，对IT预算制定的精准性、供应链的可靠性提出了很高的要求，预算不足可能会拖累业务发展，预算过多会增加IT投入成本。考虑到单个数据中心承载的服务器规模有限，当业务发展过快时，现有的数据中心承载不了增加的服务器，还需要建设新的数据中心，而数据中心的建设周期更长，从规划到投产长达一年以上，在这期间如果业务发生变化了，重新调整也是非常困难的。

一些业务存在周期性的或者临时性的营销活动，活动期间的业务流量会大幅上涨，可能是日常流量峰值的几倍或者几十倍，典型的有"双11"大促这种大型活动。如果按大促期间的容量要求来进行保障，往往需要在预算上做相应的安排，提前准备充足的资源确保大促期间系统的计算能力满足要求。这种固定的资源投入往往会导致大促后服务器利用率大幅下降，而服务器是会折旧的，闲置成本高，这会出现一定的资产浪费。如要灵活、快速、低成本地应对突发的或者周期性的业务流量洪峰，需要一种新架构来支撑，网商银行通过引入蚂蚁集团多年来在"双11"大促期间成功落地的弹性架构来解决上述问题。

云计算讲的弹性架构，通常意义上是指IaaS（Infrastructure as a Service，基础设施即服务）层能够实现计算资源（含网络）的弹性扩展和调度。但我们强调的弹性架构，不仅包括IaaS层，也包括如何让数据服务也具有弹性，它本质上是以单元化架构为基础的升级，是指系统的部署规模可以随着业务量的变化而快速伸缩，系统业务流量可以有选择性、有针对性地将大流量部分的业务在不同的资源池中进行弹性调拨。基于单元化能力，数据上实现了单元化，这样辅以数据迁移工具，就能够实现数据服务的弹性，进而形成整体架构的弹性能力。在面对类似"双11"大促的临时超高并发场景时，能够通过整体架构上的弹性，低成本地获取更大的容量和更强的处理能力显得非常重要。比如从常规部署的20个单元，临时弹性扩展为100个单元，大促过后再缩容为20个单元，归还弹性资源节约成本。在整个数据和服务的弹性中我们既要能做到完全对等扩容，每个扩容单元在数据和服务上完全相同，也要能做到对数据和服务按需扩容，扩容单元上的数据和服务只支持主要交易链路（例如快捷支付）。同时，以单元化为基础的弹性架构为系统跨地域、跨边界混合部署提供了技术支撑。弹性架构不仅提升了业务需求响应速度，不用操心软硬件资源的额外成本（闲置成本），降低了IT成本，更关键的是当业务规模面临海量突发性扩张的时候，能不再因为平时软硬件资源储备不足而"说不"，有效地提升了IT基础设施的灵活性，保障了业务快速发展。

1.7.4 云计算

数字化时代的业务规模急剧扩大，业务运营对信息科技的依赖也与日俱增，信息系统所承载的负荷越来越重，传统集中式架构下的科技支撑能力难以满足系统稳定运营和业务快速发展的需要。传统IT架构存在的弊端日益凸显，新业务扩展困难、自动化程度偏低、响应支持速度慢、决策支持力度不够、科技风险难以管控、灾备成本庞大等诸多问题亟待解决。与此同时，管理和维护手段相对落后，很难满足稳定运行和快速响应的要求，更难以实现科技本身的集约化发展，IT建设陷入重复投资、利用率低、运行效率低的怪圈。如何从基础架构层面规划弹性、开放的数据中心这一课题，摆在了CIO（Chief Information Officer，首席信息官）

和 IT 部门面前。

2015 年 1 月，国务院对外发布《国务院关于促进云计算创新发展培育信息产业新业态的意见》（国发〔2015〕5 号），指出云计算是推动信息技术能力实现按需供给、促进信息技术和数据资源充分利用的全新业态，是信息化发展的重大变革和必然趋势。对于金融行业来说，由于金融业务的特点以及严格的监管要求，其对于云计算服务在安全、稳定等方面的要求远高于其他行业标准。2016 年 7 月，银监会发布《中国银行业信息科技"十三五"发展规划监管指导意见（征求意见稿）》（下称《意见》）。《意见》强调全面提升大数据应用、大数据治理与数据服务能力。在战略方面，强调大数据顶层规划、团队建设、数据共享机制的建立。在大数据基础方面，强调对于线上交易、电商平台、社交网络等互联网数据来源的拓展，吸纳第三方征信机构数据。在服务与应用方面，强调基于大数据的营销、风控应用的推广。同时，《意见》明确提出对于银行 IT 架构向云计算迁移的发展路径，私有云与行业公有云并重，开放的分布式架构成为信息系统发展的方向，并提出到"十三五"末期，面向互联网场景的主要信息系统尽可能迁移至云计算架构平台，有望成为银行业云计算采用率持续提高的政策保障。

云计算能够实现对 IT 资源的动态调配，提升和简化 IT 管理，把 IT 资源作为标准化服务呈现出来，让使用者像用水、用电、用气那样消费 IT 资源。银行业是技术高敏感行业，每次重大技术创新都会对其运作模式产生影响。对 CIO 而言，云计算可以让其将更多精力集中在满足业务需求、新业务探索、新技术跟踪等领域，完成从 Chief Information Officer 到 Chief Innovation Officer 的转变。网商银行从诞生时起，IT 系统就构建在私有云上，IaaS 基于阿里云专有云底座建设，PaaS（Platform as a Service，平台即服务）基于蚂蚁集团的金融云构建，天然地拥有分布式计算能力，并具备了金融级的安全、高可靠、高可用能力。云计算带来的，表面上是借助云平台弹性计算的能力，节省了服务器等硬件资源和 IT 人力资源的投入，而实质上，是一次深刻的生产力变革。云计算平台提供了一个完全开放的生态环境，金融机构可以便捷地整合利用生态环境中各类云服务资源，使自己专注于核心金融业务的持续创新及运营管理，充分发挥核心优势。

1.7.5 云原生

面向互联网的数字银行 IT 系统设计趋于复杂，微服务的数量也呈指数级增长，在业务需求快速变化、上线速度、投产频率要求越来越高的情况下，金融核心组件的抽象是一个大趋势，中台化架构已经逐渐成为新一代软件系统集成模式的重要方向，在强调业务核心组件复用能力的同时，如何保证业务系统迭代的效率是需要解决的迫切问题，而传统的运维模式支撑如此大规模的分布式服务变得越发艰难。

近年来，业界普遍认为，云原生架构能加快需求交付，降低运营成本，支持容量高效伸缩，提升运维效率和质量，保障业务连续性，从而使组织能更从容地接入创新技术，促进业务高速发展。当前云原生社区持续火热，云原生计算基金会（CNCF）在 2018 年对云原生进行了阐述，云原生技术有利于各组织在公有云、私有云和混合云等新型动态环境中，构建和运行可弹性扩展的应用，云原生的代表技术包括容器、服务网格、微服务、不可变基础设施和声明式 API（Application Programming Interface，应用程序接口），这些技术能够构建容错性好、易于管理和便于观察的松耦合系统。结合可靠的自动化手段，云原生技术使工程师能够轻松地对系统做出频繁和可预测的重大变更。云原生架构简化了业务系统基础设施，为研发效率提升提供了新的解决思路，为银行基础架构的容量管理、运维管控等能力向自动化、智能化拓展打开了更广阔的发展空间，更利于构建自动化的研发运维体系，降低上层业务系统对基础设施的依赖性，以及运维复杂度。

阿里云发布的《云原生架构白皮书》介绍，从技术的角度，云原生架构是基于云原生技术的一组架构原则和设计模式的集合，旨在将云应用中的非业务代码部分进行最大化的剥离，从而让云设施接管应用中原有的大量非功能特性（如弹性、韧性、安全性、可观测性、灰度等），使业务不再有非功能性业务中断困扰的同时，具备轻量、敏捷、高度自动化的特点。阿里云发布的《云原生架构白皮书》也对云原生架构与传统架构进行了形象的对比，如图 1-7-5 所示，代码逻辑部分的正方形代表非功能性代码，圆形代表第三方依赖，菱形代表业务功能性代码。在传统架构中，有较多的非业务代码（也就是图中正方形部分），在云原生架构下，理想情况是期望不再有非功能性代码在应用代码逻辑中体现，而让其下沉到基础设施中去，业务运维人员也只需专注于业务代码相关的部分。

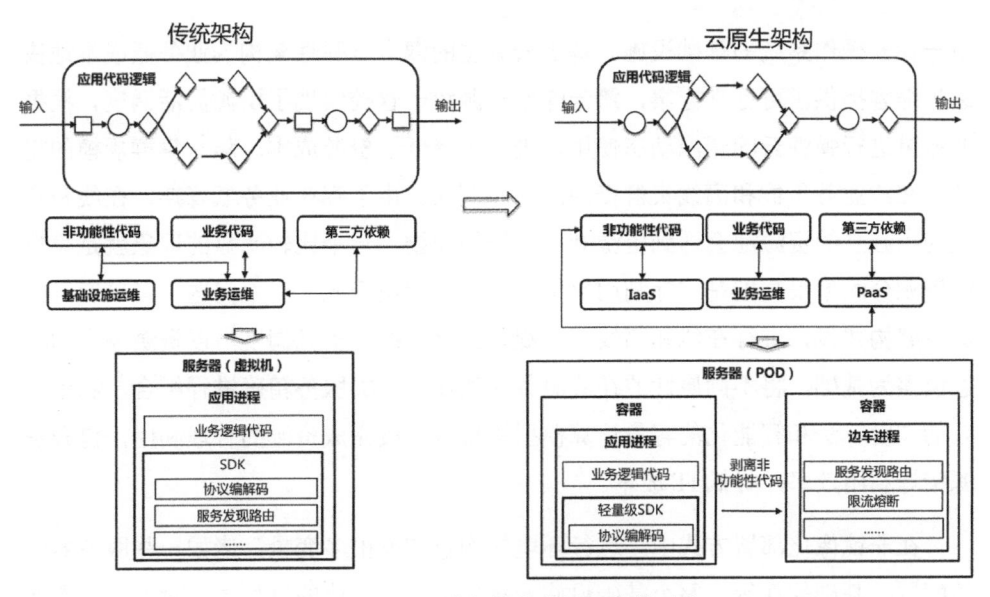

图 1-7-5　云原生架构与传统架构的对比

网商银行通过云单元建设打造了一套容灾能力达到行业内最高等级的"异地多活"技术架构，支持业务流量按云单元灵活调拨，并具备架构的水平扩展能力，在基础技术底盘上跃上了一个新的台阶。但是在基础设施架构演进过程中，我们也发现了一些问题，例如为支持活动峰值流量而准备大量机器导致日常资源利用率低、基础设施迭代演进与业务强耦合、无法按业务维度进行精细化流量管控、应用安全加固成本高等问题，这些问题导致基础设施架构升级演进消耗了较多技术资源。随着业务的发展，对于运维效率、扩展性、可迁移性、精细化管控的更高要求，网商银行一直在探索与业务发展相适应的架构解决方案，结合业界技术发展趋势及自身实践，逐步确定了面向云原生的架构升级方向。云原生技术的持续发展，为我们带来了安全可信、节约成本和敏捷开发等方面的全新能力，驱使着基础设施往云原生的架构体系演进。

随着云原生技术的不断迭代演进，云原生产品能力也在不断成熟和完善，云原生架构逐渐成为多家互联网机构及金融机构的架构选型方向。容器编排 Kubernetes 技术承载了云原生时代统一资源调度的目标，通过统一资源调度，可以有效提升资源利用率，极大地节省资源成本。通过在弹性资源交付、集群规模化服务，以及技术风险防控与自动化运维上的持续建设，让 Kubernetes 逐渐成为下一代云操作系统的基础设施。基于云原生的混合云弹性架构为业务低成本地快速扩缩容提供了可行性方案，跨云弹性资源统一管控实现了资源灵活调度，根据业务量进行弹性云的资源动态使用，进一步降低了资源成本。随着集群规模的提升，在线业务集群和离线集群资源池逐步变大。由于存在业务低峰期，在线和离线使用独立的资源池会遇到资源利用率低的问题，一个比较明显的现象就是集群的资源分配率很高但是实际利用率偏低。为了解决资源利用率问题，可以通过云原生架构建设，进行在线和离线集群混合部署，统一资源调度，以资源隔离和动态调整为基础，将不同属性的在线服务和离线计算类服务精确进行组合，利用高效的调度算法和智能化的容量计算模型等技术手段完成资源的合理利用，提升资源错峰利用效率，降低 IT 成本。

在非镜像化部署方式中，运行环境的构建依赖很多变量，诸如一些服务器上的配置、基础软件等，整个基础设施一直处于一个变化的过程中，对于一些需要回滚的运维场景会比较复杂。云原生架构下采用镜像化部署模式，将应用依赖的基础设施（含配置）打包成不可变的镜像，可以做到多套环境统一镜像，极大地降低了应用在多环境中的部署成本，同时对自动轮转替换、自动回滚等运维动作更友好，提升了基础设施运维的自动化水平和系统稳定性。

服务网格是网商银行新一代架构中非常重要的一层，如图 1-7-6 所示。它使原来通过 SDK 集成的一些网络通信的能力下沉到 Sidecar 中，包括基本的 RPC、消息、数据访问能力，以及在此基础上的服务发现、服务鉴权、熔断、限流、流量管控、数据库分库分表、数据加解密的能力，与业务系统部署解耦，给业务系统带来透明的通信基础设施，让业务研发人员专注于业务逻辑，减轻了业务负担，将基础设施的迭代演进跟业务系统解耦，加速了基础设施演进速度，提升了业务系统及基础设施的迭代效率，实现了"专业的团队做专业的事情"。另外 Sidecar 的引入也给业务系统的多语言发展提供了更大的可能性，通过服务网格技术可解决多语言、多技术栈之间的互连互通问题，有利于构建一个松耦合银行系统架构。

网商银行云原生架构最大的特点是整合了单元化能力，使云原生能力具备了"异地多活"的特性，网商银行云原生关键技术架构如图 1-7-7 所示。

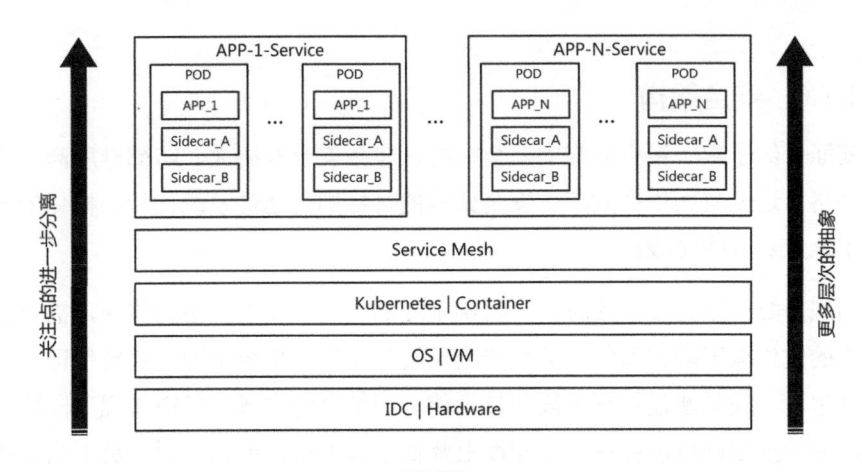

云原生

图 1-7-6 基于云原生构建新的应用部署架构

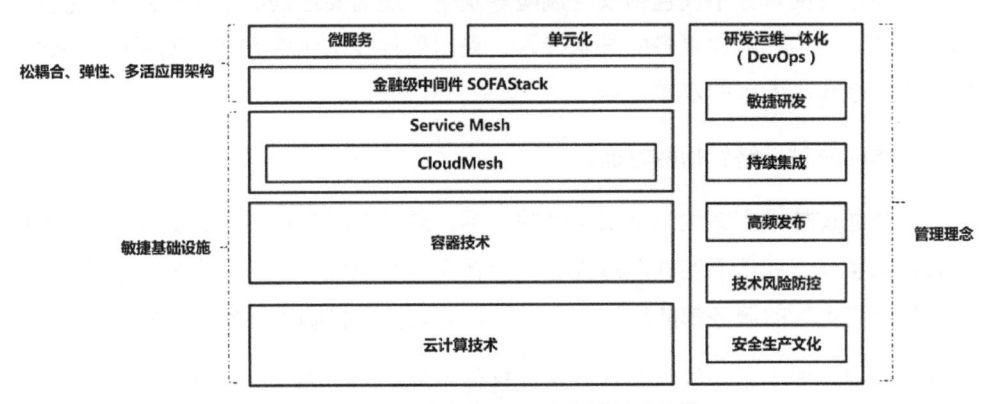

图 1-7-7 网商银行云原生关键技术架构

云原生技术带来了更高层次的基础设施抽象，让研发的关注点从基础设施进一步分离，聚焦于上层业务逻辑实现，通过使用云原生新技术带来研发效率、资源效率、安全能力和运维能力的提升。基础设施能力下沉后具备独立演进能力，降低应用开发投入成本，可实现业务低成本安全加固，降低业务风险。统一资源调度和混合云弹性架构支撑资源弹性伸缩，提高资源利用率，降低资源成本投入。网商银行通过探索和实践云原生架构，建设新的运维体系，实现更高质量的可持续交付，在为业务发展提供先进的技术支撑能力的同时，也进一步为架构持续、快速、高效地演进打下了坚实的基础。

1.7.6 安全架构

前面介绍了数字银行面临的安全挑战，包括安全威胁大、防御难度高、安全要求严格，还要兼顾生产效率。安全架构的目标则是通过系统化和架构化的方法高效率地应对这些挑战。

为应对数字银行安全威胁大、防御难度高、安全要求严格的挑战，需要将安全风险的发生概率降到最低，甚至安全风险零发生。传统金融企业要保证安全风险零发生，一般是通过管理手段和技术能力相结合的方式，其中管理手段较为严格，部分管控措施可能会在一定程度上降低工作效率。例如，银行员工为了控制风险而需要不断切换办公设备和办公场所，来做本应是连贯性的工作。数字银行安全架构建设的目标不仅包括安全风险零发生，还需要达到数字化和互联网模式的生产效率。因此需要更多的技术投入，采用更加技术化的方案和创新机制来达成高安全性和高效率的双重目标。

具体的应对思路包括两方面。

一是通过技术方案达成高安全性的目标，通过实现默认安全机制和可信级纵深防御来实现，并依靠实战演练检验安全体系的有效性。默认安全机制的意义在于确保所有更新的服务都能经过安全评估，默认安全机制应得到有效覆盖。

二是提升安全工作的效率，以保证整体生产效率。为了达成默认安全机制和可信级的纵深防御，需要在服务更新上线前进行高频的安全评估和分析工作，带来巨大的工作量，如果不能高效完成，必然会影响整体的生产效率。因此需要让所有的安全评估和分析工作都首先在线化和数字化，然后进一步自动化和智能化。

后面的章节将会展开介绍数字银行安全架构中的默认安全、可信级纵深防御、威胁感知与响应、数字化与智能化、实战演练检验的思路与方案。

1.7.7 技术风险防控

应对信息科技风险挑战需建立健全内部防控体系，通过管理措施和技术能力，消除风险隐患，及时处置运行故障，快速"止血"恢复业务，提升风险防护能力，保证信息系统高可用和资金安全，保障业务连续性。网商银行构筑了以信息科技部门、风险管理部门、审计部门为主体的信息科技风险管理三道防线，共同防范和控制信息科技风险，通过多年的实践和总结，逐步形成了多维度、立体式的技术风险防控体系，其概览如图 1-7-8 所示。

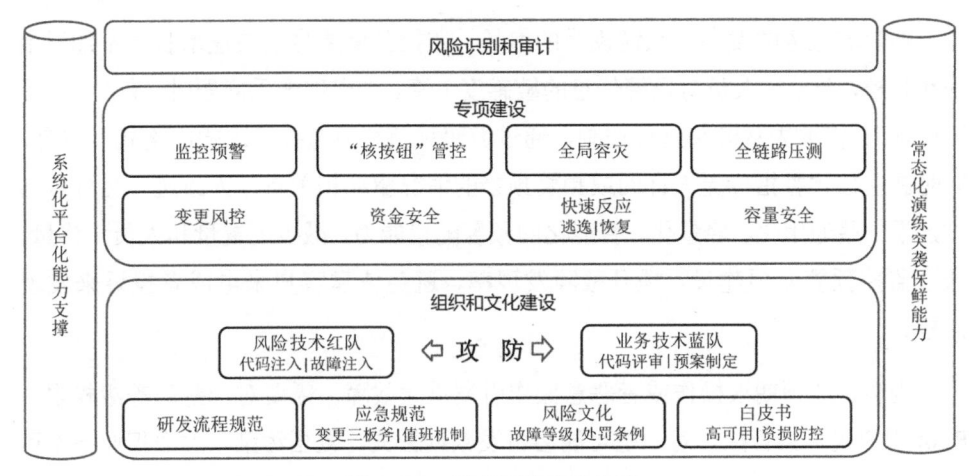

图 1-7-8 技术风险防控体系

人是技术风险防控的核心，需要在组织和文化上进行建设，从顶层架构设计出发，建立职责明确的技术风险防控管理组织架构，明确技术风险防控管理策略和制度，加强技术风险防控资源配备，增强技术人员对风险的敬畏意识，营造技术风险防控管理文化，促进技术风险防控水平的整体提升。另外，通过制定研发流程规范、变更指导原则、应急规范和各类专题（如高可用、资损防控）白皮书来指导技术人员开展工作，形成基础的防控能力，事前防微杜渐，避免将隐患带入生产环境。同时，制定故障等级标准和生产安全处罚条例，对违反规范制度人为造成故障的人员进行处罚，通过规章制度、规范指南、文化宣导和日常各类演练，提高全员风险防控意识和实操能力。

技术风险防控体系体现在组织结构设计上，可以成立风险技术红队和业务技术蓝队，进行红蓝攻防演习，红队通过代码污染和故障注入来主攻，蓝队需要通过代码审查、监控预警和预案设计来主防，不公开演练场景，每年在约定时间段或不提前通知开展真实化、常态化的应急演练，进一步提升应急处置能力。在锻炼队伍的同时，做好创新研究，推动平台能力建设，打造智能化、全方位的一体化运维管理、应急指挥、故障预测预警、自动化操作等技术支撑能力。日常需要技术红队、技术蓝队进行风险识别，风险审计部门对信息科技部门的相关工作特别是生产问题改进情况进行审计，做一些技术风险防控专项建设，通过专项建设做深做透，打磨并沉淀系统化能力。

伴随着业务的发展、系统规模的增长，监控预警量也会快速增长，不加以治理和管控，会导致人员对预警信息的敏感度下降。当出现严重问题时，会产生"报警风暴"。需要先从源头进行控制，通过编码规范约束监控日志输出格式、内容，同时就监控预警指标无人订阅或频繁预警的情况驱动相关责任人改进。另外，通过建设一些通用化、轻量化、智能化的预警配置能力，减少配置量和人员工作量。通过监控预警专项建设，提升故障发现率，避免依靠客户来电或者投诉来发现问题。

为防止非预期误操作或者恶意操作引发重大故障，需要对一些高等级权限、Root用户权限强管控，对一些可能会引发数据丢失、数据污染、大面积业务不可用的操作进行重点布防。诸如生产环境全局流量切换、数据库表删除、代码库删除、服务器批量下线删除等高危操作，类似"核按钮"。事前通过严格规范的流程保障机制确保权限授予是适当和"收敛"的，事中通过对权限使用过程进行监控和复核，建立熔断和可回退机制（如数据回收站），事后及时收回权限并进行审计。

为应对地震、洪涝等自然灾害，以及运营商网络或者电力网络不可用等基础设施故障，还需要建设全局容灾能力，打造同城和异地容灾能力。网商银行目前已经建设了"异地多活"能力，可以做到在单个城市所在数据中心完全不可用的情况下，由其他数据中心接管业务，并且确保数据零丢失。全局容灾能力需要在常态化、周期性的容灾演习中不断打磨、完善、升级和"保鲜"。网商银行按月度制定了全局容灾演习计划，基本保持每月至少一次的生产环境数据中心非断网和断网场景中的应急恢复演练。历史上发生过真实的单数据中心不可用故障，网商银行通过这套全局容灾能力建设，在这次故障中做到了快速恢复业务。

网商银行内部故障统计数据显示，系统生产故障有较多都源于变更，变更管控对技术风险防控而言至关重要。变更管控的核心指导原则是"变更三板斧"：可观测、可"灰度"、可应急。任何变更都需要在执行前部署好可观测能力，用于评判预期内的效果，识别预期外的问题，用于指导进一步扩大变更范围和决策应急处置动作。可"灰度"强调的是变更需要逐步扩大范围，从地域、数据中心、环境、服务器、用户、时间等多个维度去设计灰度过程。可应急强调的是变更方案要优先保障可回退能力，一些变更由于情况特殊，不一定具备可回退能力或者回退代价无法接受，这就需要通过追加其他变更来处置，比如数据订正、新版本上线等。"变更三板斧"也是变更风控系统化能力建设的指导思想，网商银行在变更流程设计和运维平台执行过程中强制约束了可"灰度"的落地，同时通过可观测能力的整合，在变更过程中建设一些熔断、自愈能力。微服务分布式架构下，服务规模巨大，变更来源广泛，如变更没有很强的管控、追踪能力，一旦线上发生问题，依赖人工追根溯源很难第一时间快速找到对应的变更，变更本身的质量也很难有效控制，这就需要有一套变更风险控制系统，其核心职责之一是通过API/SPI（Service Provider Interface，服务方提供接口）、数据采集等多种方式汇聚、整合所有变更信息，使变更可见、更可追溯。同时，提供变更编排、变更灰度检查、变更预检、变更结果监控预警等能力，当出现问题时通过提供变更关联来加快线上问题处理速度。

由于产品设计缺陷、产品实现异常、人工操作错误等原因引发资金损失会严重影响企业的品牌形象，在企业自身名誉和资金受损的同时，还可能导致用户对企业产生信任危机。作为金融机构，资金安全保障是技术风险防控工作的重中之重。

资损防控包含"防"和"控"两项工作。"防"需要从产品设计、产品实现、人工操作三类不同的问题来源进行分类预防。"控"需要做好各项预案设计，当问题触发时能通过预案及时做好止损，控制影响面进一步扩大，同时尽可能消除影响。产品实现可以从产品研发的质量和流程两方面开展工作，研发团队的各个角色都要对质量负责，研发质量的提升，重在编码和测试质量，需要提供开发、测试的研发规范，并且在意识上引起重视，保证产出质量。研发流程上，资金项目在需求阶段要明确资金流及异常分支；在立项阶段要提供资金结算、核对方案；在系统研发分析阶段要产出资损风险点分析，制订防控措施，明确预案细节；在质量测试分析阶段要进行资金验证的测试分析。发布前要再次评估风险，检查资损防控措施是否实施完成，包括实时核对、T+M 分钟级核对、T+H 小时级核对、T+1 隔日核对等多维度布防，并"责任到人"订阅核对预警，同时业务方对资金流要进行完整的验收。通过证证、证账、账账、账实等核对模式进行资金流操作结果核对,当发生资损时,多维度核对布防到位基本能第一时间发现并识别出资损问题。识别出资损问题后,最重要的是处理速度,要第一时间进行止损。

在数字化时代的当下,服务线上化,遇上各类重大活动时系统峰值陡增,对系统的容量安全提出了更高的保障要求。互联网公司多年的实践证明分布式架构是可以满足高容量、高扩展性要求的,分布式架构下的系统扩展能力强,运行效率高,运行可靠性高,成本优势明显,能满足自主可控要求。分布式架构下容量保障和架构升级的"核武器"是全链路压测,其在 7.4 节有详细介绍,这里不再展开。

扫码即刻订阅本书视频精解

第 2 章

云基础设施架构

丹·斯科特在《颠覆银行》一书中说:"本书面对的,是那些想知道如何创新,并在自己的组织内部通过创新型伙伴关系,促成显著的正面变化的人。这些可以合作的机遇并不总是存在,它是各种趋势相互碰撞的结果,这些趋势包括今天无处不在的互联网和智能手机、开放平台和应用程序接口(API)的兴起,由社交、本地化和数字化能力带来的新商业机会的增加,网络影响力以及消费者预期出现的根本性变化。"随着互联网、移动互联网的发展,金融行业创新层出不穷,新兴的互联网金融快速占领了市场,而部分传统金融机构看起来却"原地转圈"。面对"冰火两重天"的发展现状,传统金融的变革似乎势在必行。基础设施是金融服务的基石,面对新的变革,成为首要的目标。

当我们提到金融基础设施架构时,相信大多数人想到的仍然是小型机、网络、IDC 等基础设施。的确,全球大多数金融机构目前仍然采用这些基础设施,并且每年花费大量的成本来采购和维护,同时承受业务增长带来的快速弹性伸缩的压力。因此,进入数字金融时代,金融基础设施架构面临的矛盾是:快速增长的金融业务、丰富多彩的金融创新,以及低成本的技术转型,与稳定性、标准化、安全的金融基础设施需求之间的矛盾。本章重点来解决这个矛盾,介绍如何让云基础设施架构成为数字金融时代的基石，助力普惠数字金融的升级，推动普惠金融服务的发展。

本章主要分享数字金融如何基于云计算构建基础设施，我们希望通过合理的系统架构设计，满足数字金融发展的需求，并且让云基础设施为金融创新提供便利条件。

本章内容主要从以下几个方面来分享。

（1）金融基础设施的机遇和挑战：金融基础设施的窘境，是挑战，也是机遇，发现当前面临的问题，找到对应的解法，是我们最重要的目标。

（2）云产品选型：我们重点介绍金融安全的特点，保持云计算弹性的需求，并针对云计算产品进行选型参考。而对于产品的介绍，以及基本的使用说明，我们不会用太多笔墨，这部分可以参考官方产品文档来了解详细内容。

（3）云网络规划：网络规划是一个重要的部分，真正的安全环境是从网络访问方式上实现安全的防护能力的。区别于物理网络通过硬件网络配置的方式进行控制，云网络的配置基于 VPC（Virtual Private Cloud，虚拟私有云）和安全组的逻辑，除了将私有环境跟公共云环境隔离开，还针对不同应用进行隔离，实现细粒度的安全管控。

（4）云产品架构：基于云产品选型和网络规划，进行云产品的架构设计，整体打造出公共云上的金融服务能力。该部分将从整体到细节，尽可能枚举出各个基础能力的打造方案。

（5）云资源规划：针对云资源规划，我们将从传统的采购服务器转变为采购云资源，采购云资源尽管理论上能做到"任何时间，任何地点"的采购，然而针对大量资源需求，仍然要做好资源的规划和长期的判断。这部分重点讲述如何解决云资源的中长期规划问题。

2.1　金融基础设施的机遇和挑战

金融基础设施当前面临着窘境，这是机遇和挑战并存的时代，因此我们需要从发现问题，解决其中的痛点入手，逐步形成云基础设施架构的思想和策略。

2.1.1 金融基础设施的窘境

金融基础设施面临的矛盾，已经成为基础设施技术架构升级的核心驱动力。因此，我们首先对当前金融业务的需求进行深度挖掘，对金融基础设施现状进行分析，面向业务未来 1～3 年的发展，来构建金融基础设施。图 2-1-1 所示为数字金融与传统金融的对比。

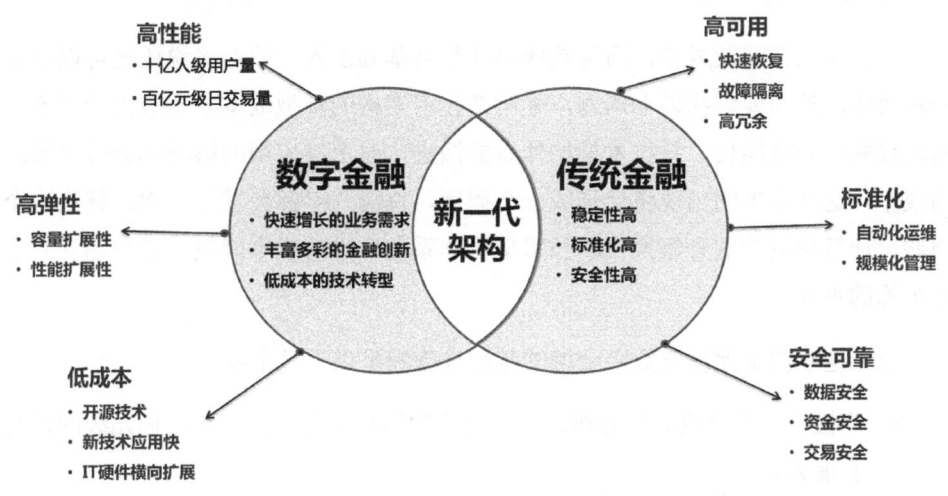

图 2-1-1　数字金融与传统金融对比

2.1.1.1 数字金融

数字金融业务的需求，主要体现在以下三个方面。

1. 快速增长的业务需求

面对移动互联网的海量用户，互联网与金融进行结合，会产生海量的交易和海量的数据。在传统金融基础设施条件下，无论横向扩容还是提升计算和存储能力，并行处理的性能都很难满足需求。扩展周期非常长，一般以月为单位。传统IT 软硬件（如数据库、小型机等）需要向上扩容，成本极高。这些问题导致即使业务流量实现了快速增长，基础设施也难以快速支撑，所以这些成为在金融业务转型阶段需要尽快解决的问题。

2. 丰富多彩的金融创新

金融业务应快速创新，快速适应金融场景，延展金融触达方式，这些都需要进行技术创新和业务模式创新。然而丰富多彩的金融创新可能会失败，从而产生基础设施资源的闲置。创新需要新技术手段（如人工智能、实时计算等技术），缺少基础设施以及基础技术的支撑。创新需要投入的成本较高，并且可能产生长期的资损。这些问题，都将成为对金融创新的阻碍，导致金融创新的想法难以落地，这也是金融业务需要快速突破的方向。

3. 低成本的技术转型

以上两点都涉及成本，而这些成本往往是基础投入，相对来说还是可以想办法解决的。然而要解决以上问题，采用新技术架构的转型成本才是最大的成本。基础设施的升级换代，新技术架构体系的演进，对上层应用的影响都会带来改造的成本，这些成本的出现将会形成一个周期，每隔几年都会发生一次。解决这个问题，让基础设施的升级换代、技术架构体系的演进的成本降低，越来越受到金融机构的重视。

以上这些需求促使着数字金融的基础设施满足以下几个需求。

- 高性能：能够应对亿元级、十亿元级的用户交易，有处理百亿元级的日交易能力。
- 高弹性：容量和性能都具备可扩展性，如果可以动态按需扩展，将是最佳状态。
- 低成本：无论是面对开源技术还是更新的技术，都可以快速扩展，并且取代 IT 硬件向上扩展的高成本方案，转向低成本的横向扩展能力。

数字金融的基础设施具备了以上特点，才能满足业务的需求。然而，传统金融也有很多基础能力需要保持，这样才能确保数字金融不是空中楼阁。

2.1.1.2 传统金融

金融基础设施的现状，主要体现出以下三个特点。

1. 稳定性高

金融业务要有稳定性，这是金融行业亘古不变的法则。只有保证了稳定性，才会有源源不断的交易，才能成为经济发展的保障。因此传统金融的稳定性，一定要在数字金融上得到实现。

2. 标准化高

金融行业一直以来都是科技的先驱,也是标准化的典范,经过了很多年的实践,才形成了当前标准化的服务。在数字金融时代,标准化的服务能力应该继续发扬,而针对新的金融业态环境,也需要按照标准化的方式进行改进和优化,形成数字金融时代的标准化体系。

3. 安全性高

金融行业要有确保用户资金安全、数据安全、交易安全等的金融保障体系,也要有金融业务的基础能力。数字金融既要满足金融业务的快速发展和创新,又要保障金融环境的安全可靠,确保金融业务的稳定进行。

以上传统金融对基础设施的要求,同样适用于数字金融基础设施,因此需要在以下三个方面进行落实。

- 高可用:具备高可用的能力,并且在故障发生时可以快速恢复,如果在故障发生时具备故障隔离能力,将会提升稳定性。
- 标准化:规范化作业,自动化运维,有规模化管理的能力,以应对新金融业态的发展。
- 安全可靠:确保数据安全、资金安全、交易安全,确保用稳定的金融基础设施,提供可持续的安全可靠服务。

结合数字金融的业务需求和传统金融沉淀的技术特点,形成了数字金融基础设施的需求(高性能、高弹性、低成本、高可用、标准化、安全可靠)。我们希望借助新一代基础设施的架构,来建设数字金融基础设施,迎接未来金融业务的发展和创新。

2.1.2 云计算助力数字金融

从云计算概念的提出,到争议、尝试,再到如今云计算的如火如荼,几乎没有人再质疑云计算的能力和价值。然而我们会发现,在金融业务中却很少采用云计算,而究其原因,更多是以不安全、不稳定、不标准作为拒绝的理由。我们认为,在兼顾安全、稳定、标准化的要求下,享受云计算高性能、高弹性、低成本的技术红利,才能助力金融创新,实现普惠的数字金融服务。

云计算并不等于不安全、不稳定、不标准，同样，传统IT基础设施也不等于安全、稳定、标准化，而要做到安全、稳定、标准化，更多地依赖于采纳的技术和产品，以及系统架构设计，而不应该对其定性分析。

首先应该选择接受云计算带来的优势，高性能、高弹性、低成本的云计算服务能力，可以满足金融业务快速增长的需求，提供超高性能的计算力和按需快速弹性伸缩的能力。丰富多彩的金融创新项目，基于云计算进行快速开发和试错，享受到所未有的便利性。按量付费的能力还降低了成本，无论是金融业务的开发成本还是试错成本，都得到了大幅度的降低。互联网行业借助云计算技术，进行创新、创业、闪电式扩张，已经证明了云计算的优势。我们也相信，数字金融行业借助云计算，也将开拓数字金融的边界，让金融服务"无微不至，无处不在"。

2.2 云产品选型

数字金融基于云计算构建基础设施，从兼具数字金融和普通金融的特点来考虑，首先需要选择符合需求的云产品。在云产品选型方面，我们主要从云服务器、云存储两个方面进行说明。本节我们以阿里云作为云计算服务提供商，提供选型的参考，对于其他云计算服务提供商的产品，大家可以根据其描述的能力，进行对应的选择。

2.2.1 云服务器

云服务器不同于物理服务器，我们既可以按量付费，又可以按"包年"或"包月"模式采购，云服务器还提供开箱即用、弹性伸缩的资源能力。此外，云服务器还简化了服务器硬件配置、服务器运维的复杂工作。在云服务器选型过程中，我们不需要关心服务器中的CPU选择什么型号、内存配置多少条、网卡需要什么规格、电源配置成什么模式，等等。不需要专业的硬件工程师，我们根据业务需求，选择对应的ECS（Elastic Compute Service，弹性计算服务）实例规格即可。而在生产过程中，我们直接选择熟悉的操作系统镜像，就可以部署我们的应用，而不需要为服务器硬件更换、硬件固件升级、硬件日常巡检等问题搞得焦头烂额，也不需要专业的系统工程师7天×24小时待命。

阿里云的云服务器 ECS 提供了丰富的产品规格族，根据业务的形态和特点，可以提供匹配的产品选型，基本覆盖了所有的应用场景。

1. DDH 产品设计

首先，我们了解一下云服务器的基本原理：云服务器是在一个大型数据中心中，将所有的服务器资源进行统一调度，形成一个巨大的资源池，宛如一台庞大的服务器。每个用户根据自己的需求，采购对应规格的资源。在这个过程中，大多数情况下，同一台物理服务器上可能有多个用户的云服务器实例，它们通过虚拟化技术隔离。

虚拟化技术本身应该是安全可靠的，但是如果使用的技术（Xen、KVM 等）存在漏洞，或者硬件本身存在安全风险（如 Intel CPU 的侧信道漏洞）时，同一台物理服务器上的多个用户的多台云服务器可能就处于危险的境地。当然这个概率非常低，并且攻击难度较大，然而对于金融领域来说，却不能忽视。为了规避可能的风险，阿里云提供了专用宿主机（Dedicated Host，DDH），它可以独享物理资源，而避免了一台物理服务器上有多个租户共享资源。专用宿主机与共享宿主机的差异如图 2-2-1 所示。

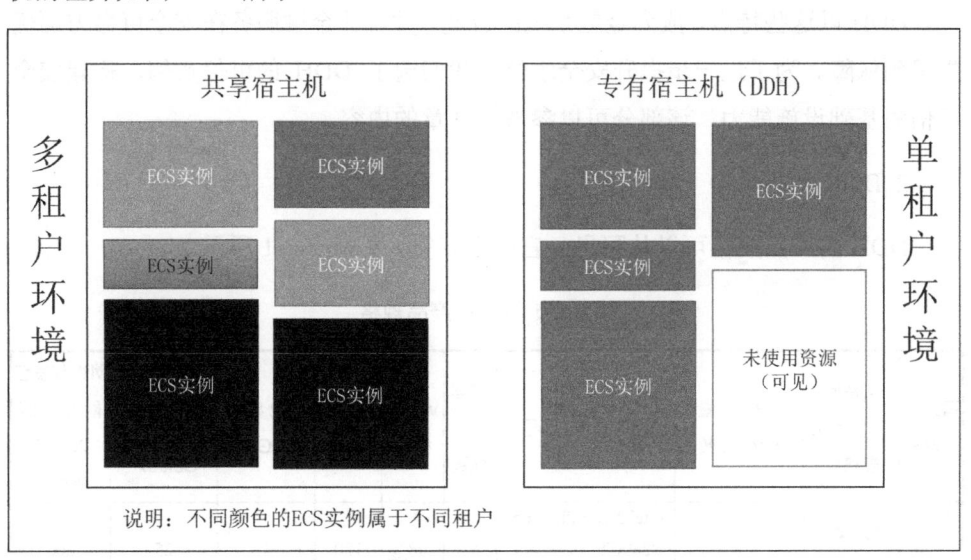

图 2-2-1　专用宿主机与共享宿主机的差异

选择使用 DDH，然后根据应用需求来自定义云服务器 ECS 的规格，让内部应用之间通过 ECS 进行资源隔离，确保不同应用之间的强隔离能力。因此，DDH 具备以下特点：

- 降低成本：DDH 可以允许对 CPU 资源机型进行超分设置，让低负载、低优先级的应用降低资源占用，更充分地利用 CPU 资源，可以大大降低 CPU 的资源占用率。
- 自带许可证（BYOL）：对于涉及许可证的服务，尤其是金融场景中使用的商用软件产品，DDH 可以支持并受许可条款的约束，降低业务迁移上云的成本。
- 安全合规：独享物理服务器资源，避免了不同租户带来的任何可能的风险，同时符合业务运行环境的监管要求。
- 稳定性：独享物理机资源，计算性能、网络、IO 资源都有稳定性的保障，使得业务可以获得可预期的性能。
- 自主部署：根据业务的需求，用户可以在 DDH 上自主部署 ECS 资源，可以充分根据业务的属性，进行灵活的设计。

DDH 以这些特点，成为金融系统的首选，并且让金融服务在安全可靠方面优先得到保障。为了进一步提升安全水位，我们选了 DDH 的可信实例，构建安全可信的基础设施能力，该部分可以参考第 9 章的内容。

2. DDH 产品规格

DDH 的产品规格可以从阿里云官网上获得，如表 2-2-1 所示。

表 2-2-1　DDH 产品规格

宿主机规格	支持的 ECS 实例规格族	CPU 数量（Socket 数）	物理 CPU 型号	物理 CPU 核数	vCPU 核数	内存（GiB）	本地 SSD 盘（GiB）	网络带宽能力（出/入，Gbit/s）	网络收发包能力（出/入，万 PPS）
计算超分型 C6s	自定义规格	2	Intel Xeon Platinum 8269CY（Cascade Lake）	52	208②	180	无	25	600
通用超分型 G6s	自定义规格	2	Intel Xeon Platinum 8269CY（Cascade Lake）	52	312②	372	无	25	600

第 2 章 云基础设施架构

续表

宿主机规格	支持的 ECS 实例规格族	CPU 数量（Socket 数）	物理 CPU 型号	物理 CPU 核数	vCPU 核数	内存（GiB）	本地 SSD 盘（GiB）	网络带宽能力（出/入，Gbit/s）	网络收发包能力（出/入，万 PPS）
内存超分型 R6s	自定义规格	2	Intel Xeon Platinum 8269CY（Cascade Lake）	52	416②	756	无	25	600
通用型 G6	• IC6 • C6 • G6 • R6	2	Intel Xeon Platinum 8269CY（Cascade Lake）	52	104①	384	无	25	600
计算型 C6	• IC6 • C6	2	Intel Xeon Platinum 8269CY（Cascade Lake）	52	104①	192	无	25	600
内存型 R6	• IC6 • C6 • G6 • R6	2	Intel Xeon Platinum 8269CY（Cascade Lake）	52	104①	768	无	25	600
本地 SSD 型 I2	I2	2	Intel Xeon Platinum 8163（Skylake）	48	80①	640	17 880	25	550
通用型 G5	G5	2	Intel Xeon Platinum 8163（Skylake）	48	84①	336	无	25	550
计算型 C5	C5	2	Intel Xeon Platinum 8163（Skylake）	48	86①	172	无	25	550
内存型 R5	R5	2	Intel Xeon Platinum 8163（Skylake）	48	86①	688	无	25	550
CPU 超分型 V5	V5	2	Intel Xeon Platinum 8163（Skylake）	48	336②	672	无	25	550
存储增强型 G5se	G5se	2	Intel Xeon Platinum 8163（Skylake）	48	70①	336	无	25	550
网络增强型 G5ne	G5ne	2	Intel Xeon Platinum 8163（Skylake）	48	72①	288	无	25	2400

说明：
① 非超分型规格的 vCPU 核数=物理 CPU 核数×2－主机预留的 vCPU 核数。
② 超分型规格的 vCPU 核数=(物理 CPU 核数×2－主机预留的 vCPU 核数)×CPU 超分比。

3. DDH 产品选型

我们可以基于以上规格，根据实际需求进行 DDH 产品选型。首先，我们需要构建两个环境：开发测试环境和生产环境，分别构建金融基础设施的开发测试能力和生产业务能力。因此，我们分别根据需求和场景，进行选型的设计和判断。

1）开发测试环境

针对开发测试环境，由于大多数时间开发测试环境并不是 100% 运行的，CPU、网络、IO 的消耗并不大，因此在构建的过程中，我们选择"内存超分型 R6s"产品规格。该规格可以创建更多的实例，对资源利用率有很大的提高，在成本上有非常大的节省空间。

关于"超分型"产品规格，阿里云官网上只给出了以下公式：超分型规格的 vCPU 核数=(物理 CPU 核数×2－主机预留的 vCPU 核数)×CPU 超分比。

该公式需要特别进行说明，CPU 调度是以较小的 CPU 时间单元为粒度的，在应用相对空闲时，CPU 的时间片会处于 IDLE 状态。超分型规格的实例，实际上是让更多的应用抢占 CPU 时间片，提升 CPU 时间片的利用率。而选择的"内存超分型 R6s"产品规格，实际上 CPU 超分比是 4，也就意味着原来 1 个物理 CPU 的时间片，会被 8 个 vCPU 争抢。这样的设计，在云计算场景中非常常见，是提升资源利用率的常用方法。这也会带来性能抖动、业务稳定性差等不可预期的问题，但它在开发测试环境中却是最合适的。

2）生产环境

在生产环境中，需要基于不同业务的特点，提供稳定可预期的计算环境。因此，云服务器的选型将面向计算型 C6、通用型 G6，以及本地 SSD（Solid State Drive，固态硬盘）实例 I2，分别对应应用系统、PaaS 平台、数据库系统三种类型。这样的选型与业务场景和需求有关，一切原则都是为了减少资源的浪费，降低成本。

此外，有两点需要特别说明。

（1）应用需求完全和云服务器选型一一匹配当然是最佳选择，然而很多情况下都不能实现。这个时候就会出现一些碎片资源，这就需要结合整体应用需求的情况，进行综合性分析和处理。比如：假设有少量的 CPU 与内存的比例是 1 CPU：

8G 内存，理论上应该选择内存型 R6 的实例，但是在实际需求量较小的情况下，基于通用型 G6 实例来支撑应用，通过调度层打散 1 CPU∶2G 内存和 1 CPU∶8G 内存的实例并将其混合在一起，仍然可以实现资源碎片的最小化。

（2）在应用多样性越来越复杂的情况下，没有任何一种小资源池的调度是不产生碎片的，这个时候最好的方式是在规范化应用的同时，实现最终碎片最小化的调度策略。在碎片化不能合理优化的情况下，可以通过新增实例类型，来实现最终资源碎片的最小化。

3）其他

在云服务器的选型过程中，除了 DDH 产品类型外，创建实例时还需要针对以下内容进行选择。

（1）操作系统：公共云会提供通用的操作系统，对于安全防护策略、运维便捷性，以及基础能力等方面的需求难以满足。因此，在公共云通用的操作系统镜像基础上，根据自身的需求进行一系列的增强是非常有必要的。

（2）地域及可用区：金融环境最基本的需求是"同城双活"，更高的要求是"异地多活"，因此在选择金融环境的过程中，需要选择同城有两个可用区甚至三个可用区的地域。对于异地区域的选择，如果存在业务互相调用的可能，建议不宜过远，避免影响应用互相调用时产生的超时问题。

（3）块存储的选型：相关内容将在 2.2.2 节进行详细说明。

（4）网络配置：相关内容将在 2.3 节进行详细说明。

由于云服务器是基础设施中最重要的部分，与存储、网络都有关联。因此，我们会在后面进行进一步的说明。

2.2.2　云存储

在云存储部分，我们根据常用的需求类型和常用的方案，主要从块存储服务（Block Storage Service）、对象存储服务（Object Storage Service）、日志服务（Log Service）三种存储产品的选型上进行说明，而对于其他云产品，由于使用的频率或场景的局限性，不进行说明。

1. 块存储

块存储是云服务器的重要依赖，并且选型与业务的特点有非常强的关系。图 2-2-2 所示是块存储产品类型说明。

性能类别	ESSD云盘				SSD云盘	高效云盘	普通云盘	NVMe SSD本地盘	SATA HDD本地盘
	PL3	PL2	PL1	PL0					
单盘最大容量 (GiB)	1261~32 768	461~32 768	20~32 768	40~32 768	32 768	32 768	2 000	1456	5500
最大IOPS	1 000 000	100 000	50 000	10 000	25 000	5000	数百	单盘：240 000 总：480 000	无
最大吞吐量 (MB/s)	4000	750	350	180	300	140	30~40	单盘：2000 总：4000	单盘：190 总：5320
单盘IOPS性能计算公式	min{1800+50× 容量，1 000 000}	min{1800+50× 容量，100 000}	min{1800+50× 容量，50 000}	min{1800+12× 容量，10 000}	min{1800+30× 容量，25 000}	min{1800+8×容量，5000}	无	无	无
单盘吞吐量性能计算公式 (MB/s)	min{120+0.5× 容量，4000}	min{120+0.5× 容量，750}	min{120+0.5× 容量，350}	min{100+0.25× 容量，180}	min{120+0.5× 容量，300}	min{100+0.15× 容量，140}	无	无	无
单路随机写平均时延 (ms)，Block Size=4KB	0.2				0.3~0.5	0.5~2	1~3	5~10	无	无

图 2-2-2 块存储产品类型说明

而对于金融场景来说，根据不同的应用场景，我们进行如下的说明。

1）云服务器的系统盘

在云服务器选型方面，我们选择了计算型 C6、通用型 G6，以及本地 SSD 实例 I2、内存超分型 R6s。对于每一台 ECS 实例，都需要为其配置系统盘，用于启动镜像的存储。

系统盘存储了系统 OS 镜像，以及运行时的一些日志、进程服务。从 IO 模型上来说，系统盘面临的是读多写少的场景，并且日志均为顺序追加写入。高效云盘提供的 IOPS（Input/Output Operations Per Second，每秒读写次数）达到 5000，吞吐能力 140MB/s，已经远远超过了物理服务器中硬盘的能力，由于高效云盘是分布式存储架构，可以提供 99.999 999 9%的数据可靠性，从稳定性上远远超过物理服务器模式，提升了云服务器的系统稳定性。

更深一层分析，高效云盘产品采用的"盘古"分布式存储架构，类似于开源产品 CEPH。高效云盘从名称上区别于 SSD 云盘，说明高效云盘并不是 SSD 硬件存储介质构成的，如何才能提供稳定、高性能的 IO 能力，这值得进一步解密。

（1）首先是通过网络将大量的存储物理机连接起来，构建出一个存储集群。这样提供给用户的存储性能，就不是一台存储物理机的 IO 性能，而是多台存储服务器的并行 IO 性能。

（2）在存储服务器上，为了解决 HDD（Hard Disk Drive，硬盘）的读性能，提升高效云盘的读能力，可以在存储服务器中采用 HDD 和 SSD 混合存储介质。在实现机制上，SSD 作为读缓存，将读写操作的热数据全部缓存在 SSD 上，通过软件方案构建一套 LRU（Least Recently Used，最近最少使用）数据过期机制，从而解决了 HDD 随机读带来的性能问题。而对于写操作，SSD 同样可以作为写缓存，将随机的写操作进行顺序化写入，降低后端存储随机写的性能。

系统盘采用高效云盘，从性能和稳定性上，都可以满足需求。

2）云服务器的数据盘

云服务器的数据盘需要根据不同的场景进行选型，因此在选型过程中，需要在场景上进行细分，然后根据存储性能、稳定性等方面的需求进行设计。因此，对于数据盘的选型，我们首先会提供几个方法论，然后对金融场景里核心方向进行说明，覆盖可能的场景。

块存储选型的方法论，主要从以下几个方面来思考。

（1）稳定性第一：优先选择稳定性好的产品，这里的稳定性有两个方面：一个是数据可靠性，另一方面是预期性能、时延等方面的稳定性。因此，选择分布式存储架构可以极大地提升存储的稳定性，是优先推荐的选型。而如果软件服务具备高可用容灾能力，且可以实现更好的数据可靠性及自动化运维能力的话，本地盘也可以选择，但我们基本上不推荐本地盘。

（2）性能适度匹配：存储容量对于数据盘来说，选择分布式存储架构肯定不是问题，如果选择本地盘类型，目前的存储容量应该也不是太大的问题。然而选型的关键是性能的适度匹配，要根据业务对 IOPS 和吞吐量的需求进行选型。

（3）产品能力"对齐"：这一点我们认为很重要。因为只有规模化的产品才能全地域补齐，才能解决不同地域的产品能力"不对齐"的问题，而不会带来技术上的复杂度。同时要针对演进规划，分析产品演进趋势，不要选择处于维护状态的产品，这与长期的技术方向有关，也可以让我们得到技术红利带来的便利。

基于以上的选择标准，我们将金融场景进行了细分，分别进行了如下选型。

(1) 金融应用 SaaS（Software as a Service，软件即服务）：这些应用的数据盘主要承载日志文件的写入，日志文件的 IO 模型都是顺序写入，并且读取相对也比较少，主要是分析型的工具收集日志进行进一步的数据分析。因此，针对这样的服务，一般选择"高效云盘"作为数据盘。

(2) 金融 PaaS：金融 PaaS 承载了上层应用的大量服务请求，对系统的性能和稳定性都有较高的要求，除了基本的日志写入，同时还会有一些数据处理、数据缓存的服务，产生较多的随机写入和读取的需求。因此，针对金融 PaaS，一般选择 ESSD 云盘作为数据盘。阿里云 ESSD 云盘产品是新推出的产品类型，详细介绍如图 2-2-3 所示。它可以满足不同性能级别的诉求，同时还可以通过扩容来实现性能级别的升级，因此解决了性能的后顾之忧。

性能类别	ESSD云盘			
	PL3	PL2	PL1	PL0
单盘最大容量（GiB）	1261~32 768	461~32 768	20~32 768	40~32 768
最大IOPS	1 000 000	100 000	50 000	10 000
最大吞吐量（MB/s）	4000	750	350	180
单盘IOPS性能计算公式	min{1800+50×容量, 1 000 000}	min{1800+50×容量, 100 000}	min{1800+50×容量, 50 000}	min{1800+12×容量, 10 000}
单盘吞吐量性能计算公式（MB/s）	min{120+0.5×容量, 4000}	min{120+0.5×容量, 750}	min{120+0.5×容量, 350}	min{100+0.25×容量, 180}
单路随机写平均时延（ms）Block Size=4KB	0.2			0.3~0.5

图 2-2-3　ESSD 产品详细说明

(3) 存储类型服务：针对存储类型服务，如果自己没有办法做到高可用、高稳定性，以及自动化运维，建议仍然采用 ESSD 云盘存储。而如果自己可以实现高可用的存储类型服务，比如数据库服务、大数据服务等，在需要独立构建服务的情况下，一般选择 NVMe SSD 本地盘或 SATA HDD 本地盘构建自己的存储系统。

除了以上场景外，可能还会有一些其他的存储需求场景（例如：大数据计算、实时计算服务等），然而在这个过程中，我们强烈建议，如果可以直接使用云产品、云服务，最好不要自己继续构建，原因主要是成本高，且自己构建的稳定性差。

3）特别说明

需要特别说明的是，块存储支持对非本地盘加密的功能，这个功能在金融场景中是非常重要的。对数据盘的加密,只需要在购买的时候选择加密选项,并配置在密钥管理服务(KMS)中存储的密钥即可。密钥由用户自己设置,对应的密钥策略也同样由用户自己来管理。

加密对于金融领域是关键需求,解决方案往往是通过开源软件加密或者采购硬件进行加密。加密数据的可靠性、安全性等管理是一项非常艰难的运维工作。块存储的加密功能,解决了这些复杂度和可靠性问题,提升了整体加密方案的便利性。

2. 对象存储

在金融服务中,对象存储服务(Object Storage Service,OSS)主要用于文件、图像、音视频等内容的存储,根据存储服务的场景不同,对象存储也会有一些选型上的差异。而对象存储根据访问频率的差异,分为标准类型、低频访问类型、归档类型等。然而对象存储无论是什么类型,都采用了分布式存储架构设计,因此可以提供 99.999 999 9%的数据可靠性,让金融服务不用为了数据的可用性操心。对象存储类型说明如图 2-2-4 所示。

对比指标	标准存储-本地冗余(LRS)	标准存储-同城冗余(ZRS)	低频访问-本地冗余(LRS)	低频访问-同城冗余(ZRS)	归档存储类型	冷归档存储类型
数据设计持久性	99.999 999 999%(11个9)	99.999 999 9%(12个9)	99.999 999 999%(11个9)	99.999 999 9%(12个9)	99.999 999 999%(11个9)	99.999 999 999%(11个9)
服务可用性	99.99%	99.995%	99.00%	99.50%	99.00%(数据解冻之后)	99.00%(数据解冻之后)
最小计量单位	无	无	64 KB	64 KB	64 KB	64 KB
最低存储时间	无	无	30天	30天	60天	180天
数据取回费用	无	无	按实际获取的数据量收取,单位GB	按实际获取的数据量收取,单位GB	按实际解冻的数据量收取,单位GB	按实际解冻时选择的数据取回能力及数据大小收取
数据访问特点	实时访问,毫秒延迟	实时访问,毫秒延迟	实时访问,毫秒延迟	实时访问,毫秒延迟	数据需要先解冻,解冻完成后才能读取。时间需要1分钟	数据需要先解冻,解冻完成后才能读取。不同优先级的首字节回取能力如下: • 高优先级:1小时以内 • 标准:2~5小时 • 批量:5~12小时
图片处理	支持	支持	支持	支持	支持,但需要先解冻	支持,但需要先解冻

图 2-2-4 对象存储类型说明

金融业务系统选型原则上非常简单:除了历史归档类的内容,其他选型均为标准类型。这种选型原则,主要是因为针对实际中使用的数据,对象存储提供了存储类型顺滑切换的方式,对金融业务来说非常方便。

为了更容易理解,我们将历史归档类的典型场景重点说明一下。

(1)数据库的历史备份归档:金融系统的数据库备份往往需要保留 3 年以上,

有些甚至永不删除。所以历史的备份文件需要归档，一般保留最近 1 周或者 1 个月的备份文件，之前的文件需要转储到归档类型的对象存储中。

（2）历史内容的降频处理：数据访问往往与时间有关系，如果没有特殊情况，一年之前的照片就很少有人频繁访问了。因此，时间上超过某一个阈值的文件、图片、音视频等内容，可以转储到低频访问类型的对象存储中。这个阈值的确定，需要对实际生产中数据访问的频率进行统计分析，减少对业务实时性访问的影响。

对象存储除了提供稳定的数据服务之外，还提供了一些增强功能，对于这些功能可以根据具体的场景需求选择采用。需要特别说明的是，金融场景中数据的加密非常关键。对象存储提供了客户端和服务器端两种加密方案，用户可以根据实际的需求进行方案选型。直接使用这种加密服务，能确保数据的安全性，极大地降低了加密的复杂度，值得推荐。

3. 日志存储

日志存储提供了一站式的数据收集、清洗、分析、可视化和告警等服务，功能完善并且非常强大。而日志服务主要用于应用系统的日志处理和分析，是金融业务系统实现日志的"白屏化"的手段。

日志存储的使用场景，在金融在业务系统中很常见，如图 2-2-5 所示。而日志存储使用场景中的运维、研发、运营、安全、BI（Business Intelligence，商业智能）、审计等，都在金融业务系统的实际运行过程中产生了一定的作用。因此，在整体上，我们推荐使用日志服务，进行一站式的日志服务。

图 2-2-5 日志存储使用场景介绍

2.2.3 总结

在云产品选型中,我们主要针对基础设施层面涉及的云服务器、云存储的选型规则、场景类型等方面进行了说明。在实际产品选型中,仍然有很多细节需要注意,更多内容建议参考阿里云官网的详细文档。

2.3 云网络规划

云网络在基础设施的架构设计中,承担着类似人体中神经网络的作用,连通着每一个基础设施服务。因此,关于云网络的规划,我们将从整体设计、网络规划,以及安全防护三个方面说明基础设施的连通性策略。

2.3.1 网络拓扑整体设计

云网络和传统网络有很多差异,它不需要做物理设备的架构和布置,但需要抽象出业务的网络拓扑、专用网络 VPC、IP 地址规则等进行规划。因此,我们主要使用专有网络 VPC、云防火墙、弹性公网 IP 地址、负载均衡(Server Load Balancer,SLB)四种产品,来构建整体的专有网络。

云网络规划的整体设计,首先需要确定一些基本的设计策略,避免在运行阶段带来风险和提升运维复杂度。主要原则如下。

(1)每个地域的多个可用区创建一个专有网络 VPC。主要因为不同的专有网络需要经过网关的转发,所以会产生极明显的网络延迟。同时,经过网关时还会存在网络带宽收敛比的瓶颈问题,当数据流量较大时,会形成网络传输上的稳定性问题。

(2)降低多个地域的专有网络之间的流量。主要因为专有网络 VPC 管理半径是地域级别,多个地域之间的专有网络必然需要经过网关的转发,为了避免网络传输瓶颈带来的稳定性问题,需要减少跨区域的大流量传输,尽可能做到地域内的网络访问闭环。

(3)同一个专有网络中,需要根据应用层的不同,进行网络访问策略上的分层。金融系统根据云计算的思路,可以划分为 PaaS、SaaS、运维管控层。此外,还可以将核心防护的 SaaS 服务、PaaS 服务单独划分出来，设置不同的网络访问策略。

　　基于以上的原则，单个地域的专有网络设计和整个网络的访问拓扑结构如图 2-3-1 所示，然而对于可用区内的应用分层，将在 2.3.2 节进行说明。此外，为了展现完整的网络访问链路，云防火墙、防 DDos（Distributed Denial-of-service）攻击的云安全手段在这里也展示出来。

　　图 2-3-1 中依赖的云产品，以及提供的能力如表 2-3-1 所示。

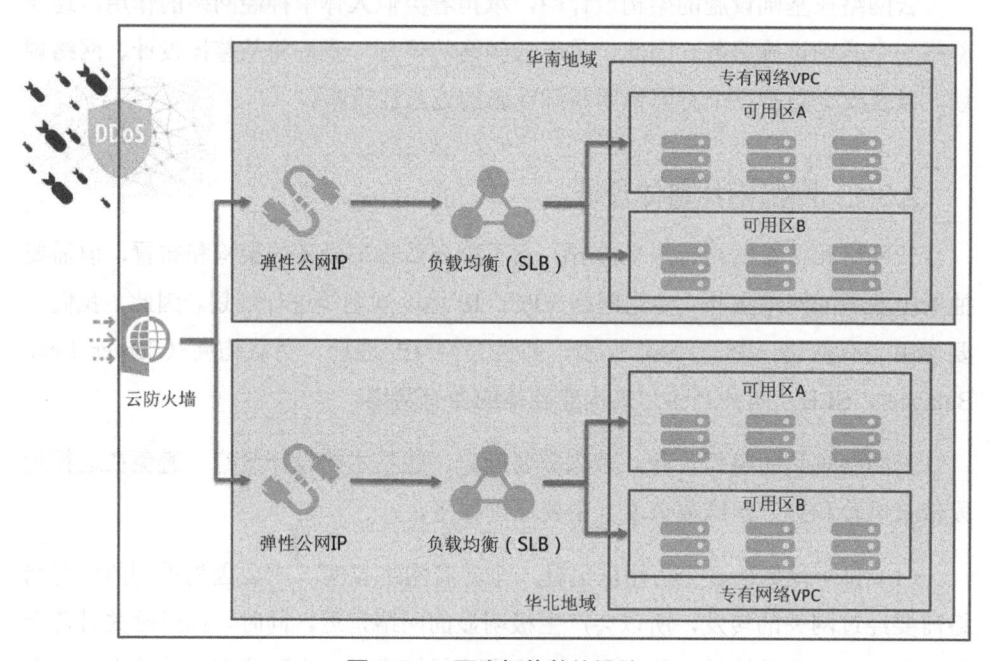

图 2-3-1 网络拓扑整体设计

表 2-3-1 网络拓扑依赖的云产品

产品名称	产品来源	提供的能力
专有网络 VPC	阿里云	构建一个隔离的网络环境
云防火墙	阿里云	ACL（Access-Control List，访问控制列表）策略控制服务开放能力
弹性公网 IP 地址	阿里云	提供服务公网的开放能力
负载均衡（SLB）	阿里云	提供基础负载能力，并通过绑定 EIP 或者 SNAT，提供服务开放或访问能力

2.3.2 专有网络 VPC

专有网络 VPC 在构建时，要根据访问的情况，分层设计访问策略，对整个网络访问进行细粒度的划分，这样可以提升网络安全性。网络访问控制的粒度越小，网络安全越便于维护，很多访问控制策略的影响也会越小，运维风险也会相对越低。然而粒度过小，也会带来更高的运维成本和管理成本，会让网络访问策略非常混乱。因此在做网络访问控制的规划时，按照访问类型进行划分是一个非常不错的思路。专用网络规划如图 2-3-2 所示。

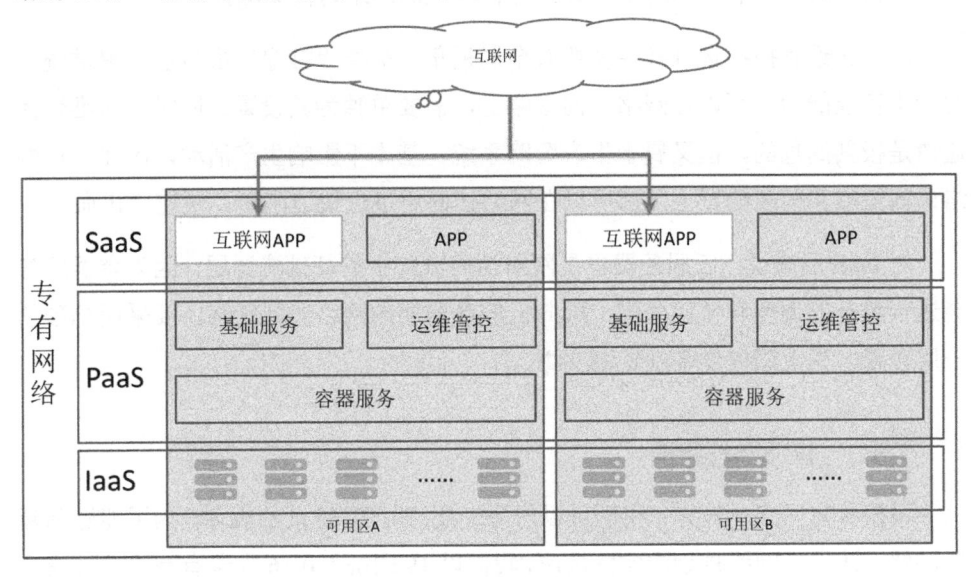

图 2-3-2 专有网络规划

金融应用系统的访问一般分为互联网侧的应用接口访问和内部应用系统访问，因此在 SaaS 层的金融系统上，可以按照该应用是否需要开放互联网访问作为依据，将面向互联网访问的应用系统单独划分处理，设置不同的网络访问安全策略。对于内部服务类的应用系统，使用单独的网络访问安全策略设置，关闭外部访问权限，避免其暴露在互联网环境下。对于互联网应用系统，需要对网络访问进行限制，制定一定的开放规则，降低攻击入口，同时，对于对上层开放的服务，还会增加云防火墙等安全产品的加持。这样的设计思路，可以将金融应用系统的攻击面降低，将风险降到有限范围内。

金融核心服务可以分为三种。

（1）容器服务：随着容器技术的发展，大多数应用系统和基础服务，以及运维管控系统，都以容器服务为基础。因此，容器服务层为上层提供统一的资源、调度等方面的服务。同时，这一层又将成为服务的核心功能模块，所以单独划分为一层，进行单独的网络访问策略控制。

（2）基础服务：金融核心服务能力中，提供基础中间件、配置管理、日志、大数据、存储等服务能力的部分，相互访问密切，彼此依赖性强，所以可以将这一层作为金融核心服务的基础部分，进行单独的网络访问策略控制。

（3）运维管控：运维管控需要有全局视角，需要"打穿"很多层，提供统一的运维管控能力。所以在网络访问策略上，需要单独为其设置。同时，运维管控通道是极其高危的，但又属于生产旁路系统，基本不影响生产活动，因此，在网络访问策略和问题处置上，都可以在网络访问层进行快速阻断，快速"止血"。

对 IaaS 层来说，云服务器也是网络访问链路中的基础资源层，因为容器服务会进行统一的调度和资源分配，因此云服务器层的网络访问策略，要采用单独的一层设置，为上层提供基础资源支撑。

2.3.3　IP 地址规划

根据专有网络的规划，我们可以对每一层进行 IP 地址的规划，为了能够清晰地讲解上述专有网络规划的实际情况，我们以 192.168.0.0/16 为专有网络地址段进行规划，创建不同的虚拟交换机，并为其规划 IP 地址网段，具体如表 2-3-2 所示。

表 2-3-2　IP 地址规划示例

名称	交换机名称	IP 地址网段
IaaS 层	VSwitch-IaaS	192.168.0.0/20
PaaS 层	VSwitch-Container	192.168.16.0/20
	VSwitch-Core	192.168.32.0/20
	VSwitch-Devops	192.168.64.0/20
SaaS 层	VSwitch-APP-Internet	192.168.128.0/20
	VSwitch-APP	192.168.192.0/192

2.3.4 总结

本节我们规划了网络拓扑，并构建了专有网络 VPC，规划了 IP 地址。这些设计原则满足了金融系统在网络上的访问需求和安全控制要求。在实践过程中，云网络需要根据实际情况灵活运用这些设计原则。

2.4 云产品架构

我们根据前面介绍的云产品选型和网络规划，基本确定了基础设施部分涉及的云产品，而这些云产品要想成为金融系统的基础设施，还需要进行架构设计。此外，针对一些特殊场景，还需要一些其他的云产品。因此，本节主要从云产品架构层面，结合金融系统的场景进行说明。

2.4.1 整体架构

金融系统的基础设施整体架构设计如图 2-4-1 所示。整体架构部分的内容包括开发测试环境、生产环境、办公环境三个部分，并针对开发测试环境和生产环境的架构设计进行了展开。此外，以下介绍的架构设计并不包括多个地域的架构设计。对于基础设施来说，单个地域跟多个地域在基础设施的架构设计上并没有太多差别，因此我们不针对多个地域进行说明。

在生产环境上，为了保障数据层面的一致性，在 IDC 选型时，要选择一个地域至少三个可用区。其主要优势是多个可用区之间的访问时延有保障，对于地域级别的高可用需求，金融系统的服务可以在多个可用区之间进行容灾切换。而在开发测试环境中，选择单个可用区即可，主要考虑到开发测试工作没有高可用容灾要求。此外，为了确保开发测试环境跟生产环境之间的安全隔离，要在网络上进行隔离，创建单独的专有网络 VPC，避免开发测试对生产的稳定性产生影响。为了便于从开发测试到生产环境的发布部署，要通过专线接入方式，确保应用的快速部署和交付上线。

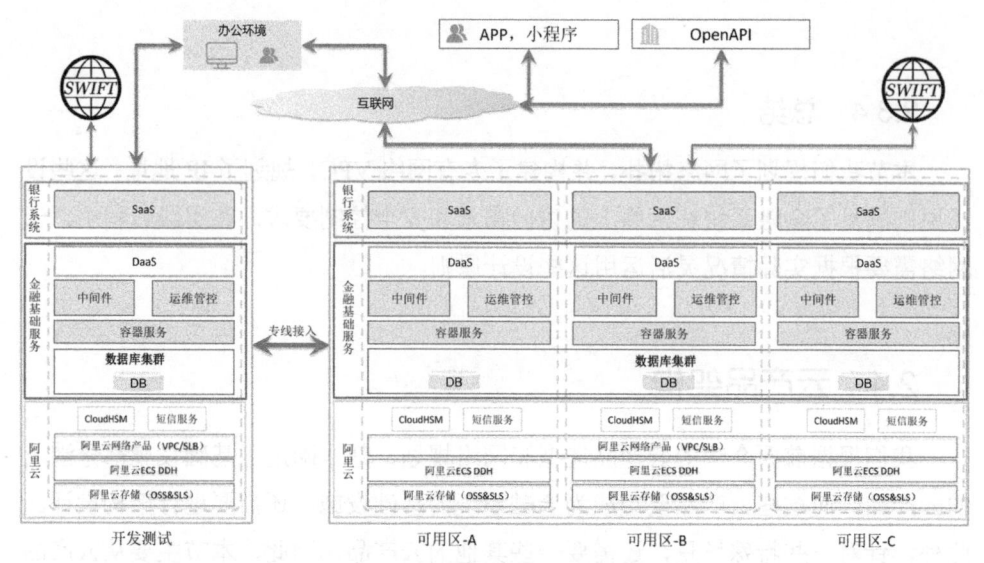

图 2-4-1　金融系统云产品整体架构

　　针对每一个可用区，无论是生产环境还是开发测试环境，为了确保系统的一致性，都应采用相同的云基础设施架构。因此，以下内容将对可用区中的各个部分进行说明。

　　（1）阿里云 IaaS 层：在云产品选型上，根据 2.2 节中确定的产品类型进行采购即可，云资源的网络配置参考 2.3 节中的原则进行配置，即可完成阿里云产品的架构设计。除了云产品资源之外，基础服务类的云产品（如硬件加密机服务、短信服务等）可以按需进行采购，将其作为公共服务方式进行配置即可。

　　（2）金融基础服务 PaaS 层：数据库集群服务的详细设计，可以参考 3.1 节的详细架构设计方案，而图 2-4-1 即相应的示意图，表示云基础设施的情况。而对上层应用服务来说，应统一基于容器服务进行资源管理、调度等架构设计。在容器服务之上，构建基于容器的中间件服务、运维管控能力等模块，形成基础服务的核心能力。同时，采用大数据平台，构建 DaaS（Data as a Service，数据即服务）平台，为金融业务系统提供大数据计算的服务能力。

　　（3）银行系统 SaaS 层：针对 SaaS 层，全部基于容器进行镜像化服务，在多个可用区进行高可用的设计，降低单可用区对金融业务系统的影响。

　　办公网访问开发测试环境，通过网络配置管理和安全设置，可进行日常的开发测试工作。而办公网访问生产环境，则需要严格地限制，通过平台层进行访问，或者通过开发测试环境进行访问。当然，也会存在堡垒机之类的服务，通过互联网进行访问。因此，这方面的访问方式，可以根据自身的情况进行控制。

整体架构中，关于 SWIFT 全球支付网络方面的架构设计，我们放在特殊场景中进行说明。

2.4.2 高可用架构

金融基础服务层和银行系统的高可用架构设计，主要依赖 SLB 服务提供高可用能力，高可用架构如图 2-4-2 所示，重点说明如下。

（1）为了避免 SLB 迁移带来的 IP 地址的变化，使用 DNS 域名绑定 SLB 的 IP 地址。

（2）SLB 负载均衡后端的 ECS 或容器服务，确保同一个应用在多个可用区都提供服务，解决单个可用区的可用性问题。

（3）在流量层进行权重的配比，对流量进行调度，在可用区有故障时，金融应用系统可以快速进行流量切换。

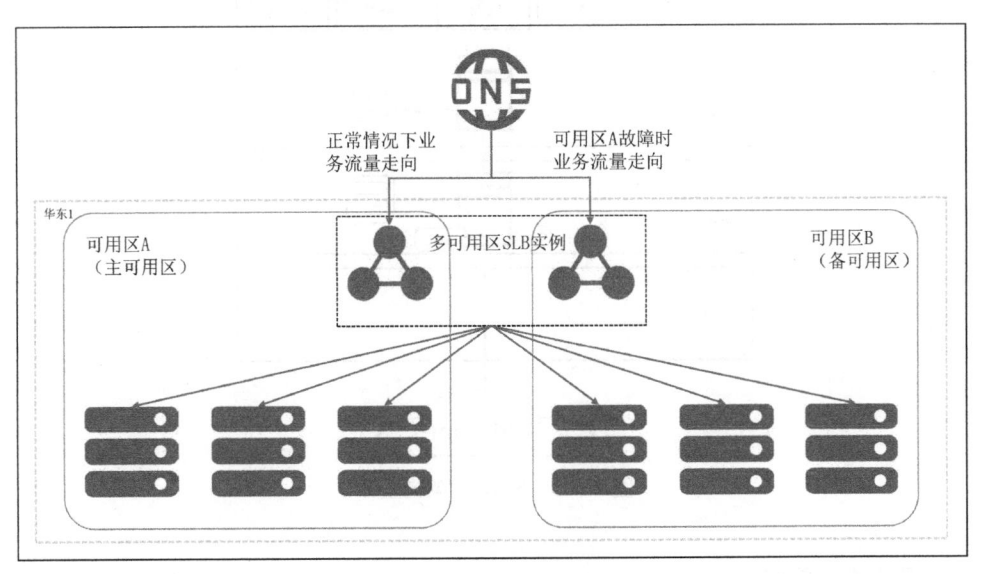

图 2-4-2 高可用架构

高可用架构会涉及很多其他层面，比如单元化架构、数据库高可用架构等。这需要更复杂的高可用设计架构，这些内容将放在对应的章节中进行描述。而云基础设施层面提供的标准高可用架构能力，可以作为通用高可用架构的方案。

2.4.3 SWIFT 架构

SWIFT（Society for Worldwide Interbank Financial Telecommunication，环球银行金融电信协会）是一个全球性金融报文传送服务组织。银行在进行全球金融业务时，大多数依赖 SWIFT 金融支付网络。因此，每一家银行在构建时，都需要自建 SWFIT 本地系统，接入 SWIFTNet 网络，完成金融支付动作。

自建 SWIFT 是一件非常复杂和烦琐的事情，需要买好指定设备、规划好 IP 地址等以后，由服务提供商进行部署和交付。因此，在自建 SWIFT 环境时，按照推荐的架构图进行设计即可，如图 2-4-3 所示。为了确保高可用，在部署时往往采用双机房高可用的方案。

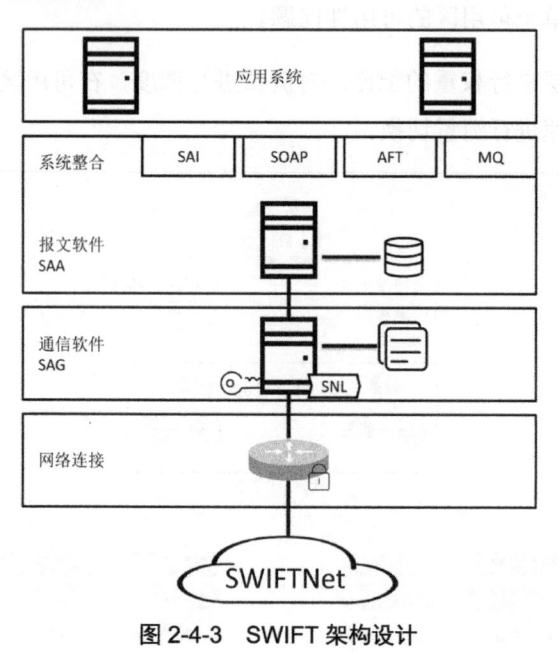

图 2-4-3 SWIFT 架构设计

2.4.4 总结

云产品架构一节重点分享云基础设施的一些架构设计思路，给出的架构设计方案都是最基础的部分，而对于更复杂的架构设计和应用场景，我们并不希望枚举可能的场景，在当前架构设计方案的思路之上，进行扩展、调整等工作都不会非常复杂，企业可以根据自身金融业务的需求，进行云基础设施的调整。

2.5 云资源规划

云计算提供了弹性能力，但是云计算并不能无限制地"弹性"，这一点我们必须清晰地理解。因此，在云基础设施的建设和生产运营阶段，都需要对云资源进行规划，否则仍然会让金融业务系统陷入无法弹性扩展的尴尬境地，反而影响了金融业务的发展。

2.5.1 建设阶段

金融系统在建设初期，往往都会有一个基本的业务目标，根据业务目标进行分解后，形成基础建设的资源需求。这里需要说明的是以下几点。

（1）为了保障应用的高可用，在进行基础能力构建的时候，基础的能力可能会大于业务目标的需求，此时需按照业务稳定性的标准进行构建。

（2）业务目标往往是不确定的数字，分解到各个资源层，也会有较大偏差。因此在建设初期的容量评估阶段，还需要参考压测的情况。

（3）基于云基础设施的金融系统，并不需要准备大量的库存资源，云计算的弹性资源应该可以满足业务增长带来的资源需求。

对于业务建设初期目标所对应的基础设施资源的分解，与实际的应用系统的设计强相关，因此在建设阶段我们建议遵循最小规模建设原则，然后通过应用系统的压测来逐步达到应用系统的业务目标。这个过程也可以成为系统链路问题跟踪的关键手段，解决系统调用可能存在的问题。

2.5.2 运营阶段

金融系统建设完成后，接下来的日常运营成为主要工作。因此我们会重点讲，在运营阶段如何进行资源容量的规划。在运营阶段，我们主要解决日常运营和突发需求两种情况下的资源规划，以保障金融应用系统容量的稳步增长。

1. 日常运营资源规划

在日常运营阶段，利用实时监控系统，跟踪当前应用系统的"水位"情况，拟合出增长曲线，预估出未来三个月的资源需求量，以此来作为资源需求的未来规划。如果这个需求量不太大且增长较缓慢，那么云计算的公共资源池就能满足业务的需求。然而，当业务体量较大，或者金融业务系统快速增长时，那么资源需求的规划对于云计算的资源池冲击就会较大，可能会产生资源采购不满足的问题。因此，系统容量负责人需根据未来三个月的需求，跟云计算公司的销售经理进行沟通，以便于未来的增长可以有保障地得以实现。

此外，对于日常运营，在云基础设施的资源管控系统中，可以设置"水位"的阈值，在"水位"达到阈值的时候，可以快速采购或扩容云资源，以满足业务的稳步增长。对于云基础资源弹性扩缩容的能力，最好根据金融业务系统的能力进行综合性评估，使其可以自动化进行资源补充，减少烦琐的日常运维工作，同时也避免一次性扩容带来的浪费。

云计算避免了自建基础设施带来的"库存"，而提供公共的资源池来解决业务增长带来的资源需求，因此在云计算时代，应该尽量减少预留库存，提升资源利用率，从而降低成本。更有效率地利用资源，才能更低成本地满足业务发展。

2. 突发需求资源规划

随着爆款产品、营销活动等的出现，突发的资源需求对云计算的冲击同样存在，特别是全民活动，会加剧云计算资源池的紧张。因此，对于有计划的活动场景，需要提前进行有计划的资源申请，提前进行云基础设施的扩容工作，要按照不同云计算提供商的能力进行资源的规划。当然，突发需求资源规划是用来应对大型金融业务系统场景的，对于小型金融业务系统，很多时候不需要这么复杂，只需要做好资源预估即可。

除了计划内的活动需求外，非计划内的需求才是最难以应对的。对于这种突发需求的资源规划，需要综合性地解决，主要解决思路包括以下几点。

（1）快速的弹性资源需求：这种解决方案只能应对资源需求相对较少，云计算资源可以快速应对的情况。这时的弹性资源能力,主要考验资源自动化扩缩容能力。

(2)应用系统限流的能力:如果现有的资源不能得到快速满足,则需要业务系统根据资源的"水位"设置对应用层的限流,避免整个金融业务系统瘫痪。

对于突发需求来说,考验的是整个系统的设计能力,也考验云计算基础设施的弹性能力,而更重要的是对资源规划方面的敏感度和对供应链的思考。

2.5.3 总结

云资源规划是最容易被忽略的话题,尤其是升级为云计算基础设施之后,这个问题会更加明显。在实际生产中,云资源的有效规划、资源管理系统快速且自动化的扩缩容能力、系统级的架构设计,可以帮助我们充分享受好云计算带来的便捷,为创新降低成本,同时还会让金融业务系统更稳定。

第 3 章

存储架构

随着互联网尤其是移动互联网的发展，金融服务越来越场景化、网络化，产生了大量数据存储需求。使用传统关系数据库支持业务时，会面临资源分配、硬件配置兼容性等问题，分布式数据库在资源池的保障下可实现动态扩缩容，以及内部数据的动态均衡。

1. 分布式存储的选型

海量数据处理以及自动容灾的能力是网商银行选型时的重要考虑因素。网商银行的业务有着对海量数据处理能力和稳定性的要求，这主要来自小微企业业务的场景化，以及 7 天×24 小时的在线服务。

分布式存储选型的范围，包含关系型数据库、对象型 KV（Key-Value，键值）库、列式存储 KV 库、分布式缓存、离线数据库、即时分析库，甚至包括搜索引擎、图数据库等，以及配套的实时计算、日志同步等组件。

常见的关系数据库选型方式有两种，一种是按照业务分类分级，另外一种是选择两个数据库，一个是主数据库，能满足绝大多数业务的要求，另一个是备数据库，辅助处理剩余的业务。网商银行的数据库选型选择了第二种模式，即选择主备两种类型的数据库，使用两个数据库支持银行业务研发，并在开业 4 年后，完成关系数据库的统一。

洞察整个分析过程，关系数据库选型的因素归为三类：数据、数据库，以及架构演进，如表 3-0-1 所示。

表 3-0-1　关系数据库选型需要考虑的关键因素

分类	类型	目标或要求	必要性	备注
数据	数据量	支持海量数据处理：实时写入（无限制）。批量导入（<500GB）。批量扫描	高	实时交易选择关系库，数仓回流在线库（简称回流任务）选择 KV 库
数据	数据一致性	支持一致性协议	高	正常状态下，多副本之间始终一致。反例：MySQL 的复制模式下，可单独修改 Slave 库
数据	数据安全性	支持透明加密。支持传输加密。支持备份传输加密	高	《银行卡信息系统密码应用技术要求》（GM/T 0076—2019）
数据库	扩展性	水平扩展。无感扩缩。无限扩容	高	容量伸缩过程对业务无影响。资源增长与容量增长成线性关系
数据库	多租户	资源有效隔离。CPU、IO、MEM 的有效隔离。负载均衡调度	高	无隔离：影响关键业务稳定性。有隔离：通过业务分级，实现有针对性的高效保障
数据库	部署架构	支持多集群。支持"同城双活"（对标"两地三中心"）。支持"异地多活"	高	多集群是单元化的基础。"同城双活"可作为最低要求，机房级的故障比较常见。"异地多活"解决地域级故障（网上的用户和金融的基础服务多地域化）
架构演进	架构演进	库在不同租户、集群之间的迁移能力	中	伴随着业务发展，站点从小到大，资源从共享到独享，业务有分级保障。暂无数据库产品支持

非关系型数据库产品的选型，重点关注高可用和审计功能。云产品有广泛的用户群，产品质量经过了广泛的验证，而且公开的接口更有利于打造业务自己的运维保障体系。建议选择云产品，云产品的服务可用性和数据持久性都比较强。表 3-0-2 所示是阿里云云产品的服务级别协议，存储的审计反映存储运行情况，

为构建数据中心的运行和审计提供基础数据。

表 3-0-2　阿里云云产品的服务级别协议

产品	数据设计持久性	服务设计持久性
对象存储（以 OSS 为例）	99.999 999 999 9%（12 个 9）	99.995%（每年不可用时长 26 分钟）
键值存储（以 Hbase 为例）	99.999 999 999 9%（12 个 9）	99.995%（每年不可用时长 26 分钟）

支持一致性协议的分布式数据库在故障中有良好的"自治愈"能力，而架构将故障的影响降到最小，在降低成本的同时提高资源利用率，加强了数据安全。网商银行从产品能力与部署方式、业务与应用架构等方面综合考虑，最终选择了"分库分表分集群"的逻辑架构、"三地五中心"和"异地多活"的容灾架构、混合云的弹性架构、全站加密的安全架构，并且用只读历史库降低成本，提升恢复效率。

2. 网商银行的存储发展史

网商银行从最初的分布式数据库和单机数据库共存，逐步过渡到了全行分布式数据库。一方面，分布式数据库的能力不足，一时难以满足银行系统对数据库的功能需求。另一方面，像客服、安全等系统已使用某开源的单机数据库产品，省去了迁移库的成本，支持银行更早开业。于是，以分布式数据库为主，以单机数据库为辅，国内第一家云上银行开业了。随着业务的发展，核心系统的分布式数据库面临挑战，一方面数据库之间没有资源隔离，一个库流量上涨或者出现慢 SQL 会影响多个业务库。并且低版本分布式数据库优化器判定逻辑单一，几乎全部通过 SQL hint 的形式由人工指定索引，JOIN 优化不足，仅支持 NestedLoop 的行级 JOIN。应用连接数爆满情况经常出现，线上运维压力较大。另一方面，缺少问题定位的功能，如数据字典、透视图等，在最常见的锁等待问题中，连谁锁了谁都看不到。

与此同时，随着业务的发展，单机数据库面临较多的问题：存储容量出现瓶颈，部分库空间爆满，需要评估并删除一些缓存表数据；机房级的容灾演练中产生了主备数据不一致问题，开发人员对数据一致性的判定逻辑随着业务的发展发生了变化；机器已过保，而 IaaS 的版本老旧，不支持新机型，老机器已淘汰，不会再采购新的。在这种情况下，我们启动了单机数据库迁移，将全行数据库统一到分布式数据库上来。

在分布式数据库的运用中，需要胆量，也需要务实。在网商银行选型过程中，待选的分布式数据库功能尚不完善，为了评估的精细化，我们按照业务模块做了数据库功能细分，并按照优先级做了排序。表 3-0-3 所示为业务功能及说明，需要注意的是，数据库外键、存储过程功能未纳入，外键在误用后会引发级联删除等大规模的 IO，引发业务不稳定，存储过程的扩展性比应用代码要弱一些，不同版本之间的切换更加复杂。

表 3-0-3 业务功能及说明

业务功能	库功能	备注
容灾及扩展	同城切换、"宕机"切换无数据丢失	
	异地容灾 RPO<20 分钟	
	异常恢复 RTO<20 分钟	
	同城 IDC 间无损切换	
	主备复制延迟	
	备份可回溯到任意历史时间	
	弱一致读的水平扩展	
	扩容对业务无感	
国际化	支持 UTF-8 字符集	
	支持时区	
表结构	单表支持多个唯一约束	
	非空约束	
	多分区下的全局索引	
	通过 hint 强制走索引	
	支持字段默认值	
	数据类型支持	
SQL 支持	等值 JOIN 支持	
	非等值 JOIN 支持	左连接、右连接等
	3 表以上 JOIN 支持	多表 JOIN 用得较少，但还是需要的
	子查询	如 select (select t3 from t where t1= c.c1) as t3, c2 from c where c.c3=?
	DML 多行操作	部分库仅支持单行事务
	分页查询	
	函数支持	常用函数收集与整理
	SQL 平均耗时	建议小于 2 毫秒

续表

业务功能	库功能	备注
SQL 支持	insert select 子句	insert into table_naname select
	batch 语句	如 JDBC batch 或者 mysql batch: insert into table_name() values(?, ?), (?, ?)
事务	隔离级别	如 read commited
	select for update 行锁	事务中见到最多的语句
	事务的最大大小	例如，有的事务有 2MB 大小限制
	缓存表的性能	如事务表中大量写入和删除

3.1 数据库部署架构

数据库部署架构是从容量、可用性、性能、成本等多方面权衡的结果，网商银行基础架构从建行之初满足快速业务响应的分布式架构，到单元化架构的落地，再到云原生时代，其中伴随着业务的快速发展，数据库的部署架构也经过多个版本的迭代发展。

容灾方面，从最初的"两地三中心"，具备机房级容灾，不具备全部的城市级容灾，经过扩容建设发展到现在的"三地五中心"。具体部署方式如图 3-1-1 所示，采用 3-2-1 的部署方式，任意一个城市的故障，通过选主（选择主库）实现主库的切换完成容灾。

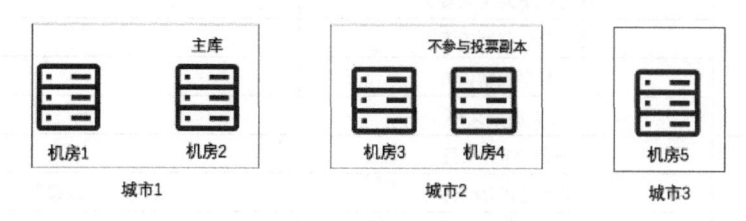

图 3-1-1 "三地五中心"架构

分布式业务应用为支撑业务容量的快速发展和业务的多样性，持续进行微服务的拆分改造，其中数据库也随着进行扩容、拆分、迁移。数据库之间的隔离性、集群故障的业务影响面愈加重要，如何合理规划业务集群，实现业务的故障影响面可控，是发展过程中一直面临的挑战。

3.1.1 分布式数据库

分布式数据库中的数据在逻辑上是一个整体，但物理上分布在计算机网络的不同节点上。网络中的每个节点都可以提供数据服务，可以通过中间件或者协同服务器实现协调，以代理的形式完成数据库访问的策略控制。图 3-1-2 所示为一种集中代理方式，通过协同服务器实现多应用的数据读写访问，在这种方式中应用不感知分布式的多个节点，通过协同服务器进行读写节点的路由选择、读写分离控制、权限控制等。

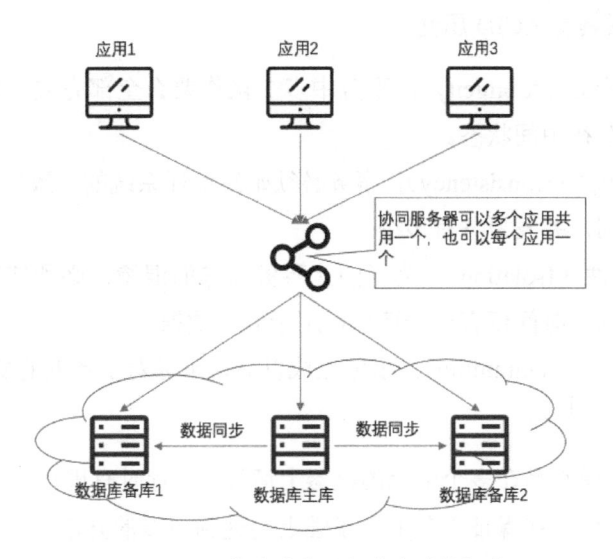

图 3-1-2 集中式代理与分布式数据库

分布式数据库增加了系统交互的复杂性，为系统引入了更多潜在的失败环节，但分布式系统带来的好处也非常明显。

（1）持续可用。分布式数据库对同一份数据维护多个副本，当某个副本出现故障时，其他副本还能继续正常提供服务。为避免多个副本同时服务同一份数据带来的数据一致性问题，引入分布式协议 Paxos 或 Raft 实现数据的一致性。以系统包含 3 个副本（1 个主库，2 个备库）为例，每次写事务都需要让主库和其中一个备库同步，在主库出现故障时，至少一个备库有完整的数据，数据不会丢失，可通过分布式协议完成选主，继续提供写服务。在任意一个备库出现故障时，主库仍然可以将数据同步到另一个备库，形成"多数派"，保证数据不会丢失。

（2）可扩展。通过对集群节点的扩容，完成读写容量的线性扩展，支撑大促的突发流量。

（3）低成本。分布式系统通常只需要采用廉价的普通服务器替代高端服务器与高端存储设备，通过自动容错能力实现运维成本的降低。

3.1.1.1 分布式事务与数据一致性

处理事务是数据库系统的基本能力，通过事务保证数据的准确性与一致性，从而减少了上层应用的复杂度。但数据库系统为实现事务，也进行了一定的性能牺牲。事务必须具有 ACID 属性。

- A，原子性（Atomicity）：事务中多个操作要么全部完成，要么全部未完成，不存在中间状态。
- C，一致性（Consistency）：事务必须始终保证系统的一致性状态，不管在什么时间，并发事务有多少。
- I，隔离性（Isolation）：为了防止事务操作的混淆，必须使请求序列化，使得在同一时间仅有一个请求作用于同一数据。
- D，持久性（Durability）：事务完成以后，事务对于数据的变更持久保存，不会进行回滚。

分布式事务通常是在多个节点的机器上运行，运行时有进行 RPC 的过程，相对于单系统数据库，在保证事务的原子性上会遇到更多的异常环节，存在更多的恢复与回滚情形，当前大多通过两阶段提交协议进行解决。分布式事务提交到多台服务器上进行处理时，每台服务器都需要进行日志的记录，当事务出现失败时，对应的服务器都需要进行回滚操作，典型的分布式事务处理过程如图 3-1-3 所示。

图中左侧是协调者状态机，右侧是参与者状态机。协调者是驱动整个事务提交流程的主体，它可以在任意机器上，当然也可以和其中一个参与者在同一台机器上。参与者是真正的事务操作的执行者。协调者首先通知所有的参与者持久化（图中的 prepare 命令），当参与者使事务的日志处于持久化状态后会回复 prepare OK，当所有参与者都回复 prepare OK 后，意味着整个事务完成了。然后协调者会写下事务 commit 的日志，并且发送 commit 给所有参与者，如果其中任何一个参与者返回失败（即 abort OK），那么协调者就会认为事务是失败的，记下事务回滚的日志，并且发送 abort 给所有参与者。

在这个流程中，分布式事务提交的延迟是两次写日志（参与者写 prepare 日志，协调者写 commit 日志）的延迟和两次通信（协调者通知参与者 prepare，协调者通知参与者 commit）的延迟。

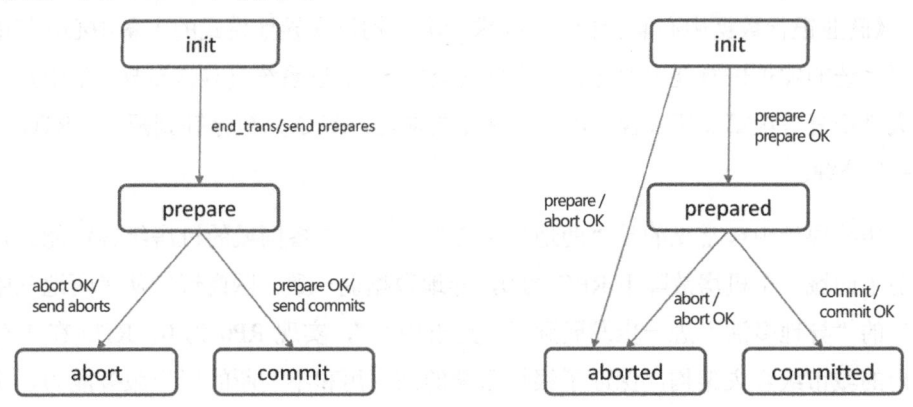

图 3-1-3　分布式事务处理过程

3.1.1.2　多租户策略

一套分布式数据库集群可以用于支持多个业务，通过分配多个数据库实例进行管理，这就是多租户策略。多租户是分布式数据库实现资源隔离与未来进行云化发展的基础，通过多租户还可以实现安全的隔离、故障的隔离、运维的隔离等。

首先是租户资源的隔离，租户是资源分配的最小单元，每个租户可以进行 CPU、内存、存储、网络带宽、连接数等的资源控制。CPU 等资源可以在租户创建时进行指定，也可以按需进行动态调整。每个租户之间的资源不进行复用，以避免资源的抢占带来的稳定性问题。

其次是安全的隔离，租户有对应的用户权限，每个租户的用户只能访问自己租户内的实例以及相关租户资源。不存在可以进行跨租户访问的超级用户，实现了安全策略的可控，避免了数据安全问题。

再次是故障的隔离，因为硬件资源的隔离，单个租户的"抖动"、资源不足、数据错误等不会影响其他租户，对于分布式数据库的监控最小采集粒度是租户级别，数据库的故障影响分析也从租户维度进行关联分析。

最后是运维的隔离，租户是资源分配的最小单元，在进行资源调度、集群扩容时按照租户进行迁移，集群的备份与恢复也从租户维度进行控制。

3.1.2 "异地多活"之"三地五中心"

《商业银行数据中心监管指引》要求金融机构设立异地模式的灾备中心，其中重要系统的灾难恢复能力要达到《信息安全技术 信息系统灾难恢复规范》中定义的灾难恢复等级第 5 级（含）以上。具体要求是，RPO 为数分钟到两天，RTO 为 0～30 分钟。

传统银行中最常见的是"两地三中心"模式，具备同城的机房级容灾能力，实现了同城一个机房故障下 RPO 为 0，异地数据弱一致。网商银行从"两地三中心"的"异地多活"进一步发展到"三地五中心"，实现 RP0 为 0，RTO 在 1 分钟内的城市级容灾架构，保证了银行系统的高可用和不间断的用户服务能力，实现了金融服务的随时在线。

3.1.2.1 常见部署模式

1. 传统银行的"两地三中心"（见图 3-1-4）

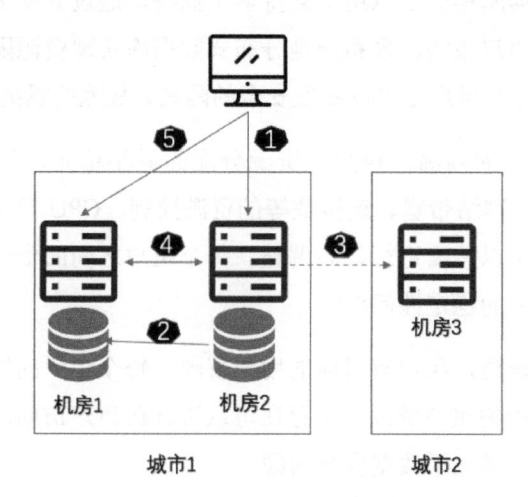

图 3-1-4 传统银行的"两地三中心"

（1）同城双机房采用主备模式，应用访问主数据库，进行数据写入。

（2）同城双机房间采用存储设备的同步复制，保障同城双机房之间的数据实时一致。

（3）异地机房用异步复制方式进行数据同步，备份节点数据非强一致，对数据实时性要求不高的可以进行读访问。

（4）同城主备库之间进行故障检测，出现异常时进行主备切换。

（5）应用端可以通过使备库只读而降低主库压力。

这种部署模式本质上只能做到机房级容灾，当城市 1 异常时，城市 2 的数据是不完整的，无法实现城市级的容灾。

2. 分布式数据库"两地三中心"（见图 3-1-5）

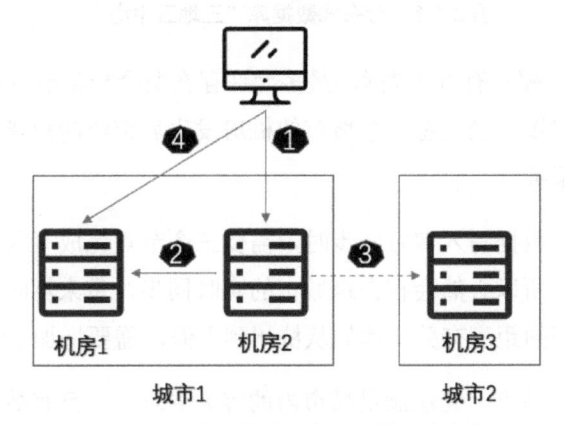

图 3-1-5　分布式数据库"两地三中心"

（1）"两地三中心"模式有三个副本，采用主备模式，应用访问主数据库，进行数据写入主库。

（2）主库数据实时同步到所有备库，基于一致性协议，在 1/2 的节点完成数据的同步后，即认为数据同步完成。同城机房因耗时更短，两个机房的数据保持实时同步。

（3）异地机房因耗时较长，在数据同步上有延迟，但相对于传统银行的备份节点，该延迟较小，在 1 分钟以内。

（4）两个从节点都可以提供数据的弱一致性只读服务。

三个副本中最多允许有一个故障点，所以这种模式只具备城市 2 的城市级容灾能力，不具备城市 1 的容灾能力。

3. 分布式数据库"三地五中心"（见图 3-1-6）

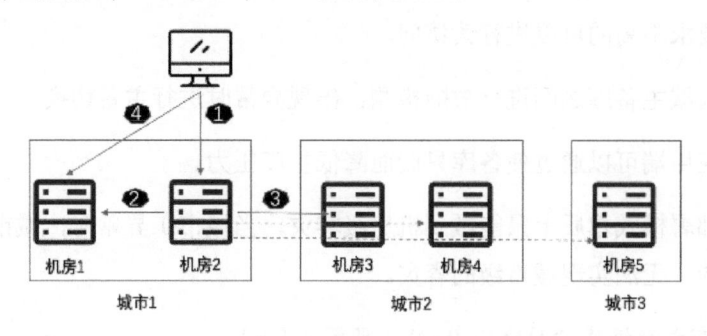

图 3-1-6 分布式数据库"三地五中心"

"三地五中心"模式有五个副本，最多允许存在两个异常节点，所以采用 2-2-1 的方式进行分布建设。当任意一个城市的机房发生城市级的故障时，数据库都依然能够继续提供服务。

五副本在进行数据写入实时同步时，需要三个节点完成写入，因一个城市最大节点只有两个，所以必然会存在跨城市的实时同步，带来耗时的增加。具体耗时的增加与城市间的距离有关，例如从杭州到上海，需要增加 6~8 毫秒。

城市 3 只有单节点，无法满足城市内的容灾要求，一旦有故障，应用都需要跨城访问数据库，所以在部署时，城市 3 不进行应用的部署。由于不提供数据服务，城市 3 可以进一步降低成本，机房 5 作为日志副本，无全量数据，参与一致性协议投票选举主节点。

4. 从"两地三中心"到"三地五中心"的升级

从"两地三中心"升级到"三地五中心"，是基础设施的重大升级，不只是简单的数据副本的增加。其带来的架构改善有以下几点。

（1）数据库具备了城市级容灾能力。

（2）应用具备了城市级容灾能力，应用的部署可以实现城市 1 与城市 2 双中心的模式，应用的容灾能力增强。

（3）数据库的容量提升，只读副本数量增加，服务能力增强。

这种升级同时也对原数据中心架构引入了新的挑战。

（1）跨城带来的耗时增加，对业务的批处理、链路整体耗时、热点行等产生影响。

（2）数据同步副本数增加，原有机房间的网络需扩容。

（3）数据同步副本数增加，原有租户的硬件资源扩容。

在架构升级的过程中，需始终保持容灾能力不降低：任何单个机房出现故障后，集群依然可用，且除了主库所在城市 1 之外的其他城市机房出现故障，集群依然可用，依然能够提供服务。其过程如下。

（1）初始状态，如图 3-1-7 所示。

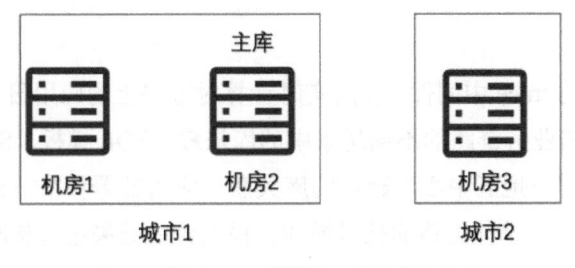

图 3-1-7 "两地三中心"

（2）城市 2 新增一个副本，该副本用于数据异步式同步，不参与一致性投票，该副本对原集群结构稳定性无影响。参与投票的依然是机房 1、机房 2、机房 3，容灾策略与"两地三中心"一致，数据同步耗时无增加。"两地四副本"模式如图 3-1-8 所示。

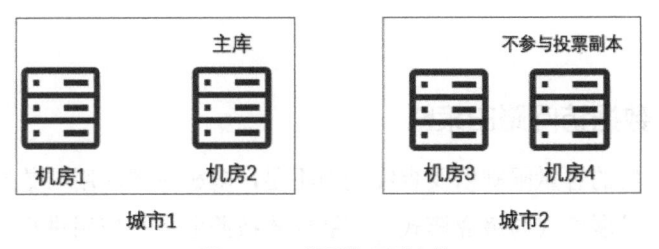

图 3-1-8 "两地四副本"

（3）城市 3 新增一个副本，该副本数据实时同步，参与一致性投票，但需限定在选主时不能作为主库，以避免耗时的增加，因应用部署还在城市 1。在这种模式下，城市 2、城市 3 的单个城市故障不影响集群的稳定性。"三地五中心"模式如前面的图 3-1-1 所示。

（4）城市 2 的不参与投票副本切换为实时同步，并开始参与投票，完成"三地五中心"的部署。在任意一个城市的机房出现故障时，都能够实现容灾切换。

以上过程中，如果机房 5 不选择部署全量副本，只是参与投票的日志副本，那么建设周期会较短，可以直接在城市 2 建设全量副本，完成后立即进行机房 5 的配置。

3.1.2.2 应用耗时分析与优化

"三地五中心"带来的事务耗时增加了跨城耗时部分，会对业务全链路耗时、热点行、批处理产生影响，需要在架构升级前进行耗时分析，在升级后进行耗时的监控与验证。

基于分布式的 trace 中间件，使用实时计算对链路上的应用日志、数据库日志进行解析，分析出业务链路的不同场景中的库依赖、SQL 模板、SQL 执行顺序与次数。然后按照"三地五中心"建设的库关联、应用部署城市，分析会增加耗时的 SQL，从而计算出整体链路的耗时增加。根据评估结果进行耗时的优化，可考虑的方向有：缓存、应用部署、SQL 的优化，以及异步化改造等。

热点行也会因为单次事务的耗时增加导致锁冲突加剧，热点行问题更加明显。可以在建设完成后进行压测，识别热点行，并有针对性地解决热点问题。

单次耗时的增加，也会导致批处理整体完成的时间延长，需要评估是否会超出业务可接受的完成时间。可考虑的优化方案有调整批处理分组数、调整锁粒度等。

3.1.3 数据访问路由策略

由于单机房的容量限制以及容灾能力不足，多机房的应用与数据库部署一般有两种模式：扩展模式与镜像模式。扩展模式按照业务把应用进行分类，把相互依赖的应用部署在同一个机房中，实现业务之间的隔离。但必然存在一些业务需要多机房同时提供服务，这种模式本质上是把一个机房拆分并部署为多个机房。镜像模式下每个机房都部署相同的应用与数据库，每个机房都具备全量的业务提供能力,按照比例进行流量的调拨。运行时机房只承担一部分业务,但必然存在一些基础应用和数据无法按照流量进行比例划分,需要机房间的数据共享与同步。

网商银行在进行单元化架构改造时,根据业务情况,结合两种模式,把数据划分为三类。

(1)可进行流量调拨的数据,可以按照一定的规则进行等比例划分,实现每个机房只需要一部分数据。对应用进行镜像化部署,应用对于数据的访问在同一个机房内可以完成。应用与数据的访问情况如图 3-1-9 所示,其中每个数据库在其他机房也都有副本,以实现容灾能力。

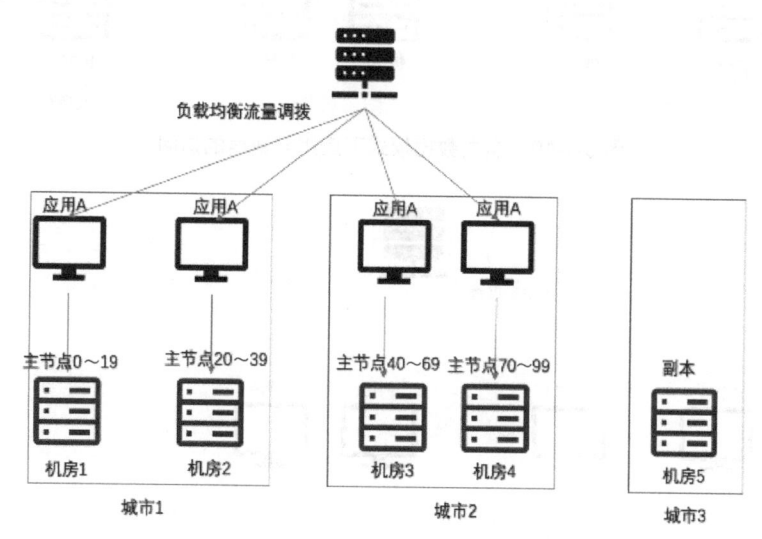

图 3-1-9 可进行流量调拨数据的访问

(2)不可进行流量调拨的全局数据,数据库的主节点在某个机房,其他机房和城市进行数据访问会出现跨机房与跨城市情况,耗时增加较多。应用与数据的访问情况如图 3-1-10 所示,在流量调拨时,同机房调用优先进行。

(3)全局数据的耗时涉及跨城情况时,存在业务不可接受的情况。可进行流量调拨的数据分布在其他城市时,应用的访问也会出现跨城情况。这部分数据会同步到一个独立库中,该库在每个城市都有部署。全局城市级数据模式下应用与数据的访问如图 3-1-11 所示,在进行流量调拨时同机房调用优先进行。

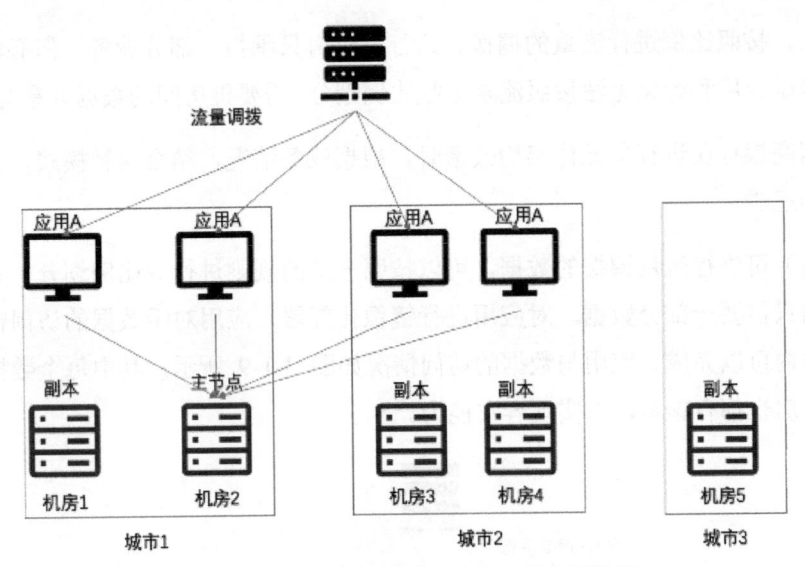

图 3-1-10　全局数据模式下应用与数据的访问

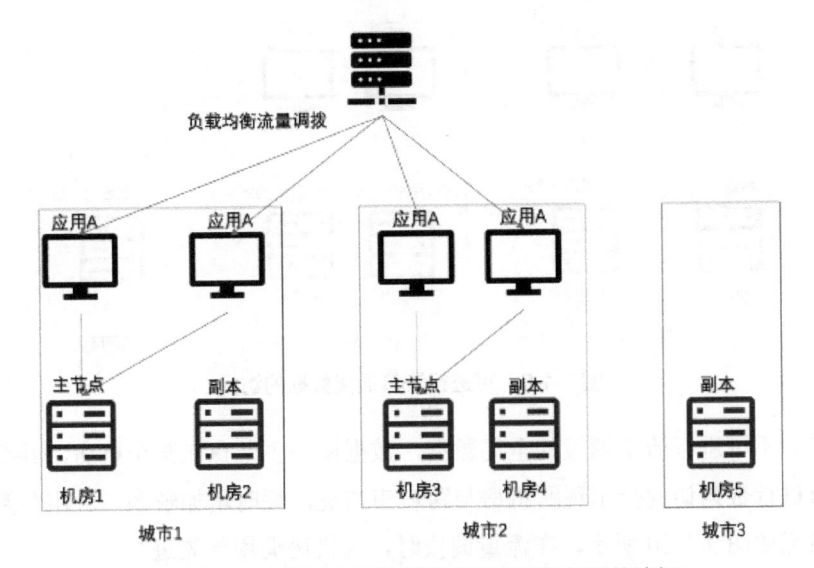

图 3-1-11　全局城市级数据模式下应用与数据的访问

综合考虑分布式数据库主节点与副本的读写分离、应用与库的部署情况、数据库自身的负载等，应用对于数据的访问优先级如下：同机房正常状态→同城正常状态→同城高负载状态→跨城正常状态→跨城高负载状态。其中三类数据在正常和容灾场景中都按照以上策略，通过该策略可降低数据访问的耗时，实现数据库的负载均衡。

3.1.4 多集群部署

网商银行的数据库集群部署经历了两个阶段,从建行之初的单库、分库少量集群,通过按业务的垂直拆分、分库的水平拆分,发展到现在的用户、产品、业务、账务、交换、公共等多套集群,保障了业务快速增长过程中的高可用。

建行之初,业务分库集群有 5 套,用于支撑业务的分库,分库方式包括 10 分库、20 分库、100 分库,分配到各分集群的策略也有两种:所有分库集中于单个集群或均分到 5 套集群。这种方式可以节约运维成本,但随着业务的快速增长,单集群故障影响全行业务的情况越来越不可接受。

网商银行应用采用微服务架构,L1 层的架构如图 3-1-12 所示。

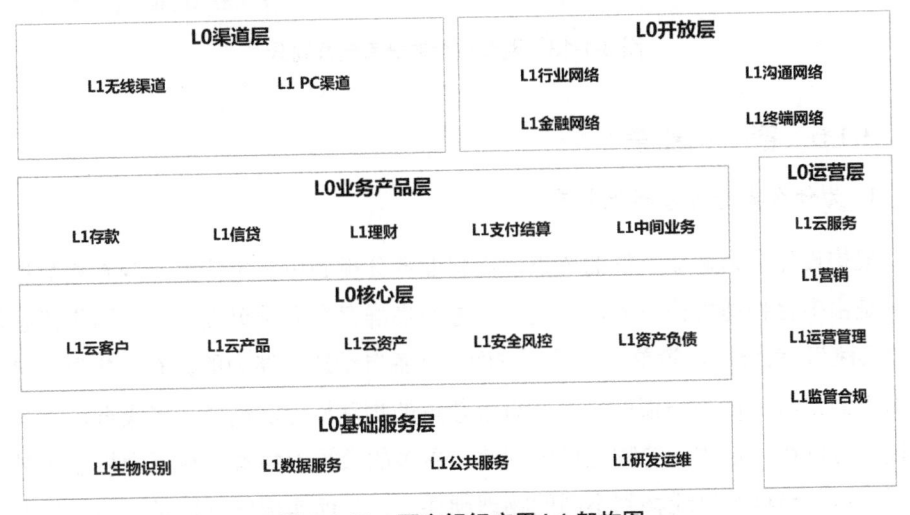

L0渠道层		L0开放层	
L1无线渠道	L1 PC渠道	L1行业网络	L1沟通网络
		L1金融网络	L1终端网络

L0业务产品层					L0运营层
L1存款	L1信贷	L1理财	L1支付结算	L1中间业务	L1云服务
L0核心层					L1营销
L1云客户	L1云产品	L1云资产	L1安全风控	L1资产负债	L1运营管理
					L1监管合规
L0基础服务层					
L1生物识别	L1数据服务		L1公共服务	L1研发运维	

图 3-1-12 网商银行应用 L1 架构图

业务流量的流向是渠道层→业务产品层→核心层→基础服务层,其中业务产品层各产品之间的业务隔离,数据也隔离,业务产品层和核心层可以按照用户信息进行分库分表,如图 3-1-13 所示。

数据库集群要结合应用架构、相关应用对业务的影响、分库分表的维度进行设计,减轻集群故障的影响。基础服务层中 PaaS、分布式消息等进行独立集群部署;用户、产品进行独立集群部署并进行主备多集群保障;账务、交换等公共服务库独立部署;对存款、信贷、理财、支付结算等业务分别部署 10 套集群,分库均分到集群中，单集群故障影响面降低到10%。在业务集群分拆过程中，需各业务库统一分库维度，避免因分库维度不同导致的故障影响放大，例如：单集群中两个业务库维度不同，则该集群发生故障时业务的影响由10%增加到19%（即1－0.9×0.9）。

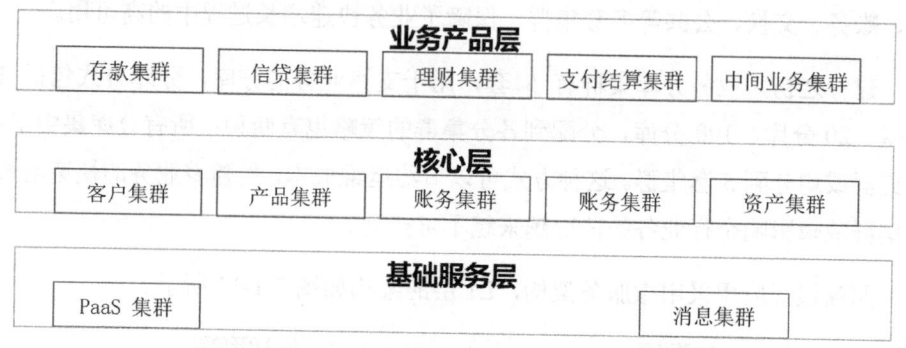

图 3-1-13　网商银行数据库集群划分

3.1.5　容器化部署

1. 为什么要进行容器化部署

架构设计上为避免集群的单点，而将业务分摊到更多集群上。分布式数据库集群是由多台物理机构成的，在高可用方面集群存在多种单点，一方面集群强依赖"心跳"、系统租户等单点，另一方面，具备自动选主能力的分布式集群，遇到SQL导致进程中断或崩溃的情况。有限数量的物理机无法创建更多集群，而容器化技术可以在一定数量的物理机中创建出更多的数据库集群，待后面机器数量增加后，这些集群可以迁移到不同的物理硬件上，从而实现集群数量、容灾能力的提升。

2. 如何进行容器化部署

如图 3-1-14 所示，容器化部署在物理机中按一定规格虚拟出容器，在容器中部署分布式数据库以增加集群数量。

从 ECS 部署切换到 ECS+容器化部署可按如下步骤实现灰度化。

（1）在集群中增加容器化节点，并将库的一个备节点切至容器化节点，如图 3-1-15 所示。

图 3-1-14 容器化部署

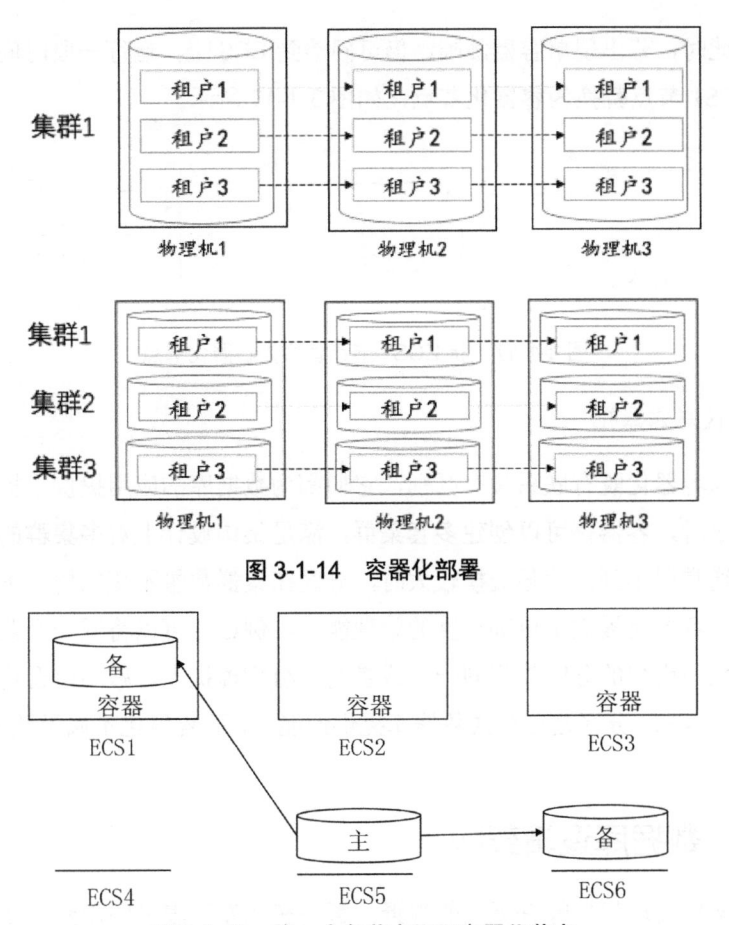

图 3-1-15 将一个备节点切至容器化节点

（2）依次替换两个容器化节点，并将主节点切至容器节点。设置选主优先级，若 ECS5 崩溃，则数据库将 ECS1 的备节点选为主节点，如图 3-1-16 所示。

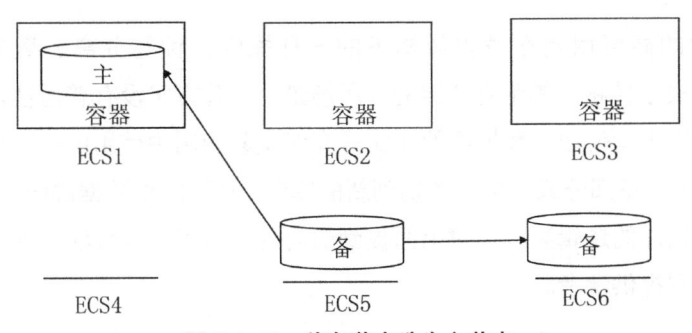

图 3-1-16 将备节点选为主节点

（3）此时，若出现单容器故障，仍可回滚到 ECS 上，运行一段时间检查无误后，将 ECS1 节点替换为容器化节点，如图 3-1-17 所示。

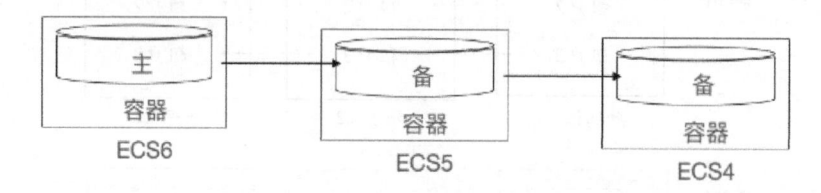

图 3-1-17　将 ECS1 节点替换为容器化节点

3. 分区与容器化

分区与容器化既有联系又有区别，它们都为数据库的应用提供了扩展性。业务规模较小时，容器化可以创建多套集群，满足架构设计上对多集群的需求，此时表分区通常用不到。业务规模较大时，分区在集群数量不变的情况下提供容量的扩展性，容器化提供了更细粒度的管理能力。例如，可以将同一个业务链路的上下游的相同用户的分区放到同一台或者同一组物理机上，减小单台物理机上业务链路用户范围。分区是分布式数据库提供的能力，而容器化不属于数据库本身。

3.2　数据库逻辑架构

逻辑架构要求架构师有更大的视野，解决在线库的表名同步到离线库后表名的冲突、分库分表的规划、分表位的一致性以及历史库的实现方案等问题。逻辑架构设计一旦落地，再改变设计的成本是相当高的，从这个角度看，逻辑设计能力是架构师能力的一种体现。

数据源的高可用是在逻辑架构下的一种探索，读写分离、数据源的 FO（FailOver，失效转移）等都有特定的使用场景，尽管方案没有普适性，但在细分场景的实践中大量使用。数据源的 FO 是在线交易应用中使用的一种技术，可增加多个数据库，将部分或全部业务切到新的库中，从而实现数据源级的水平扩容。本节讲述数据库的逻辑架构，对上面提到的问题给出了一种解法，期望对分布式数据库的转型提供参考。

3.2.1 分库分表

分库分表为业务的水平拆分和垂直拆分提供了一种方式，在单机数据库和分布式数据库中都可以使用。常用的是垂直分库和水平分表相结合。垂直分库，是将业务按照耦合的松紧进行归类，分别放到不同的库中，不同的业务库放到不同服务器上，压力被多个服务器分担，在提升了性能的同时，为资源均衡利用提供了基础，而且可以根据实际情况对每个库进行独立优化。水平分表，是将一张表中的数据拆分到不同的表中，每张表只有部分数据。如表名全局唯一、分库分表位的后缀、统一分库分表位等，需要全局设计和规划。

1. 库名与表前缀

在生产实践中，表名全局唯一有很多好处。一方面是对于线上应用的任何 SQL 报错，都可立即定位到具体的物理库，另一方面，避免了下游实时计算、数据仓库表等命名的冲突。试想，如果数据仓库表中用户信息表都叫 user_info、指令表都叫 business_command 等，那会为数据仓库在表名管理、数据同步管理上增加负担，甚至引起混乱。在建设之初，就要规划库名、表名统一规范，库名格式是"bk_表名前缀"，表名格式是"表名前缀_业务表名"。

2. 资源隔离与共享

数据库上的资源隔离与共享，是通过集群、租户（或者实例）的规划来实现的。业务分类分级是集群、租户规划的关键。隔离性的提升对稳定性较为重要，新建银行站点的服务器资源有限，可用虚拟化方式创建尽可能多的集群。

为什么要做隔离呢？因为数据库既要保障用户业务的稳定性，又要承载一些后台业务，如对账、清算以及客服等。数据库的常见资源隔离分类有：完全共享、租户隔离、集群隔离。完全共享的业务库之间互相影响，租户实现部分隔离，比如同一物理机的网卡不隔离、IO 部分隔离（通过调度算法把慢 SQL 调度到慢 SQL 队列，减少对正常 SQL 队列的调度）、集群不可靠，一些特别的 SQL 或者累积性缺陷会导致进程崩溃，库的主节点丢失触发自动选主，SQL 触发新的主节点崩溃，于是出现了多米诺骨牌效应，集群中多个副本所在的进程全部崩溃。业务分类分级，将核心、非核心分离开来，形成"隔仓"互不影响。从"历史观"来看，站点从小到大的过程，硬件资源不断增加的过程，也是从租户隔离到集群隔离的不断增强的过程。关于架构的演进在后续章节中会做进一步讲述。

3. 流水号设计

从业务的全局看，业务的分库分表位应尽可能统一，以使故障影响最小。图 3-2-1 描述了用户、业务、分库集群的关系，数据库集群分成 5 套，承担所有的业务。当所有模块有统一的分库分表位时，单套集群故障业务的损失率是 1/5，即 20%。若有两个模块分库分表位不一致，则单套集群故障业务的损失率是 $1-(1-1/5)^2$，即 36%。当不同模块使用唯一的分库分表位后，一个具体用户的业务处理在一套集群上即可完成。

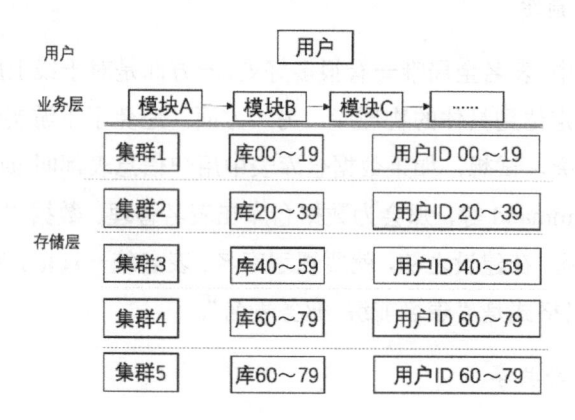

图 3-2-1　用户、业务、分库集群的关系

在分库分表字段的选择上，对客的业务推荐使用用户编号作为分库分表字段，将用户拆分在不同的分组中。不同的业务模块都需要产生流水号，流水号中需要带有分库分表位，以避免多个库中的业务流水号相同。业务流水号中会包含一些其他信息，以保证唯一性或者提供额外的功能。

业务流水号的结构如表 3-2-1 所示，由 8 位的序列（即表中的流水号）、弹性位、分库分表位等多种状态及日期等组成。分库分表位共 2 位，即分表位 00～99。业务流水号的生成分为三步：第一步，获取当前用户编号，取用户编号中序列部分的后 2 位作为分库分表位。第二步，获取当前日期、全局序列等。第三步，拼装好流水号。

表 3-2-1 流水号设计

位置	1	2	3	4	5	6	7	8	…	12	11	10	9	8	7	6	5	4	3	2	1
示例	2	0	2	0	0	6	0	8			0	1	2	3	1	2	3	4	5	6	7	8
说明	8 位日期									业务扩展位		分库分表位		弹性位		8 位流水号，单个分表每日可支撑 1 亿笔流水						

4. 分库分表位的扩展性

分库分表和表分区的混合使用，共同形成了对数据拆分的总体设计。这种设计在实践中与理论会有一定差异，主要体现在扩展性设计方面。分库分表的终态按照支撑业务量来设计，通常 2 位分库分表位就够了，即分成 100 个库 100 张表，每个库中一张表，总数据量拆分成 100 份。若以 14 亿人口总量来计算，单库单表的容量为 1400 万行左右，考虑到内部使用表分区做进一步划分，对批量扫描等场景可以限制在较小范围内。在实际落地中，因当时的分布式数据库对单物理机中的库表数量有限制，多数业务做成了"10 库 10 表"的设计。从"100 库 100 表"的设计到"10 库 10 表"的落地，扩展性被设计进来，采用跳跃分表模式落地，为后续拆分做铺垫。

假设分 20 张表，分表尾号为 00~19 这种步长为 1 的模式，就定义为"顺序分表模式"。比如 cu_student_000、cu_student_001……cu_student_019。顺序分表在业务中常见，流水业务"100 库 100 表"是事实上的标准。顺序分表的模式，是设计的终态（即达到了设计的最大值），如果按照 100 份来设计，10 份来落地，使用顺序分表模式的话，易造成理解困难或者引发误会。

分表尾号的步长不为 1 的分表模式，就定义为"跳跃分表模式"。比如 ms_stu_detail_[000-099:5] 表达式，最小值是 000，最大值是 099，步长是 5，分表数字是 3 位。跳跃分表模式适合未达到设计终态的情况，如网商银行按照 100 库设计，开业时多数业务按照 10 库落地。由于业务较多，而机器资源较少，为平衡性能、成本并兼顾扩展性，更多采用跳跃分表模式。这种模式带来的好处是容易理解。按照 100 份设计，实际只落地了 10 份，所以库名后缀是 000、010、020、030……

3.2.2 数据源高可用

通过主备库的切换，实现数据库级别的故障容灾，是数据库高可用的耳熟能详的话题。分布式数据库在主库异常时，通过一致性协议的重新选主完成主备切换，但无法解决集群故障。为应用服务提供多套物理库，每一套数据库是一个数据源，通过在应用层进行数据源切换，实现单集群故障容灾。

银行系统产生的数据中，大部分是交易流水数据。比如转账处理，会经过网关传递报文、来账处理、限额管理、支付核心、资产交换、清算核算、借记账务等流程，其中，限额管理、借记账务是对同一账户的"累积"操作，是状态型，其他属于交易流水。通过多个数据源进行读写流量的按比例调拨，实现数据容量的快速扩展，满足大促场景中的大容量需求。

弹性数据源方案如图 3-2-2 所示，应用有生产库、FO 库两套数据源，其中每套数据源集群内自动容灾，完成主备切换。当 AUTO FO 检测到生产库集群不可用时，通过弹性位配置的切换，应用可"秒级"切换到 FO 库。

秒级弹性数据源

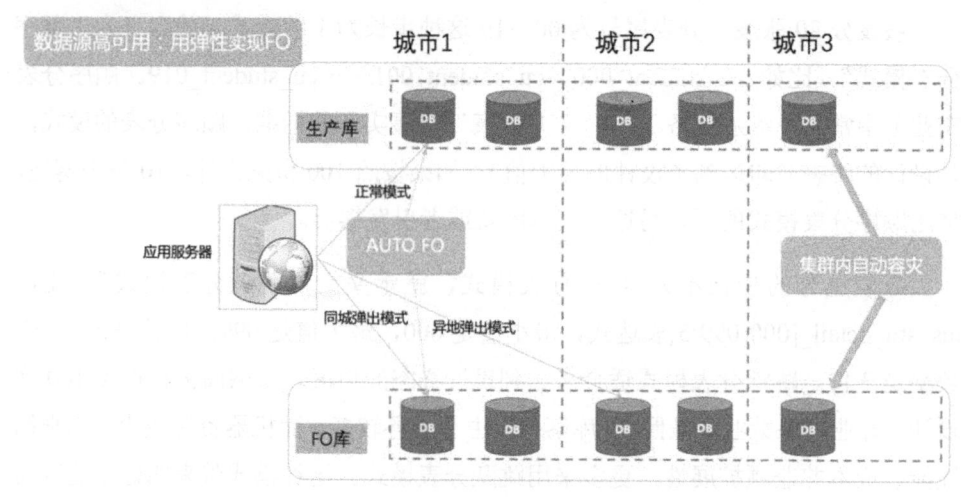

图 3-2-2　秒级弹性数据源

弹性数据源的切换机制核心在于流水号的设计。通过业务流水号进行打标，记录了生产库和 FO 库的标记，当数据进入写入库时，先咨询写入哪个库，即写入权重。当写入数据时，对流水号中的弹性位字段进行标记。读取操作时，根据流水号中的弹性位，路由到指定的集群。

弹性 FailOver 针对流水型业务提供了数据源的高可用和弹性能力，使用数据路由策略，将多组物理库配置成一个数据源。多组物理库之间互为 FailOver，可任意切换当前服务的数据库，而不会对业务产生任何影响，切换后生效时间在"秒级"。

1. 流水号架构为弹性 FO 做了基础数据架构设计

在建设初期需对流水号的组成进行规划，流水号中有 2 位称为弹性位，默认为 00。在弹性 FO 功能开启的情况下，应用系统根据这 2 位路由到某一组弹性库。

2. 统一分布式数据访问层提供了当前读写权重和弹性路由的框架

统一分布式数据访问层对上层业务提供统一接口，业务只要少量改造就可以完成弹性 FO 的改造，由访问层管理着数据源。

3. 有效梳理业务调用关系是实现 AUTO FO 的有效保障

应用系统的业务处理往往是多阶段的，为保持多个阶段在同一个数据库中，应用代码逻辑以第一阶段与物理库的交互为准，将多阶段的业务处理保持在同一个弹性库上。即第一阶段在某组弹性物理库，后面阶段均与第一阶段保持一致，避免了多阶段在不同弹性库上导致找不到数据。

大促场景中峰值 TPS 是日常状态的很多倍，单个分库的资源分配上限是单个物理机，依然无法满足峰值的需求。可通过在数据源处增加多套物理库，将读写流量按比例拆分，实现多套数据源的容量均衡，在不进行拆库的情况下，实现数据库的水平拆分和容量提升。

3.2.3 历史库

数据生命周期一般可分为四个阶段：在线阶段、近线阶段、归档阶段（离线阶段）和销毁阶段。历史库的定位是用于近线阶段和归档阶段的存储。为了解决在线库的存储空间问题，会将历史数据迁移到历史库或磁带库。磁带库和历史库的差别在于是否需要在线业务读取历史数据，历史库提供了在线业务读取的能力。

在硬件配置上，历史库应选择磁盘空间较大、CPU 配置较低的机型。在实践中，历史库可以是只读的或者可读写的，在权衡成本及业务实现问题后，网商银行选择了只读的历史库，以实现成本的节约。

3.2.3.1 历史库选型需要考虑的因素

1. 可扩展性

在可扩展性方面，分布式数据库比单机数据库更有优势。历史库主要用于数据存储，分布式数据库实现了存储的自动扩展。如分布式数据库 Hbase 使用 SSTable 的结构，将数据存储到多台机器上。OceanBase 2.0 使用租户、库、表分区将存储分到多台机器上，在表的数据中使用 SSTable 结构，数据按照主键顺序全局有序存放。另外，有多种数据库支持存储与计算分离，存储的容量更加"从容"。

再看单机数据库。MySQL、PostgreSQL 的数据存储限制在单台物理机上，若使用这类单机数据库作为历史库，则需要上层分库分表的包装，增加了多种管理成本，如历史库分表管理成本、在线库到历史库的迁移成本、历史库分库后应用启动连接数增加导致整体启动变慢。

2. 基础功能

无锁 DDL（Data Definition Language，数据定义语言）、压缩、带二级索引是历史库的基础功能。

首先应该淘汰掉 DDL 变更锁表的库，比如 MySQL 5.5 版，DDL 变更会将全量数据导出再导入新表，此过程中会锁住表的读写，导致业务和变更"二选一"，影响业务可用性，增加了运维的复杂度。

压缩是有必要的，因为历史库的主要功能是存储数据，其次才是小流量的访问，而压缩是降低存储成本的有效手段。从业务发展趋势来看，行业中提到的"银行业 4.0"，一方面要深化存、贷、汇等传统业务，另一方面要不断拓展创新业务。浦发银行在 2020 INCLUSION·外滩大会上发布了《开放金融之全景银行系列蓝皮书》，提出开放银行发展新阶段——"全景银行"，意在提供全时、全域、全用户的服务。无论是传统金融服务场景化延伸到全供应链，还是银行作为服务的推荐中介收取服务费用,都将产生海量数据。而压缩可以大幅降低存储成本。数据压缩比与数据本身有关,根据实际的测试情况,数据的压缩比在 4∶1 到 10∶1 之间。

二级索引是需要的,历史库的特点之一是可以查询,如果不考虑查询,则有更好的选择,比如转换成压缩文件存储。文件的压缩比比数据库中的块级、列级压缩高多了。二级索引为业务查询提供了灵活性,历史库的索引可以与在线库完全不同,这取决于业务逻辑。比如,在线库有 10 个索引,历史库可以仅有 1 个,索引的减少节约了存储空间。

3. 后台校验

能及时发现磁盘的损坏,是历史库必须具备的功能,这是 OLTP(Online Transaction Processing,联机事务处理)类型的数据库较少支持的功能。OLTP 的数据库读取数据时,会将块中数据重新计算校验和,与块中记录的校验和做一次比较。校验通过后,数据返回给用户,反之则报错。OLTP 数据库中的数据经常被读取,而历史库中大部分数据是"冷数据",长期无人读取。作为数据的长期存储设备,磁盘坏块、消磁若没有及时发现,则会存在数据丢失的风险。因为数据备份的周期是一定的,长期来看,多个副本中都有可能存在磁盘损坏情况。利用分布式数据库或者持续做数据校验,可以及时发现这些问题。为此,在 OceanBase 数据库中增加了后台扫描线程,在历史库场景中开启后,可以实现定期的轮询校验,及时发现磁盘的损坏。

4. 加密

从行业趋势看,隐私保护、数据安全已经提到了前所未有的高度,我们认为透明加密已成为基础"标配"。根据测试的结果,透明加密性能损失在 10%以内,并有望继续优化,降到 5%以内。

3.2.3.2 常见问题及网商银行架构

1. 在线库、历史库和大数据仓库之间的关系

(1)在线库是为用户服务的,不仅包含用户可直接访问的部分,还包含相应的后台任务。如流动性管理、存款季度结息、计算和提取、记账日切换等场景。

(2）历史库是在线服务的数据库，相对在线库来说，历史库能提供廉价的磁盘存储服务，在降低存储成本的同时，还能提供少量的在线查询服务。从历史的视角看，历史库是抵达终态的数据的"终点"，而在线库是数据加工、计算的临时场所。

(3）数据仓库提供了计算离线大数据的功能，其典型特点是计算量大，而且有一定时效性。例如，需要计算小时级交易量的环比和同比。小时级数据都在在线库存储，历史库没有这份数据。计算时需访问的数据量比较大，而且算同比时会用到去年此时的数据。考虑到在线库的用户访问隔离策略，需要将在线数据同步到另外一种存储位置进行计算。计算方式上，Google 在三篇论文中提及的 MR 算法对应到开源社区就成了 Hadoop、HDFS 等。

2. 网商银行的历史库架构

在线库采用分库分表+分区的架构，历史库采用单库单表做分区表、按照业务分类的多集群模式。历史库采用"两地三副本"的部署方式，在线库采用"三地五副本"的部署方式。历史库模式是按业务规划多套历史库，不做分库分表，而采用多库聚合的模式。按照业务分开做数据库集群有两个原因。

一是有限的多套集群，能提供一定的隔离性，避免把鸡蛋放到一个篮子里，为数据库备份、升级、变更等提供了"灰度"能力。

二是按照业务隔离，不做分库分表，提供了方便的数据查询能力，使用了分布式数据库的水平扩展能力。

3. 只读历史库如何解决数据订正问题

通常的迁移条件有两个：时间和状态到达终态，即在数据到达终态一段时间后，再进行历史数据迁移。

3.2.3.3 只读历史库

只读历史库的使用，降低了应用系统的复杂度，节约了硬件成本。对网商银行来说，仅硬件成本就节约了大约 1000 万元。

1. 背景

在 OLTP 系统中，绝大部分是交易流水数据，交易完成一段时间后，就很少被访问了，而且这部分很少被访问的数据占用大量的存储空间。在线库使用固态硬盘（SSD）存储，固态硬盘比串口硬盘（SATA 硬盘）价格高，固态硬盘的单位存储价格大概是串口硬盘的 10 倍，另外，主流固态硬盘容量远低于串口硬盘容量，考虑到物理机硬盘卡槽数量有限，固态硬盘的成本更高。

2. 关键要点

（1）降低存储成本，包括线上库存储成本、备份成本。

（2）冷热数据分离，提高在线库恢复效率。

（3）历史库单 SQL 速度是在线库的 1%，每次物理 IO 大概用 20 毫秒，历史库性能比在线库差很多，若固态硬盘 IOPS 为 9 万次/秒，串口硬盘则为 200 次/秒。

3. 只读历史库节约成本的原因

一方面，历史库使用串口硬盘，在线库使用固态硬盘，所以历史库的存储比较廉价。另一方面，历史库没有修改操作，降低了全量备份的备份数量。全量备份只需保留一个完整的副本，因为不需要恢复到过去某时刻的数据库状态。而允许业务写操作的库，则需要保存多个副本以保证可恢复。

历史库方案如图 3-2-3 所示。

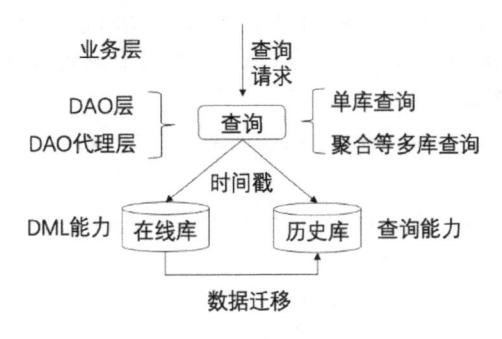

图 3-2-3 历史库方案

4. 基于 Spring 的历史库只读方案说明

历史库的改造没有提供统一的 Jar 包解决方案，我们经过综合评估后，不使用统一 Jar 包方案，而是基于 Spring 的对象初始化接口 org.springframework.beans.factory.config.BeanPostProcessor，在其 postProcessAfterInitialization 方法中，将 DAO 替换为 DAOProxy。一般单表超过 1GB 的才需要做历史库改造，针对每张需要做历史库的表，增加一个对应的 DAOProxy。数据迁移中，我们使用迁移平台做历史数据的迁移，先迁移到历史库，通知开发人员按时间戳切流，然后删除在线库。

5. 方案内容

1）配置历史库数据源

应用代码中会引用数据源的名称和数据源版本号。因此，需要将数据源配置起来，指定版本号（代表该版本的唯一字符串，一般采用代码分支中的唯一字符串）。数据源的配置包含数据源的名称、数据源的类型、物理库列表的名字，其中，数据源类型就是数据库的类型，如 Oracle、MySQL、OceanBase 等，主要用来做分库分表路由时的语法解析。

2）配置历史库表结构

线上库增加了配置表，用来保存在线库、历史库的时间戳分界线，并生成增删改的配置（用 iBATIS 的需编写 SQLMap、DAO 等），为了便于查询和使用，历史库配置放在在线库的表中。如下代码就是历史库配置的表结构。

```
CREATE TABLE '{表名前缀}_his_config' (
  'gmt_create' datetime(6) NOT NULL COMMENT '创建时间',
  'gmt_modified' datetime(6) NOT NULL COMMENT '修改时间',
  'his_last_stamp' datetime(6) NOT NULL COMMENT '历史库最后一笔时间戳（在线和历史库的分界线）',
  'del_online_data_stamp' datetime(6) NOT NULL COMMENT '删除在线DB最优一笔时间戳',
  'table_name' varchar(100) COLLATE utf8mb4_bin NOT NULL COMMENT '需要配置进历史库的表名',
  PRIMARY KEY ('table_name')
)
```

3）生成历史库代理

对 DAO 中的每一个 select（不包括 select for update 这样的锁语句）进行历史

库改造，对查询语句进行路由判定，查询在线库或者历史库。新增数据的写入（insert）无须处理，对查询语句（select）则进行分类判断，后面将分析历史库的判定条件。

4）配置历史库的代理

正如方案中提到的，历史库的配置主要是实现 Spring 的 BeanPostProcessor 接口，并通过 DAOproxy 的代码逻辑，将 DaoProxy 对象替换为在线的 DAO 对象或者历史库的 DAO 对象。

5）配置历史、在线时间戳的推送部分

历史库时间戳就是将线上库数据迁移到历史库的时间戳分界线，这个数据在应用服务器内存和库的表中存在。在应用服务器中存在，是为了提升效率。因此，配置需更新应用内存和表中的数据。

6. 数据迁移

数据根据是否需要迁移可以分为两类，一类是待删除的临时数据，另一类是待迁移至历史库的生产数据。两者可以作为历史库迁移的不同类型的任务进行处理。

历史库自动迁移方案如图 3-2-4 所示。

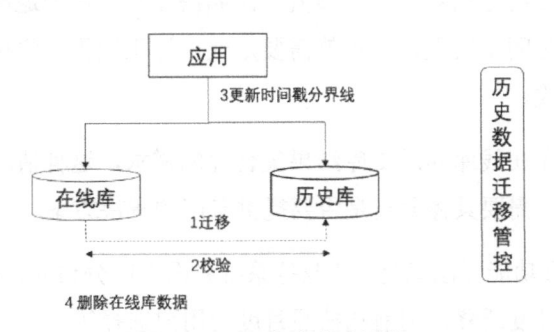

图 3-2-4 历史库自动迁移

7. 迁移逻辑

在历史的库的迁移条件上，我们采用业务已结清状态和时间戳双因子的逻辑，比如，贷款已结清且在一年以上的对账单表需迁移到历史库中。这种抵达"终态"的数据没有后续的更新，避免在线库、历史库数据都存在修改，降低多库数据处理的复杂度。

数据迁移的关键是数据读取效率和方案的通用性。为了提升数据读取的效率，使用按照主键查询的方式。查询分为三步。(1) 获取最小的主键值或者值对；(2) 按照主键值每次获取定长的数据；(3) 当获取不到新位点后，认为执行结束。伪 SQL 代码如下。

（1）按照表的主键（c1, c2）做查询，拿到最小的主键值。

```
select c1,c2 from table_x order by c1 asc,c2 asc
```

（2）每次获取定长数据，这样每次请求的 IO 大小基本一致。#c1# #c2#的值就是（1）中的结果。

```
select * from table_x where (c1,c2) > (#c1#, #c2#) order by c1 asc,
c2 asc limit PAGE_SIZE
```

（3）获取不到位点时候，则跳出循环，读取任务结束。

8. 历史库方案的挑战

（1）个别业务无法按"终态"迁移，因业务上存在无限修改的可能。经过深挖后，业务上能够给定相对安全的阈值，比如快捷支付后的退款，可能因对方机构系统问题而长时间未发现，这种就需要走数据订正流程，将历史库数据复制到在线库中再做修改。

（2）下层存在在线库和历史库结果集合并的需求，这种情况下，只读历史库增加了业务耗时，需要具体分析是否要提供专门的解决方案。

（3）跨库分页功能无法满足。从业务系统界面上区分访问在线库还是历史库，比如历史库按照月度迁移，则前端按照月度给用户选择等。

3.3　缓存架构

随着互联网特别是移动互联网技术的发展，部分场景对系统高性能的要求不断提高，基于磁盘存储的数据库受磁盘读写速度等影响，在延迟方面无法满足应用扩展性的要求。为了方便区分，本节使用"缓存"指代内存数据库。

1. 常见缓存使用场景

1）弱一致场景

在用户、产品的大部分场景中都可以接受缓存的弱一致读，因此，可以构建缓存的"主备复制"，让本机房应用访问本机房缓存，实现业务耗时最小化。

2）强一致场景

多数场景对缓存的要求是强一致的，强一致场景可分为强依赖缓存、数据库兜底。如"秒杀"场景中的库存、支付交易中的二阶段处理，用缓存保存中间结果。这两种场景对数据都是强一致的，但在高可用方面有所区别。对于"秒杀"场景的库存，因"秒杀"场景周期较短，强依赖内存数据库就够用了；但对于支付交易的多阶段处理，一般采用数据库兜底的方式。若检测到缓存无法访问，或者在二阶段线程池获取到的一阶段结果集为空，则访问数据库重新结算一阶段的结果集提供给二阶段使用。在一些比较特别的高可用场景中，会采用双写的方式来保障，因双写过程中没有分布式事务保障原子性，因此真正适用的场景较少。

2. 单元化架构下的缓存场景

图 3-3-1 所示为单元化的缓存架构图。缓存在每个机房都是各自独立的集群，不同的机房之间的缓存在逻辑上构成了主备关系。具体到各个 Zone 的配置又有所不同，下面分三个 Zone 进行介绍。

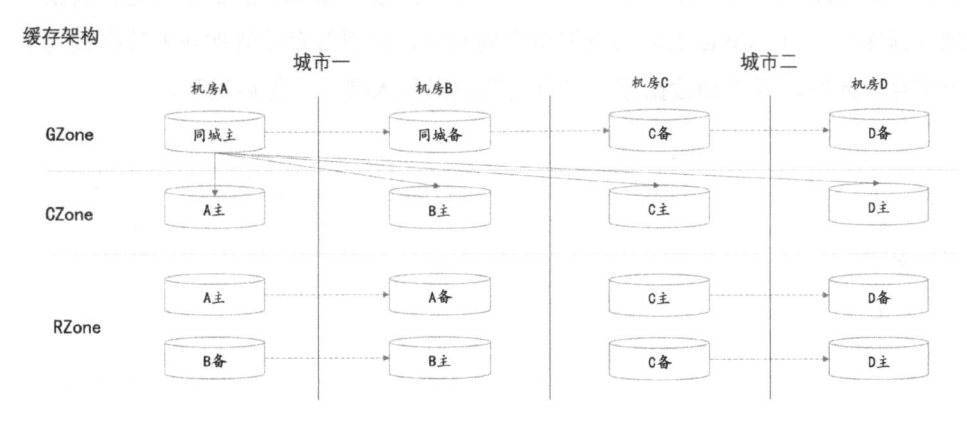

图 3-3-1　单元化的缓存架构图

1）GZone 缓存访问

GZone（全局单元）的每个应用在不同机房有统一的缓存配置，正常情况下，流量通过机房 A、机房 B 进入 GZone 应用，两个机房的应用都访问机房 A 内的"同城主"的 GZone 缓存。"同城主"缓存"宕机"后，先清空"同城备"缓存，再将缓存读写权重切换到"同城备"。

2）RZone 缓存访问

根据单元化的划分规则，RZone（业务单元）缓存为业务提供本机房访问权限，因此 RZone 缓存仅有同城的机房级的容灾能力，而且 RZone 应用的缓存配置在每个机房都不一样。如图 3-3-1 所示，从架构上，A 备在 B 机房，B 备在同城的 A 机房。因此 A 机房的 RZone 应用的缓存配置为 A 主和 A 备，B 机房的 RZone 应用的缓存配置为 B 主和 B 备。

3）CZone 缓存访问

从数据上分类来说，CZone（共享单元）数据是部分 GZone 数据的镜像，并且满足数据的弱一致读需求，因此 CZone 可以为业务提供本机房访问权限。图 3-3-2 为 CZone 缓存同步及访问示意图，从图中可以看出，每个 CZone 缓存都是主节点，数据读写来源于 GZone，这就涉及 CZone 缓存数据的同步。CZone 缓存数据同步分两个阶段。第一阶段，GZone 写缓存时，将数据同步到多个 CZone。为了使 GZone 和 CZone 解耦，可以让 GZone 的消息中心将数据发送出来，让 CZone 的应用订阅 GZone 的消息，将数据更新到缓存中。第二阶段，GZone 的数据变更将数据写到数据库中，当 CZone 的应用查询缓存为空时，说明缓存被清理或者数据被淘汰出缓存。此时，要查询数据库，将查到的数据写入缓存，然后返回。

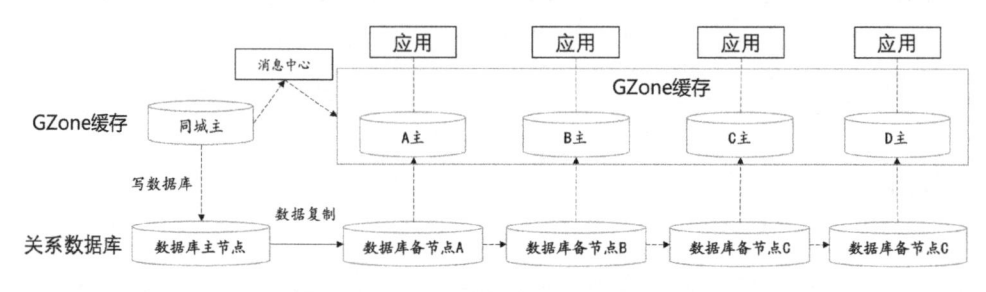

图 3-3-2　CZone 缓存同步及访问示意图

3. 缓存架构对比及演进

1）缓存产品支持一对多的复制

支持数据自动复制，一方面减少了应用的开发工作量，让开发人员更加专注于业务逻辑，另一方面，在主缓存"宕机"切换到备缓存后，可以降低对业务的影响。这主要包括两种情况，一种是缓存数据写入后无修改的情况，另外一种是缓存写入后有修改，但业务上可以接受弱一致读的情况。因此，有了一对多的功能及集中式的云化配置，存储产品能力的增强是可以预见和期待的，在集成度上云产品可以进行更好的配套和包装，为业务开发带来好的体验。

2）缓存大集群模式与独立集群模式的对比

与上述每个机房搭建一套独立的缓存集群相对的，是同一个城市内多个机房搭建一套缓存集群。这种模式的优点是降低了缓存集群数量，在单机房不可用时，一致性协议会自动将不可用节点剔除，在管理上更加方便。这种模式的缺点是，当机房故障恢复，故障机房的节点上线后，可能引发数据一致性问题。因为离线后的节点上线后是否会清理掉数据依赖具体存储，而且比较难以决策，如果每次网络"闪断"后再恢复时，数据就会清理掉，可能也会存在问题。

3）架构演进方面趋于更多套集群分类分级，以实现业务链路精细化

图 3-3-1 中表达的是单元化架构下机房级的最小数量部署，它的主要问题在于 GZone、CZone、RZone 的缓存没有区分核心链路，尽管不同的缓存的 namespace（命名空间）之间有容器化等个例技术，但从理论上讲会存在核心业务与非核心业务互相干扰的问题。因此，要识别业务链路，并按照核心链路做分类分级后，对缓存进行规划，实现不同业务的分类隔离。

3.4 存储链路分析

基于 SOA（Service-Oriented Architecture，面向服务的架构）或者微服务的业务链路往往比较复杂，涉及多个应用，不同应用或者同一应用的不同模块由不同团队成员开发、维护。在这种情况下，线上问题报错分析、根因定位需要分布式链路跟踪系统，它负责收集、存储、分析分布式系统中的调用事件的数据，协助

开发和运营人员进行故障诊断、容量预估、性能瓶颈定位及调用链路梳理。大部分链路追踪框架都参照 Google 的论文 *Dapper, a Large-Scale Distributed Systems Tracing Infrastructure* 实现了应用链路的追踪，该论文描述了 Google 链路追踪系统 Dapper 的原理及实现。

1. 应用存储链

从数据中心的总体架构来看，不仅需要应用链路的分析，还需要存储链路的分析。为解决这一问题，我们通过 trace 将应用和存储贯穿起来。图 3-4-1 所示为应用存储日志全链路，沿着数据的流向，应用可以输出业务日志，根据应用的日志可以区分不同的业务链路。同时，应用访问数据库时，通过中间件将 trace 增加到 SQL 语句的 SQL hint 中，这样每条执行的 SQL 语句都有一个 trace。数据库执行这个 DML（数据操纵语言）的 SQL 时，会将 trace 写入数据库的日志中。同时，数据库去掉 SQL 中的 trace 后进入执行阶段，避免每个 SQL 因增加了 trace 而变成每次 SQL 请求都不同，导致 ps cache（预编译语句缓存）无法正常工作。简单来说，ps cache 实现了 SQL 语句执行计划的缓存，若每条 SQL 请求都不同，则无法复用之前的 SQL plan，导致每次都要进行 SQL 的硬解析。

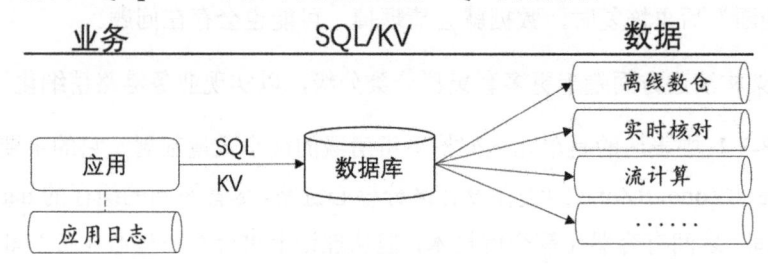

图 3-4-1 应用存储日志全链路

2. 全链应用场景——风险 SQL 的治理

从慢 SQL 到风险 SQL，再到智能 SQL 的治理，用数字揭示风险，并将治理量降到最低，以实现聚焦风险、低成本投入的目标。风险 SQL 的治理可以分为三个阶段。

第一阶段，以耗时作为风险 SQL 的判断条件，耗时大于某个阈值则被认为有风险，需要治理，于是数据库基础运维在牵头 SQL 治理。这面临着双重问题：一个是权责不清，慢 SQL 出现线上问题时，基础运维只负责应急，并不是责任主体；另一个是推动改造量大，而且说不清风险。

第二阶段是链路 SQL 的静态分析阶段。链路与 SQL 的密切关系分为两层，第一层是以链路判定 SQL 的风险等级。为了解答 SQL 风险高低问题，可按照是否影响核心链路进行区分，引入静态分析。核心链路上的 SQL 为高风险，与核心链路共享租户资源的为中风险，其余为低风险。按照高中低风险的标准分级后，根据核心链路高可用保障的逻辑可以总结出，应优先治理高中风险，而低风险可以不治理。第二层是以 SQL 分析链路的合理性。在网商银行的"三地五副本""异地多活"的架构中有一条原则：业务链路尽量在同机房内完成，这样耗时是最少的。SQL 的审计数据流与业务链路数据流的结合，可以分析出链路上的跨城、跨 Zone、跨机房的 SQL 及其合理性。

第三阶段是链路 SQL 的算法分析，使用在流计算和时序数据库之上构建的模型，进行综合分析和预测，得出对风险的判断。

3.5 架构演进

存储架构是为业务服务的，业务系统有基础的规划，同时也在不断变化，因此，存储架构有超前性和适应性。

1. 架构面临的挑战

站点从小到大的过程中伴随着业务量的发展，资源是逐步增加的。换句话说，架构需要在少量的资源上落地，又能够根据资源不断增加的情况适配业务的发展。具体到信息系统层面，应用可以做到无状态地水平扩缩，而存储层是有状态的，另外，因为历史原因，还可能存在异构的多种类型的数据库。以数据库为例，在资源较少时，数据库需要共享资源以节省成本，常见的方式是多个库共享同一个数据库实例。当业务增加后，又需要将不同的库独立拆分出来。因此，架构的演进需要解决两类问题：一方面，通过存储迁移，期望统一到更少的存储产品上，降低多种存储产品的管理成本；另一方面，将共享租户中的核心链路库独立拆分出来。常见的方式是使用数据迁移的方案。

2. 用数据迁移实现架构演进

数据库迁移方案比较常见，在同构、异构数据库之间均适用。迁移升级的目标是从老库迁移到新库中，共分三步。第一步，搭建起老库到新库的实时复制链路。第二步，进行全量数据、增量数据的校验。第三步，进行切换。数据库迁移架构如图 3-5-1 所示。

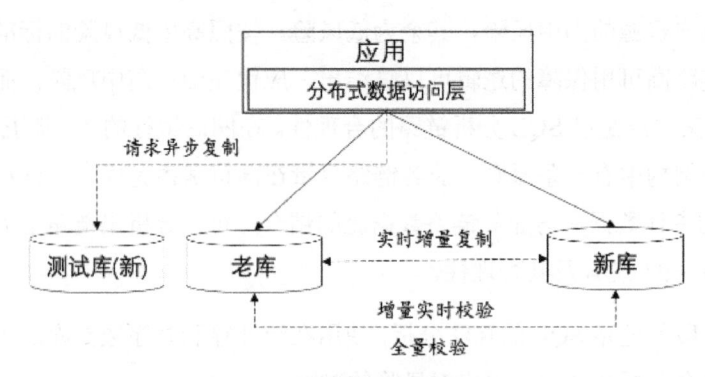

图 3-5-1　数据库迁移架构

搭建实时复制链路时，先将老库的全量数据同步到新库，记录开始时的时间戳，待全量数据同步完成后，从记录的时间戳开始解析增量日志。若数据与日志中前镜像一致，则说明全量数据为老版本，可以应用此日志；反之，说明新库数据比日志更新，无须应用当前增量日志。依次将增量日志应用到最新的之后，增量日志的应用逻辑改为无须判断直接应用。

当全量数据迁移完成，而且增量追加跟上最新的之后，开启增量和增量校验。增量校验是解析主库同步过来的数据库日志，按照表的主键的值查询老库和新库，考虑到老库数据一直在变化，若不一致则持续比对，只要有一次比对一致则认为数据一致。全量校验是一次性的，对两个库的全量数据进行交叉比对。在持续比对不一致的情况下，对全量和增量校验都会进行记录形成报告，甚至生成数据一致性的修复语句。应用层开启流量复制，将应用访问新库的 SQL 请求转发到测试库，然后比对测试库和老库中的新增数据，以此验证应用代码写入新版本的库的正确性。需要说明的是，测试库和新生产库仅比对关键业务字段即可，如数据库表的自增序列、时间函数 now() 等，在写入两个库时本来就不一致，前者是因为两个库中表的序列开始值不一样，后者是因为流量复制采用异步复制，执行的时间不一致。

数据迁移方案封装成平台后，可以做到完全"白屏化"操作，增量校验只需"秒级"，切换回滚只需"分钟级"，能支持异构数据库。但是，其缺点也很明显：切换过程影响业务连续性，因此业务影响面评估较为复杂，需要迁移线上数据造成周期较长，遇到海量写入的场景复杂度会进一步提升。在平台不完善的情况下，可能需要应用增加新库数据源，依赖应用的改造。最后，线上库下游的数据仓库的离线任务、流计算等下游任务数据均需要专门的方案来提供切换。因此，数据迁移方案尽管久经考验，但因对业务有损，成本较高，我们需要更好的方案。

1）数据迁移方案中的数据一致性问题解决办法

涉及在两个存储位置间复制的场景中，容易出现循环复制，破坏数据的一致性。解决循环复制问题有两个"抓手"。

一方面，从技术上避免出现循环复制。实现方式和 MySQL 解决循环复制的逻辑有点类似，对主库和备库指定或者自动生成一个 unique_id，binlog（二进制日志）中会自动带上该 unique_id。目标库在应用日志时，检查日志中的 unique_id 和当前库的 unique_id 是否一致，若一致，则不应用新日志，若不一致，则应用新日志。

另一方面，将老库和新库中的双向复制链路改为单向复制链路。在数据库切换前，仅允许老库到新库的数据复制。切换到新库后，仅允许新库到老库的数据复制。

2）不同类型的数据库会带来哪些问题

首先是源库和目标库的数据类型不一致。此时，数据迁移平台需考虑数据类型转换，考虑到迁移平台的数据类型需要应对数据库版本的更新，安全的做法是设置类型转换白名单，白名单中的每一种类型可转换成目标端的指定类型。有两点需要重点关注：第一，建议使用数据库的严格模式，避免非法日期、超长文本等错、乱数据写入库中而不抛出错误。第二，关注一下数值型数据的精度问题，包括默认精度以及超过精度后的截取。比如，decimal 类型不指定精度的话，两种不同类型数据库中的具体精度分别是什么？decimal(6, 2)的精度写入超过2位小数后，数据库中实际写入的是多少？切记，超出精度是不会报错的，通常数据迁移的目标是要保证数据百分之百一致，以保证在迁移过程中可以自我校验。

3. 存储平滑架构演进

上面介绍了数据迁移实现架构治理的方案的优缺点，下面我们提出一种平滑的架构演进方案。平滑架构演进的本质是数据库可以在不同集群之间、同一集群的不同资源之间动态跳转，而这一切对业务无感、对数据库下游消费无感。图3-5-2所示为数据库架构的演进，由于资源有限，开始时存款、贷款、理财在同一个租户或者实例下，共享相同的资源。随着业务的发展，不同业务之间相互影响。更高的隔离性作为保障高可用的手段，要求存储架构演进，以适应高保障业务的要求。

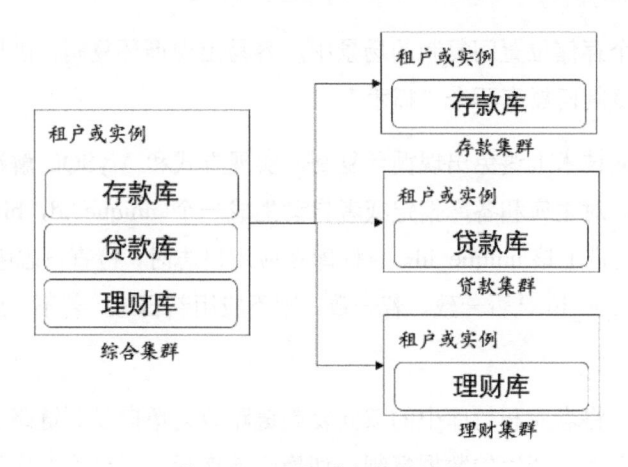

图 3-5-2 数据库架构的演进

该平滑演进方案有两个条件，概括为"两个代理，一个协议"。两个代理，是指数据库上游的应用访问、数据库下游的消费都是代理。一个协议，指的是数据一致性协议，而今已成为分布式数据库中的"标配"。

图 3-5-3 所示为数据库架构平滑演进，存款、贷款、理财三个库位于租户 A 中，存在互相影响的可能。现在想把存款库拆分到专门的存款集群中的独立租户 B 中。共分为四个步骤，下面逐步论述。

（1）首要条件是数据库支持一致性协议，一致性协议为平滑切换提供数据一致的基础条件。在初始状态，数据的访问都在综合集群上的三副本中，图中深色的表示主库，即数据的写入点。此时数据访问代理只"知道"综合集群。

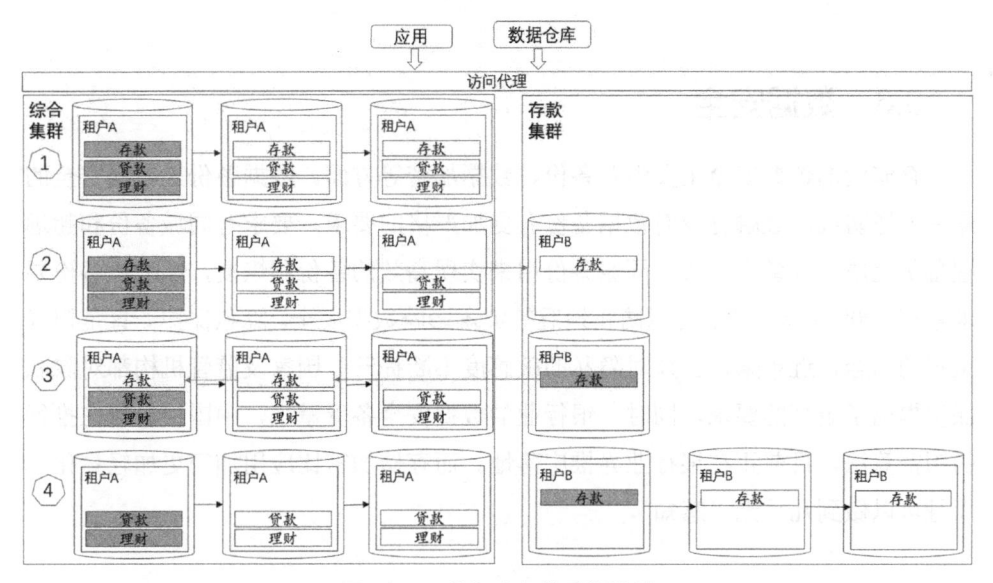

图 3-5-3 数据库架构平滑演进

（2）在新的存款集群上创建租户 B，发送库副本的迁移指令，将综合集群的租户 A 中的存款库迁移到存款集群租户 B 中。此时，数据访问代理，"感知"到综合集群和存款集群，知道存款库的一个备副本位于存款集群。

（3）将存款库的主备综合集群切换到存款集群，此时，数据访问代理"感知"到库主的切换，会将强一致读写请求切换到存款集群。若为了切换更加稳健，可将两个副本迁移到存款集群，然后再进行切换，避免综合集群此时出故障后，存款集群单节点无法满足多数派协议而不可用。

（4）将存款库的所有副本都切换到存款集群后，数据访问代理不再能"感知"到综合集群。存款库的所有访问都在存款集群上，包括强一致读写和弱一致读，此时任务完成。

在这个过程中，数据访问代理能"感知"到整个过程，上层业务对数据库的副本迁移、数据库切换至主库等几乎无"感知"。架构平滑演进是一种趋势，可以让数据库或者其他存储产品都有动态调整的能力。尤其是在企业从小到大的过程中，这是一个从多个库共享资源到每个库独享资源的过程。

3.6 数据安全

存储侧的数据安全主要涉及备份、数据加密等方面。数据备份是数据安全的最后一道防线，金融行业对数据备份有更加严格的要求，要求有同城备份和超远程备份组成的双备份中心。同城备份用来实现高效的备份和恢复，超远程备份要求距离 1000 千米以上，可以防止地震等灾难影响数据安全。隐私保护一直是银行重视的问题，近年来，公众对隐私的敏感度不断提升，国家及监管机构都对隐私保护提出了更高的要求。同时，银行业的数据安全备受重视，中国很早就在推行的国密算法，目前正在银行业界推广落地。而存储加密比应用加密更加轻量化，而且可以做到几乎无"感知"。

3.6.1 备份恢复

数据是企业的核心资产，灾备与恢复是最后一道防线。银行的备份有两种，同城备份和超远程备份。同城备份是指数据库和备份位于同一个城市。同城备份的目标是快速恢复，但如果发生地域性故障时，备份和数据会同时受到影响，因此需要建立超远程备份中心，提供数据库备份的超远程存储。

1. 同城与超远程备份

网商银行数据库备份归档架构如图 3-6-1 所示，分为同城备份区和超远程备份区。同城备份与线上生产库在同一机房或者临近机房，延迟低，网络带宽大，因此承担着快速恢复数据的任务。超远程备份解决城市级故障，在地震等极端情况下，保障数据的安全。

同城、异地备份的架构按照功能划分为备份区和恢复验证区，备份区将生产库备份到云文件系统上，恢复区进行持续性的恢复性验证，以验证备份的有效性和数据完整性。超远程备份通过云文件系统复制。为确保同城备份和超远程备份的一致性，备份管控台需要监控从同城备份到超远程备份的文件复制，监控复制的时效性、备份文件有无遗漏等。在备份保存时效性上，超远程备份和同城备份根据各自空间情况有所不同。同城备份适用绝大多数情况，超远程备份仅用于极端情况，因此，超远程备份的保留周期比较短，但任何时刻至少有一个完整的超远程备份。时效性方面，同城备份的基线备份每周一次，增量日志则近实时备份；超远程备份的时效性依赖于带宽，特别是静态数据备份对跨地域的网络带宽消耗较大，采用优先级策略，保证增量日志实现高优先级复制，而静态数据低优先级复制就可以很好地满足需要。

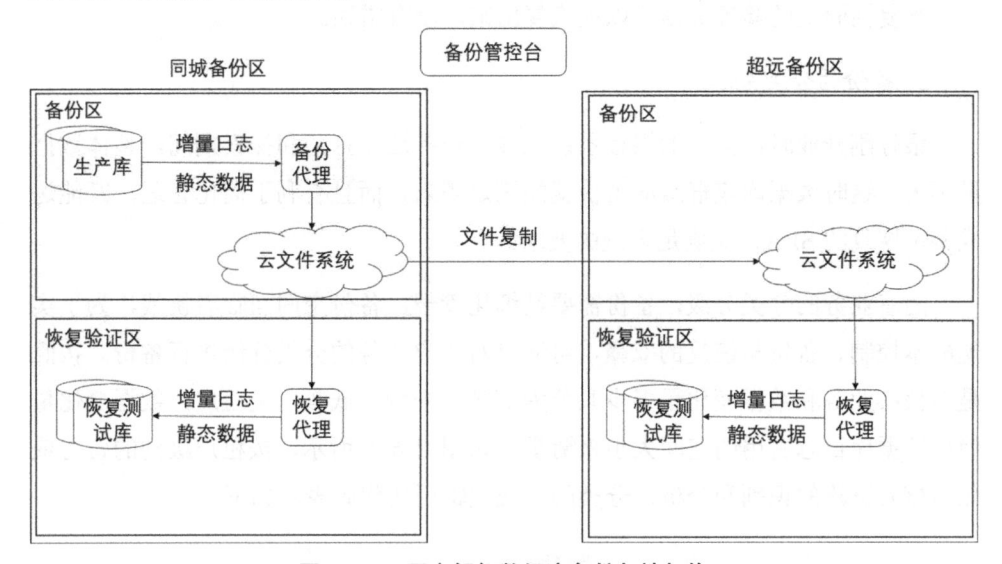

图 3-6-1　网商银行数据库备份归档架构

1）备份的文件类型与 SLA（服务等级协议）

从文件类型上分，数据库的备份有两种静态文件和 commit log 文件。在备份时效方面，静态文件是每周一次，commit log 是近实时备份。OceanBase 的备份恢复目前支持的最小粒度是租户级，也就是说，可以按需只备份或恢复某个租户的数据而不是整个集群的，从而增加了备份恢复的灵活性，节省了空间。OceanBase 的恢复根据静态文件和增量日志的，可以恢复到有连续备份的任意时间点。

OceanBase 的备份恢复功能本身也支持高可用、高性能和容灾性，这是因为使用第三方元数据库来记录备份的任务，备份任务之间没有关联，任何一个备份线程有异常时，其余线程都会接手该线程的任务继续备份。备份进程 Agentserver 是完全没有状态的，建议部署的时候采用两台以上的物理机器，这样一台机器出故障时，另外一台机器可以继续完成备份任务。

2)恢复性验证

为了验证数据库备份的有效性,需要进行不间断的租户级别的恢复性测试。

恢复性测试在专用的恢复性测试集群上进行,为了控制成本而施行租户级验证。恢复性验证的验证数据可以被恢复出来,没有错误。

2. 备份的分类分级

银行刚开业时,全新的银行系统上线,业务还在打磨和探索期间,整体数据量不大,这时数据库集群级的备份就能满足需求,而且有利于简化管理,既能达成备份恢复的 SLA,又满足合规的要求。

随着业务的分类分级,备份需要精细化管理,备份空间面临着挑战,为了实现成本控制、备份与恢复的双赢,可通过对租户业务的分类分级进行备份。按照是否核心业务和数据变化量多少共分为高频、中频、低频三类租户,数据变化量使用数据库日志占用的空间大小来衡量。如图 3-6-2 所示,按租户级别的备份依赖对核心链路的识别和分析,分类的实现逻辑用伪代码表示如下。

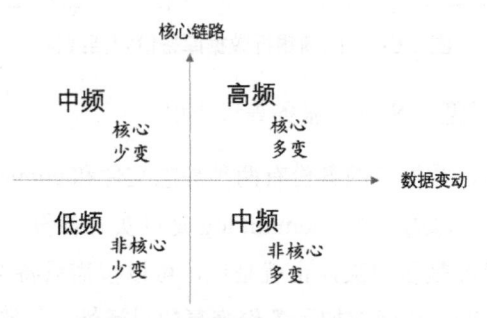

图 3-6-2　数据库租户备份分类图

```
//核心链路标记
boolean is_core_link=false;
//租户日均日志量(单位GB)
long redo_size_avg_day=0;
//日均日志量分界点(GB)
long REDO_DEMARCATE=10;
/** 数据采集代码部分(略) **/
//核心链路&&租户日志增量大
if(is_core_link=true && redo_size_avg_day > REDO_DEMARCATE){
```

```
    //高频备份逻辑
}
//核心链路&&日志产生量小或者非核心链路&&日志产生量大
else if((is_core_link=true && redo_size_avg_day < REDO_DEMARCATE)
        ||(is_core_link=false&& redo_size_avg_day >
REDO_DEMARCATE)){
    //中频备份逻辑
}else{
    //低频备份逻辑
}
```

3. 改进与优化

一方面，增加集群级别恢复性验证，验证集群的恢复 SLA，这需要增加相应的硬件资源投入。另一方面，恢复性测试增强，具体分为两步：自动化测试验证数据一致性，线上库和恢复库的数据一致性比对。在恢复测试集群上运行测试用例，用业务验证数据的正确性，在恢复性测试集群和线上库之间做数据比对。

3.6.2 存储加密

根据中国人民银行发布的《个人金融信息保护技术规范》，个人的金融数据按照重要性分为 C1、C2、C3 三个等级，从数据收集、传输、存储、使用、删除、销毁的全生命周期提出了数据保护的要求。其中数据存储部分对于 C3 级别数据明确要求进行加密存储，确保数据的保密性。其中 C3 类别信息主要为用户鉴别信息，该类信息一旦遭到未经授权的查看或未经授权的变更，会对个人金融信息的安全与财产安全造成严重危害。数据包括：账户（包括但不限于支付账户、证券账户、保险账户）登录密码、交易密码、查询密码；用于用户鉴别的个人生物识别信息（指纹、人脸、虹膜、掌纹、声纹、笔迹等生物特征样本数据、特征值与模板）。

数据的存储过程是：应用→中间件→在线数据库→数据仓库，其中涉及三个环节的数据传输与两个节点的数据存储。得益于蚂蚁集团的 OceanBase，阿里云的 MaxComputer、OSS 等产品提供的透明加密能力，网商银行选择了中间件层、数据库层、大数据层透明加密等多套方案，保障数据在存储中的保密性。

1. 两级密钥管理

进行密钥加密时，在范围上都采取"最小粒度"方案。例如：对于文件存储，一个文件用一个密钥；对于数据库，一张表用一个密钥。这种方式保证数据安全的范围可防可控，即使出现密钥被破解或泄露的情况，影响也能降到最低。在海量存储的场景中，出现大量的加密密钥，对于分布式密钥管理服务高并发、高性能提出较大的挑战。整个存储系统中也出现分布式密钥管理服务这个核心点，一旦出现故障或"抖动"，对整个数据存储服务都会造成影响。为降低分布式密钥管理服务的依赖，我们采取了两级密钥管理的方案。

综合考虑安全性、可用性和成本，把加密密钥分为两级进行管理，如图 3-6-3 所示。一级是数据密钥，用于加密业务数据；一级是主密钥，用于加密数据密钥。其中数据密钥的密文与业务数据密文一起存储，由分布式密钥管理服务存储主密钥。

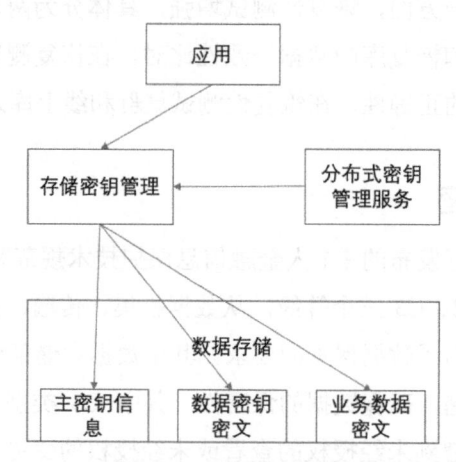

图 3-6-3　两级密钥管理

通用处理过程如下。

1）数据写入过程

（1）从分布式管理服务获取主密钥。

（2）如果已有数据密钥，则使用主密钥解密，没有则生成数据密钥。

（3）使用主密钥加密数据密钥。

（4）存储数据密钥密文、数据密钥加密的数据范围、使用的主密钥信息等。

（5）使用数据密钥加密业务数据，存储业务数据密文。

2）数据读取过程

（1）通过分布式管理服务获取主密钥。

（2）使用主密钥解密数据密钥密文，获取数据密钥。

（3）使用数据密钥解密业务数据密文，获取业务数据。

其中主密钥和数据密钥可以进行修改、轮转，进一步防止主密钥的泄露引发的数据安全问题。

2. 中间件透明加密

在底层存储产品无法提供透明加密能力时，业务侧可以通过相关的访问中间件实现数据透明加密，最大程度上减小数据加密对于业务应用的改造工作量，如图 3-6-4 所示。

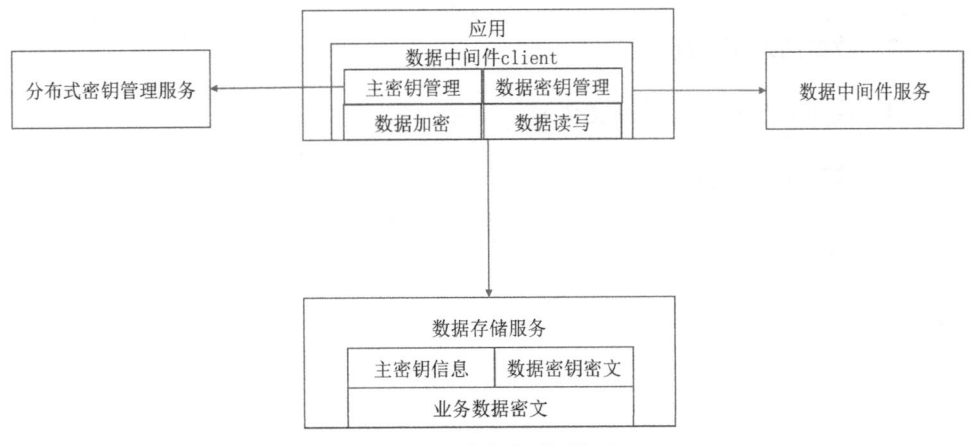

图 3-6-4 中间件透明加密

数据中间件服务具有以下能力。

（1）数据的加密粒度管控。

（2）主密钥的信息配置、轮转。

（3）加密的算法管理。

（4）加密灰度控制。

要在数据中间件 client 中实现数据密钥的生成，可以通过分布式密钥管理服务，也可以根据算法在应用侧进行。相关的数据加密、解密的行为也在中间件中实现，避免了对数据中间件、数据存储服务的性能压力。

3. 数据库透明加密

在数据库产品中实现透明加密，给应用提供无"感知"的数据加密能力，应用写入、读取的数据依然都是明文，只有在存储层是加密的。这种方案相对于中间件方案的优势在于，应用侧不涉及任何改造，无额外数据加密和解密的资源开销，但其传输过程中依然还是明文，需要根据需求进行传输过程的加密，例如基于 SSL 进行传输过程的加密控制。数据库透明加密如图 3-6-5 所示。

数据库具有以下能力。

（1）主密钥的配置管理。

（2）加密范围、加密算法的管理。

（3）数据的透明访问。

（4）数据库 Server 间的密文传输。

（5）数据库日志加密。

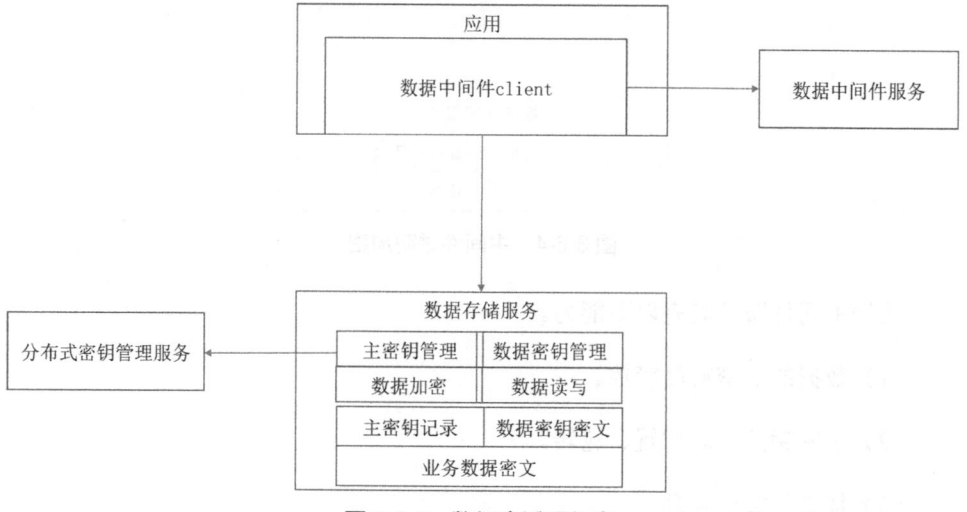

图 3-6-5　数据库透明加密

第 4 章

云单元架构

银行业的 IT 基础设施架构在过去一定程度上是架构在一些核心成熟的技术上的，比如我们常听到的 IOE。因此，银行 IT 系统的稳定性和可扩展性取决于这些成熟的产品。随着互联网技术的发展，分布式系统架构逐渐走进人们的视野，在面向海量的互联网数据和不可预知的互联网流量的场景中，诞生了很多新的技术，比如分布式中间件、分布式存储等。在互联网业务场景不断冲击金融行业现有业务的背景下，金融行业在技术上也不再墨守成规，逐渐开始尝试一些新的技术来努力带动业务上的突破。因此，越来越多的金融 IT 系统开始从传统的集中式架构向分布式架构演进，其中，微服务架构是金融 IT 系统分布式架构演进的必经之路。随着微服务架构的不断演进，一些核心的问题也开始凸显，微服务架构还需要进一步演进。

4.1 为什么需要云单元

云单元架构是在微服务架构上发展起来的解决 IT 系统扩展性及业务连续性的技术架构，它并不是随着微服务架构一起诞生的，而是 IT 系统发展到一定规模且对业务连续性有高要求的情况下需要具备的技术能力。

4.1.1 从集中式架构到分布式架构

传统的集中式 IT 系统架构如图 4-1-1 所示,由小型机(比如 IBM 的 P 系列等)、存储设备(EMC 的 VNX 系列等)、硬件负载均衡设备(典型的比如 F5)等基础设施构成,这些硬件设备具备很强的稳定性,因此在金融行业这些产品具有很高的市场占用率。

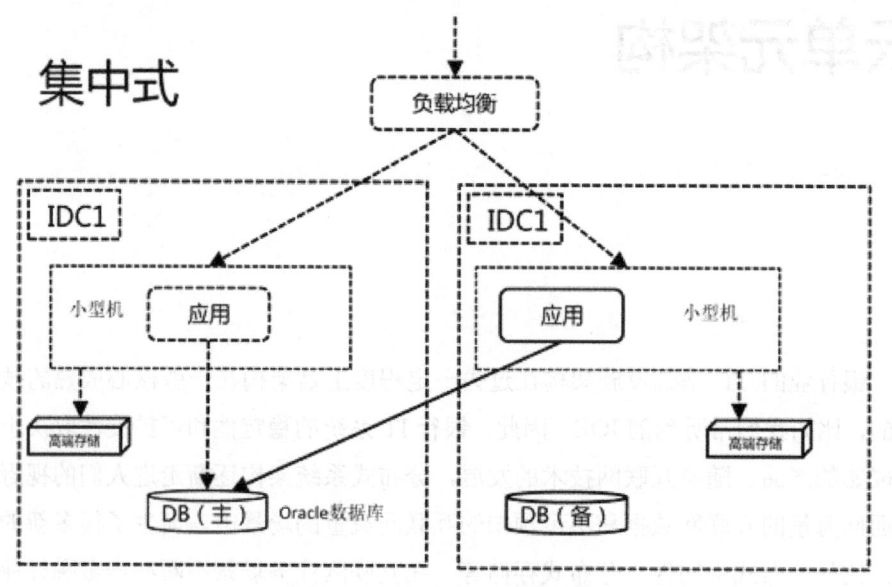

图 4-1-1 集中式 IT 系统架构

随着金融行业新业务的不断扩展,集中式架构的弊端逐渐显现出来,比如小型机虽然性能足够强大,但是面对突增的业务,处理能力往往很难快速提升。F5 这类硬件负载均衡设备,虽然单机处理能力足够强大,但是成本高昂,无法进行大规模冗余化配备以保障其可用能力。此外,类似 EMC 这样的高端存储设备,在面向海量数据的情况下,单位存储成本巨大,在扩展性上也无法与采用 PC 的分布式存储相比。因此,在金融行业的一些新业务场景甚至部分非核心系统上,原有的架构已经开始尝试向分布式架构演进,如图 4-1-2 所示。在分布式系统架构下,普通的 PC 机取代了小型机,用来部署应用系统,通过多机部署,应用系统的冗余能力大幅提升,单机故障的影响也随之大幅降低。在流量负载上,分布式架构往往会引入软负载能力，通过软件实现流量的负载均衡，确保在流量路由层面也具备更好的冗余能力。在数据库层面，随着 MySQL 这类开源数据库的广泛使用，在金融行业分布式系统架构演进过程中，这种类型的数据库也逐渐取代了一部分 Oracle 数据库，成为应用系统数据存储的关键组件。

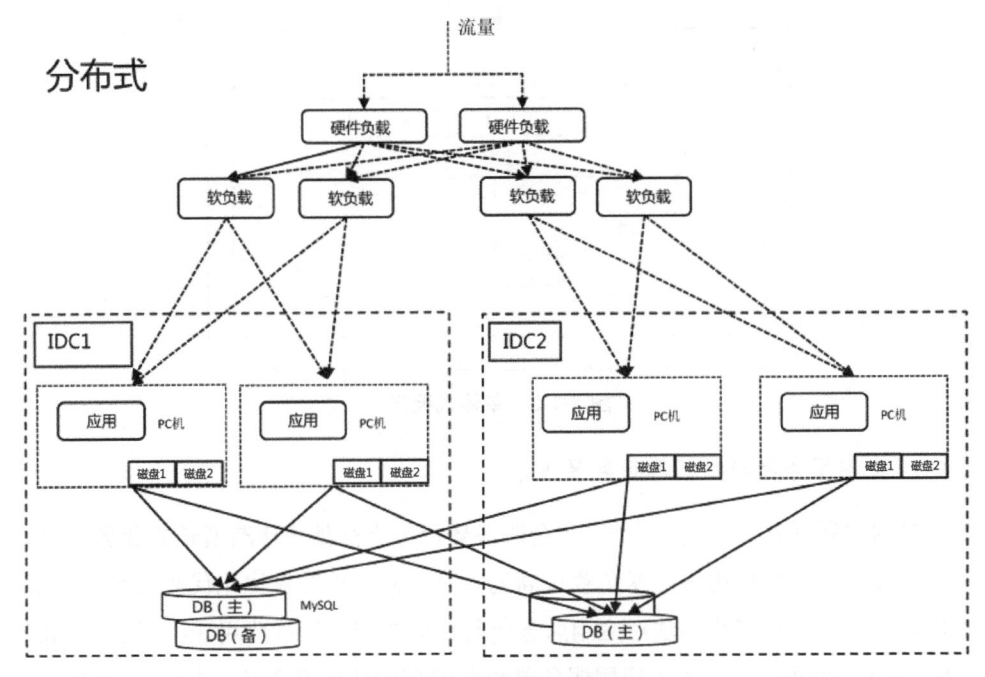

图 4-1-2 分布式系统架构

4.1.2 分布式系统架构演进

分布式系统架构的演进并不是一蹴而就的，根据业务在不同发展阶段的需求，分布式系统的架构需要根据实际情况做出相应的变化。通常，一个分布式系统架构的演进往往会经历这些历史阶段：单体架构、应用与数据库服务器拆分、缓存/搜索的能力引入、数据库读写分离、数据库水平/垂直拆分、应用拆分、微服务化等。当然，并不是所有的系统都会经历全部这些阶段，一些较为核心的系统可能会跳过前面几个阶段，直接用已经成熟的微服务架构来搭建服务。

1. 单体架构

一个系统在用户量很少、业务场景单一的情况下，往往没有复杂的高性能、高可用的需求，为了能够快速上线，通常会采用单体式架构，如图 4-1-3 所示。应用系统、数据库部署在同一台服务器上，所有业务功能都在一个应用里实现，这种方式有利于系统低成本快速上线。

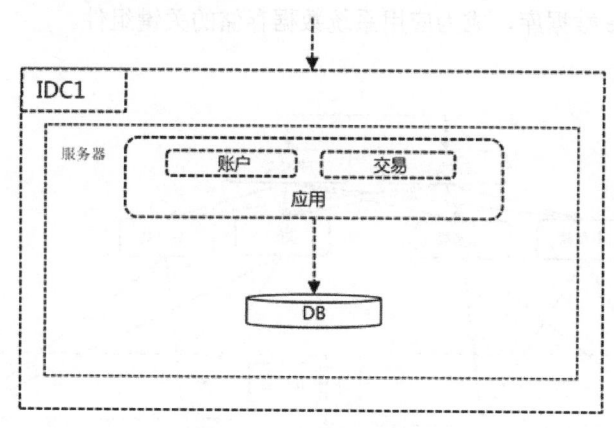

图 4-1-3　单体式架构

2. 应用服务器与数据库服务器拆分

当用户量增长到一定程度时，一台服务器已经无法处理逐渐增长的业务流量。这个时候经常出现应用服务器负载过高的情况，同时单纯靠优化代码已经无法解决问题，因此，只能想办法对应用服务进行横向扩展，形成应用服务集群，如图 4-1-4 所示。此外，为了避免应用服务器负载过高对数据库性能产生影响，也可以考虑将数据库服务独立部署。

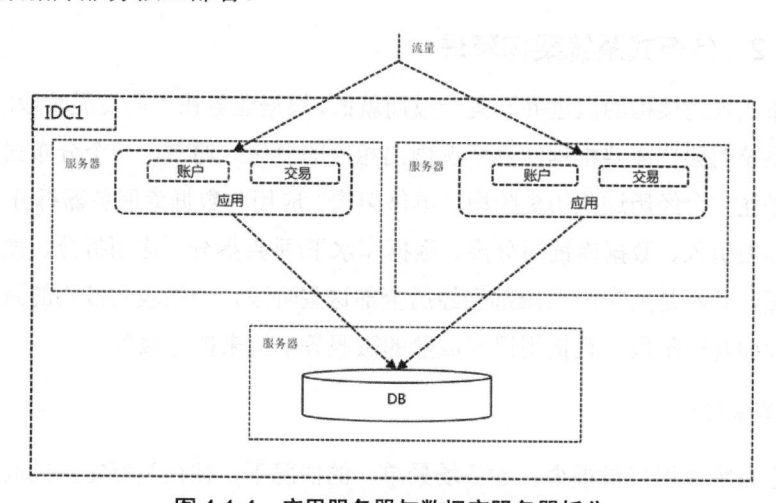

图 4-1-4　应用服务器与数据库服务器拆分

3. 通过缓存/搜索引擎降低数据库压力

随着数据库访问请求的逐渐增多，数据库服务器性能的提升也已经无法满足业务的需求。这个时候需要引入一些缓存产品（比如 Redis、Memcache）来缓解数据库层面的访问压力。比如将用户的账户信息缓存起来，在查询用户信息时可以避免对数据库的直接访问，如图 4-1-5 所示。

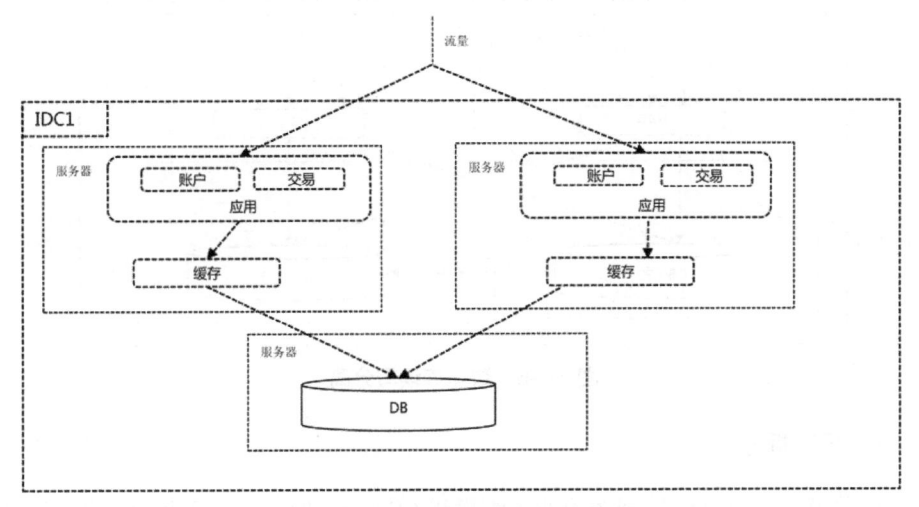

图 4-1-5　引入缓存缓解数据库压力

4. 数据库读写分离

在分布式系统架构下，应用服务往往是无状态的，因此，应用服务的性能提升往往可以通过服务器的增加轻松实现。但是数据库系统为了保障数据的一致性同时保障事务等特性，在性能扩展上往往不像无状态的应用服务那样轻松，数据库的性能往往存在上限。为了降低数据库的访问压力，在业务发展到一定阶段时，我们往往需要对数据库的访问进行更精细的划分。在很多业务场景中，我们对数据的读写能力往往有着不同的要求。比如对账户的访问，在日常情况下，读的次数通常比写的次数要多得多。因此，到了一定阶段后，缓解数据库压力的一个好办法是对数据库的访问进行读写分离重构，如图 4-1-6 所示。

5. 数据库垂直/水平拆分

单机数据库受到物理机的总线程数限制，处理能力往往存在上限。随着用户量的增长和业务功能的不断叠加，数据库终究有一天会达到能力瓶颈。因此，需要一种适合的架构来支撑数据访问能力的横向扩展。一般情况下，对数据库可以按照以下两种方式来进行拆分。

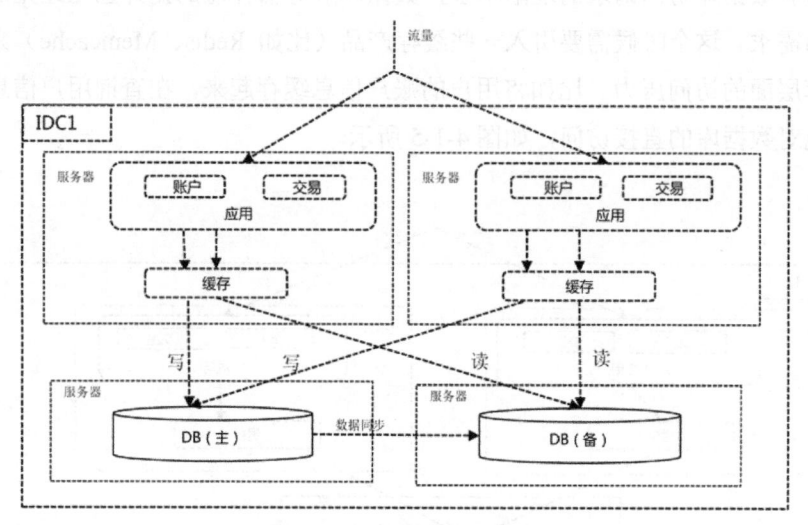

图 4-1-6　数据库读写分离

1）垂直拆分

这种模式主要是将数据按照业务维度进行拆分，如图 4-1-7 所示。账户和交易两种不同类型的业务数据存在不同的数据库中，这种拆分模式使得数据库的访问不会因为业务功能的不断增长而达到瓶颈。

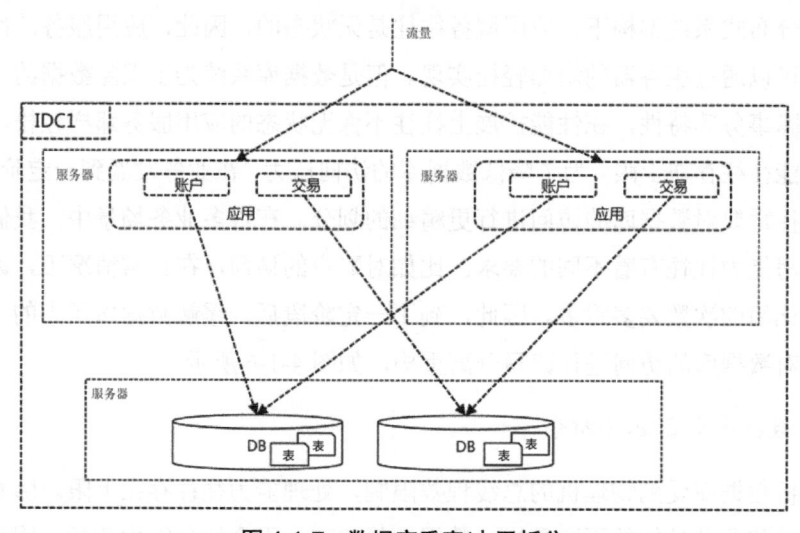

图 4-1-7　数据库垂直/水平拆分

2）水平拆分

水平拆分是指将数据从某一个维度进行表的拆分，如图 4-1-7 所示。将账户/交易数据从 1 张表拆分成 10 张表或者 100 张表，并且让这些表分布到不同的数据库中。通过这种模式的拆分，业务访问数据库的性能可以成倍地增长。目前数据库的拆分已有比较成熟的中间件（比如阿里巴巴的 TDDL、蚂蚁集团的 Zdal 等）支持，用户可以尽量少改动代码就能完成整个数据库的水平扩展。

6. 应用拆分/服务组件化

随着业务系统规模的扩大，应用系统代码变得越来越复杂且难以维护。为了简化应用系统的架构，同时提升业务迭代的敏捷性，我们通常会将应用按照不同的类型进行拆分。此外，对于一些通用的服务，往往会抽象出一些核心的组件（比如用户中心、账务中心等），这些核心组件可以被不同类型的业务所引用，大大降低了新业务的扩展成本，如图 4-1-8 所示。为了具备更好的扩展性和通用性，部分金融行业 IT 系统往往将这些核心组件构建在 SOA 架构之上，应用系统通过 Web Service 访问这些基础的服务，同时通过 ESB（企业服务总线）对这些服务进行有效的管理。

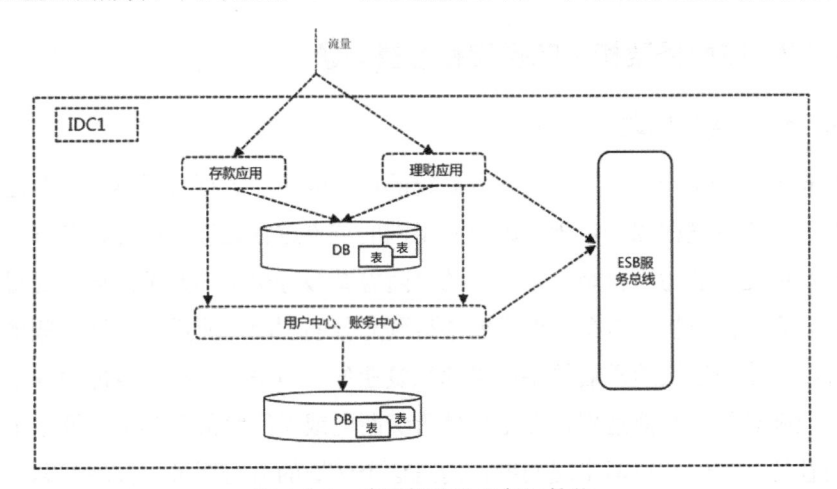

图 4-1-8　应用拆分及服务组件化

7. 微服务化

微服务实际上是 SOA 服务架构的延伸，它是一种更轻量级的服务模型，应用往往不再按照某个功能来进行服务拆分，而是拆分成更细的粒度。如图 4-1-9 所示，在银行 IT 系统中，存款业务被拆分成了存款平台、存款核心、账务中心等。不同类型的存款业务，可以通过这些服务的组合来实现。此外，在微服务架构下，一些核心的技术能力被抽象出来作为独立的服务部署，比如消息服务、调度服务等。这种架构进一步解除了应用与应用之间的绑定关系，不再强依赖 ESB 这样臃肿的总线中心来统一管理，很大程度上提升了业务的研发效率。

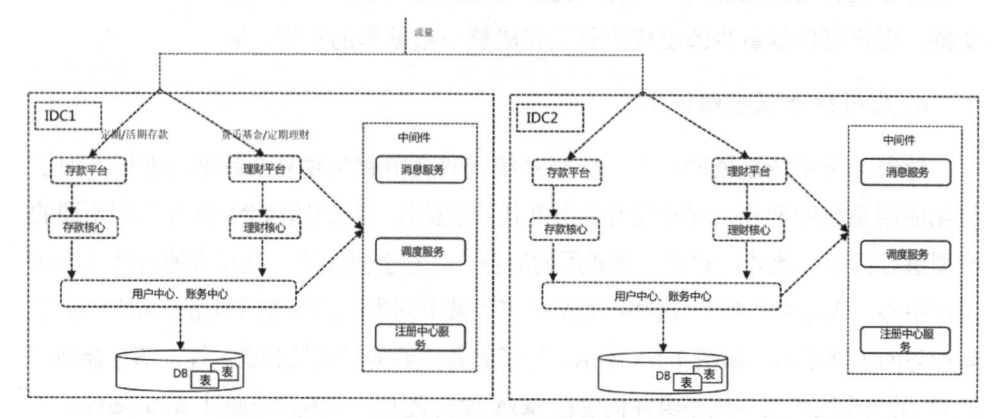

图 4-1-9 微服务架构

4.1.3 微服务架构下的容灾和容量问题

4.1.3.1 容灾问题

分布式架构在一定程度上将业务系统的计算能力和数据进行拆分，并通过负载均衡系统将流量按照一定规则路由到不同的节点进行处理，因此，在分布式架构下系统的处理能力不再是"单点"的。随着微服务架构的升级，应用变得更加轻量化，系统的单机"自愈"能力能够得到充分的利用，应用在出现一些单机问题时往往可以通过快速重启等手段迅速恢复业务。但是，单机恢复能力并不一定在任何故障场景中都能适用，在出现城市级断电或者网络故障等极端场景中，应用系统往往不是一台机器出现问题，而是这个区域的所有服务都出现问题。这个时候，如果没有一种灾备恢复机制，保障所有服务可快速切换到新的服务区域，业务系统的恢复时长将会变得非常不可控。因此，核心系统的同城/异地灾备能力建设显得尤为重要。为了使业务系统具备更高的风险抵抗能力，在进行机房选址时，往往会选择一个距离较远（超过 1000 千米）的机房作为其中的一个灾备机房，如图 4-1-10 所示。当发生城市级故障时，业务系统需要具备随时可切换至城市二机房的能力。但现实情况是，由于城市二机房长时间没有流量进行常态化验证，业务流量切换过去以后并不能百分之百保障业务处理没有问题，因此，这种情况下的容灾切换往往需要冒着较大的风险。

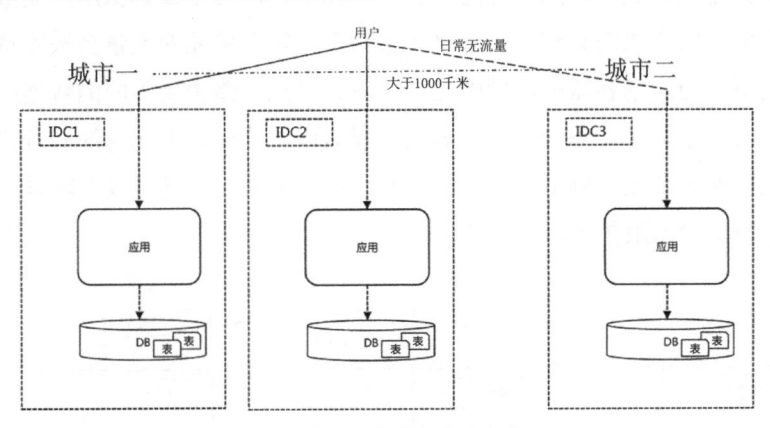

图 4-1-10　跨城市容灾架构

4.1.3.2　容量问题

在分布式系统架构下，应用服务的服务器随着用户需求的增长不断进行横向扩展，单个应用的机器数变得越来越多，由于用户流量是通过负载均衡随机分配给每台机器的，因此这个应用的每台机器都会跟数据库建立起一定数量的连接，这就导致随着应用容器的增长，终有一天应用访问会达到数据库的连接数上限。如图 4-1-11 所示，单个 DB 承载的连接数通常跟操作系统的线程数上限有一定关系，假设每台机器增加 100 个连接，单个 DB 的连接总数总有一天会被占满。

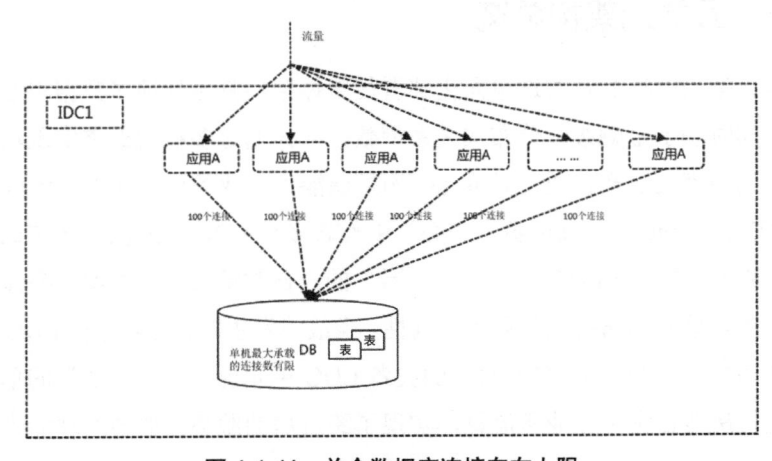

图 4-1-11　单个数据库连接存在上限

4.1.4 云单元架构的诞生

云单元架构是指在多机房部署架构下，对业务处理能力进行逻辑上的单元划分，使业务流量按照一定规则分配到各个单元中，同时尽量确保用户流量始终收敛在一个单元内完成的架构。在云单元架构下，每个单元的流量会按照特定的规则分配到不同的应用容器中，同时通过分库分表规则路由到不同的数据库分库，如图 4-1-12 所示。由于每个单元的容器数量有限，因此，单元内的服务器扩容不会导致数据库达到连接数上限。同时，通过单元的新增，又可以保障系统容量可以进行理论上的无限扩展。

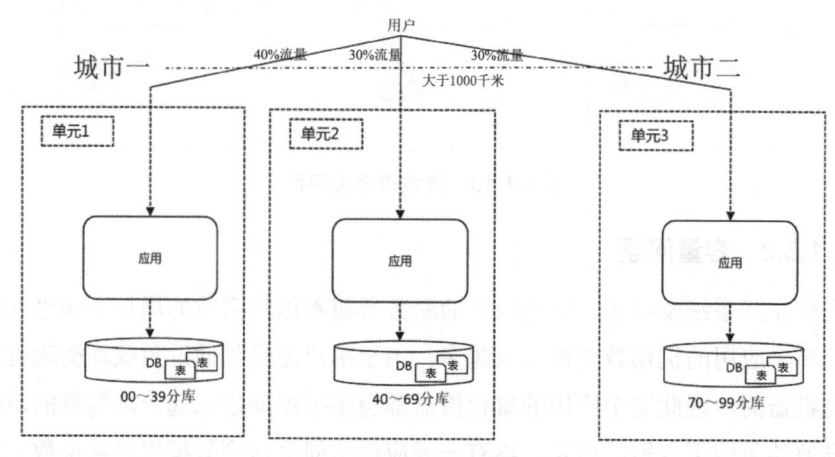

图 4-1-12 单元化架构

4.2 云单元架构总览

云单元架构的核心是通过单元化部署使整体架构具备异地多数据中心并行计算能力，同时基于金融级的分布式关系型数据库，通过多机房部署实现城市级故障下数据无损容灾切换。通过云单元架构扩展能力，业务可以在不同地域的 IDC（Internet Data Center，互联网数据中心）中部署多个 LDC（Logic Data Center，逻辑数据中心），且每个 LDC 单元都是"活"的，日常承接线上真实业务流量，以确保每个逻辑单元的稳定性与业务正确性。当故障发生时，可以进行 LDC 单元之间的快速切换，一个 LDC 单元对应的灾备 LDC 单元也是一个"活"的单元。为确保异地机房能日常承载业务流量，实现了跨机房的服务注册与发现能力，提供了跨机房的服务调用路由逻辑,从入口流量到分布式服务、中间件和底层数据库,全链路消除了单点,使整体服务都具备了跨机房、跨地域的扩展能力。网商银行总体架构如图 4-2-1 所示。

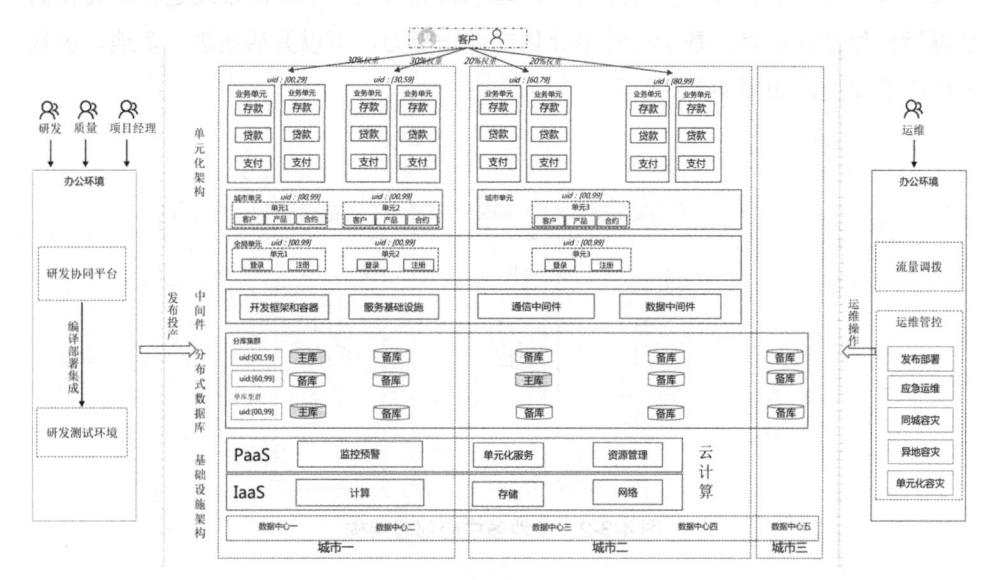

图 4-2-1 网商银行总体架构

4.3 架构目标

如图 4-3-1 所示,云单元架构的设计目标主要包含以下几个方面:(1)具备系统跨地域、快速弹性部署的能力;(2)具备流量可随时动态调配的全业务"多地多活"的能力;(3)具备一体化研发运维能力;(4)具备海量业务并行处理的能力。

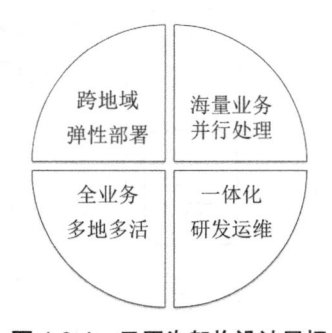

图 4-3-1 云原生架构设计目标

4.3.1 跨地域弹性部署

在分布式服务设计领域，一个云单元就是满足某个分区所有业务操作的自包含集合体。这个集合体可以按照用户、地域、业务类型等不同维度进行单元化的数据拆分和独立部署。基于这种单元化的部署能力，可以灵活地进行多地、多数据中心的建设，如图 4-3-2 所示。

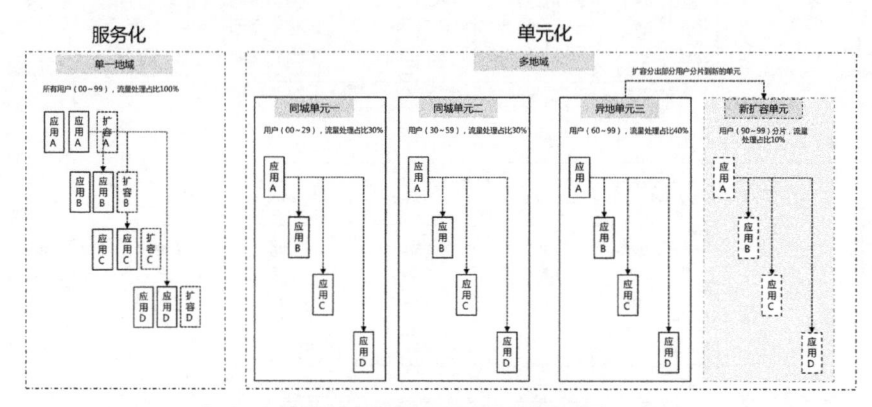

图 4-3-2 多地多中心部署架构

有了对逻辑单元的快速搭建和部署以及一键单元建站能力，在未来面临大容量需求时，可以通过在云计算平台上快速进行资源调度，构建新的处理单元来部署应用与数据库，然后将流量与数据"弹出"到新的单元，快速提升系统容量。当流量消失后，再将流量与数据"弹回"，释放云计算平台上的资源，动态地扩充单机房容量。当单机房容量不够时，通过增加新的异地 IDC 机房扩充总体容量，总体容量不受距离、地域以及物理资源的限制，真正实现了弹性、单元化的部署能力。多机房流量分布如图 4-3-3 所示。

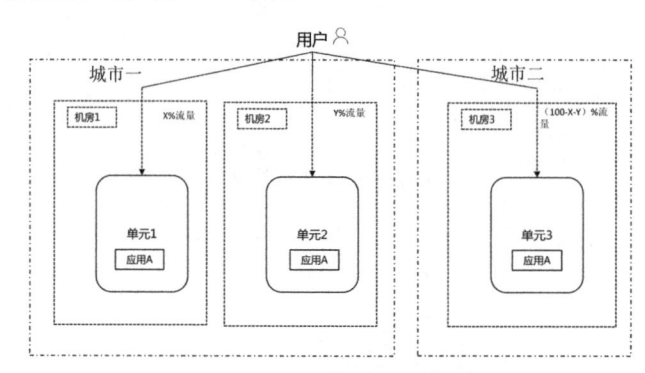

图 4-3-3 多机房流量分布

4.3.2 全业务"多地多活"

云单元架构的核心目标之一是保障银行在多个城市（不同城市之间距离超过 1000 千米）的逻辑单元都具备处理全量业务的能力，只有这样才能充分利用各城市的存储、计算等资源，同时又能在出现城市级故障时，某个逻辑单元的用户可以被其他城市的 IDC 所接管，继续为用户提供服务。

在形成单元化弹性部署的能力的基础上，不同逻辑单元之间可以将分区对应的流量根据逻辑单元资源的负载情况灵活调整，通过流量调拨，将不同用户的请求分发到不同的数据中心进行处理，所有数据中心同时承载业务流量，达到全业务"多地多活"服务模式。这种模式结合异地机房的资金清算专线链路的打通，可以保证任一机房级故障均不影响银行业务的整体对外服务。全业务"异地多活"模式如图 4-3-4 所示。

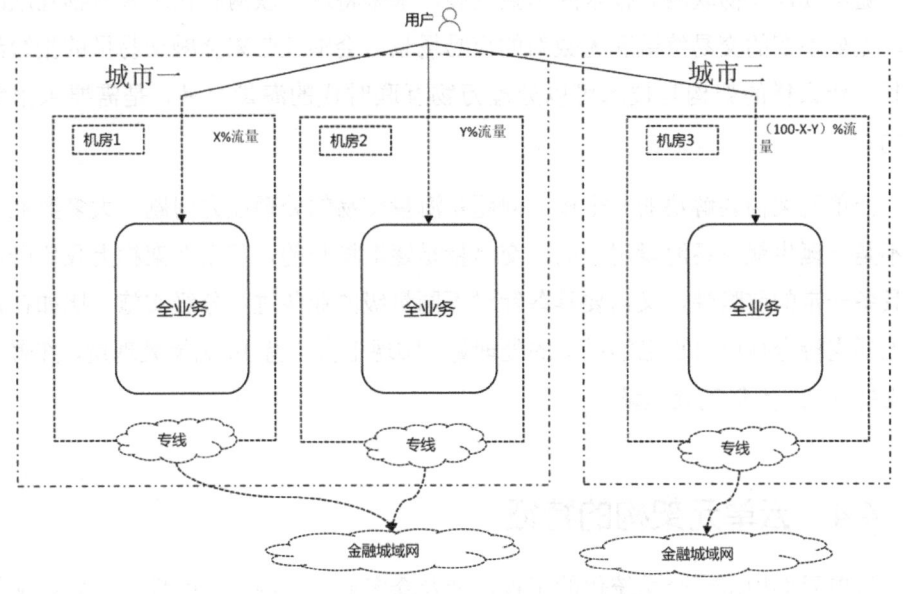

图 4-3-4 全业务"异地多活"模式

4.3.3 一体化研发运维

在建设"多地多活"技术架构体系的过程中，原有研发平台已经不能适应新的架构体系，需要建设新研发协作平台来支持架构升级，同时显著提升需求迭代效率，以及质量、风险控制水平和产能。通过打造全新的一站式研发协作平台，实现了端到端的全流程、全角色的持续交付管理，将需求迭代、代码开发、发布管控等流程并行处理，并在关键节点上建立了同步机制，业务需求方、产品设计人员、项目管理人员、开发测试人员能够统一在一个研发协作流程中，完成高效协同工作。研发人员在平台上可以灵活地获取测试需要的服务器资源，平台提供一键部署研发服务器的能力，支持快速搭建项目环境，高效地在多个环境中完成基础配置变更（主要是中间件的一些配置），在完成流程审批后，可以将该版本发布到多个环境中，从线下到线上全流程无缝对接，构建一站式持续交付能力，减小"异地多活"技术架构体系在配置修改、环境构建和发布部署等方面带来的复杂度。

4.3.4　海量交易处理能力

随着 IoT（物联网）技术的迅猛发展，未来将从互联网时代步入万物互联时代，无处不在的交易终端和无数新的交易场景，会继续带来金融交易量的指数级增长。什么样的架构与技术可以处理万物互联时代的海量交易，是需要未雨绸缪的。

云单元架构要解决的一个核心问题是海量交易的处理能力问题，大多数业务并不是一诞生就具备海量用户的，交易量是逐渐增长的，那么在架构上我们既需要具备一定的前瞻性，又需要具备针对不同量级的业务进行分级实施。比如在设计上要支持全行单日百亿笔以上的处理量，实现上会支持 10 亿笔处理量，部署上会支持 3 亿~5 亿笔处理量。

4.4　云单元架构的特征

云单元架构是一个系统化的工程，涉及众多业务应用、中间件、负载均衡等的改造和升级，各系统之间的交互处理逻辑需要提前做好明确的界定。因此，在进行云单元改造前需要分析清楚各个业务系统及数据具备的特征，再根据不同类型的数据及特征约定好相应的处理方式。

4.4.1 架构特征

云单元架构的核心思想是把数据水平拆分思路向上提升到接入层、终端层，从接入层开始，把原来部署于一个 IDC 的系统集群，进一步分成多个更细粒度的逻辑部署单元，从而实现机房级扩展。相隔 100 千米的机房的光纤网络时延大概为 2~3 毫秒，分布式架构下应用和数据库之间的请求频率高，单笔交易的处理往往涉及高达上百次的交互，会产生几百毫秒网络时延，导致跨机房服务调用性能很差。如果通过一定的手段将用户访问服务涉及的所有操作收敛在同一机房内完成，则可以避免跨机房数据访问，从而解决网络时延问题。因此，关键问题就是怎样让所有操作在一个机房内完成。

云单元架构的本质是将系统进行分布式架构改造后，通过部署方式的改变进行逻辑隔离，对单个物理数据中心进行逻辑划分，分成多个逻辑数据中心，它可以将分布于多个城市的数据中心整合起来，基于全局运维管理可以实现跨越多个数据中心的资源调度。每一个逻辑单元都具备比原来整个机房更小的规模，但拥有完整的业务处理能力，从接入网关到应用服务器再到数据库，每个单元依据规则支撑一定的流量和数据。分布式架构下的应用分片通常是在数据层维度的，以支撑上层无状态应用的横向扩展，而云单元架构通过把这种分片能力提升到机房流量入口位置，使整体业务处理能力能够通过一个个逻辑单元在数据中心的层级进行横向伸缩，进而实现整体架构的无限可扩展，每个逻辑单元具备以下四个重要特性。

（1）自包含性。主要指业务功能涉及的服务和数据是单元内自包含的，每个单元都具备完成业务所需要的计算和存储等能力，比如快捷支付交易所涉及的所有计算和数据都会被封闭在一个单元中。

（2）松耦合性。单元之间只允许进行服务调用，不允许直接访问数据库或其他存储，对于必须跨单元的操作，比如位于两个不同单元之间的用户转账交易，服务调用需尽可能少，同时在不影响用户体验的情况下，尽可能异步化。这样，即便两个单元相距较远，整个系统的响应也不会受跨单元访问导致延迟增加的影响。

（3）故障独立性。一个单元的故障不会影响其他单元，故障影响不会跨单元扩散。

（4）容灾性。单元之间相互备份，每个单元都保证在发生同城或异地故障时有可接管服务的单元，单元之间数据备份方式使用自研分布式数据库提供多地多中心多副本的数据一致性方案。

4.4.2　逻辑架构

通常，在云单元架构中我们将逻辑数据中心（云单元）划分为 3 大类：分区单元、共享单元和全局单元，如图 4-4-1 所示。

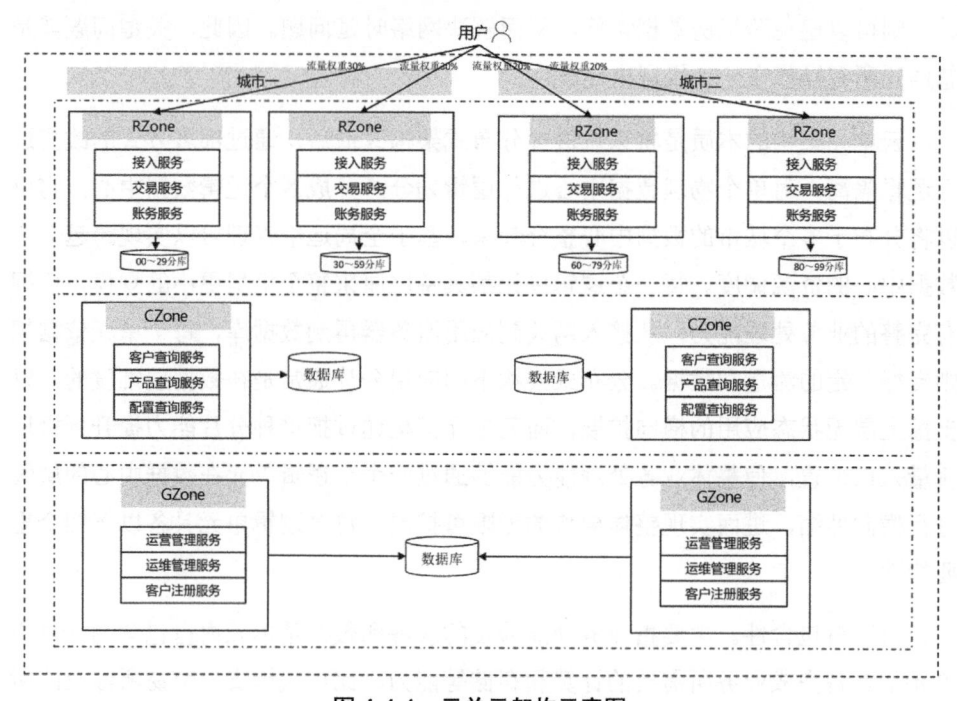

图 4-4-1　云单元架构示意图

（1）分区单元（Region Zone，简称 RZone）。部署按用户维度进行拆分的核心业务系统，保证核心业务用户分布在不同的单元内处理。在全行范围内，通过用户维度进行多组拆分，流量按照各组分配的权重比例被分配到各业务单元。网商银行典型的分区业务单元系统有存款系统、理财系统、账务系统等。

（2）共享单元（City Zone，简称 CZone）。部署不可拆分的数据和服务，主要是为了解决跨城通信延迟过高的问题，CZone 中的数据或服务会被 RZone 频繁访问，每个城市至少部署一个 CZone 单元。典型的 CZone 系统如网商银行的配置查询、产品查询系统等。

（3）全局单元（Global Zone，简称 GZone）。部署未按用户维度进行拆分或非交易主链路的应用，提供不可拆分的数据和服务，主要是一些长尾应用或新用户注册系统，比如业务运营管理系统、运维管理系统等。

4.5 单元化改造主要思想

要实现全量业务的云单元化，需要对业务系统及基础设施（包括网关、中间件、存储等）进行全方位的改造，这是一个比较大的工程。这样一个全方位的系统升级工程，需要一些核心思想来指导实施，避免项目进行到一定阶段后投入成本及资源协同出现不可控的局面，比如分而治之的思想以及 D-I-D（Design-Implement-Deploy，设计实现部署）设计原则。

4.5.1 分而治之

分而治之的思想无论是在我们的工作和生活中，还是在软件架构实践过程中都非常常见。云单元架构要解决的核心问题实际上是流量的路由问题，这里的流量包括用户发送的 TCP、HTTP 流量，也包括应用之间交互的流量，还包括应用跟存储之间交互的流量。因此，要实现云单元架构，核心的思想是需要对各种类型的流量分而治之，给出相应的路由解决方案。如表 4-5-1 所示，网商银行将不同类型的流量进行了分类，并给出了相应的单元化处理方案。

表 4-5-1 网商银行单元化流量路由分类

流量接入种类	流量控制方式	流量特性	单元化路由决策方式
HTTPS	SLB	同步	根据用户传参进行路由计算
RPC	配置中心	同步	根据请求参数进行路由计算
异步消息	消息中心	异步	根据消息头路由位进行路由计算
SFTP	应用系统	异步	本机房路由
分布式事务	分布式事务客户端	异步	根据事务传参进行路由
定时任务	调度任务平台	异步	本机房路由
数据库访问	数据中间件	同步	根据分库分表位进行路由

4.5.2 D-I-D 原则

D-I-D 原则是软件设计中较为常见的设计方法，它的目的是让 IT 系统在实施成本、可扩展性、可执行性几个方面取得平衡，确保整个系统设计的最终顺利落地。云单元架构本身是一项庞大的工程，在整个架构设计过程中可以参考 D-I-D 的设计原则。在设计（Design）阶段，云单元这套架构需要有现有 IT 系统 20 倍以上甚至无限容量的可扩展性；在实施（Implement）阶段，可以将需求范围缩小到更为接近于现实，比如实现 3～20 倍的容量增长；在部署（Deploy）阶段，需要考虑成本和当前阶段实际业务需求，如果当前的业务量在短期内没有大幅度增长，则按实际需求部署满足系统架构升级所需的资源（比如 1.5 倍左右）即可。之所以比现有的容量多出一定的比例，主要是考虑架构升级过渡阶段所需的资源保障。如果直接在现有机器（资源）上进行新架构升级，显然业务稳定性会遇到非常大的挑战。新增一些机器资源，就可以将业务部署在一个权限的单元之中，通过流量的灰度调拨来验证整个架构的稳定性及可行性，这样才能保障整个升级过程不出现较大的稳定性风险，具体实现如图 4-5-1 所示。

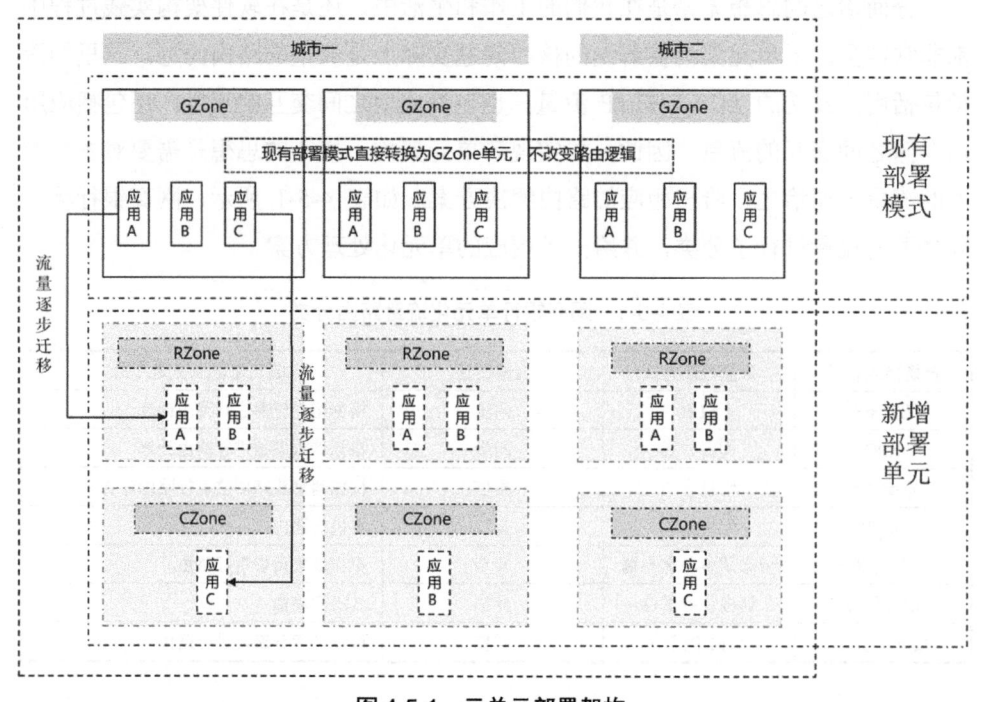

图 4-5-1 云单元部署架构

在云单元的部署过程中，可以采取"应用服务分阶段部署，流量分批调拨"的方式实现业务系统部署架构的转变。根据三种不同类型云单元（GZone、RZone、CZone）的特性，我们可以看出，大部分微服务应用在未实现单元化之前实际上以 GZone 的模式在运行，用户流量通过 DNS 解析及负载均衡设备被随机分配到不同机房部署单元中，数据被存储在数据库或者其他存储设备中，各机房访问数据都会通过一个统一的主节点来访问，如图 4-5-2 所示。因此，我们只需在这些应用的机器上打上相关的标识（比如 Zone=GZMY0A），即可将应用系统划为 GZone 系统。

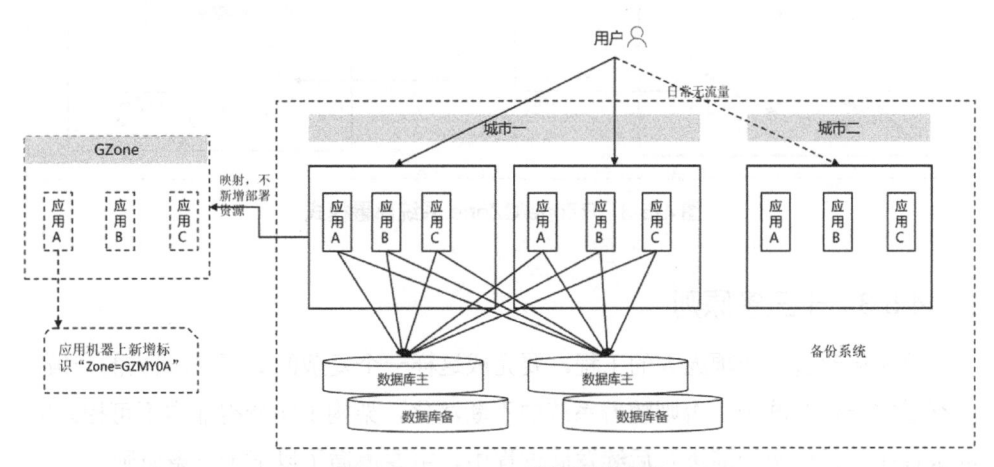

图 4-5-2　GZone 系统部署模式

对于被划为 RZone 或者 CZone 的应用，由于流量的路由规则跟 GZone 完全不同，直接改变现有应用服务部署资源的标识不仅风险巨大，而且需要设计非常复杂的流量灰度配套设施来支撑，因此从业务稳定性及操作成本上考虑，将这部分应用部署到新创建的逻辑单元中是比较现实的考虑，如图 4-5-3 所示。在云单元的部署及切流的过渡阶段，需要多出来一部分机器资源单纯用于支撑整个架构的升级，这部分资源会存在于整个架构升级过程中，等 GZone 系统服务能力全部切到 RZone 或者 CZone 后，才会从 GZone 中回收。

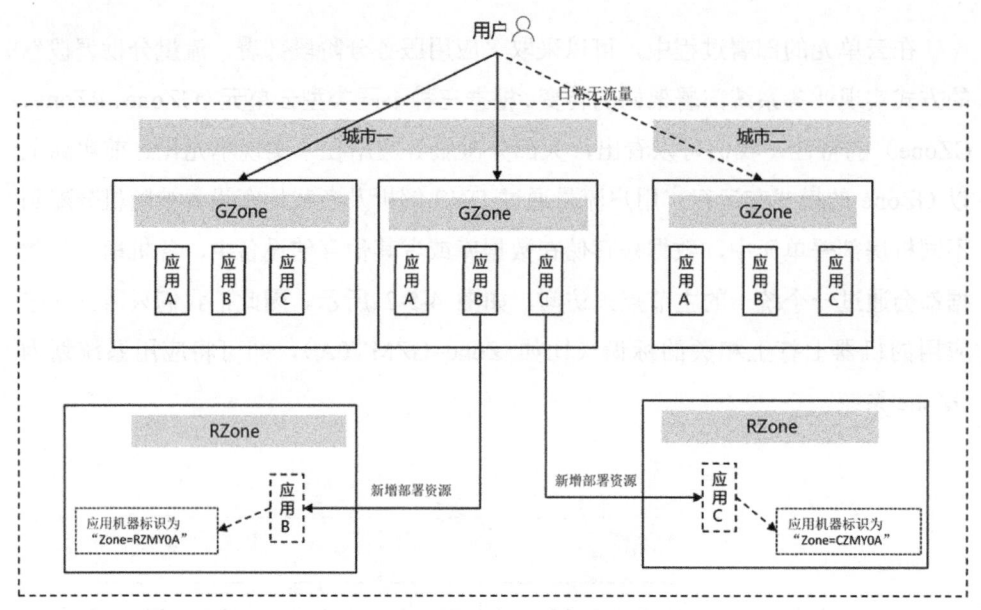

图 4-5-3 RZone/CZone 系统部署模式

4.5.3 十三条原则

单元化改造是一项庞大的工程，要完成这样一个复杂的 IT 系统架构的升级，必须遵守一定的准则，否则随着系统的不断演化，架构上将变得非常不可控。网商银行在单元化架构演进及后续发展过程中，主要遵循了以下十三条原则。

4.5.3.1 系统改造全局原则

原则一：在单元化改造过渡阶段，部分原则可不遵循

应用或者服务从非单元化过渡到单元化不是一蹴而就的，而是经历了漫长的"灰度"过程。在这个过程中，无法保障遵循所有的原则，因此在过渡阶段，为了减少系统改造成本，往往需要违背一些原则以便达到效率最大化，但改造完成后一定是符合单元化原则的。

原则二：单元化改造分阶段完成，优先确保部分流量路由正确

单元化改造涉及众多类型的流量路由改造，为了避免路由整体调整带来巨大的业务稳定性风险，单元化改造需要分阶段进行，比如先进行 HTTP、RPC 流量的路由调整，确保这类流量进入正确的单元并处理正常，再进行异步链路（比如消息、调度任务）流量的调整。

原则三：服务要跟着数据走，无法拆分的数据需迁出分库集群

一般情况下，应用系统的数据可能写入单库或者分库，有时为了方便，部分系统的数据只写入众多分库中的一个（数据未按某种维度拆分到不同分库中）。因此，这部分数据实际上是属于"破坏单元规则"的数据，为了避免这部分数据对 RZone 单元数据访问的干扰，需要将这部分数据迁出分库，同时依赖的服务也迁出 RZone 业务单元，变成全局单元或共享单元的服务，如图 4-5-4 所示。

原则四：异步化处理需要确保路由位不丢失

很多时候，请求进入系统后并不会被立即处理，而是被存储到数据库或者暂存至线程池队列中进行处理，但请求被再次从线程池队列或者数据库中"捞取"进行处理时，需要确保请求的路由位不被丢失，否则单元化链路会被打破。

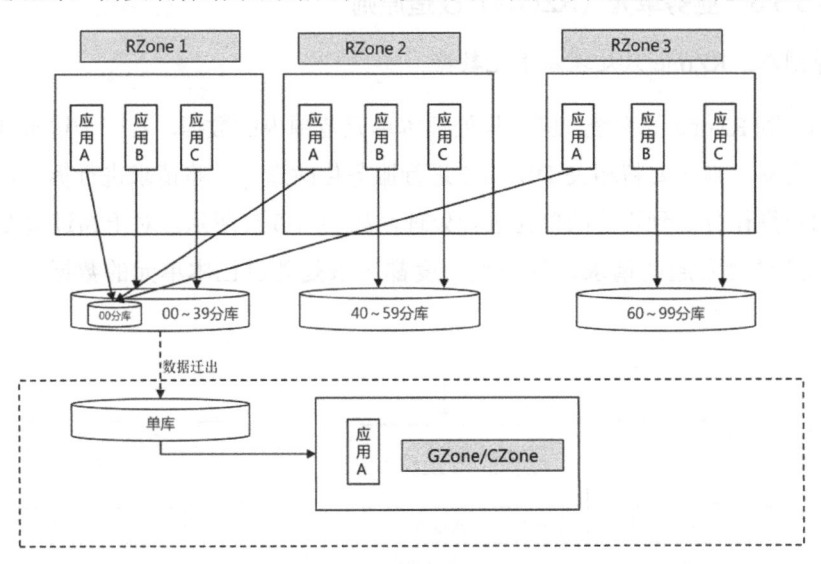

图 4-5-4 单库数据迁出

原则五：任何方案都要确保链路时延、数据时延在可接受范围内

在单元化改造过程中，任何方案都需要考虑改造后带来的整个业务链路时延及数据时延的上升是否在可接受的范围内。

4.5.3.2 全局单元（GZone）改造原则

原则六：GZone 不能直接访问 RZone 的数据库或缓存

划归到 GZone 的系统不能直接访问 RZone 的数据库及缓存，主要是因为 GZone 的流量无法按照用户进行分片，因此若 GZone 访问 RZone 数据库或缓存，必然会有一部分流量会进行跨单元甚至跨城市访问，导致业务耗时增加。特别是在分布式事务处理场景中，单个事务可能会产生多次跨城市数据访问延迟，从而导致业务出现超时的情况。

原则七：GZone 可以访问 CZone 的数据库、缓存或服务

划归到 GZone 的系统，可以直接访问 CZone 类型的数据库及缓存，因为通常 CZone 自己并不产生数据，而是通过其他单元进行数据写入或者复制。

4.5.3.3 业务单元（RZone）改造原则

原则八：RZone 只处理本单元数据

划分到 RZone 的系统，应该只处理本单元范围内的数据，若一个请求涉及多个用户交易，则需要将相关 DB 操作进行服务化改造，并将请求进行拆分，将不同的用户操作分发到正确的单元进行处理，如图 4-5-5 所示。对于通过调度中心或者本地调度发起的请求，每一次调度都应该处理自己本单元的数据。

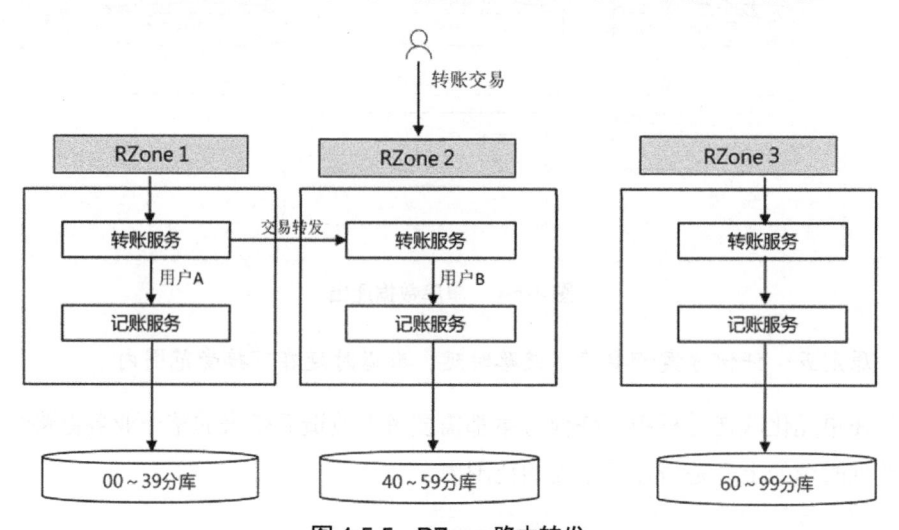

图 4-5-5 RZone 路由转发

原则九：RZone 不能直接访问 GZone 数据库或缓存

划分到 RZone 的系统，通常只能访问本单元的数据，若对 GZone 单元的数据或者缓存存在依赖，则需要将这部分数据的操作改造成服务的形式，RZone 系统通过服务对数据进行操作。

原则十：RZone 尽量少依赖 GZone 服务

单元化的核心目标是让业务处理在一个单元内部闭环处理，因此 RZone 服务应该尽量减少对 GZone 服务的依赖。由于 GZone 服务不是按照分片进行分配的，而是随机分配的，因此 RZone 访问 GZone 服务可能会出现一部分流量跨城市访问的情况，导致业务处理耗时增加，如图 4-5-6 所示。

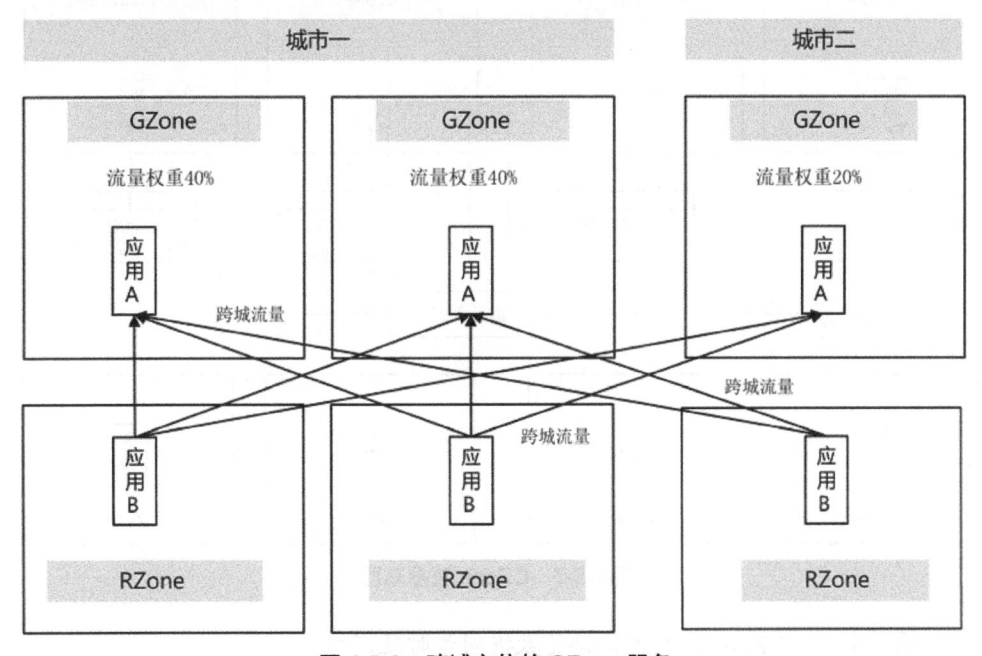

图 4-5-6 跨城市依赖 GZone 服务

原则十一：RZone 可以访问 CZone 的数据库、缓存及服务

由于并不是所有业务数据都能按照用户维度进行拆分，因此存在部分数据无法进入 RZone 数据库或缓存的情况，这个时候为了确保 RZone 业务能够收敛在同城进行处理，可以将这部分数据放到 CZone 中，RZone 对 CZone 的数据访问不受限制。此外，还可以直接将这类数据对应的服务改造成 CZone 的服务，RZone 系统通过服务间接访问这些数据。

4.5.3.4 共享单元（CZone）改造原则

原则十二：CZone 不创造新的数据，数据都来自 GZone 或 RZone

CZone 作为共享单元，其数据具备多单元一致的特性，因此 CZone 的数据通常不是由 CZone 自己写入的（因为很难保障多个城市同时写的数据的一致性），而是由 GZone 或 RZone 单元的服务写入后通过一定的手段（比如分布式数据库的数据同步功能、消息数据复制等）进行同步，如图 4-5-7 所示。

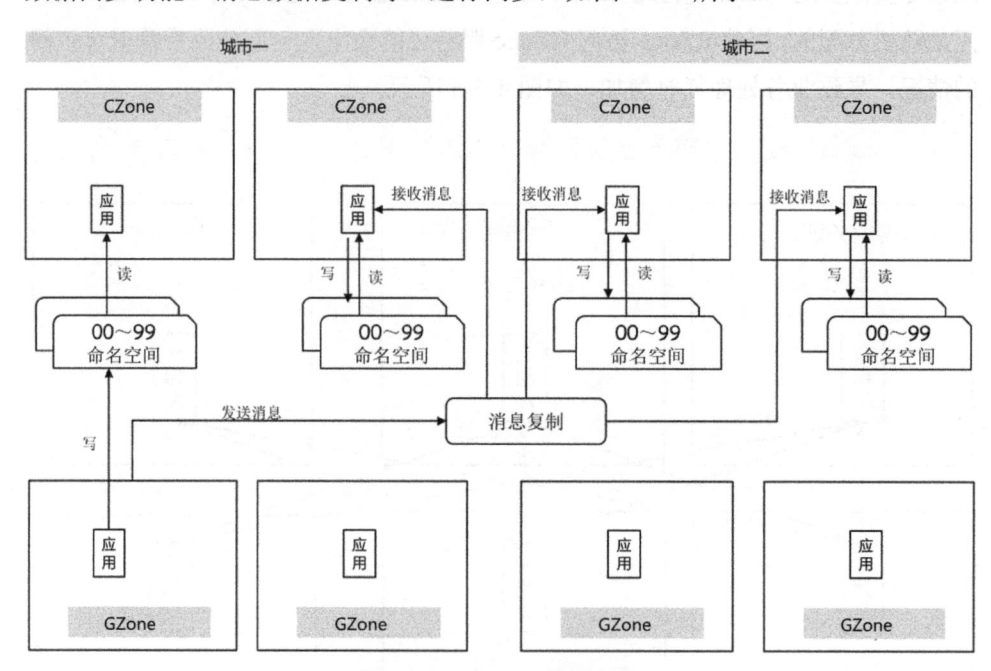

图 4-5-7　CZone 数据来源

原则十三：CZone 依赖方需接受数据同步时延影响

对于 CZone 的数据，为了确保写入效率，通常不会采用多单元强一致写的方式，大部分情况下会采用数据异步复制的机制来保障各单元数据的最终一致性，因此，对 CZone 数据存在依赖的业务往往需要接受一定程度的时延。如图 4-5-8 所示，在跨城数据同步场景中，数据时延往往超过 5 毫秒。

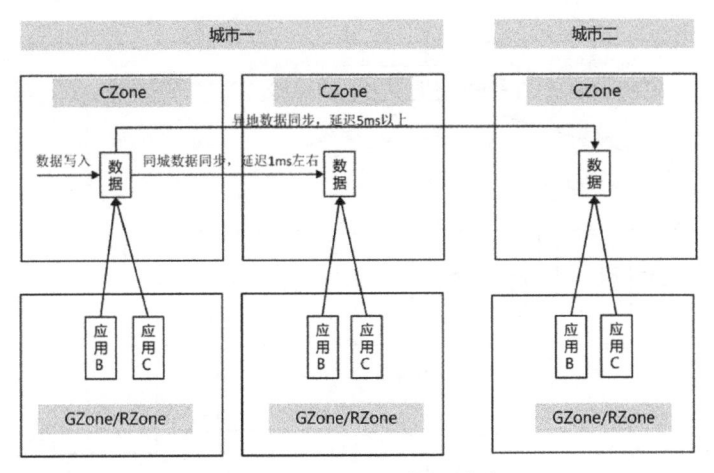

图 4-5-8　CZone 数据时延

4.6　单元化流量路由

云单元架构实现的关键环节之一是如何让用户流量根据一定的规则（比如用户的 ID）分配到指定的单元中进行处理。在微服务架构中，流量类型多种多样，比如 HTTP 流量、RPC 流量、消息流量、数据库流量等。要确保这些流量能够正确流向所归属的单元，首先需要设计好各单元流量的分配规则，其次是对这些流量所依赖的组件进行改造，比如服务注册中心、网关及负载均衡设备、消息中心、调度中心等。在"跨地域多活"容灾场景中，各种不同类型的流量需要同时"感知"到路由规则的变化，以便将故障机房流量在尽量短的时间内转发到容灾机房。因此，需要一个"规则管控中心"对路由规则进行统一的管理及下发，确保各种类型的流量能同时"感知"到流量规则的变化，实现流量的统一分配，具体如图 4-6-1 所示。

4.6.1　路由规则设计

单元化路由规则是指对用户流量按照一定的约束条件进行分配、转发、重定向的基本规则。路由规则在设计时，不仅要考虑通用性，还需要保障具备一定的可扩展性及可读性。因此，路由规则通常选择使用一种简单易读且能够在各种类型的开发语言中轻松解析的文件格式，比如 XML、JSON 等。网商银行使用 JSON 格式来对路由规则进行管理，以下是对路由规则设计的整体解析。

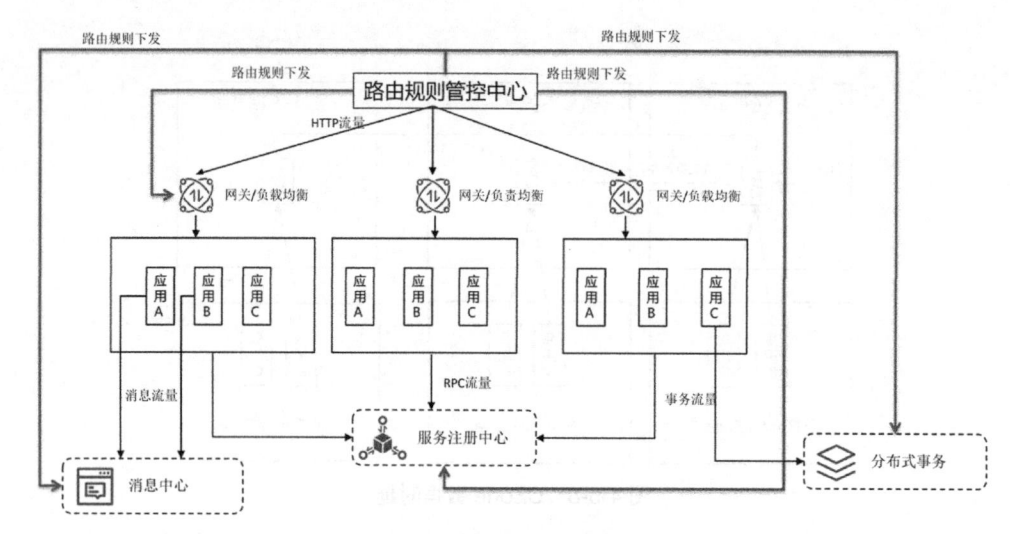

图 4-6-1　规则下发及流量路由

考虑到大部分流量都是以用户为中心的，网商银行使用 uid 来对用户流量进行划分，在路由规则中 uidRange 字段用来描述不同单元之间的流量分配比例。参考 D-I-D 设计原则，单元化架构的设计容量至少应该是当前容量的 20 倍，假设网商银行已经有 3 个数据中心，那么在路由规则的设计上则需要支持至少 50 个数据中心。因此，网商银行在设计上以 0~100 的数字来表示 uid 的覆盖范围，每个单元涉及的流量分配范围可以是 0~100 的任意数字或者数字区间。根据逻辑单元的类型划分，可以将路由规则分为 3 种类型来进行设计。

（1）对于 GZone，由于数据无法按照用户维度进行拆分，因此可以使用负数（比如-1~-1）来表示这种云单元的流量分配，即任意用户流量都可以进入这个单元，代码如下所示。

```
{
    "zoneType": "GZ"
    "zones": [
        {
            "idcName": "机房1",
            "zoneName": "全局单元1",
            "uidRange": "-1~-1"
        },
        {
```

```
      "idcName": "mt0b",
      "zoneName": "全局单元2",
      "uidRange": "-1~-1"
    }
  ]
}
```

（2）对于 RZone，数据可以按用户维度进行划分，因此使用 0~100 的数字来表示各个业务单元的流量分配情况，如下述代码所示。uid 为 0~29 时流量进入 RZMY0A 单元，uid 为 30~59 时流量进入 RZMY1A 单元。

```
{
  "zoneType": "RZ",
  "zones": [
    {
      "uidRange": "0~29",
      "idcName": "机房1",
      "zoneName": "业务单元1",
    },
    {
      "uidRange": "30~59",
      "idcName": "机房2",
      "zoneName": "业务单元2",
    }
  ]
}
```

（3）对于 CZone，数据通常不按用户维度进行划分，因此使用 -1~-1 的数字区间来表示流量的覆盖范围，同时通过 zoneType 为 "CZ" 来进行流量标识，如下述代码所示。

```
{
  "zoneType": "CZ",
  "zones": [
    {
      "uidRange": "-1~-1",
```

```
      "idcName": "机房1",
      "zoneName": "共享单元1",
    },
    {
      "uidRange": "-1~-1",
      "idcName": "机房2",
      "zoneName": "共享单元2",
    }
  ]
}
```

4.6.2 HTTP 流量路由

HTTP 流量实现单元化路由，要解决的核心问题是怎么将用户的目标单元对应的服务地址匹配出来，并在发起请求时直接请求到目标单元的服务地址上。通常的做法是为每个单元分配一个独立的域名，用户请求时根据所属的 Zone 直接请求对应的域名。但对于一些比较成熟的互联网或 IT 系统而言，域名的变更实际上是一件非常复杂的事情，而且这种做法需要客户端"感知"路由规则的变化，整体改造成本过于巨大。网商银行在 HTTP 流量改造过程中引入了 HTTPDNS 来解决这个问题。如图 4-6-2 所示，用户 APP 启动时，首先会去地址管控中心获取当前用户所属 Zone 的地址列表（注意：这里 APP 会获取所有 Zone 的 VIP 列表，目的是在容灾场景中若 APP 没有重启，还可以通过重试请求到正常的 Zone 进行处理），然后将地址列表存储到客户端本地存储中。当用户发起请求时，APP 会通过 HTTPDNS 将域名解析到正确的 VIP 列表。

在 APP 端未完成重启但服务端又发生了容灾切换的场景中，用户流量无法按照路由规则请求到正确的 Zone，这个时候需要入口层网关做一层转发，图 4-6-3 描述了客户端请求的整个处理过程。

（1）假设业务单元 3 这个单元已经发生故障，无法响应用户请求，APP 开始出现用户无法访问业务功能的情况。

（2）容灾管理平台发现异常后将业务单元 3 对应的用户分片流量调拨到业务单元 2 进行处理。

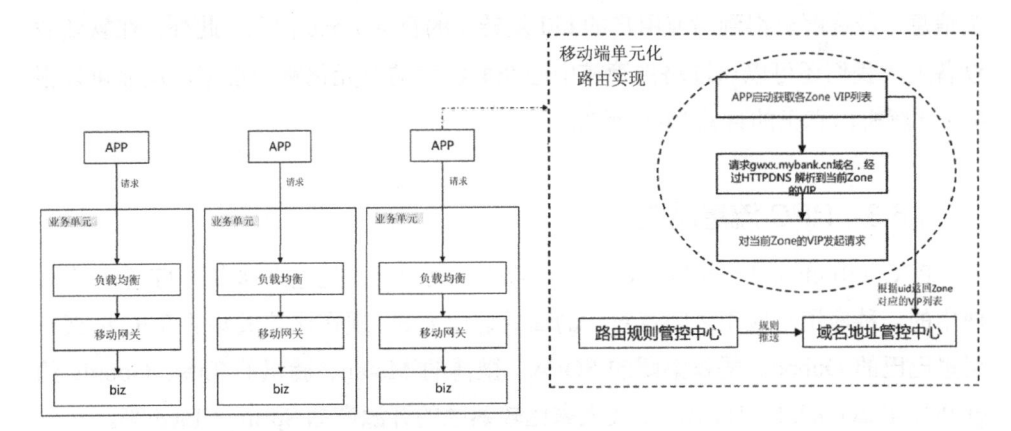

图 4-6-2 移动端单元化路由实现

（3）用户尝试重新发起业务请求，此时 APP 端会在失败后进行重试，将请求转发到其他 RZone（比如本示例中的业务单元 1）进行处理。

（4）当请求进入业务单元 1 的负载均衡设备后，会重新根据用户分片计算目标 Zone，发现当前用户分片应该在业务单元 2 进行处理。

（5）负载均衡将请求转发到业务单元 2 进行处理，请求成功后返回。

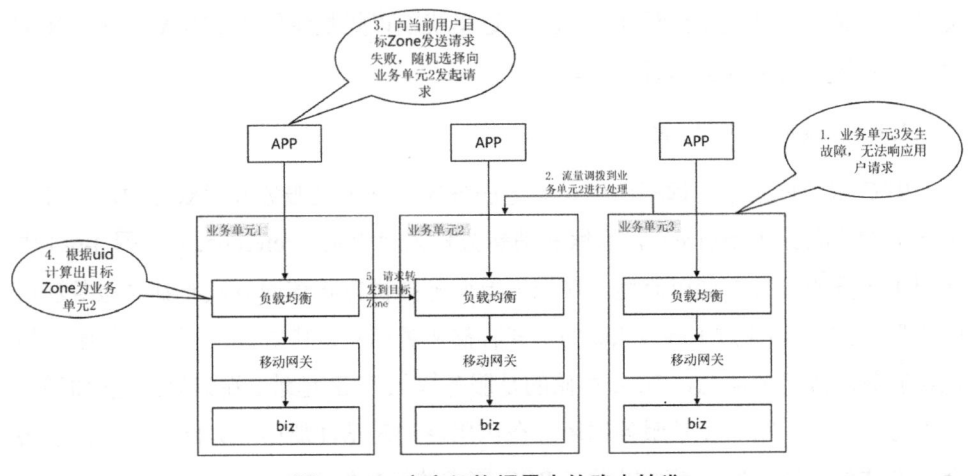

图 4-6-3 容灾切换场景中的路由转发

目前大多数负载均衡设备都是采用软负载产品（比如 Nginx、HAProxy 等），为了能够对用户请求的目标 Zone 进行正确性判断，我们可以在软负载上编写自己的处理脚本。比如对于 HTTP 流量，我们可以通过 Lua 脚本编写获取到 HTTP 的头信息，最终解析得到当前用户的 uid 及转发的目标 Zone 信息。此外，在软负载设备上，我们还可以通过路由管控中心获取实时的单元化路由规则，从而可以根据 uid 解析出真正的目标 Zone 所在。

4.6.3 RPC 流量路由

RPC（Remote Procedure Call）即远程过程调用，是越来越多的 IT 企业喜欢使用的一种应用与应用之间点对点的高效访问方式。现在比较成熟的 RPC 框架有阿里巴巴的 Dubbo、蚂蚁集团的 SOFA、微博的 Motan、腾讯的 Tars、Google 的 gRPC、Facebook 的 Thrift，以及大家比较熟悉的开源产品 Spring Cloud 等。

应用与应用之间的 RPC 交互通常由服务发布与订阅、应用之间点对点高性能 RPC 远程服务调用、服务路由，以及软负载等几个部分组成。RPC 与其他类型的交互方式（比如 REST、WebService、RMI 等）相比，有着独特的优势，比如 RPC 支持服务自动注册与发现、无须额外软硬件设备即可实现分布式环境下服务调用的负载均衡、支持多种路由策略及健康检查等，具有高可伸缩性、高容错性等特点。有了 RPC 服务模式的支持，应用系统服务调用的容错机制就有了强有力的保障，实现了在应用系统无"感知"情况下，帮助服务消费方正确选择健康的服务提供方，保障了应用系统调用的稳定性。这里我们以蚂蚁集团的 SOFA 为例对 RPC 流量单元化路由实现机制进行介绍。

1. RPC 调用的实现机制

RPC 服务体系中的远程调用是通过服务模型来定义服务调用双方的，服务提供方称为"服务（service）"，而服务消费方称为"引用（reference）"。图 4-6-4 中介绍了服务的发布与调用流程。首先需要服务提供方将该服务发布到"服务注册中心"，注册中心通过 Key:Value 的形式存储服务信息，其中 Key 存储的是唯一标识该服务的接口名信息，Value 存储的是服务提供方 IP 地址、端口以及超时时间、版本号等信息。第二步是服务调用方在应用启动时从注册中心订阅服务。当服务调用方拿到地址以后，就可以发起 RPC 请求访问被发布的服务。

2. 非单元化架构下的 RPC 路由机制

如图 4-6-5 所示，以一笔转账交易为例，用户 A 向用户 B 发起一笔行内转账交易，由于没有做单元划分，用户 A 发起的请求会首先被随机分配到机房 1 进行处理，进入资产交换系统。资产交换系统在发起资产交换处理时，会调用存款平台服务，因此需要通过服务注册中心找到本机房存款平台发布的服务，并发起本机房 RPC 调用，且由存款平台服务对用户 A 进行记账处理。同时资产交换还会继续向存款平台发起一次请求对用户 B 进行处理。无论是用户 A 的记账操作还是用户 B 的记账操作，实际上都是在一个机房内的服务中处理完成的，不会出现跨机房服务调用的情况。但由于用户 A 和用户 B 的账号分别存储在两个不同的分库中，第二次调用会存在跨机房访问数据库的情况。我们可以看出，在非单元化场景中，各个机房的流量通常在上层就可以分配完成，到机房内部以后一般不会再出现跨机房 RPC 调用的情况。

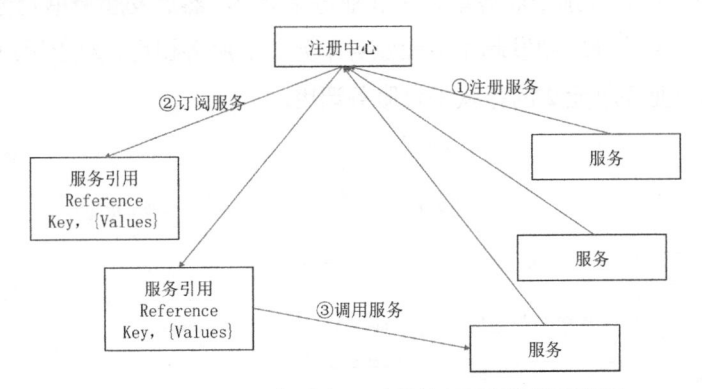

图 4-6-4 RPC 服务发布、引用以及调用流程示意图

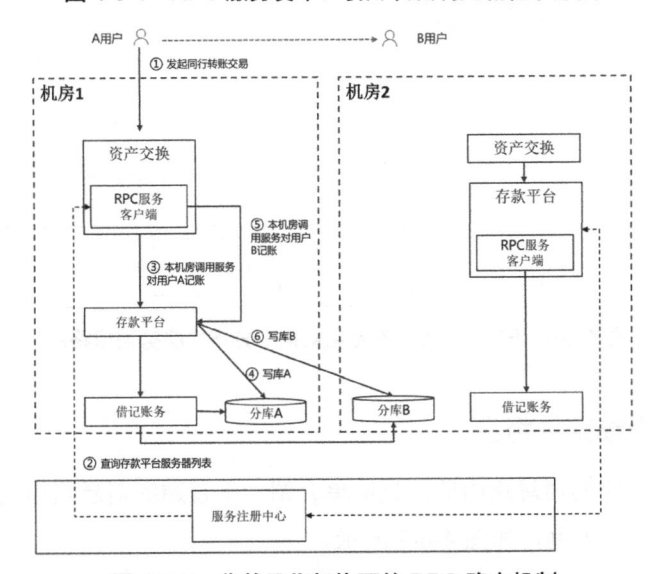

图 4-6-5 非单元化架构下的 RPC 路由机制

3. 单元化架构下的 RPC 路由机制

单元化架构下 RPC 流量的路由是 RPC 服务框架提供的，涉及单元内服务路由与跨单元服务路由两种场景。如图 4-6-6 所示，用户 A 向用户 B 发起一笔行内转账交易，A 用户数据分片位是 00（数据存储在分库 A 中），属于业务单元 1 用户；B 用户数据分片位是 99（数据存储在分库 B 中），属于业务单元 2 用户。业务单元 1 中的资产交换系统在发起资产交换处理时，会首先调用存款平台服务对用户 A、用户 B 分别进行处理，存款平台服务根据传入的用户信息解析出数据分片位 00 和 99，RPC 客户端在获取到分片信息后，会在全局路由表中查询到 00 和 99 分片对应的单元分别是业务单元 1 和业务单元 2，然后发起跨单元远程服务调用，对于用户 A 的处理则发起本单元业务单元 1 的服务调用，对于用户 B 的处理则发起跨单元业务单元 2 的存款平台服务调用。

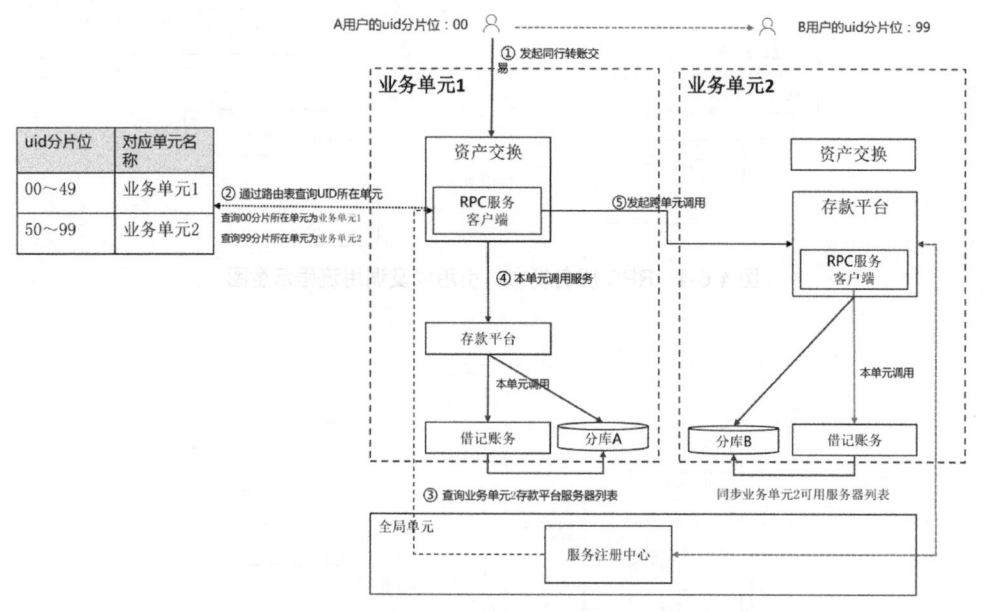

图 4-6-6 RPC 服务云单元化架构下分布式服务调用路由

4.6.4 消息流量路由

在介绍单元化的消息路由前，先简单介绍一下普通的消息路由是如何做的。以 Kafka 消息系统为例，如图 4-6-7 所示。

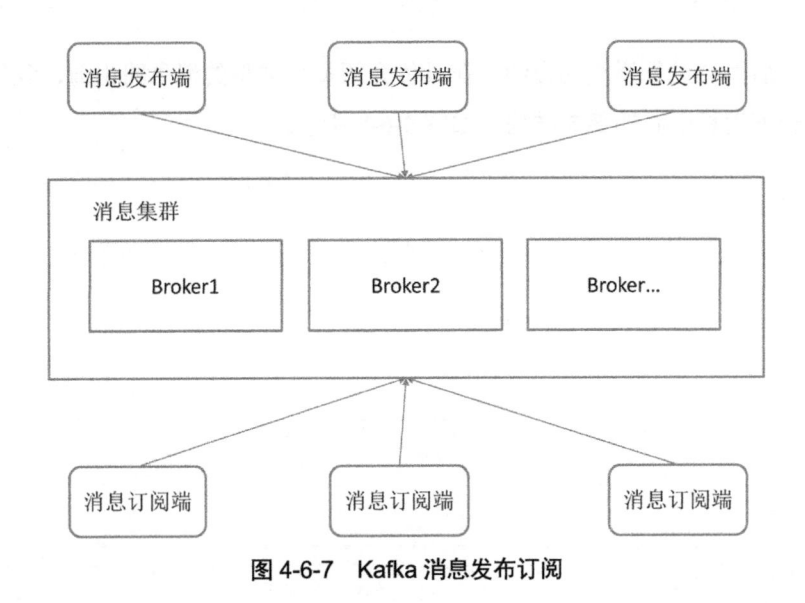

图 4-6-7　Kafka 消息发布订阅

消息发布端发送的消息如果要路由到对应消息订阅端，只需要满足以下两点即可。首先，消息发布端和消息订阅端访问的是同一个 Kafka 集群，其次，双方的 Topic 是一致的（Consumer Group 我们不做讨论）。Topic 作为消息系统队列的唯一标识，是消息路由的关键，消息发布者通过 Topic 把消息发布到指定的队列中，消息订阅端通过 Topic 去指定队列中拉取消息，整个消息路由就结束了。

单元化场景中的消息路由也是围绕 Topic 展开的，但是除了 Topic 之外还有消费分组、订阅单元属性等核心配置，这里消费分组的作用其实和 Kafka 中 Consumer Group 的作用是类似的，使得单个 Topic 的消息可以在多个分组中单独消费，互不干扰。但它们的运行机制却有所不同，这里不再详细展开。消费分组和订阅单元属性是单元化架构下消息路由的关键，它们一起决定了消息的路由轨迹。消息分组是消息订阅的分组标识，表示消息需要单独投递一份到这个分组内，其次对这个订阅分组还需要指定一个订阅单元属性，主要有 Local 投递（4.6.5 节会做详细介绍）、GZone 投递、RZone 投递、CZone 投递、跨城消息复制等。比如，如果指定了 RZone 投递，那么该分组的消息就会投递到对应的 RZone 中，如果选择了 GZone，那么该消息就会投递到对应的 GZone 中。订阅单元属性只决定了消息投递的大方向，具体投递到哪个 Zone 还需要根据单元化全局规则进行相关计算才能决定。例如 RZone 投递就需要根据用户分片 uid 进行具体 Zone 的计算，然后再进行投递，后面会进行详细的介绍。在具体介绍每种类型的消息路由前，我们先整体了解一下消息中心的部署结构，如图 4-6-8 所示。

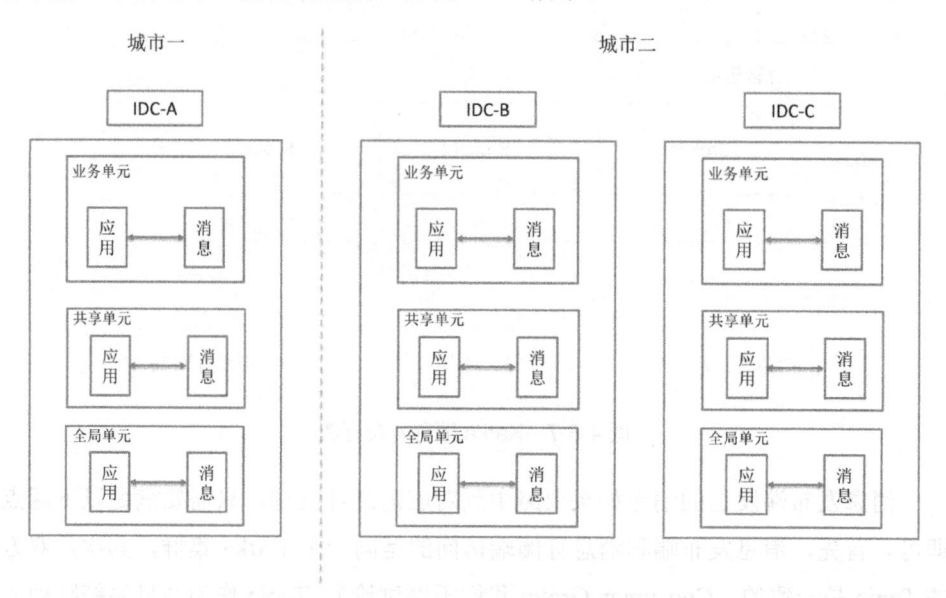

图 4-6-8 消息中心单元化部署

通过上图我们可以知道，消息中心是全 Zone 部署的，所有的 GZone、RZone、CZone 都需要部署消息集群，整个消息集群在逻辑上属于一个大集群，然后每个 Zone 根据实际的业务量决定消息中心部署的资源，比如 RZone 承接了单元化架构下的大部分流量，所以在实际部署的时候，RZone 就会分配相对多的资源。单元化架构下的消息路由大多数由本 Zone 投递，即消息在一个 Zone 发出就投递到对应的那个 Zone。但是为了满足业务的多样性需求，跨 Zone 投递也是存在的。这里有一点需要注意，即所有类型的消息路由均是在消息中心 Server 端完成转发的，并不是客户端直连对应 Zone 的消息中心完成消息发送的，消息首先投递到当前应用所处 Zone 的消息中心，然后消息中心根据订阅单元属性和单元化全局规则进行目标单元计算，最后完成消息转发。当消息转发到目标 Zone 的消息中心之后，对应的消息中心再负责把消息投递到当前 Zone 的客户端，整个单元化消息路由就算完成了，接下来我们会进一步详细介绍不同订阅单元属性下的消息是如何路由的。

我们先介绍一下 RZone 消息路由，RZone 消息路由算是单元化架构下最标准的消息投递方式，和 RPC 路由类似，RZone 消息投递需要依赖用户分片信息 uid（RZone 消息在发送的时候需要把 uid 设置到消息的扩展字段中，然后传递给消息中心），通过 uid 结合单元化全局规则计算出具体的目标 Zone，然后把消息投递到对应的 Zone，如图 4-6-9 所示。

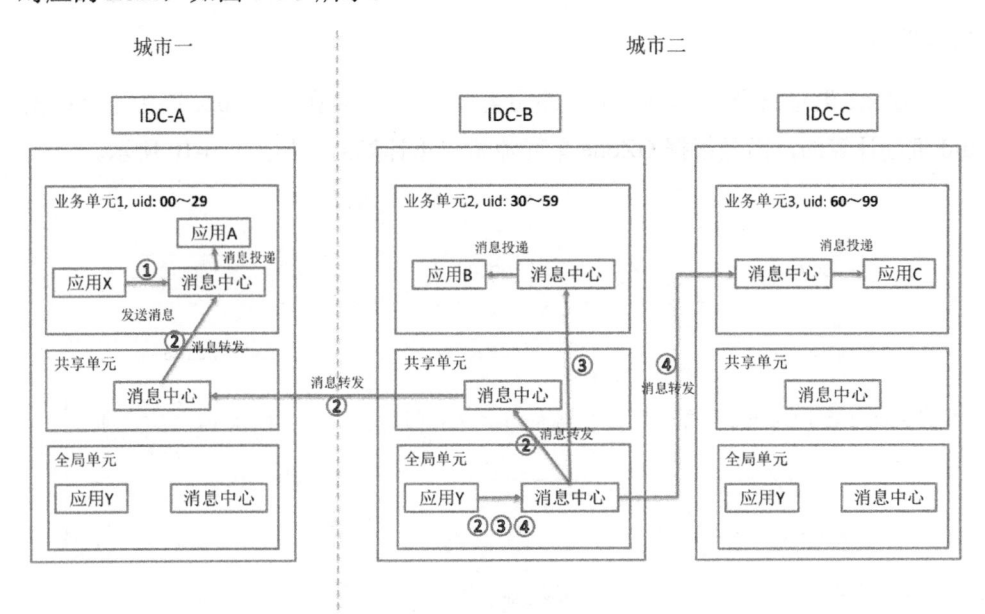

图 4-6-9　RZone 消息单元化路由

该图一共描述了 4 种 RZone 消息路由轨迹，轨迹①是 RZone 消息本地投递，消息发送端应用 X 和消费端应用 A 处于相同的业务单元中，这时发送到消息中心的消息会直接投递到应用 A。轨迹②是一种比较复杂的 RZone 消息路由方式，发送端应用 Y 位于全局单元 GZone 中，当消息扩展字段 uid 的值范围是 00～29 的时候，消息中心计算出目标 RZone 为业务单元 1，且当前投递路径为跨城投递。首先 GZone 中的消息中心会把消息转发到当前 IDC 共享单元的消息中心，然后共享单元消息中心会继续把当前消息直接转发到目标 RZone 对应的共享单元，最后再由目标共享单元消息中心把消息转发到目标 RZone 消息中心，最后完成消息投递。共享单元中的消息中心角色有些特殊，除了具备最基本的消息发布和投递的功能，还承担消息跨城转发的职责，任何跨城消息都必须通过共享单元中的消息中心进行转发，这一点需要特别注意。剩下的轨迹②和轨迹③都属于同城内的跨

Zone 消息路由，当 uid 的范围是 30~59 的时候，消息中心会首先把消息转发到业务单元 2 的消息中心中，然后完成投递，当 uid 的范围是 60~99 的时候，消息中心会把消息转发到业务单元 3 的消息中心，然后完成投递。最后再强调一下，虽然轨迹②③④都属于跨 Zone 类型的 RZone 消息投递，但只有在跨城的场景中消息转发才需要经过共享单元，否则源 Zone 和目标 Zone 的消息中心直接进行消息转发即可。

GZone 消息路由和 RZone 消息路由类似，区别主要在于 GZone 路由不是根据 uid 进行计算的，而是根据 GZone 单元流量权重计算的，如图 4-6-10 所示。

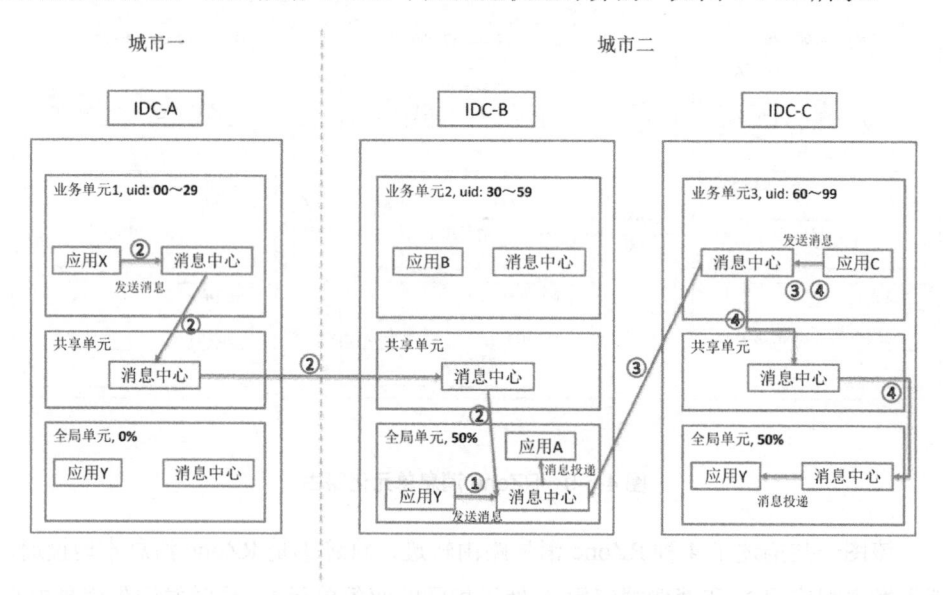

图 4-6-10　GZone 消息单元化路由

GZone 单元中的数据是不可拆分的，故而没有 uid 的概念，任何一个 GZone 都包含全量的数据，都是可以接收请求并进行处理的，为了提高 GZone 单元整体的资源利用率，对 GZone 的路由采用权重计算的方式，例如上图中 IDC-B 和 IDC-C 的全局单元各分配了 50%的权重（所有的全局单元权重之和必须为 100%），也就是说 GZone 的路由各有一半的概率会进入 IDC-B 或者 IDC-C。解释完 GZone 路由的计算方式之后，我们一起看看上图中的 4 种 GZone 消息路由轨迹，轨迹①是 GZone 消息本 Zone 路由，这里需要注意，GZone 路由模式下的消息如果是由 GZone 发出的，那么当前全局单元的权重会被忽略，即使当前全局单元的权重为 0，该消息也只会投递到当前的 GZone，而不会根据权重投递到别的 GZone。轨迹②和 RZone 消息路由中的轨迹②类似，都涉及跨城消息，自然需要借助共享单元中的消息中心进行消息转发，根据权重计算出目标 Zone 为 IDC-B 中的全局单元，最终消息转发到 IDC-B，如果计算的结果为 IDC-C 中的全局单元，那么 IDC-A 的共享单元消息中心会把消息直接转发到 IDC-C 的共享单元，然后完成消息投递。轨迹③和轨迹④都属于跨 Zone 类型的 GZone 消息投递，根据权重计算出目标 GZone 然后转发，这里不再赘述。

最后我们再一起看一下 CZone 消息路由和跨城消息复制路由是怎么样的，整体如图 4-6-11 所示。

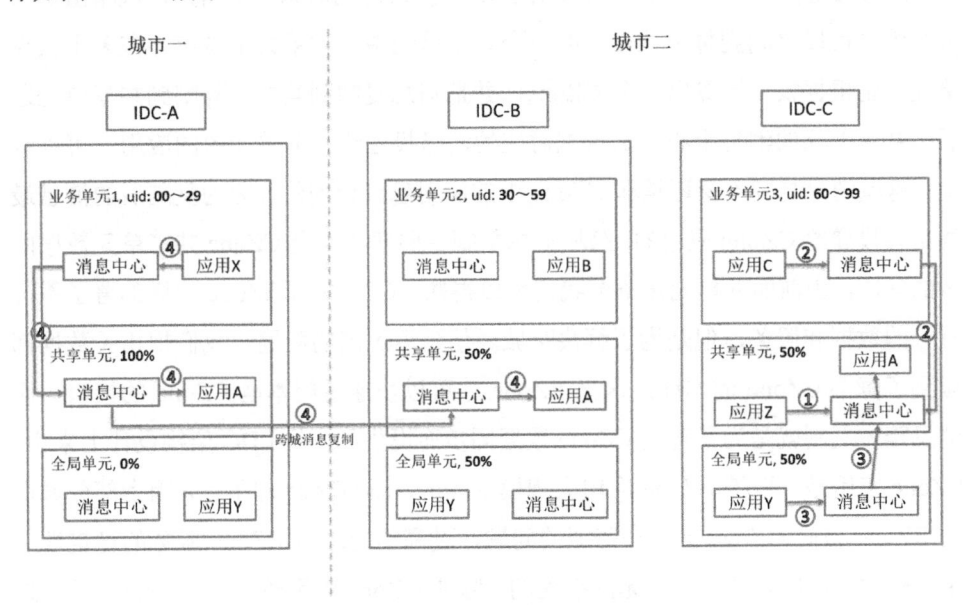

图 4-6-11　CZone 消息单元化路由

其中路由轨迹①②③为 CZone 消息路由，轨迹④为跨城消息复制路由，我们先看一下 CZone 消息路由。和全局单元 GZone 类似，共享单元 CZone 的路由也是通过权重进行计算的，但是和 GZone 又有所区别，所有 GZone 单元的权重总和为 100%，而 CZone 是每个城市下所有的权重总和为 100%。如图 4-6-11 所示，城市一 IDC-A 下的共享单元权重为 100%，城市二的 IDC-B 和 IDC-C CZone 权重总和为 100%，CZone 的路由会根据权重计算出同城的一个 CZone 单元，除了依赖权重外，CZone 路由还具有本地访问优先的特性，只要当前 CZone 权重大于 0，那么当前 IDC 下的 CZone 路由始终会路由到该单元，和具体的权重大小没有关系，例如即使 IDC-C 下的共享单元权重只有 1%，但是业务单元 3 每次 CZone 路由的结果都是 IDC-C 下的共享单元，而不会是 IDC-B 下的共享单元，更不会是 IDC-A 下的共享单元，CZone 路由只会路由同城下的共享单元，无法跨城路由。

消息路由轨迹①属于 CZone 的本 Zone 投递，和 GZone 本地投递一样，此时 CZone 权重将没有什么作用，即使为 0，该 CZone 发出的消息仍然会投递到当前 CZone，而轨迹②和轨迹③属于跨 Zone 类型的 CZone 消息投递，只要当前 IDC-C 下共享单元的权重大于 0，那么业务单元 3 和 IDC-C 下全局单元发送的 CZone 消息始终会投递到 IDC-C 下的共享单元。轨迹④为跨城消息复制路由，该路由下的每个消息可以复制到每个城市下的一个共享单元中，如果某个城市存在多个共享单元，则根据权重计算出一个 CZone，并把消息复制到其中。复制到共享单元之后，共享单元的消息中心再负责把对应的消息投递给当前单元内的应用。可以看出，跨城消息复制本身还是和 CZone 中的应用息息相关的，因为复制后的消息最终是要投递给 CZone 应用的。跨城消息复制主要解决的是 CZone 共享单元数据同步的问题，由前面的单元化章节我们可以得知，CZone 和 GZone 一样部署了不可拆分的数据和服务，但是为了解决跨城通信延迟过高的问题，我们把相关数据都搬到了每个 CZone 的本地，这样 RZone 才可以快速访问本地 CZone 的接口。而消息跨城复制就是为了解决 CZone 数据同步而诞生的，从 LDC 架构设计上来说，CZone 应用是可以被 RZone 应用大规模依赖的，而 GZone 却不行，因为部分城市的 RZone 访问 GZone 会存在跨城的问题，过高的延迟对 RZone 服务的稳定性产生了较大的影响，这一点是无法接受的，除非 GZone 应用改造为 CZone 应用，把 RZone 依赖的数据同步到每个城市本地，这样访问延迟就不再是问题了。

单元化架构下的消息路由是比较复杂的，RZone 消息路由还比较纯粹，根据 uid 计算目标 Zone 然后进行投递即可，而 GZone 和 CZone 消息路由就比较麻烦了，尤其是 CZone 消息路由，除了遵循 LDC CZone 路由的规范之外，消息中心为了支持单元化架构下复杂的业务场景还制定了部分自己独特的路由规则，这些规则都增加了路由的理解难度。

4.6.5 调度流量路由

调度流量路由比其他组件的路由要简单得多，之所以这么说，是因为网商银行的调度是构建在消息中心之上的，一次调度的触发对应一次消息的投递，整体架构如图 4-6-12 所示。

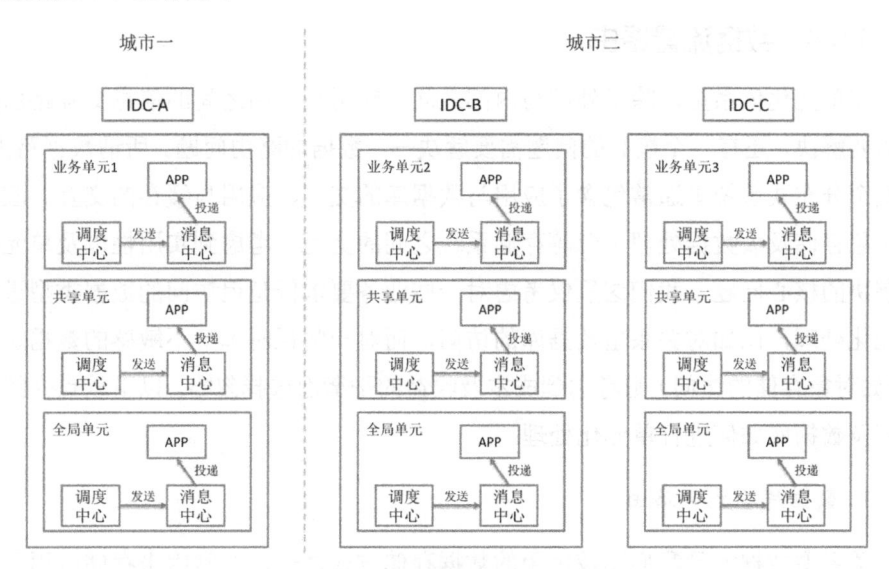

图 4-6-12　调度任务单元化路由

和消息中心一样，调度中心也是全 Zone 部署，调度中心本身还有一个管控平台，该平台维护了所有调度的元数据信息，以及基础的信息，如触发频率、触发单元等配置。触发单元配置是单元化架构下调度流量路由的关键，对于不同类型的单元化应用而言，触发单元配置也是不同的。对于 RZone 应用来说，对应的调度任务通常需要在所有的业务单元开启，对于 GZone 应用来说，对应的调度任务通常只需要在某个权重大于 0 的全局单元开启即可。而 CZone 应用的调度任务则需要保证每个城市至少有一个共享单元开启，不管调度任务在何种类型的单元中开启，依赖的消息中心特性都是一样的，这个特性就是消息 Local 投递。

消息 Local 投递是最简单的一种消息路由方式，理解起来也非常简单，即消息在哪个单元发送就投递到哪个单元，完全不用关心所处单元的类型，这就是所谓的 Local 投递。调度中心会根据当前任务的触发单元配置决定是否在对应的单元发送 Local 调度消息。以 RZone 调度为例，当调度任务在图 4-6-12 中的业务单元 1、业务单元 2、业务单元 3 开启之后，对应单元的调度中心会根据当前任务设置的触发频率进行 Local 消息投递，一次调度的触发对应一次 Local 消息的投递，所以调度流量路由其实就是消息 Local 路由，只不过调度中心控制了哪些 Zone 需要开启这个消息 Local 路由而已。

4.6.6 数据流量路由

在单元化体系里，除了外部与内部之间、应用与应用之间的信息交互路由问题需要解决，还有一个核心的问题需要解决——数据的路由问题。所谓数据路由，在整个分布式系统里通常包含了应用与数据库的交互、应用与缓存的交互、应用与对象存储及大数据处理平台等存储系统之间的交互。考虑到实用性以及单元化要解决的核心问题，我们这里仅考虑对一些业务要求低延迟访问的数据类型进行单元化处理，比如对关系型数据库的访问，而对一些耗时本身不敏感的数据访问（比如对象存储的访问）则考虑到成本及收益的平衡而选择忽略。以下重点介绍对缓存及数据库如何进行单元化处理。

1. 数据库单元化路由

关系型数据库是我们比较常用的数据存储方式之一，通常用来存储应用系统的核心数据（比如交易数据、用户数据等）。在 4.4 节，我们介绍了单元的几种划分形式以及各种单元类型下数据的特性。GZone 的数据库通常以单库的形态存在，数据的访问通常有一个主节点，各单元只需要获取主库的 Server 地址并建立连接即可，如图 4-6-13 所示。

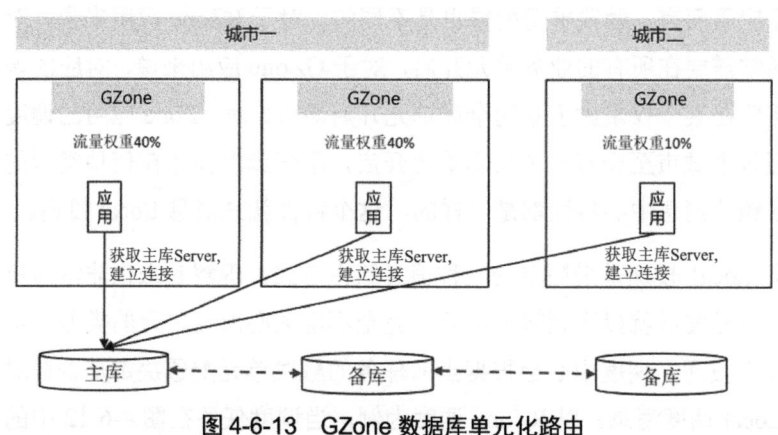

图 4-6-13　GZone 数据库单元化路由

CZone 的数据库跟全局单元类型类似，通常也是以单库的形式存在的，但数据的访问是通过与本城市的数据库 Server 建立连接来发起请求的，每个城市通常有相应的数据库副本，主库需要保障数据能准时同步到其他城市的副本中，如图 4-6-14 所示。

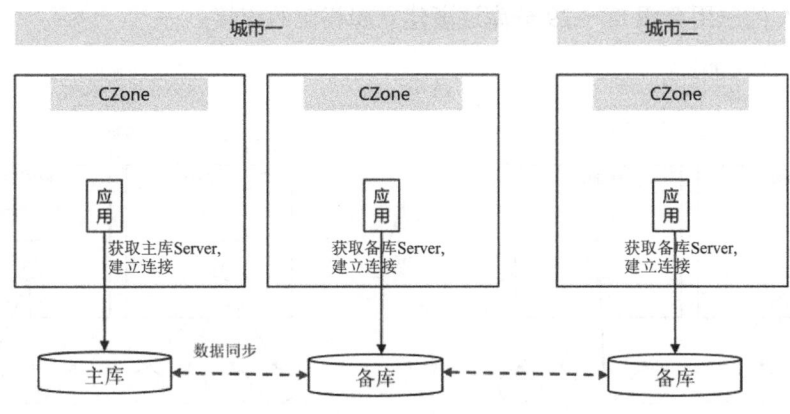

图 4-6-14　CZone 数据库单元化路由

RZone 的应用通过横向扩展（进行分库分表拆分）来解决数据库连接数限制问题，在正常情况下，每个 RZone 只跟自己对应的分库建立连接并发起请求，如图 4-6-15 所示。

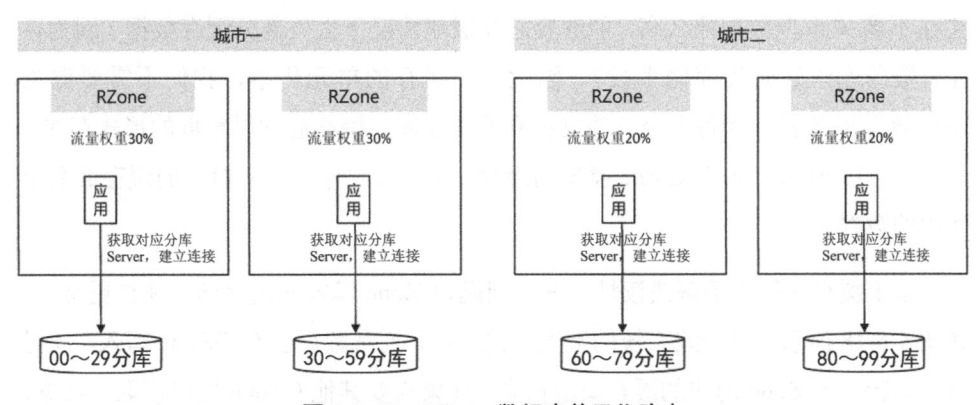

图 4-6-15　RZone 数据库单元化路由

每个 RZone 跟数据库的连接关系不是一成不变的，在容灾场景中，为了保障经过流量调拨后故障单元的流量可被正常单元所接管，通常我们需要动态调整每个单元跟各分库建立的连接。如图 4-6-16 所示，为了降低各分库跟应用建立的连接数量，容灾切换前，RZM00A 单元的应用只跟 00～29 分库建立了连接，跟其他分库（30～99）不建立连接，RZM01A 的应用跟 30～59 的分库建立连接，跟其他分库（00～29，60～99）不建立连接。容灾切换后，RZM00A 的流量被调拨到了 RZM01A，这时数据中间件需要动态调整各应用跟数据库建立的连接，RZM01A 的应用会跟 00～29 分库逐渐建立起相应的连接。

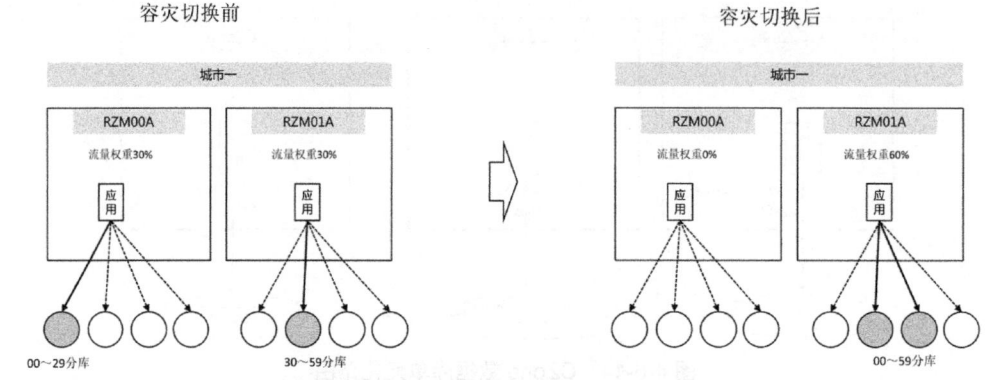

图 4-6-16　容灾场景中的数据库单元化路由

2. 缓存单元化路由

缓存是解决应用性能的关键组件，使用缓存的场景对数据的可靠性要求往往不像关系型数据那么高，能够容忍在极端情况下丢失部分缓存数据（因为往往有数据库作为兜底存储手段）。因此，在缓存的单元化中，我们不需要像关系型数据库那样，为每个分片建立独立的缓存库，缓存通常以集群的形式存在。如图 4-6-17 所示，对于 RZone 类型的缓存，应用按照分片访问对应的缓存命名空间中的数据。

鉴于缓存往往用于解决读性能瓶颈问题，CZone 模式的缓存读写往往更常见，如图 4-6-18 所示。以一些系统的配置数据为例，通常数据会在 GZone 写入，此时只会刷新当前 Zone 对应的缓存集群信息。如果需要其他 CZone 也能读取到数据，则需要进行缓存数据同步。由于应用对缓存的写性能有较高要求，因此采用多副本强一致写来保障多个缓存集群的数据同步往往不太合适。我们通常会通过异步复制的手段来保障多个缓存集群的数据同步，一方面是因为应用对缓存的数据库可靠性要求没有那么高（读不到数据时会从数据库里读取），另一方面，CZone

场景中的缓存读写往往对数据时效性要求不太苛刻（可以允许秒级或毫秒级数据延迟）。

图 4-6-17 RZone 缓存单元化路由

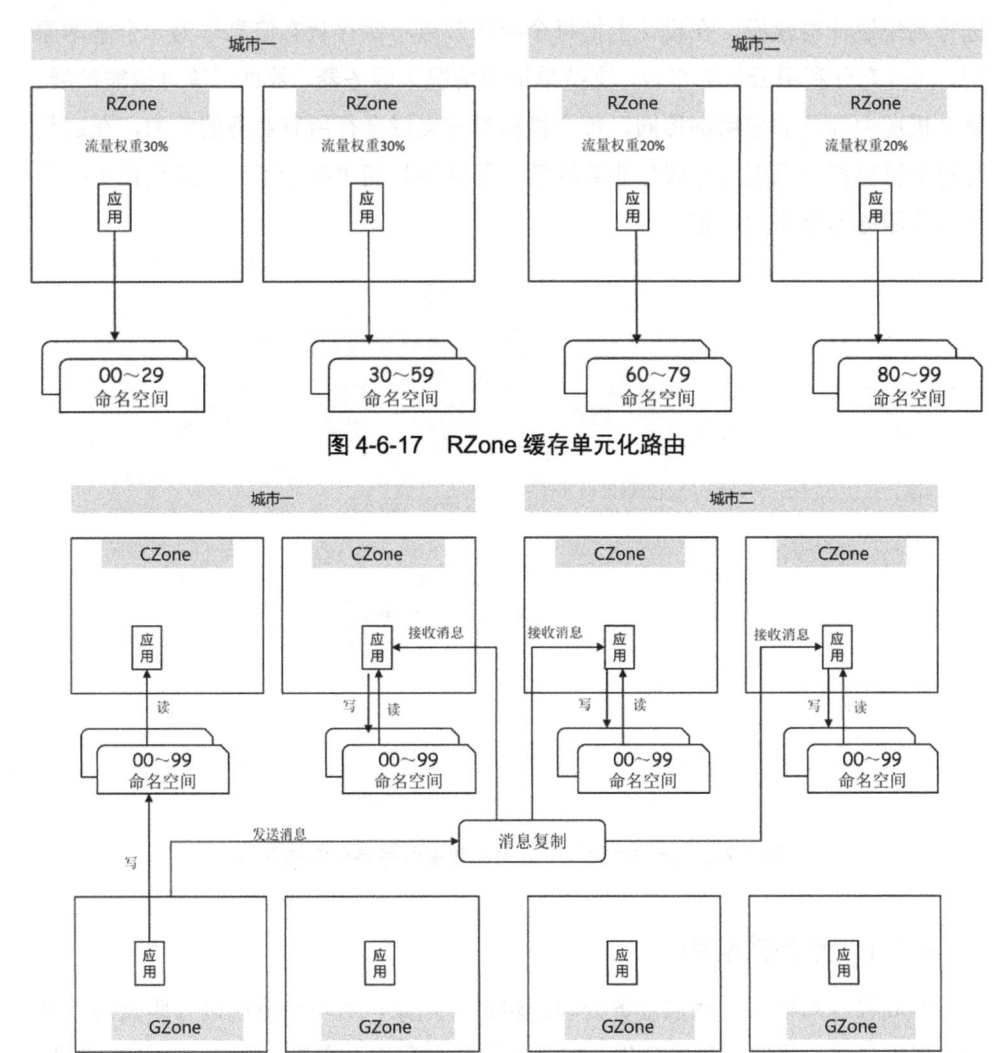

图 4-6-18 CZone 缓存单元化路由

4.7 应用与数据单元化

互联网金融对 IT 系统建设提出了能处理海量用户的交易、快速响应业务、提供灵活的金融产品与服务的要求，传统集中式架构已经无法满足这些要求，而分布式系统架构具有高性能、低成本、弹性扩展、敏捷交付等特点，能够实现"随时、随地、随人、随需使用银行服务"这一愿景。网商银行 IT 系统按分布式架构进行系统设计与建设，在设计上把每个应用节点不保存状态信息作为一个基本原则，同时充分利用云计算平台，支持单地域情况下服务器、数据层等可按需扩展。每个机房中部署的应用都相同，每个机房都有支撑全行所有业务的能力，在运行时每个机房都只承担全行部分业务流量。图 4-7-1 简单描绘了分布式架构下应用和数据服务器分布的形态。

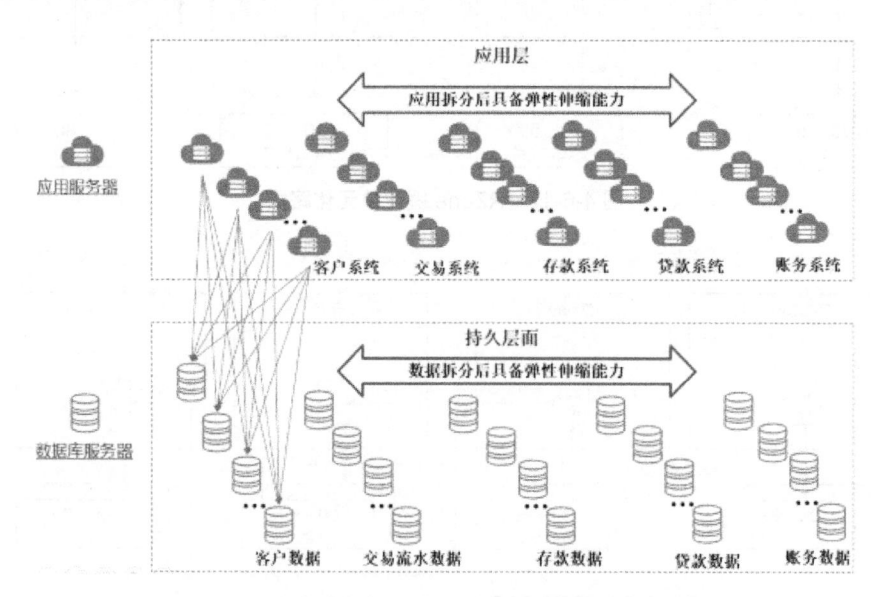

图 4-7-1　分布式架构下应用和数据服务器分布的形态

4.7.1　分布式应用

网商银行对核心、底层业务处理逻辑进行抽象，对单个系统进行职责边界划分、架构分层，并使业务平台化。按业务拆分为存款、贷款、理财、支付结算等，按领域拆分为清算、核算、借记账务、贷记账务、资产核心等。通过底层关键系统屏蔽分布式技术带来的复杂性，简化上层业务系统开发难度。分布式应用可以支持业务快速迭代，各层系统间密切、灵活配合，进而融合为一个有机整体，实现产品快速上架，助力银行产品创新与运营交付提速增效。网商银行分布式应用架构如图 4-7-2 所示。

图 4-7-2 网商银行分布式应用架构

4.7.2 分布式数据

应用系统数据根据业务场景可分为垂直拆分（按业务类型）、水平拆分（按用户）、读写拆分（按使用功能）等，如图 4-7-3 所示。

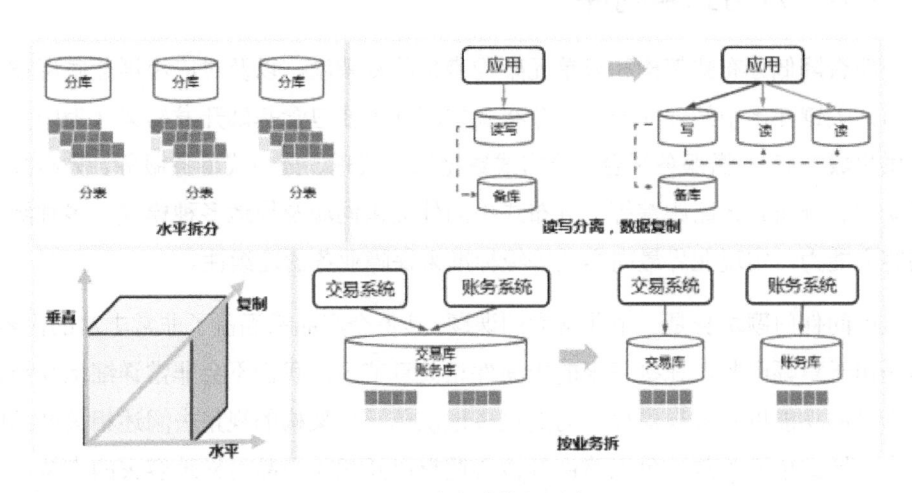

图 4-7-3 分布式数据形态

数据拆分后，通过统一的分布式数据访问层（由中间件提供支持）来屏蔽数据拆分后带来的访问复杂性，如图 4-7-4 所示，通过 ID 上携带的分库分表信息计

159

算出当前要访问的数据属于哪个分库哪个分表，最终转化为具体的库名、表名进行数据存取。

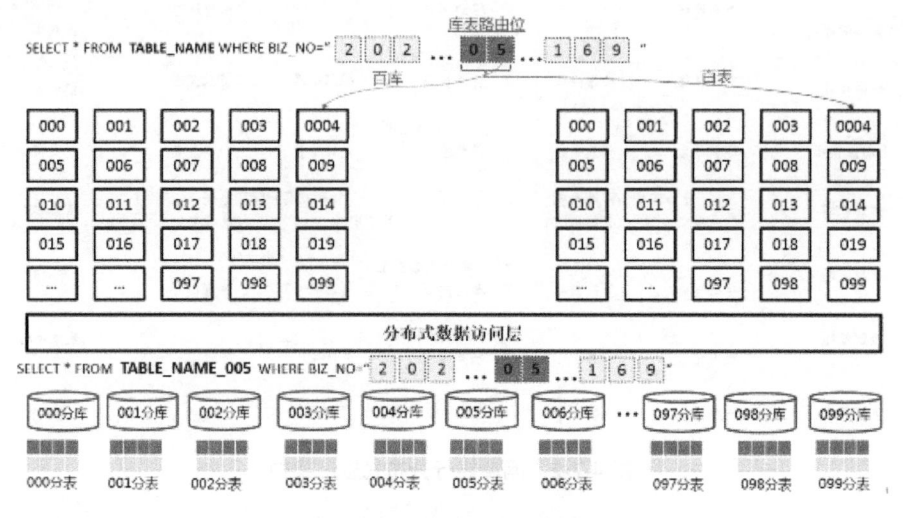

图 4-7-4　分布式数据访问

4.8　分布式中间件

能否降低分布式架构和云单元架构带来的复杂度，以及对应用屏蔽底层技术细节，关键在于中间件的能力。分布式中间件主要包含基础开发框架（为中间件提供集成方案）、微服务平台、分布式数据访问代理、分布式事务服务、分布式消息队列、分布式链路跟踪等。分布式中间件提供同城及异地多种模式、多种级别的容灾能力，实现业界最高容灾等级标准来保障业务的连续性。

中间件问题本身是一个非常大的课题，其每个产品都涵盖了非常丰富的内容，但是由于篇幅限制，在接下来的中间件相关章节中，我们不会非常详细地介绍每个产品的功能以及实现原理，而是更多地从单元化架构的视角去阐述相关产品的能力，比如单元收敛、单元路由等核心逻辑以及相关产品对异地容灾的支持，对于相关中间件的架构和其本身提供的基础能力，同一类型的不同产品的实现不会有特别大的差异。

4.8.1 基础开发框架

基础开发框架是一套用于分布式架构应用系统的快速、敏捷研发框架，拥有一整套全面的技术栈，能自动解决依赖下载、应用部署、健康检查、运维监控等研发效率相关问题。研发人员使用该基础开发框架，可将精力集中在业务代码编写上。基础开发框架还能实现对其他常用中间件的集成管理，通过独立可插拔的集成方式，对集成的中间件提供统一易用的编程接口，节约了开发时间，降低了后期维护成本。

开发框架在某种程度上也可以称为应用框架，或者一定程度上可以看作应用容器，当然这不一定完全正确。然而应用框架和应用容器总是成对出现的，比如早期的 EJB（Enterprise Java Beans，企业 Java Beans）技术，EJB 可以看作开发框架，但是需要运行在对应的 EJB 容器之上，例如 Jboss、WebLogic、WebSphere等。由于 EJB 技术的臃肿，后面出现了像 Spring、Guice 这样的优秀的轻量级应用框架，配套的也不再是重量级的 EJB 容器，而是像 Tomcat、Jetty 这样的轻量级 Servlet 容器。

从 EJB 到 Spring、Guice 的演进带来的是业务研发效率的极大提升，然而随着互联网的快速发展，业务的复杂度与日俱增，原本单一的应用架构开始向分布式架构演进，分布式架构转型过程中业务系统无可避免地需要去集成众多的分布式中间件，以达到分布式架构改造的目的。然而中间件的接入是存在一定复杂度和理解成本的，这会对研发效率造成一定的负面影响，原本提供单一 IOC（Inversion of Control，控制反转）、AOP（Aspect Oriented Programming，面向切面编程）、MVC（Model View Controller，模型-视图-控制器）功能的 Spring 无法继续满足业务需求。面对挑战，Spring 框架也在快速发展。近些年来产生的 SpringBoot 面对当前场景给出了不错的解决方案。与原先的 Spring 相比，SpringBoot 省略了之前大量烦琐的 XML 配置，自动装配机制可以快速集成原本需要大量配置才可以支持的能力，而 SpringBoot Starter 的出现进一步扩展了这种自动化装配能力，大量的第三方中间件组件、框架以 Starter 形式提供相关能力支持，业务如果需要引入每个中间件产品对应的能力，只需要依赖对应产品的 Starter 即可，再也不需要繁杂的配置以及理解成本，而且可以形成统一的接入规范，可以对公司技术体系的演进和发展起到很好的促进作用。

那么一个优秀的应用框架到底是什么样的呢？这里提出一个说法——"技术价值观"，可以理解为，一个企业是否采纳某种技术的评判标准，技术价值观一定程度上左右了这家公司的技术发展和演进方向。和其他价值观不同，大部分企业的技术价值观都是一致或相似的，或者说有一个大家公认的标准，这个标准其实可以理解为每种技术在业界的主流发展和演进方向，比如 SpringBoot、Kubernetes，它们代表了应用框架和调度的主流技术价值观。网商银行内部的应用框架同样也遵从这个主流的技术价值观，而且在这之上还有着大量的技术实践和创新。内部大量使用的开发框架一共有两个，一个是构建在 OSGi（Open Service Gateway Initiative，开放服务网关协议）容器之上的框架技术，内部称之为 SOFA 4，对应的运行容器内部称之为 CloudEngine，另外一个开发框架称为 SOFABoot，SOFABoot 构建在 SpringBoot 之上，是对 SpringBoot 的有效扩展和优化，同时也是内部特定需求下的产物。这里重点介绍一下 SOFABoot，因为流行的 SpringBoot 框架更为大家所熟知。

就像前面提到的，SpringBoot 的自动装配机制和 Starter 扩展机制已经给研发效率带来了极大的提升，那为什么还要创造一个 SOFABoot 框架？它又有哪些优势？其实这里并没有从头创造一个全新的框架，本质上 SOFABoot 就是 SpringBoot，但是进行了相关功能的丰富和扩展，这主要涉及以下几方面。

1. 类隔离的支持

类冲突无疑是 Java 开发者"最大的痛"，有过几年经验的 Java 开发人员应该都有较为丰富的类冲突解决经验，规范的第二方、第三方依赖可以通过 releaseNote 进行版本升级，而某些管理不善的依赖只能靠版本试错，或者逐个反编译精确查找版本。更有某些场景中的间接依赖和直接依赖产生了版本冲突，解决这种冲突往往需要耗费大量时间，甚至在某些场景中不得不去推动相关依赖方进行升级才能解决，严重阻碍了业务的迭代效率。而 SOFABoot 自身集成了强大的、轻量级的类隔离框架可以完美解决这类问题，通过简单的配置即可完成对冲突类的隔离，让你可以专注于业务代码的开发。

2. 多模块隔离

大型项目的开发需要有良好的模块划分方案，然而传统的模块划分均是以人为规约的形式进行的，而这在实际运行时是很难有约束力的。事实说明，在一个项目迭代的过程中很难长期遵守开发规约，因为一个长久的项目往往会经历多个研发人员，每个人对研发规约的理解又是存在差异的，久而久之，逻辑的模块划分将无法起到很好的作用。说到模块隔离，大家可能会想到 OSGi，但是 OSGi 本身比较复杂，并不能为大部分互联网公司所接受，而 SOFABoot 提供了一种轻量级的模块隔离方案，每个模块都是单独的 Spring 上下文，每个模块可以暴露哪些服务能按照规范进行配置，未暴露的服务其他模块是无法进行调用的，而且独立的 Spring 上下文设计给后续服务拆分提供了极大的便利，当前的一个模块只需要少量的调整就可以作为一个单独的项目进行开发部署。想一想如果是以逻辑模块的方式进行划分，项目拆分会多么困难和复杂，因为内部服务也可能被多个其他模块所依赖，光拆分前的梳理和改造就要花费大量的时间，成本无法估计。

3. 部分功能扩展

这里主要说两点，一是 SOFABoot 提供了 Readiness 检查能力，SpringBoot 提供的 HealthCheck 只能反映当前系统是否被监控，但是无法反映是否已经做好了可以接受请求的准备。这一点其实是很重要的，比如应用的平滑上下线就比较依赖这个功能，如果在应用还没达到可以接收请求的状态之前就把请求发过去，就会引起应用请求的报错，而对于一个拥有大量容器的应用而言，为了提升发布速度，单个发布批次会包含较多的容器，如果这里处理不好，就会引起服务调用方的抖动，甚至对业务造成影响。

二是支持了日志空间隔离，依赖日志空间隔离可以方便有效地对日志进行隔离管理，比如网商银行内部的中间件系统通过接入日志隔离把每个产品的日志都单独输出到指定的目录，有效防止了日志的相互污染，对问题排查和监控指标的接入都提供了极大的便利。

除了上面提到的两方面，SOFABoot 为了支持内部的某些特殊场景，还增加了很多不错的功能，这里不再一一赘述。除了 SOFABoot 这样优秀的应用框架，开发框架还包含了很多高效的支持工具。比如拥有完善的 IDEA 研发插件，利用该插件可以快速生成各类型项目代码，安全快速地进行相关组件的升级，快速进行应用代码部署和自动化测试等。统一的技术栈维护了应用的基础软件依赖，让我们可以方便快捷地进行统一的版本升级和安全问题修复。

最后再回到 SOFABoot 框架本身，SOFABoot 为应用集成内部的中间件能力提供了极大的便利，通过制定一套标准的注解和 XML XSD 规范，应用只需要使用标准的注解或者 XML 元素进行配置，即可集成相关产品能力，整个过程完全屏蔽了分布式和单元化架构的复杂度，让研发人员更加专注于业务逻辑，而不用关注底层框架的复杂性。所以说开发框架并不仅仅是应用框架和应用容器，也不仅仅是某一种技术，而是一整套用于提升业务研发效率的工具，是一个完整的研发生态圈。

4.8.2 微服务平台

微服务平台提供了分布式应用常用的解决方案，包含 RPC 服务、定时任务调度服务、动态配置、限流熔断等，同时支持云单元架构。这里说的微服务可以理解为 MSA（Microservice Architecture，微服务架构），微服务架构下单体的服务目前开源界已经有了很多的优秀产品，RPC 框架如 Dubbo、GRPC 等，配置管理系统如 Apollo。整体的解决方案还比较少见，不过也不是完全不存在，比如 Spring Cloud Netflix。接下来我们会介绍部分产品的特点及其在云单元架构下是如何工作的。

4.8.2.1 服务注册中心

服务注册中心是 SOA 架构演进过程中的产物，并且在当前的 MSA 和 Service Mesh 架构下持续快速发展着。SOA 之前的单一应用架构和垂直应用架构下还不涉及大量的远程调用，Web 层、服务层、DB 层全部集中在同一个应用中。此时的服务路由比较简单，直接采用如 F5 这样的硬件负载设备或者 LVS、HAProxy、Nginx 这样的负载均衡软件来满足负载路由的需求。此时的负载均衡同时承担了服务发现和路由的职责，但是随着垂直应用架构向 SOA 架构的转型，原本单 Java 进程内的服务调用拆分成了大量的远程 RPC，此时服务发现变得至关重要，海量服务的注册、发现、调用再也不是之前的负载方案可以应对的。在这种架构转型的背景之下，服务注册中心应运而生，有效填补了 SOA 架构下服务快速注册和发现的空缺。

服务注册中心本身的职责非常单一，仅提供两种基本功能：服务注册和服务发现。"服务"是一个逻辑的概念，映射到 RPC 中，服务可以看作一个具体的接口实现，从物理实体上面进行分析，所谓的"服务"其实就是一串字符，只不过你可以用这串字符随意映射到任何一个你认定的服务上面，只要遵从统一的命名规范即可。服务注册中心的"服务"严格来讲可以分为两个概念：服务标识和服务提供者列表。前面描述的更多的是服务标识，而服务提供者列表通常是指定服务提供者 IP 地址列表，因为分布式架构下服务之间的调用通常以远程网络调用的形式存在。服务发现是指可以通过服务标识快速获取服务提供者列表，然后才可以对该服务进行有效的访问。虽然其本身提供的功能非常单一，但是想设计和实现一个完备的服务注册中心，挑战还是非常巨大的。在大规模分布式架构下，一个优秀的服务注册中心应该具备以下特性。

1. 高性能

服务注册中心的高性能主要体现在服务注册和服务发现的速度，尤其是服务发现的速度上。服务注册可以看作数据写入的过程，服务发现可以看作数据读取的过程，而服务注册中心本质上是一个读多写少的产品，当某个服务的提供者列表发生变化的时候，是否可以快速通知到该服务的订阅者就显得非常重要。

2. 高吞吐

高吞吐主要体现为注册中心单位时间内可以支撑的服务注册和服务发现的数量。从某种角度来说，在大规模分布式架构场景中，高吞吐比高性能更为重要。以网商银行为例，容器数量过百的单个应用非常多，容器数量过千的也不在少数，而这些应用的服务通常又被大多数应用订阅着，所有应用的服务发布和订阅关系形成了一个错综复杂的网络。应用的发布和扩容体现为一个个 IP 地址在某个服务中的上线和下线的过程，如果大量应用一起发布，所产生的服务推送风暴是十分可怕的，一旦服务注册中心的吞吐性能不够，服务的稳定性将受到极大的影响。

3. 高可用

高可用是所有分布式系统都必须考虑的一点，而对注册中心而言，高可用的重要性更是不言而喻的。服务注册中心作为服务信息交换的枢纽，一旦无法提供服务，就会对整个服务调用产生巨大的影响，新增的服务无法被发现，异常的服务无法被剔除，一旦发生需要大规模重启应用的故障场景，将进退两难。我们希望服务注册中心在部分节点出现故障之后仍然可以对外提供稳定的服务，副本数据可以自动转移。

高性能需要从分布式协议、数据结构、网络协议等角度进行选择和优化，从最上层的分布式协议来说，对于服务注册场景而言更倾向于选择 AP 而不是 CP（Availability，可用性；Consistency，一致性；Partition tolerance，分区容错性）。因为对于服务发现场景而言，可用性更加重要。从性能和可用性角度进行分析，最终一致性协议下的数据写入更快，通常单个节点写入成功即可返回，而强一致性协议要求半数以上的节点写入成功才能返回，这之间的性能差异会随着集群规模的扩大而逐渐拉开差距。其次强一致性要求至少半数节点存活才能保证可用性，相比之下最终一致性却没有这个要求，所以在实现系统的时候具有更大的灵活性，尤其是对于服务数据来说，可以容忍存在部分脏数据或者部分数据遗漏，这并不影响整体服务的调用。而强一致性场景中一单服务节点数量不满足要求，整个服务是完全不可用的，应用启动时无法获取服务数据，这种场景中应用是完全无法正常运行的。其实这种场景在当前云原生时代更是如此，复杂的云上网络环境、不稳定的网络对系统的可用性提出了更严苛的要求。

数据结构的设计也至关重要，字段要尽量精简，不要设计太多冗余的字段，通过对局部关键数据进行缓存以提高数据查询和差异比对效率，数据同步方面需要做到高效增量同步，而不是简单粗暴的全量同步，总之每一个步骤都应是必需且高效的。从数据推送时延的角度考虑，TCP 是最优的网络协议，构建在 TCP、HTTP 之上的长轮询也是一种非常优雅的方案，在时效性可以保障的前提下，长轮训系统的实现要比 TCP 推送简单得多。除了网络协议之外，数据传输格式的设计也非常重要，数据包需要足够精简，对较大的数据包可以考虑进行压测，确保网络通信的高效。高吞吐方面最主要的是要考虑对注册数据进行分片，这样吞吐量可以随着服务注册中心节点的水平扩展而无限扩展，其次是考虑对推送的数据进行一定时间的堆积，比如 500 毫秒，避免频繁推送造成网络拥塞，也可以降低对服务调用方的稳定性的影响。比如一个具有上千个容器的核心应用要发布，如果针对该应用的每个容器的 IP 的上下线都进行一次推送，可以想象整个应用发布过程中会有多少次推送动作和网络交互。频繁的推送会造成服务调用方内存数据的频繁刷新和负载均衡策略的短暂失真，对服务调用方的稳定性也产生了不小的影响。

高可用方面，在协议层面需要考虑选择 AP 而不是 CP，对数据部分需要考虑多副本冗余存储，确保在部分副本异常的场景中，对应分片的数据仍然可以对外提供服务。除了上面提的方案，还有一些优秀的方案可以考虑，比如在数据节点前添加一层会话节点，会话节点可以比数据节点进行更加灵活的扩展，客户端直接访问会话节点。这样不用担心客户端带来的连接风暴，通过对会话层的扩容，整体上可以承接更多的客户端请求，同时考虑把数据推送逻辑放到会话层，可以进一步提升服务注册中心的性能和吞吐量。

从易用性方面考虑，服务注册中心提供的接口需要足够简单和灵活，只需要简单的几行代码即可完成服务数据的注册和订阅，同时对于服务数据可以进行一定的逻辑划分，比如可以划分出命名空间、分组等，这样在使用的时候会更加灵活，同时结合相关规范的约束，使得服务治理更加高效。

单元化架构下的服务注册中心本身没有太多的特殊设计，只不过我们在数据存储的拓扑方面做了一些特殊的考虑，如图 4-8-1 所示。

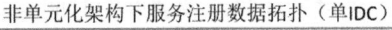

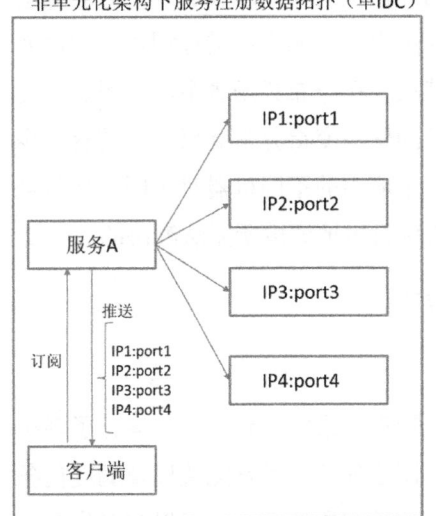

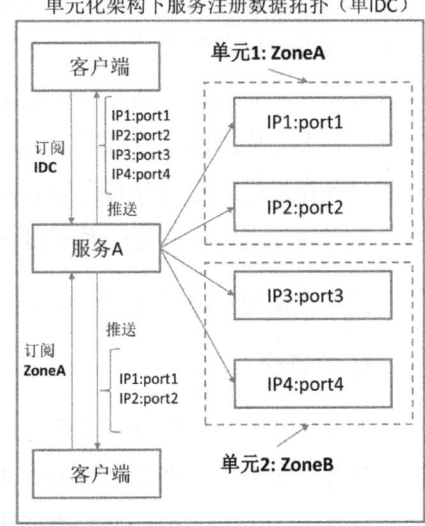

图 4-8-1　注册中心推送数据拓扑

服务数据在注册的时候默认携带当前服务提供者所处的 Zone 信息，而在订阅的时候是选择订阅所有 Zone 下的服务还是只订阅当前 Zone 下的服务，完全由用户自己决定，通过设置一个订阅参数即可完成（单元化架构下服务之间的调用通常在当前 Zone 内完成收敛，但是在部分场景中也需要进行跨 Zone 调用，所以单元化架构下的服务注册中心本身就支持多维度的服务订阅，这样才能满足单元化架构下复杂多样的需求），整体看下来单元化架构下的服务注册中心也没有什么特别的，这些本身就是数据结构设计是否灵活的一种体现，即使没有 Zone 的概念，如果在设计的时候考虑了命名空间、分组等特性，也是完全可以满足单元化需求的。比如对于同一个服务可以根据 Zone 创建出多个命名空间或者多个分组，而在订阅的时候，通过订阅指定的命名空间或者分组即可获取想要的服务数据。

4.8.2.2 任务调度平台

大部分业务都有定时调度和指定时间调度的需求，简单的单机调用通过使用 Java 原生的 API 即可满足，比如 java.util.Timer 或者 java.util.concurrent.ScheduledThreadPoolExecutor，也可以借助 Quartz 框架实现功能更加复杂的调度，这些都是单一架构下最常见的调度方式。但是系统从单一架构演进到分布式架构之后，这种调度的方式弊端开始显露。

首先，任务调度的频率和时间点很难控制，调度的间隔或者调度的时间点基本是以硬编码或者配置的方式"落"到业务代码中的，如果要进行调整，则需要修改代码并重新发布，这个流程过于烦琐。其次，在分布式场景中，应用逻辑已经拆分到多个应用的多台机器上面运行，任务的管理变得异常麻烦，当前有多少定时任务在运行，时间分布是怎么样的，同一个应用的不同机器对于同一任务是否会同时触发调用……这一系列问题都是之前单机本地调度所无法解决的。

分布式架构下的调度平台主要具备以下特性。

1. 可管理

调度任务的基本信息应该是可以被清晰地管理起来的，整个企业运行了多少调度任务，每个应用拥有了多少个调度任务，调度任务的触发配置以及调度任务的开启情况等都应该是可以被清晰地管理的，并且配置调整之后可以实时生效，通过调度平台即可轻松完成对整个业务所有调度任务的管理。

2. 可监控

调度执行的结果、耗时等信息需要是可监控的，具体的执行指标需要以图形化的形式展现给每个调度任务的使用方，根据指标可以对调度任务进行合理的优化和调整，对于执行异常的调度需要实时警告任务对应的责任人，这样方便第一时间处理问题。可监控是安全调度的前提，对于银行业务更是如此，大量的日切任务都需要调度去触发执行，一旦无法及时感知到异常而导致日切"破线"的话，会引起用户的恐慌，具有很大的风险。

3. 分布式

分布式下的调度任务可以在单个应用集群下的多台机器上互斥性执行。即使一次只有一台机器触发调度任务，我们也可以充分利用多台机器的资源在多台机器上同时进行调度，更可以借助可视化界面对多个应用的多个调度任务进行编排，编排后的调度任务以固定的运行拓扑在集群中有序运行，既充分利用了分布式带来的巨大算力，又在最大程度上屏蔽了分布式调度的复杂度。

单元化架构下的分布式调度不仅具备了以上特征，还具备了单元化架构下的某些特有特征，整体架构如图 4-8-2 所示。

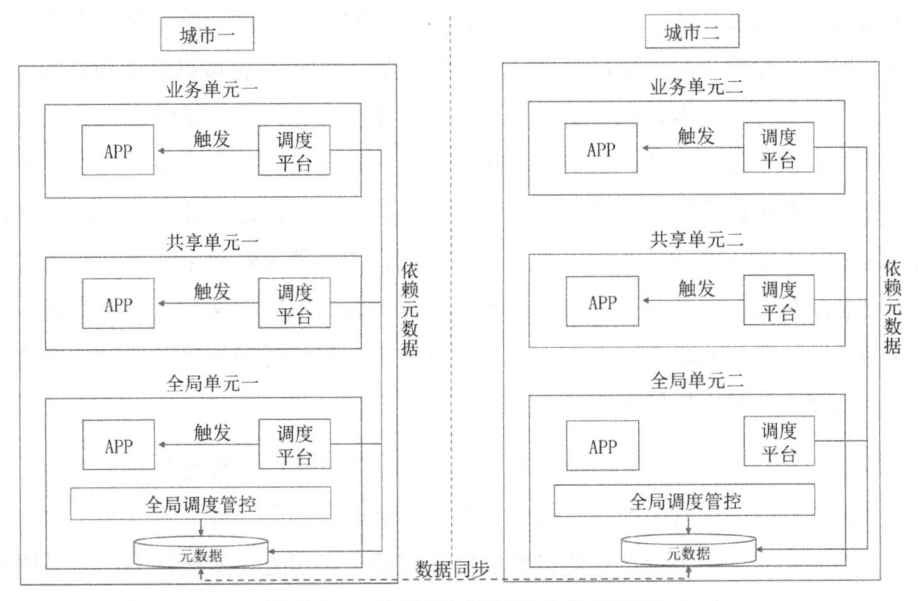

图 4-8-2 单元化架构下的分布式调度

调度平台会部署到所有类型的单元（业务单元，共享单元，全局单元）中，每个单元中的调度平台负责当前单元的任务触发，在这之上会存在一个全局调度的管控中心（部署在全局单元中），该中心用于管理每个单元调度任务的执行情况。在不同类型的单元之中，调度执行的逻辑也是有区别的。普通的业务单元由于需要处理所有用户分片的请求处理，所以每个业务单元中的调度任务都是需要开启的。共享单元虽然不直接处理用户请求，但通常间接给业务单元提供数据支撑。一般情况下每个共享单元下的调度任务也都是开启的，但具有共享单元调度任务的应用非常少，由于多个全局单元底层共享同一份数据，所以全局单元中的调度任务都只会在某一个全局单元中开启。如图 4-8-2 所示，全局单元 1 的调度任务是开启的，而全局单元 2 的调度任务是处于停止状态的。这理解起来也很简单，由于底层是同一份数据，所以任何一个全局单元开启后都可以处理所有的数据。而业务单元则不同，由于每个业务单元分片的用户分片是不同的，对应的数据也是不同的，所以如果要处理所有用户分片的数据，则要求对应的调度任务在所有单元都开启才行。结合单元化架构下的监控系统，可以完整地观察到每个业务单元调度执行的情况。

以业务单元为例，每个业务单元都是一个完整的"自治"的个体，调度的执行也是完全"自治"的，不同单元之间没有任何联系和干扰。单个单元内的任务执行可以是互斥的（同一段时间内只在一台机器上触发），也可以是分布式的，可以利用当前单元内的多台机器资源进行大数据量任务处理，但是绝对不会也没有办法使用其他单元的机器，这是单元化架构的限制导致的。单个单元内的互斥任务看起来是单机执行的，但是在整个单元化架构下来看，这个任务其实是分布式的，因为这个互斥任务是在多个单元内同时执行的，整体看起来就是分布式的。当然对于分布式任务而言更是如此，所以可以理解为单元化架构下的调度任务总是分布式的，在单元以及用户分片的合理划分下，单位时间内可以处理更多的数据，能更充分地利用机器资源。

单元化架构下的分布式调度还有一个显著的特征区别于普通分布式调度，那就是对大范围故障场景中的应急处理，也就是所谓的容灾。对于图 4-8-2 中的架构而言，如果城市一出现严重的自然灾害导致整个机房处于瘫痪状态，全局调度管控中心可以在"秒级"时间内对调度任务进行单元维度的容灾切换。对于业务单元和共享单元而言，调度任务不会做特殊处理，因为容灾场景中故障业务单元的用户请求会被重新分配到其他业务单元，而调度本身可以根据单元化规则（用户分片和单元的映射关系）自动感知到这个变化。以图 4-8-2 中的情况为例，业务单元一的用户分片会全部分配给业务单元二，业务单元二的调度在触发时会一并"捞起"之前业务单元一的那批用户分片数据进行处理，所以整体调度不会存在遗漏。整个过程是透明的，调度本身不需要进行相关处理，而全局单元由于只需要在一个单元中开启，如果这个这个单元正好是故障单元，那么对应的调度任务处理就会出现异常，这时可以在全局调度管控中心对全站全局调度任务执行一键容灾切换。仍以图 4-8-2 中的情况为例，切换后原全局单元 1 执行的调度任务会自动被全局单元 2 所接管，整个调度可以继续稳定地运行下去。

4.8.2.3 动态配置管控平台

动态配置管控其实就是通常所说的配置中心。配置中心提供的功能特别简单，即配置的动态推送和订阅，这种模式也称之为 Pub/Sub 模式（发布/订阅模式），常见于服务注册中心等很多中间件产品设计中。配置中心的使用方式特别简单，对于配置使用方而言，通过配置中心客户端的接入完成对某些配置变化的订阅和动态推送（配置推送通常依赖配置中心管控平台完成，当然通过客户端进行配置推送可以支持更加灵活的场景），配置推送完成相关配置的下发，配置的订阅完成对配置的动态感知，这就是整个配置中心的基本运行流程。

配置中心可以说是中间件体系中最常见的一个中间件产品，也可以说是最重要的一个基础中间件产品，因为不仅普通的应用存在大量配置动态变更的需求，很多中间件本身的运作也需要依赖大量的动态配置。所以很多人又把配置中心看作中间件中的中间件，它一旦出现故障，不但会影响所有的业务系统，就连其他中间件的可用性也会受到影响，可见配置中心的重要性。所以对于配置中心这样一款中间件产品来说，稳定性是非常重要的，当然除了稳定性之外，还需要具备以下特征。

1. 正确性

保证正确性无疑是对配置中心最重要的一个要求，如果连配置推送的正确性都保证不了，其他的一切都是空谈。配置的正确性本身其实是一个比较复杂的问题，这和分布式协议一致性是密切相关的，通常基于性能考虑，会在强一致性和最终一致性之间做出选择。强一致性是指在所有场景中读取到的数据都是最新的，而最终一致性是说当前获取的数据可能不是最新的，最新的数据会在未来的某个时刻获取到，然而对未来的某个时刻是无法精确预测的，有关分布式一致性的更多说明请参考 CAP 协议相关论述。通常来说，实现了最终一致性的配置中心即可满大部分业务需求，但大部分产品在具体实现的时候会在最终一致性的基础上对配置正确性提供更可靠的保障，比如配置推送会遵从单调一致性原则，简单来说就是客户端不会获取比当前版本更低的配置，也就是说不会发生配置回退，最新的配置总会在未来的某个时刻通知客户端。

2. 及时性

大部分依赖配置推送的业务场景对配置推送的时延都是极为敏感的，配置更快的推送可以让业务逻辑更快地完成调整以适应新的变化，以系统限流场景为例，如果系统运行的负载已经很高，为防止系统"宕机"，你可能希望尽快推送一个较低的限流值到系统中，以防止情况进一步恶化。但是如果配置推送得比较慢，可能在配置抵达系统之前系统已经"宕机"，还有许多诸如此类的场景。配置推送速度的提升需要在配置数据结构、配置大小（压缩策略），以及配置同步方式（间隔轮询，长轮询，TCP 推送）等多个维度进行优化才能有成效。

3. 可观测性

可观测性是对正确性和及时性的一个有力补充，配置推送是否成功，哪些机器已经接收到最新配置，哪些机器还是老的配置，这些信息都必须提供非常直观的观测方式，这对排查问题具有重要意义。

单元化架构下的配置中心如图 4-8-3 所示。

和分布式调度类似，单元化架构下的配置平台会部署到所有类型的业务单元中，每个配置平台负责对应单元下的配置推送，彼此互不干扰。全局配置管控部署在全局单元中，并且配置平台和全局配置管控关联着同一份元数据，这份元数据包含了各个单元内的配置以及配置平台在单元化架构下所需的部分元数据。全局配置管控支持配置在多个单元的灵活推送，可以选择把配置推送到某个单元内的某台机器，也可以推送到某个单元下的所有机器，更可以把配置推送到多个单元，灵活的配置推送逻辑满足了业务在单元化架构下的各种诉求。配置平台本身实现了高效、精简的配置同步算法和配置缓存机制，大大降低了单元化架构下配置推送的时延问题。同时，全局配置管控除了多维度灵活的配置推送能力外，还支持配置推送结果实时查询的能力，可以实时查询到某台机器、某个单元最新推送的配置，让单元化架构下的分布式配置推送更加安全可靠。

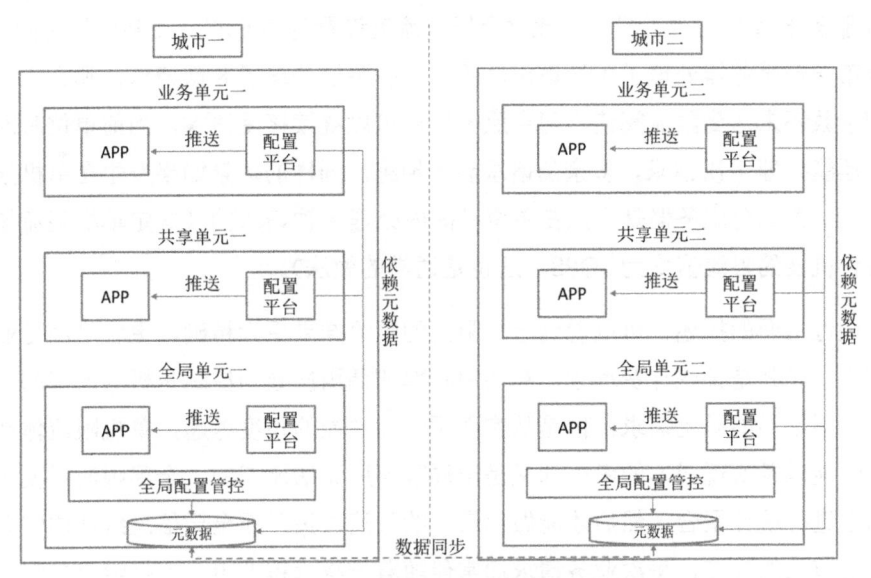

图 4-8-3　单元化架构下的配置中心

元数据在多个机房内以强一致算法进行同步，确保了数据的完整性，当发生大规模机房级灾难时，只需要把全局配置管控的访问容灾切换到正常机房即可恢复全局配置推送和查询能力，保障了最极端场景中整个配置管控平台能力的稳定性和连续性。

4.8.2.4　限流组件

限流组件是整个微服务体系中非常常见的中间件组件之一，使用的业务场景非常广泛，提供的功能也非常纯粹，无非是对业务代码中的某些执行逻辑进行调用频度的限制以达到某种业务处理的目的。这可能是出于对系统的保护，防止系统因负载过高而瘫痪，也可能是精准的调用次数控制，以满足某种特定场景中的业务逻辑，总之构建在限流之上的业务场景是非常丰富的。

从限流类型的角度进行划分，又可分为单机限流和全局限流。单机限流通常是指限流对象是单机上面的某个服务,限流策略以及限流值全部只对当前机器上的服务生效,例如对某个 A 服务设置的单机限流阈值为 5QPS,如果 A 服务部署在多台机器之上,但是由于流量分布不均衡,导致某些机器上的请求已经被限流,而某些请求流量较少的机器仍可以持续接收请求。全局限流的限流对象通常是分布式的,对应的限流指标对多个目标同时生效,还是以上面的例子进行说明,如果 A 服务部署在两台机器上,此时全局限流值设置为 10QPS,在某单位时间内,假设第一台服务器处理了 1 次请求,第二台服务器处理了 8 次请求,那么当前整体请求数还未达到限流阈值,两台服务器还可以继续接受请求,当前单位时间内至多还能处理 1 次请求,多余的请求会被拒绝。同样的场景如果发生在单机限流模式下,第二台服务器是无法在单位时间内处理 8 次请求的(假定单机限流场景中每台机器的限流值均为 5QPS,这也是通常的做法)。

通过上面的描述,可以看到全局限流的限流结果更为精确,更容易满足业务的需求,尤其是某些计费场景,对调用频率和调用次数的控制是极为严格的,单机限流根本不能满足需求,但是从实现逻辑和性能的角度考虑,单机限流体现出的高性能以及实现成本的考虑却又是全局限流所无法比拟的。全局限流需要对全局信息进行统计聚合,然后才能做出最终的限流决策,而全局信息统计通常会涉及中心节点的存在,每次业务请求通常伴随着一次远程调用(汇报给全局限流中心节点),这带来了不小的性能损失。其次远程调用对当前服务的稳定性也有一些不确定性影响,整体接入全局限流需要付出较高的成本。从场景上进行分析,出于系统负载保护考虑的限流场景其实更为普遍,当前互联网面对的用户和数据是海量的,像"双 11"大促等场景,单位时间内接收的请求数量更是无法想象的,系统如果没有限流机制的保障,是无法平稳度过大促期的。另一方面,当前的互联网架构下多种多样的负载均衡技术已经十分成熟,最终落到业务机器的上请求基本是均衡的,同时基于高并发场景中对限流性能的要求,单机限流技术会更容易被大家所接受。接下来我们着重讨论一下单机限流的相关技术。

单机限流的限流对象为单机,这个表达过于抽象,具体为单机上的哪些目标对象呢?首先可以分为两个方面,一方面是机器上部署的应用自身,其可以继续分为 Web 请求限流、远程调用限流、内部业务逻辑限流等,如果要对这些目标对象进行限流,前提是可以对这些请求进行拦截。以 Spring Boot 开发框架为背景,只要实现标准的 MVC Filter 和 MethodInterceptor 即可完成拦截，对于远程调用而言，由于绝大部分优秀的远程调用框架都提供了 SPI 扩展机制，只需要实现对应的扩展即可完成，如果没有 SPI 扩展也无须担心，AOP 代理可以完成一切调用逻辑拦截，只不过要多实现一部分逻辑，但整体也不复杂。另一方面，需要考虑根据应用所运行机器的相关指标进行限流，比如像 CPU 使用率、内存使用率、磁盘空间、网络吞吐能力等常见指标。以内存使用率为例，比如可以设置一个内存使用率 80%的限流值，一旦机器的内存使用率达到 80%，即对请求进行限流。在客户端完成机器运行指标采集也不是很复杂的事情，所以整体实现成本也比较低。应用本身+运行宿主机器双重指标限流基本可以覆盖所有常见场景,抵御海量请求不再是难题。限流组件在设计上还可以考虑新增一种观察者模式，通常服务在限流之后会触发一些动作，比如放弃处理或者抛出异常等，但是一个合理的限流值往往是需要长期调整才能确定的，需要一个观察期，在此期间希望限流逻辑不要真的触发，而是告诉我们限流条件是否已经满足，观察者模式就是为了解决如上场景而诞生的。在观察者模式下，触发限流之后只是输出相关日志，并不会真的触发限流，结合监控系统可以实时观察到业务请求和限流触发的关联关系，然后对限流值不断进行调整以满足真实的限流需要。

单机限流中还有一个非常重要的技术点，那就是限流配置的下发。限流配置是否可以正确及时地下发直接影响限流逻辑是否可以正常运行。限流配置的下发通常依赖配置中心完成（不排斥其他实现手段），依托配置中心对配置下发的可靠保障，限流客户端在接收到配置之后立即完成内存中相关限流阈值的刷新，新的限流值会立刻用于下一单位时间内的限流决策。限流配置的管理本身也需要一个全局管控中心，单元化架构下的限流配置管控类似于前面章节提到的全局配置管控，也部署在全局单元中，配置推送完全托管给配置管理系统，依托配置系统在单元化架构下的独有特性，对于同一个服务的限流配置可以按照业务单元、机房等维度进行下发，这使得限流组件天然具备了单元化特性，可以灵活地满足单元化架构下的限流需求。

4.8.3 分布式数据访问代理

分布式数据访问代理主要包含分库分表、读写分离、全局流水号以及单元化支持四个方面。

（1）分库分表：通过分布式数据访问代理提供的控制台和 API 接口，可以灵活地定制拆分规则，产生分库分表路由规则，分布式应用服务器根据路由规则访问特定的分库和分表，让应用业务处理逻辑能从一个逻辑表名定位到具体的物理分库、分表，以此实现水平扩展（scale-out）。

（2）读写分离：通过分布式数据访问代理提供的控制台配置和组件支持，实现应用无侵入式完成读写分离相关数据库操作。

（3）全局流水号：支持分布式场景中全局唯一且有序递增的数字序列，满足业务在使用分布式数据库时对主键或唯一键以及特定场景的需求。

（4）单元化支持：支持识别不同逻辑单元，可定制不同逻辑单元配置，比如支持不同单元配置不同的数据库最小连接数，避免数据库连接初始化过程中造成的浪费。

从原理上看，分库分表的中间层实现是对 SQL 进行解析、替换，重新生成 SQL 的过程。图 4-8-4 所示为数据访问代理原理简图，业务的 SQL 请求过来后，经过 SQL 解析获得库、表、字段及字段值等。根据分库分表的配置，通过分库规则找到对应的物理库，根据分表规则，计算出具体的物理表。将 SQL 中的表名替换后，进入执行层。中间层持有数据库的长连接，根据物理库找到对应的连接，将 SQL 请求发送出去。读写分离的实现除了上面提到的流程外增加了两部分——访问路由和备库配置，访问路由层通过 SQL hint 将访问备库的查询语句进行标记，在用户使用时可以封装成专门的 API。备库配置层将主备映射关系都管理起来，这样在前端访问时可以提供灵活的 API 访问方式。

全局流水号是在分库分表架构下首先要考虑的，流水号的唯一性解决了数据的唯一性问题，为数据仓库、历史库等下游数据的处理提供便利。常见的分布式流水号全局唯一，但非严格递增。基本结构和数据库提供的流水号一样，包含名称、最小值、最大值、当前值、步长和是否循环等，如表 4-8-1 所示。这些信息保存到数据库中的一张表中，以表 4-8-1 中的数据为例，第一个应用启动获得 1~1000 的流水号，第二个应用启动获得 1001~2000 的流水号，以此类推。

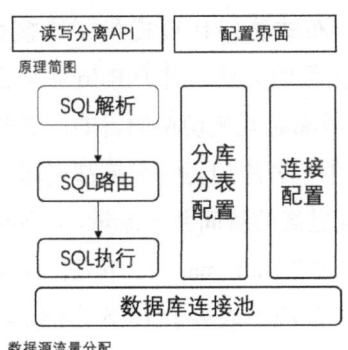

图 4-8-4　数据访问代理原理

表 4-8-1　分布式流水号的结构

流水号名称	最小值	最大值	当前值	步长	是否循环
	1	99 999 999	1234	1000	

流水号有两个重要指标需要关注，即步长和流水号容量。若应用重启，则内存中未使用的流水号会丢失而造成流水号的浪费，因此步长的大小是需要着重考虑的。如果步长过小，会导致多个应用并发拉取流水号配置，引发流水号表的单行热点。步长问题的解决是通过事前验证、事中应急两个阶段来进行的，事前对系统链路进行压测，将步长调整到合适的大小。事中应急需要提前考虑，当生产环境中出现步长不足时，线上多台应用并发拉取流水号的范围，线上数据库中的 Sequence 表处于高并发中，人为进行数据库订正将面临获取不到数据库行锁的问题，影响应急处理效率。因此，可以在流水号组件中内置开关，决定是使用数据库中的步长，还是使用应用自己指定的步长。在紧急情况下，可使用应用自己指定的步长获取序列的范围，以实现快速降低步长、降低影响的效果。

与步长过短一样，流水号容量耗尽同样会引发问题，允许循环的流水号没有穷尽，但在系统设计上要保证不出问题，在业务实践中，全局流水号一般作为业务流水号的一部分。比如，业务流水号使用"年月日时分秒"加上全局流水号，只要一秒内流水号不会耗尽，则业务流水号就是唯一的。业务流水号的使用，已在 3.2.1 节进行了分析。

在单元化的支持中，分布式访问代理提供了连接数的分 Zone 管理能力。图 4-8-5 所示为单元化与连接数的关系，对于 RZone 来说，所有的单元都可以连接所有的数据库，以达到有故障时互相切换的目的，因此它们是对等的。由于日常情况流量分布在多个单元中，若应用对每个库都用相同的连接数配置，会导致大量连接数闲置。为防止出现过高的瞬间并发流量，可将连接数配置设置为 min(最小连接数)=max(最大连接数)或者 min=max-1。单元化的连接数将非常态化流量的最小值调整为 0，以机房 A 中的应用连接了 10 库为例，默认连接数所有库是一样的，为[min~max]。机房 A 中 Zone A1、Zone A2 承载了 00~29 的用户流量，即对应的 00、10、20 库有流量，30~90 库上无流量，因此，将 30~90 库的连接数调整为[0~max]。

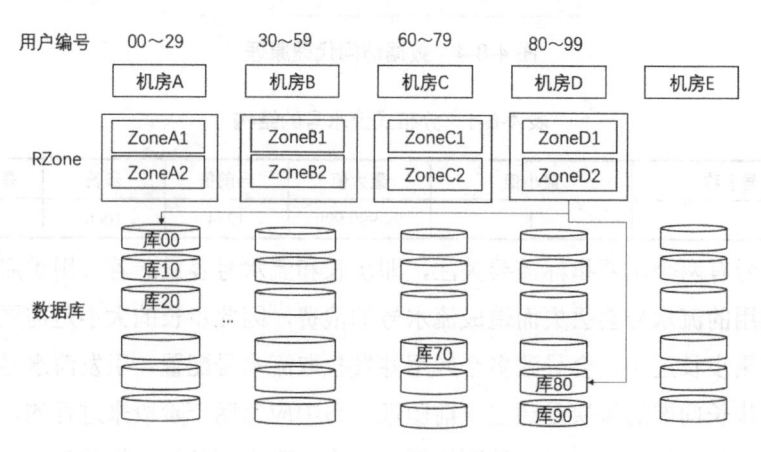

图 4-8-5　单元化与连接数

分 Zone 连接数设置后，在单元化流量切换等线上场景中是这样变化的：初始状态，ZoneA1 连接了 10 个库，库 00~20 的连接数为 min~max，库 30~90 的连接数为 0~max。此时，机房 A 出现网络故障，上层业务流量 00~29 被机房 B 接管，机房 B 应用中 00~20 库的连接数最小值为 0，30~50 库的连接数最小值为 min。随着业务流量上涨，机房 B 应用中 00~20 库的连接数增加到 max。机房 A 网络故障恢复，单元化 00~20 库的流量回切到机房 A，此时，机房 B 应用中库 00~20 的活跃连接数逐步回归到 0，这个回归的时间取决于数据源 druid 的参数 idletimeoutMinutes 的值。

4.8.4 分布式可靠事务服务

分布式可靠事务服务中间件通过引入事务观察者协调分布式可靠事务的各参与方，达到整体事务一致性，并且支持云单元架构。采用 TCC 模型实现了两阶段提交协议，第一阶段采用本地端事务，操作仅预留必要资源，处理成本足够低，第二阶段可以异步执行，使得业务整体具备了较高的性能和较强的吞吐能力，具备高可伸缩性、高并发性和高可用性，支持跨异地机房事务协调能力。整体 TCC 模型协议简单，分布式可靠事务服务定义了类似 2PC 的标准两阶段接口，业务系统只需要实现对应接口就可以使用 TCC 模式的事务功能。在 SOA 架构下，一个或多个数据库操作往往被包装成一个或多个 Service，不同 Service 之间通过 RPC 协议通信。TCC 模式构建在 SOA 架构之上，与底层通信协议无关，只要将其操作封装成 TCC 参与者，就可以接入 TCC 事务管理范围。

在云单元架构下，分布式可靠事务服务中间件支持相关接口和未决事务恢复服务遵循云单元架构要求，保证对应用透明无感知，应用在从非云单元架构升级到云单元架构后仅需要升级到特定版本即可，无须感知处理细节。

分布式架构的多节点设计对保持数据一致性和系统高可靠性方面提出了巨大挑战。在应用和数据进行拆分后，存在大量分布式服务和分片数据库访问，一次完整的金融业务需要调用多个服务和多个数据库完成，如何保证服务与数据处理能够达到金融级的强一致性是一个难题。尽管可以用支持分布式可靠事务的数据库或数据中间件来保证数据分布式一致性，但传统分布式可靠事务对资源加锁时间长、粒度大，在很大程度上制约了系统可伸缩性与高可用性，无法支撑架构向单元化方向发展。

2000 年，加利福尼亚大学伯克利分校计算机教授 Eric Brewer 提出了著名的 CAP 定理，任何基于网络的数据共享系统（即分布式系统）最多只能同时满足数据一致性（Consistency）、可用性（Availability）和分区容错性（Partition Tolerance）三个特性中的两个。在大规模分布式环境下，存在网络故障是常态，所以网络分区是必须容忍的现实，我们只能在数据一致性和可用性两者间做出选择，即 CP 模型或者 AP 模型，实际选择需要通过业务场景来权衡。

金融级系统保证提供连续可靠的金融服务尤为重要，长时间业务中断会影响公司声誉，降低用户和合作伙伴的信任度，所以，必须考虑如何在采用 CAP 模型时尽可能保证一致性。关于一致性，不是只有 0 和 1，而是可以有程度上的细分，一般可分为强一致性、弱一致性和最终一致性。在网商银行系统中，为保证性能，业务数据被垂直和水平拆分到多个数据源中，一次典型的行内转账操作，会在借贷双方数据库中分别进行取款和存入操作。通过借鉴 BASE（Basically Available, Soft State, Eventual Consistency，即：基本可用，软状态，最终一致性）理论，设计了基于 TCC 模型的两阶段柔性事务框架，在保证单机事务 ACID 的原则下，确保全局分布式可靠事务的最终一致性，在保证用户体验（性能）的前提下，让用户感受到了一致性，并向用户屏蔽了短暂不一致（有故障或者延迟）的恢复细节，满足了业务上对一致性的要求。

业务系统（包含核心账务）广泛使用柔性事务框架来进行分布式可靠事务处理，从网商银行开业上线至今一直稳定运行，没有出现任何因为分布式可靠事务机制导致数据不一致的生产问题，未发生一起因分布式可靠事务处理问题导致资金损失的案例。图 4-8-6 为分布式可靠事务处理示意图。

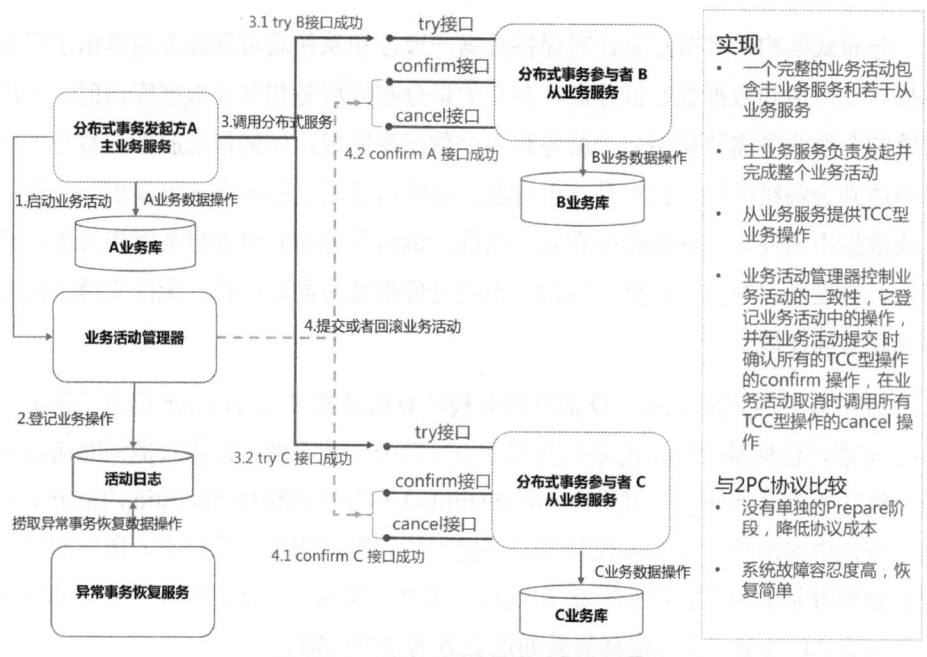

图 4-8-6　分布式可靠事务处理示意图

4.8.5 分布式消息队列

分布式消息队列应用于分布式系统之间的消息通信，提供可靠、异步和事务等特性的消息通信服务，降低系统间耦合度，提高系统吞吐量、可扩展性、可用性及其他性能。

（1）支持集群水平扩展。可依据业务消息量动态部署与扩容计算节点。

（2）支持事务型消息。保证消息与本地数据库事务的一致性。在分布式环境中，一个系统可能会在一次事务操作中通过消息的方式与其他系统进行交互并保持事务性，为了能保证事务一致性，此类消息的投递与数据库事务状态保持一致，当事务状态提交时，消息会被投递给订阅者，当事务状态回滚时，消息不会被投递给订阅者，如图 4-8-7 所示。

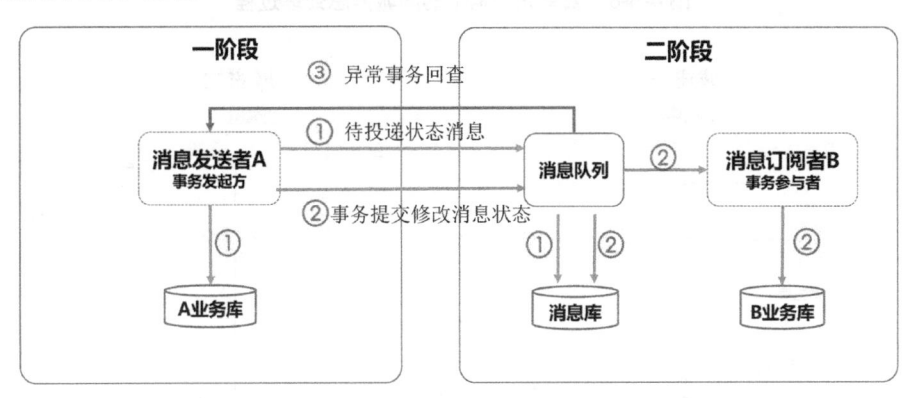

图 4-8-7　事务消息处理过程

（3）云单元架构支持。支持不同单元的消息订阅者订阅，通过识别全局路由规则，支持同一个消息投递到不同的逻辑单元，具备跨单元、跨机房、跨地域的消息投递和复制能力。消息中心的同城消息处理过程如图 4-8-8 所示，A、B、C、D 四个应用所处逻辑单元位于同城不同数据中心，B、C、D 三个应用订阅了应用 A 所发布的消息，应用 B、A 处于同一单元，应用 D、C 所处单元与应用 A 不同，消息中心需要确保 B、C、D 三个不同应用都能正常订阅到应用 A 发布的消息。

消息中心异地消息处理过程如图 4-8-9 所示，应用 A、D 所处逻辑单元位于不同城市的不同数据中心，应用 D 订阅了应用 A 的消息，消息中心需要确保应用 D 能正常订阅到应用 A 发布的消息。

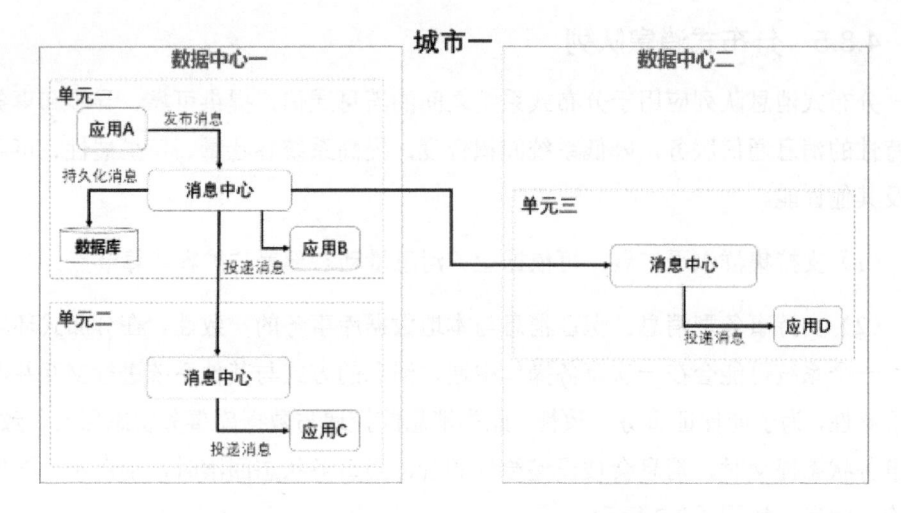

图 4-8-8　云单元架构下的同城消息处理过程

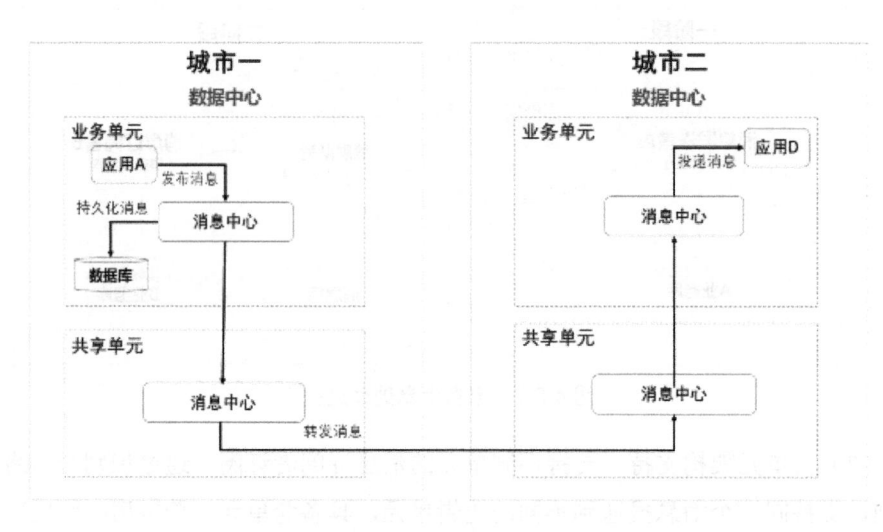

图 4-8-9　云单元架构下的异地消息处理过程

4.8.6　分布式全链路跟踪

在分布式架构下，应用与服务拆分后单笔交易处理链路往往涉及多个应用与服务。网商银行所有应用会在全链路中第一台应用服务器上生成一个全局唯一标识，请求经过每个应用、中间件服务器时都会将这个唯一标识透明传输下去，并且输出为日志文件。通过分布式全链路跟踪中间件提供的强大分析工具，可以快速地获取到链路拓扑图、系统调用关系链、处理结果，并将应用状态、调用过程、用户对应用进行的操作可视化地展现出来，提供实时系统分析与异常定位，可快速定位具体是哪个服务、哪个应用出现了问题或者存在性能瓶颈。另外进行分布式架构下的应用治理也可以通过链路跟踪分析，来识别哪里需要进行治理优化。

（1）全链追踪。能够深入应用、数据库，自动捕获性能异常，自动识别出现故障的应用组件与代码。

（2）易于使用。与分布式应用和中间件进行无缝对接，用户业务代码无须任何修改即可轻松接入，实现性能可视化与问题分析。

（3）监控集成。输出日志格式标准，可与监控平台进行高度集成，自动生成服务、消息、数据的监控指标，包含服务请求和调用量、消息发送和订阅量、处理耗时以及处理结果等基础监控指标。

（4）云单元架构支持。能区分服务、消息和应用所属的逻辑单元，清楚地展现发起请求的应用服务器当前所在单元以及响应请求的应用服务器所在单元。

4.9 业务单元化实践案例

网商银行在进行单元化改造升级的过程中积累了大量的实践经验，这些经验具有一定的普适性，不仅适合银行业系统单元化改造，也可以为其他行业的系统单元化升级提供参考。

4.9.1 灵活多变的路由决策机制实现

在分布式微服务架构背景下，业务的实现往往变得非常复杂，一个业务请求往往会跨越多个应用或者服务。如图 4-9-1 所示，以理财交易业务为例，一次理财产品购买的请求会经过门户系统、理财平台、受理系统、用户平台、合约平台、限额平台、借记账务等应用的各种接口或服务。在如此长的一个请求链路中，往往无法保障各个系统一定是按照某种固定的维度（比如用户 ID）去进行路由的，因此，需要一种灵活多变的路由机制来保障单元化路由的计算是可动态变换的。

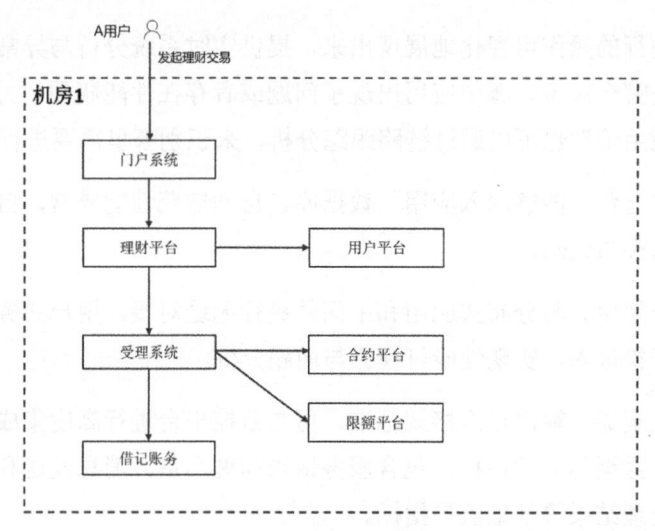

图 4-9-1 理财交易

我们以 Java 编程语言为例，介绍如何实现动态路由计算。

在微服务架构中，RPC 是服务与服务之间通信的主要方式，一次 RPC 请求实现单元化路由往往依赖某个数据分片形式，这里我们以最常见的用户 ID（下面简称 uid）为例介绍 RPC 请求的单元化路由实现步骤。如图 4-9-2 所示，整个 RPC 请求的路由过程如下。

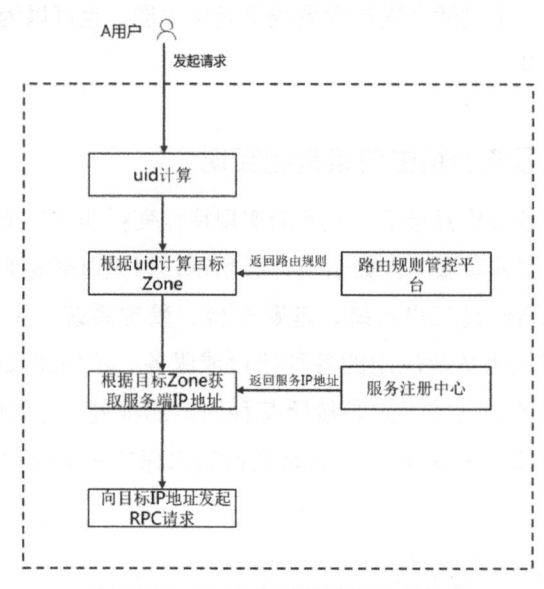

图 4-9-2　RPC 请求单元化路由实现

（1）用户发起请求后进行到某个应用服务时，应用服务进行 uid 计算。

（2）计算得到 uid 后，根据路由规则管控平台下发的路由规则，判断该 uid 属于哪个 Zone。

（3）获取对应的目标 Zone 后，从服务注册中心返回的目标地址中，选择目标 Zone 对应的服务 IP 地址。

（4）对服务 IP 地址发起 RPC 请求。

为了尽量降低单元化架构升级对业务系统的正常迭代造成的影响，我们需要实现一些通用的路由组件以便于业务系统直接继承这些组件来实现路由计算。如下面代码所示，UidCreator 是通用的接口，业务应用只需要实现该接口，并通过注解的形式放到具体方法前面即可实现单元化路由，无须自己实现 RPC 的单元化路由机制。通过实现 UidCreator 接口，业务应用可以定制自己的 uid 计算方式。在下面的代码中，uid 是在账户 ID 中取某两位数字而得到的（由于业务单元的数量往往不会太多，这里用 0~99 的数字已经足以表示所有的业务单元，如果业务单元数量超过 100，我们还可以用 0~999 的数字来约定 uid 的计算方式）。

```
/**
 * 购买金融产品的方法
 */
@UidRoute(UidCreator = "com.fin.common.UidCreatorImpl")
String buyFinalProduct(String accountId, String count, Product product) {
    /*业务逻辑实现*/
}


/**
 * 路由计算实现
 */
public class UidCreatorImpl implements UidCreator {
    @Override
    public String createUid(Method method, Object[] args) {
        String accountId = (String) args[0];
        return StringUtil.substring(accountId, -12, -10);  //取账户 ID
```

的某两位数字作为 uid
        }
}

/**
 * 路由计算接口
 * @version 1.0.1
 */
public interface UidCreator {
    String createUid(Method method,Object[] args);
}
```

### 4.9.2 如何优雅地过渡到单元化架构

在分布式系统架构下，要进行大面积的架构升级是一件非常困难的事情。单元化架构升级最核心的问题是如何从现有分布式架构优雅地过渡到单元化架构，而尽量避免对现有架构体系的稳定性造成影响。这里我们以网商银行单元化架构变迁为例，介绍从非单元化架构升级到单元化架构的整个过程。

1. 如何做好单元化路由的转发"灰度"

在做单元化架构升级的时候，最大的挑战是怎么保障一个如此庞大的微服务架构切换为单元化以后业务的稳定性不受影响，比如耗时的增长在路由切换以后在可控的范围内。前面我们提到过，在实现 RPC 路由时，我们往往通过全局路由规则的下发来决定每个应用发往下游的请求应该如何进行路由计算，因此单元化路由的计算实际上是在客户端进行的，这就导致我们无法通过将路由规则下发到某个上游系统来实现下游应用的流量全部切换至单元化模式。如图 4-9-3 所示，应用 A 在进行单元化路由规则更新后，应用 A 请求到应用 D 的流量被转发到应用 D 的业务单元机器中，而应用 D 的其他上游系统（应用 B 和应用 C）则继续请求到应用 D 的全局单元机器的流量。
```

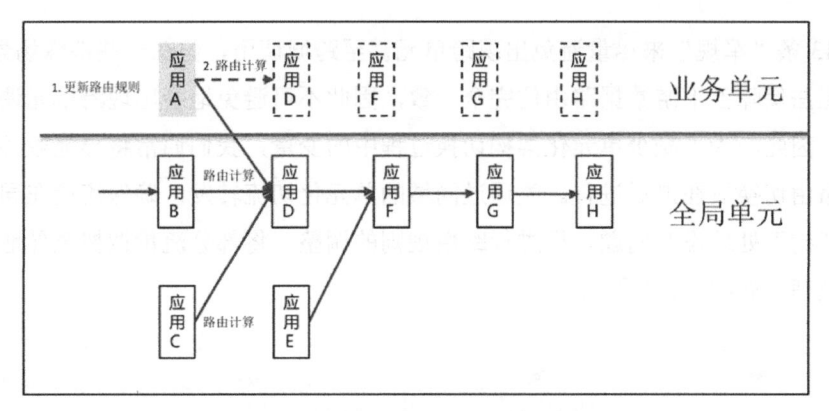

图 4-9-3 RPC 流量路由转发机制

鉴于 RPC 这种路由转发机制对切流的粒度不可控，我们需要一种更细粒度的流量切换方式来将上游系统的流量转发到目标业务单元。如图 4-9-4 所示，流量进入网关后，网关可以从接口维度进行流量转发，将部分接口流量转到 RZone 业务单元对应的负载均衡设备上。在网关层，我们还可以按照接口粒度实现流量按照百分比转发。

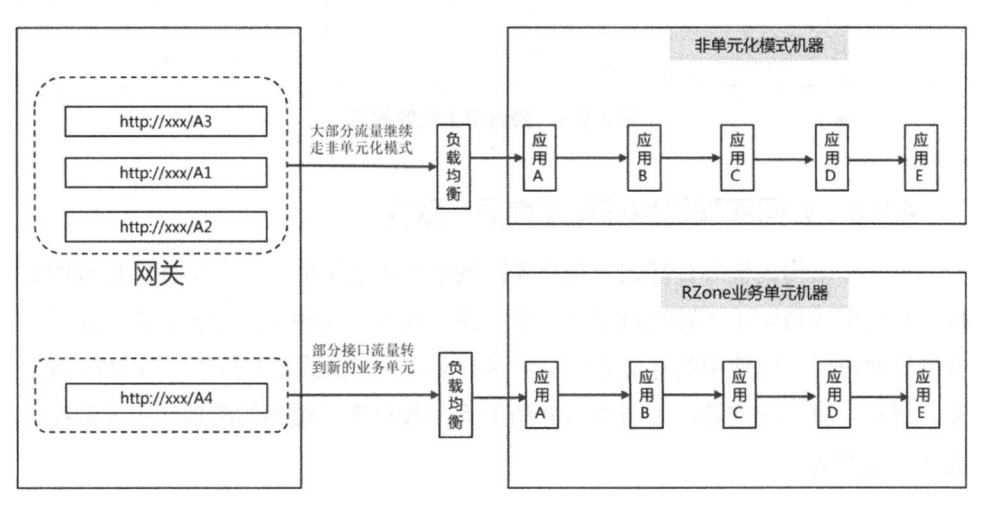

图 4-9-4 从接口维度进行流量转发

2. 如何进行跨城市数据中心流量切换

单元化架构的核心目标之一是解决"跨地域全业务多活"问题，要求多个城市数据中心具备同时处理用户请求的能力，因此单元化架构升级会存在异地城市数据中心对应的业务单元如何启用的问题。在进行单元化架构改造时尽管我们制定了 13 条"军规"来尽量避免出现跨单元甚至跨城调用,但在一些特殊场景中,由于无法保障上下游数据路由位完全一致,因此不可避免地会出现跨单元调用的情况。因此,为了减少单元化架构切换过程中的变量,我们通常将异地业务单元化的路由切换放在最后进行。先通过同城的单元化切流转发,确保流量在同城单元化架构下处理没有问题,再进行路由规则的调整,将部分流量调拨至异地单元进行处理,如图 4-9-5 所示。

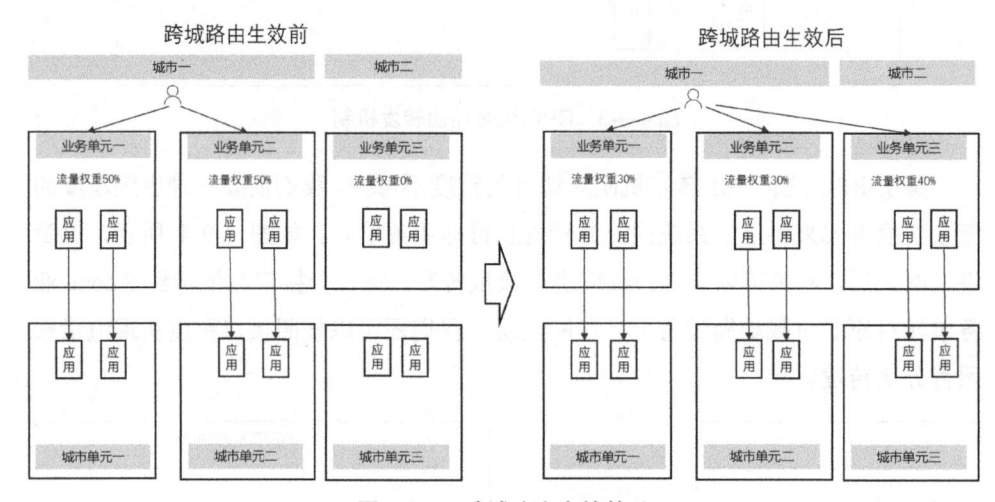

图 4-9-5　跨城路由生效前后

4.9.3　如何实现跨地域单元数据一致性

单元化架构的核心目标之一是实现跨城市"全业务异地多活",而跨地域的数据一致性保障是实现"跨地域多活"的关键。在互联网模式大行其道的背景下,金融行业应用系统使用的存储方式已经多种多样,有关系型数据库、NoSQL 数据库、缓存、对象存储等,本节重点介绍关系型数据库及缓存的跨地域单元数据一致性保障方案。

1. 数据库跨地域一致性保障

数据库的跨地域单元数据一致性保障通常有几种方式:一种是增加旁路的数据同步组件进行数据同步,一种是在数据库访问客户端内置数据,将数据直接写为多份,还有一种方式是数据库系统原生支持分布式数据一致性保障能力,由数据库本身来保障跨地域的单元数据一致性。网商银行使用了第三种方式来保障数据一致性，通过蚂蚁集团 OceanBase 数据库提供的"三地五副本"模式实现了跨多个城市的数据一致性保障。如图 4-9-6 所示，应用在主节点写入数据时，需要保障三个数据中心对应的副本全部写成功才算成功，当数据写成功后，数据库会启动异步复制机制，将已写成功的副本数据复制到其他两个数据中心的数据库集群中。这种模式保障了在容灾场景中，故障单元的流量切换至新的业务单元后能够立即被处理，而不用担心数据不一致问题。而对于 CZone 模式，通过这种机制还可以确保在一定时间后其他城市的共享单元能够读到最新写入的数据，从而实现数据的弱一致读。

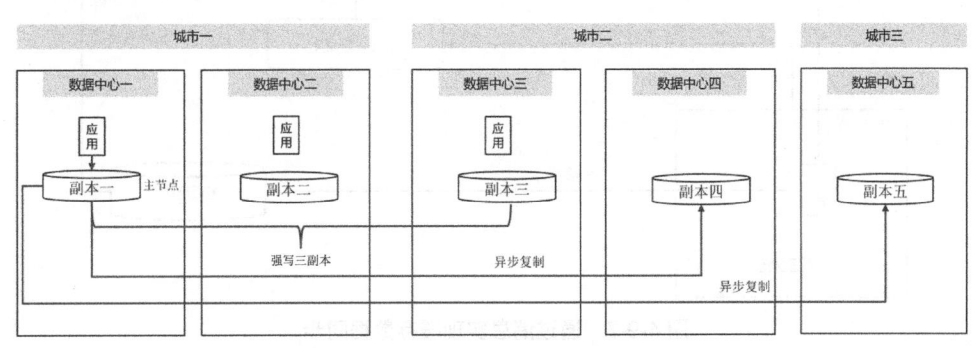

图 4-9-6 OceanBase "三地五副本" 机制

2. 缓存跨单元一致性保障

缓存是分布式系统架构的核心组件之一，在微服务架构下大部分应用服务都使用缓存来提升系统整体性能。在跨地域单元化场景中，缓存的数据同步机制是非常核心的能力。针对不同的数据一致性要求，缓存的单元间数据同步方案往往不一样。在大多数场景中，缓存中的数据往往不是唯一的一份，缓存"命中"失败可以使用数据库进行兜底，因此跨单元情况下应用对缓存的一致性要求往往是弱一致即可。如图 4-9-7 所示，网商银行通过消息复制机制来实现跨城市单元的缓存数据弱一致性，应用在城市一把数据写入数据库和缓存，同时发送一条消息，异地的云单元应用收到消息后从数据库中读取最新的数据并写入城市二缓存集群。

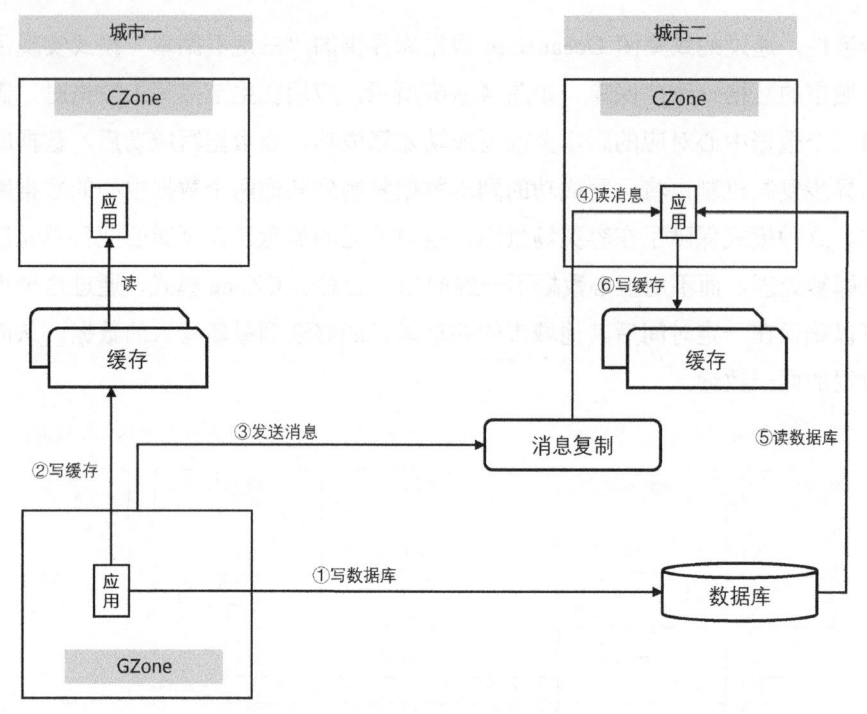

图 4-9-7　通过消息实现缓存数据同步

4.10　总结与展望

单元化架构是解决跨地域容灾及容量问题的利器，但是对于一些规模较小的公司或者单位而言，多个跨城市的数据中心建设成本往往无法承受，IT 系统云单元架构升级的成本成为一大难题。但随着云技术的发展，跨地域的云基础设施已经变得很常见，因此云单元架构的建设成本相对来说已大幅下降（公有云提供多 Region 的 IaaS 基础设施，比自己新建多个机房的成本大幅下降），云单元化架构的普及也会变得越来越广。此外，单元化架构虽然实现了容量几乎可以无限扩展，但让一个新的业务单元扩容（要求部署所有应用及数据库）的成本还是太高。在一些营销活动（比如"618"大促、"双 11"大促）中，往往不是所有的业务都存在扩容需求，因此还需要一种更轻量级的扩容方式来解决临时扩容的成本问题。在后续章节中，我们将介绍如何通过弹性架构来解决低成本单元化扩容问题。

第 5 章

混合云弹性架构

单元化架构让网商银行具备了应对流量洪峰的能力,但是如何降低像"双 11"这样的流量高峰带来的资源投入,仍面临很大的挑战。我们虽然可以在流量高峰来临之前对单元进行扩展,比如从目前的 5 个单元扩展到 10 个单元,但由于每个单元都需要部署全量的应用和具备全量的数据,所以每扩展一个单元都会带来巨大的资源消耗,而且全量应用的部署和数据迁移即使在相关自动化平台能力的支持下仍然是一项巨大的工程,整体上需要消耗较多的人力资源。再从类似"双 11"这样的活动场景进行分析,虽然活动期间流量峰值会很高,但是持续的时间短,消费大量资源以及人力物力扩展出的业务单元在大促过后无法得到充分利用,这是无法接受的。

单元化架构需要具备按需弹性伸缩的能力,在面临流量高峰的时候可以快速弹性扩展,扩充资源,提升应用处理能力,当应用流量高峰过去之后,可以快速释放资源,以达到最大程度的资源的利用率,这就是弹性架构。弹性架构的本质是单元化架构的扩展,提供了一种以单元化架构中业务单元为最小粒度进行弹性伸缩的架构能力。弹性架构主要包含两个动作,即弹出和弹回,弹出是以业务单元为基础的计算资源、网络、应用、数据层面的全面弹出,是一种从底层资源到上层流量的整体弹性手段，弹出的单元称为弹性业务单元，区别于普通业务单元，弹性业务单元具备以下几个特征。

（1）局部性。常规模式下扩展出的每个业务单元是需要包含全量应用和全量数据的，而弹性架构下弹出的弹性业务单元只需要包含单元内的部分应用和部分数据即可，通常是高流量链路涉及的相关应用。

（2）临时性。区别于普通业务单元长生命周期的特点，弹性业务单元的生命周期是比较短的，在支持类似"双11"这样的支付高峰后，弹性业务单元的业务请求会弹回到常规业务单元，随后会对弹性业务单元进行释放，以节省成本。

（3）跨云。弹性业务单元通常会处于另外一朵或者几朵云之中，弹性架构运用的场景所面对的高峰流量是日常流量的许多倍，日常所在的云计算底座很难提供充足的资源，这时就需要其他云计算底座提供大量的资源支持。

跨云特征让资源不再成为瓶颈，临时性让资源可以按需使用，极大地提高了资源的利用率，同时局部性让资源消耗进一步降低，弹性业务单元只需要部署与大促相关的应用和链路即可，非大促的无须部署，数据无须迁移，在资源消耗降低的同时，部署和数据迁移的成本也进一步降低了。整体的混合云弹性架构如图 5-0-1 所示。

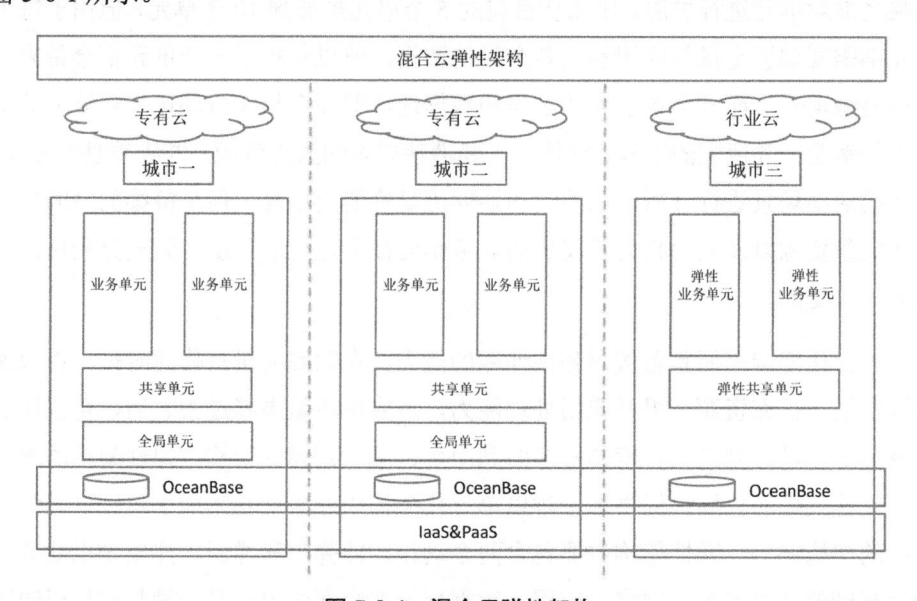

图 5-0-1　混合云弹性架构

弹性架构充分发挥了混合云的优势，海量的云资源让应用可以无限扩展以应对极高的流量峰值，在流量峰值过去后可以进行资源的快速释放，真正地做到了资源按需弹性伸缩。

5.1 弹出

和单元化架构类似，弹性架构下的最小的弹出单位是业务单元，业务流量和数据请求从常规的业务单元弹出到弹性业务单元，所以弹出前首先要构建出弹性业务单元，在统一调度平台的支撑下，可以快速有效地管理多个机房、多朵云的IaaS资源，并结合统一PaaS提供了计算资源、网络资源以及存储资源的快速申请和快速释放的能力。在资源准备就绪之后，通过系统部署平台对应用、中间件以及数据库进行快速部署，部署平台通过应用的元数据信息（是否弹出）决定当前应用是否要在弹性业务单元进行部署，在系统部署完毕之后需要对数据库数据进行迁移，整个迁移动作由数据库管理系统统一完成，无须业务人员关心，弹性业务单元还需要单独进行相关中间件系统的配置，整个配置由中间件管控系统进行管理和下发，弹性单元整体搭建流程如图5-1-1所示。

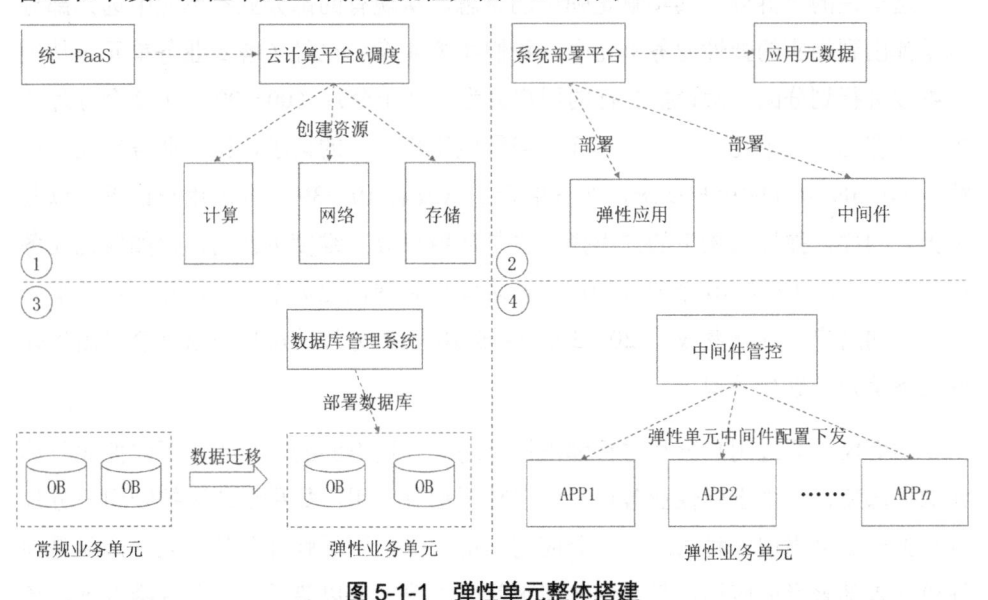

图 5-1-1 弹性单元整体搭建

当应用部署以及数据同步完成之后，接下来需要做的事就是把常规单元中的部分流量"拆分"到弹性单元中，全局流量拆分如图 5-1-2 所示。

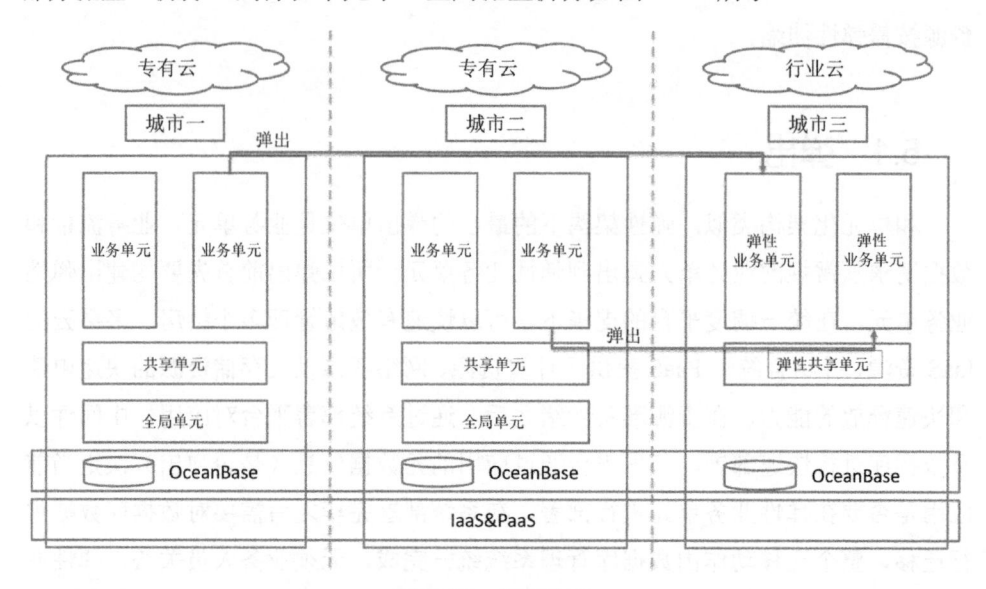

图 5-1-2　流量拆分

这里说的"拆分"其实就是弹出的意思，从现有的部分业务单元中选择部分流量弹出到相应的弹性业务单元中。我们在第 4 章中已经了解到业务单元是从用户维度进行划分的，假设把全行的用户分为 100 个分片（00~99），100 个分片分拆到所有的业务单元中，每个单元承载固定用户分片的请求，比如业务单元一承载着 00~09 分片的用户请求，业务单元二承载着 10~39 分片的用户请求，以此类推。同样，弹性架构下的弹出操作也是从用户分片维度进行的，比如要把业务单元二的 10~19 这 10 个分片的用户请求弹出到弹性业务单元一，那么业务单元二承载的用户分片就变成了 20~39，后续 10~19 分片的用户请求都会路由到弹性业务单元一进行处理

然而仅仅通过用户分片进行弹出控制还是远远不够的，回想一下弹性业务单元的局部特征，由于弹性业务单元中仅部署部分应用，如果仅通过控制用户分片进行弹出就会出现一种情况：部分应用的请求弹出到了弹性业务单元中，但是弹性单元未部署当前应用，那么这些请求就会失败。所以除了用户分片维度外，还需添加一些更细粒度的规则对弹出流量进行控制，这个规则称为弹性业务规则。

弹性业务规则分为两个部分，一部分是弹性 ID，主要用于控制数据层面的路由访问，另一部分是弹性业务配置，它可能是一个接口方法名，或者是一个消息订阅的 Topic 和 Group，它更像是白名单一样的配置，比如只有在这个白名单中的接口访问才会被弹出到弹性业务单元中，消息订阅也是类似的。

弹出的流量类型大体分为两类，一类是入口流量（例如通过公网域名发起的访问），另一类是内部流量（例如 RPC 调用、消息订阅等）。对于入口流量而言，弹出动作最早可以提前到接入层（可以看作类似 Ngixn 这样的反向代理系统），接入层作为基础设施是不会识别相关业务逻辑的，它的弹出主要依靠对 Cookie 的判断，如果 Cookie 中存在目标业务单元相关信息，那接入层会提前做流量转发（弹出），如果当前请求无法获取 Cookie 信息，接入层会把流量转发给后端的入口应用，入口应用会做内部流量的弹性计算，并且在返回结果的时候把这次弹性计算的目标单元写入 Cookie 中，那么后续的访问就可以提前在接入层做弹出判断了，整体示意图如图 5-1-3 所示。

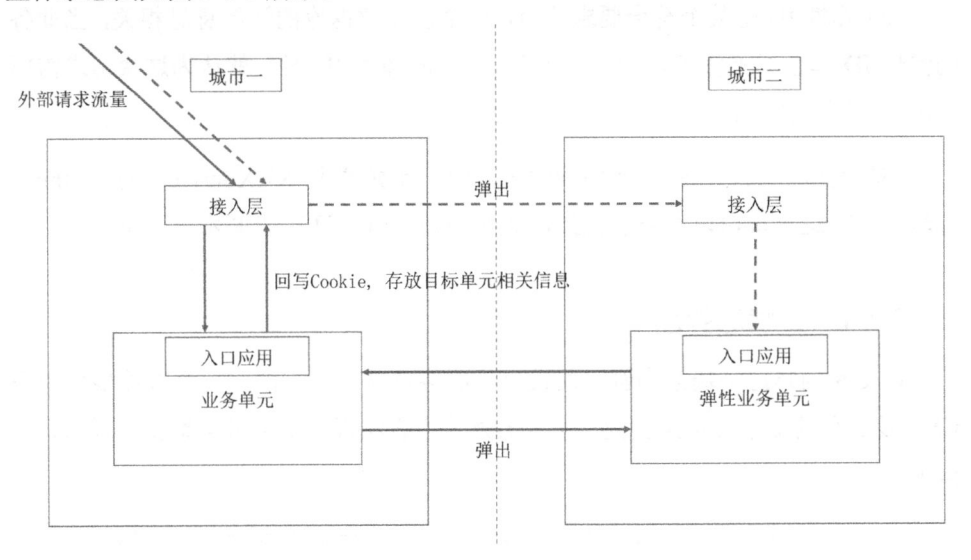

图 5-1-3　外部请求流量弹出

实线部分代表某个用户的初次访问，接入层获取不到 Cookie 信息，无法进行弹出判断，这次访问会直接转发给当前接入层的后端入口应用，入口应用成功处理请求并把正确的目标单元信息写入 Cookie。虚线代表的第二次访问中携带了存放目标单元的 Cookie 信息，这时接入层会把这次请求直接转发（弹出）到弹性业务单元中的接入层，然后再把这次请求转发给弹性业务单元中的入口应用完成业务处理。

与入口流量相比，内部流量的弹出逻辑要复杂得多，可以细分为有状态弹出和无状态弹出，有状态和无状态主要是根据业务特性进行区分的，比如交易的创建就属于无状态操作，完全可以在弹性业务单元新增一套弹性业务数据库，专门用于承接弹性单元的数据写入，这样弹性业务的写入吞吐量将大大提高。而账户余额的增减就属于有状态的操作，必须在同一个库中完成操作。下面分别从有状态和无状态弹出的角度进行分析，在分析弹性逻辑前，我们回顾一下前面提到的用户分片、弹性 ID 以及弹性业务规则，这些都是弹性计算需要的元信息。弹出一次请求需要同时满足以下几个条件。

（1）用户分片处于弹出状态，比如对 10~19 这 10 个用户分片进行弹出操作之后，这些用户分片就处于弹出状态了。

（2）弹性 ID 是某个符合要求的值，这个值和数据库的访问息息相关，当业务的弹性 ID 和全局弹性 ID 一致，或者是默认的弹性 ID 时，就认为这次请求需要弹出，否则不弹出。

（3）对应的规则在弹性业务规则名单中，比如调用 XXXService 的 method1 方法，只有这个接口以及方法在弹性业务规则中时，这次请求才会被弹出。

5.1.1 无状态弹出

以交易创建这个场景为例，假设交易服务包含两个方法，一个方法根据用户 ID 以及交易的上下文信息创建交易，另外一个方法根据交易号查询交易详情，代码如下。

```
@ZoneRoute(uidGenerator = "book.TradeCommonUidGenerator")
@Elastic(eidGenerator = "book.TradeCommonEidGenerator")
public interface TradeService {
    String createOrder(String userId,TradeContext tardeContext);

    TradeDetail queryTradeDetail(String tardeNo);
}
```

@ZoneRoute 注解指定的实现类用于从 TradeService 方法的业务参数中抽取用户分片信息，@Elastic 注解指定的实现类用于从 TradeService 方法的业务参数中抽取弹性 ID 信息。也就是说，单元化和弹性架构下的分片信息以及弹性信息都是来自业务的请求参数，整个单元化架构和弹性架构从上层制定了统一的规则以及对应的实现规范，业务按要求实现规范，在相关的业务数据中携带单元、弹性等信息，携带相关业务数据的请求在中间件的支持下根据全局的单元化规则、弹性规则进行统一路由和转发。

其中 TradeCommonUidGenerator 的实现代码如下。

```
public class TradeCommonUidGenerator implements UidGenerator {

    @Override
    public String generateUid(Method method, Object[] args) {
        if ("createOrder".equals(method.getName())) {
            String userId = (String) args[0];
            // 取 userId 最后两位
            return userId.substring(userId.length() - 2);
        } else if ("queryTradeDetail".equals(method.getName())) {
            String tradeNo = (String) args[0];
            // 取 tradeNo 的第 7、8 两位
            return tradeNo.substring(6, 8);
        }
        throw new RuntimeException(String.format("unknown method: %s", method.getName()));
    }
}
```

TradeCommonEidGenerator 的实现代码如下。

```
public class TradeCommonEidGenerator implements EidGenerator {
    @Override
    public String generateEid(Method method, Object[] args) {
        if ("createOrder".equals(method.getName())) {
            // -1 为默认弹性 ID，代表弹出
            return "-1";
```

```
        } else if ("queryTradeDetail".equals(method.getName())) {
            String tradeNo = (String) args[0];
            // 取 tradeNo 的第 9、10 两位
            return tradeNo.substring(8, 10);
        }
        throw new RuntimeException(String.format("unknown method: %s", method.getName()));
    }
}
```

首先看一下弹出前的交易创建和交易查询流程，如图 5-1-4、图 5-1-5 所示。

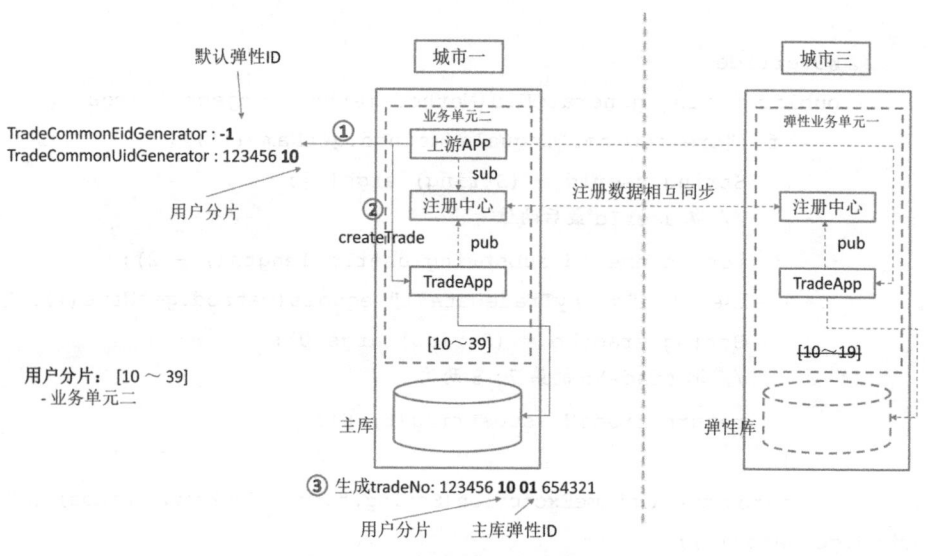

图 5-1-4 交易创建（弹出前）

弹出执行前，相关路由组件感知到的只是普通的单元化规则，即用户分片和业务单元的映射关系，TradeCommonUidGenerator 从业务参数中计算出用户分片信息，然后路由组件根据用户分片查询对应的业务单元并进行路由转发。这里有一点需要注意，无状态业务通常会依赖多套数据库，业务数据在写入的时候会随机选择一个库进行写入，同时入库的核心业务字段会包含两位的弹性 ID（即图 5-1-5 中的 tradeNo）。弹性 ID 唯一地标识了一套数据库，无状态业务在读取业务数据的时候，数据中间件会根据业务字段中的弹性 ID 把数据请求路由到正确的库中，进而路由到之前随机写入的数据。无状态场景中数据层的弹出可以简单理

解为就是某个业务在弹性业务单元新增了一套数据库，称为弹性库（可能在弹出之前某个业务已经存在了多个弹性库，只不过弹性架构下的弹性库通常位于弹性业务单元，和上层弹出的流量形成一个自包含、完整的服务单元），这个弹性 ID 非常重要，是业务在弹性架构下路由弹性库数据的关键所在，弹出后的交易创建流程如图 5-1-6 所示。

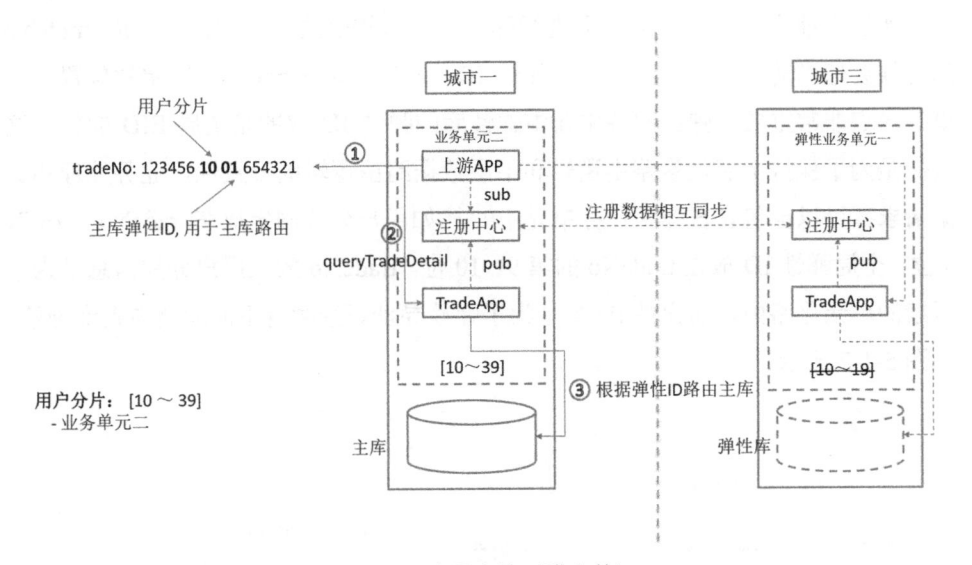

图 5-1-5　交易查询（弹出前）

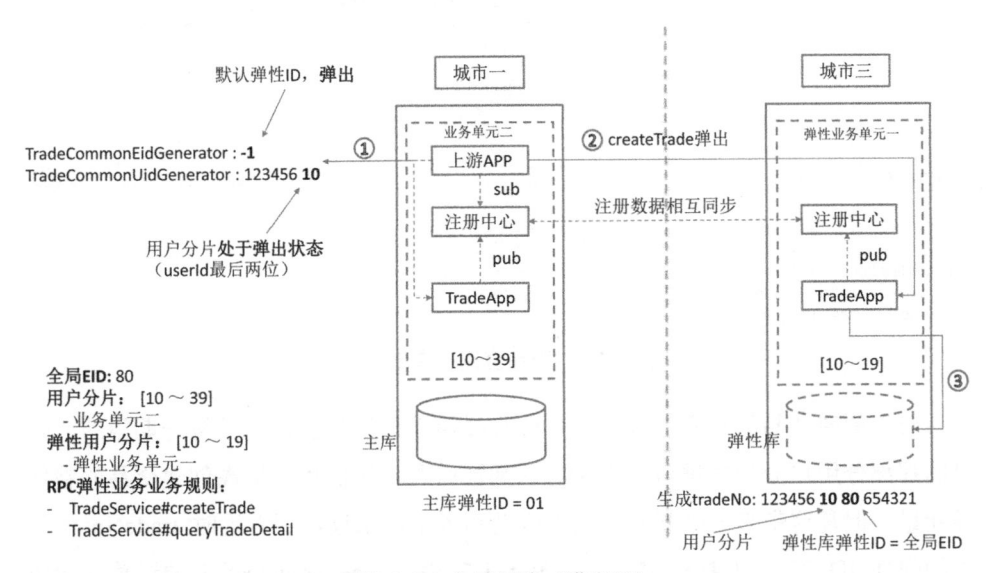

图 5-1-6　交易创建（弹出后）

对照上面 TradeCommonUidGenerator 和 TradeCommonEidGenerator 的实现，假设 createTrade 方法传入的 userId 为 12345610，约定 userId 的最后两位作为用户分片，12345610 对应的用户分片即为 10。对于创建类型的场景，我们希望如果对应的用户分片弹出，那么当前请求就弹出，所以这里弹性 ID 直接返回了 -1，代表默认弹出（忽略全局弹性 ID）。另外 TradeService#createTrade 也在弹性业务规则中，所以当前交易创建的请求会进行弹出，业务按照约定的规则在生成 tradeNo 的时候会把当前的用户分片和全局弹性 ID（EID）写入 tradeNo 固定的位置（这里有一点非常重要，弹性业务单元中弹性库的弹性 ID 取的是全局 EID 的值，这么做是为了保持上层流量路由逻辑和下层数据路由逻辑的一致性，业务处理和数据请求都可以自包含在弹性业务单元中）。比如用户分片固定放在 tradeNo 的第 7、8 位，全局弹性 ID 放在 tradeNo 的第 9、10 位，tradeNo 放入用户分片信息是为了后续的单元化路由，而弹性 ID 则是为了弹性寻址。继续看下面的交易查询场景，如图 5-1-7 所示。

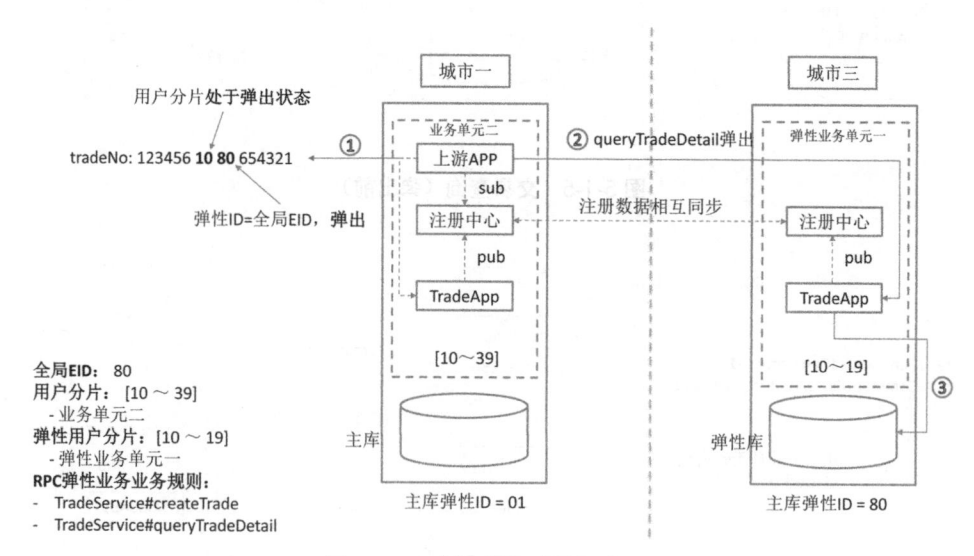

图 5-1-7 交易查询（弹出后）

对于创建交易的场景，只要用户分片弹出就默认弹出，这是符合期望的。弹出的那部分用户分片数据可以直接写入弹性库中，进而可以提高创建交易的整体吞吐量，但是这带来一个问题，数据成功写入了，那读取呢？这时 tradeNo 中写入的弹性 ID 80 就发挥作用了。在图 5-1-7 中，queryTradeDetail 通过输入参数

tradeNo 解析到用户分片 10 和弹性 ID 80，用户分片 10 处于弹出状态，并且弹性 ID 等于全局 EID，另外 TradeService#queryTradeDetail 也处于业务规则中，就是说目前的条件完全符合弹出要求，所以 queryTradeDetail 的请求会直接弹出到弹性业务单元一中，接下来弹性业务单元中的 TradeApp 会根据弹性 ID 直接路由到弹性库，完成弹性数据在弹性业务单元内的本地访问和处理。

弹性业务单元中弹性库的弹性 ID 需要使用全局 EID，业务参数中的弹性 ID 等于全局 EID 则需要弹出，这两点是弹性架构的核心要点，在这种架构的约束和规范之下，业务层的请求和数据层的访问才具备了"原子能力"，要弹出就一起弹出，要弹回就一起弹回。

5.1.2 有状态弹出

无状态的弹出总结起来其实就是对业务的请求数据进行一定的抽取，然后结合全局弹性规则做出是否弹出的判断。当然这里有比较核心的一点，即弹性 ID，弹性 ID 决定了弹性数据如何进行路由，可以说是整个弹性架构中最核心的一点，而且弹性 ID 只存在于无状态弹出的场景中，有状态的弹出不涉及弹性 ID。

以账户余额扣减为例，假设存在一个交易服务，服务包含一个余额扣减的方法，代码如下所示。

```java
public interface AccountService {

    @ZoneRoute(uidGenerator = "book.AccountServiceUidGenerator")
    @Elastic(eidGenerator = "book.AccountServiceEidGenerator")
    AccountInfo decrease(String userId, Double amount);
}
```

AccountServiceUidGenerator 的实现代码如下。

```java
public class AccountServiceUidGenerator implements UidGenerator {
    @Override
    public String generateUid(Method method, Object[] args) {
        String userId = (String) args[0];
        // 取 userId 最后两位
        return userId.substring(userId.length() - 2);
```

AccountServiceEidGeneratord 的实现代码如下。

```
public class AccountServiceEidGenerator implements EidGenerator {
    @Override
    public String generateEid(Method method,Object[] args) {
        return "-1";
    }
}
```

弹出前的余额扣减流程如图 5-1-8 所示。

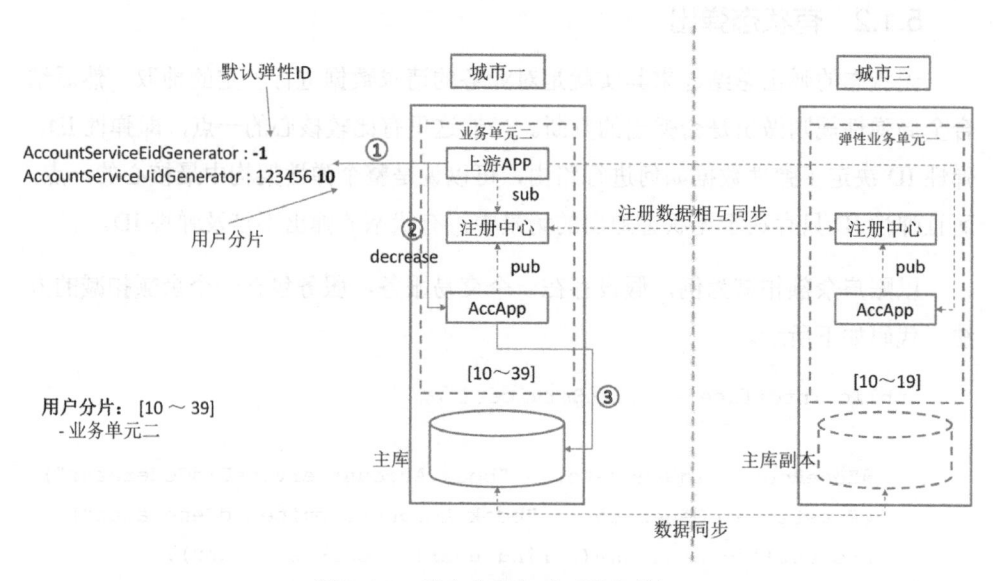

图 5-1-8　账户余额扣减（弹出前）

和无状态弹出前的路由逻辑一致，通过 userId 解析出用户分片，然后再寻找目标业务单元进行路由，此时的弹性 ID 是不生效的，弹出后的余额扣减流程如图 5-1-9 所示。

无状态弹出不受全局弹性 ID 的限制，只要对应的用户分片处于弹出状态，并且业务规则在弹性业务规则中，那么就会弹出。由于业务数据中没有弹性 ID，所以弹性 ID 默认都是返回-1，-1 也在一定条件下代指有状态弹出，由于有状态数据是不可分割的（不像无状态业务可以新增一套弹性库），为了可以本地访问数据，数据库也需要进行有状态弹出（切主），依赖 OceanBase 提供的多副本灵活选主能力进行灵活的切主操作。如图 5-1-9 所示，在用户分片 10～19 弹出之后，对应分库的主节点也会同时切主到弹性业务单元中，这样弹出的上层业务流量依然可以在本地完成对数据的访问和处理，而不用考虑跨单元带来的延迟问题。

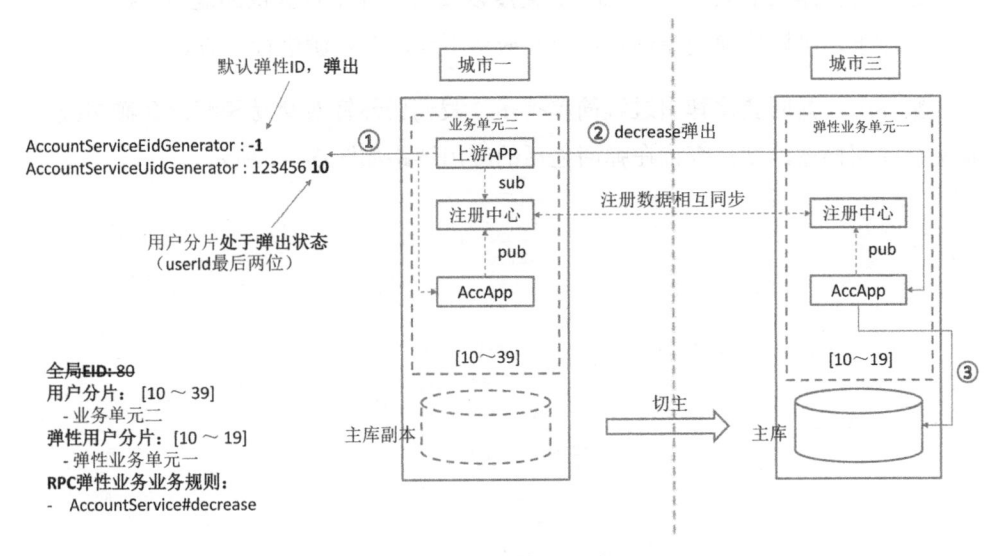

图 5-1-9 账户余额扣减（弹出后）

可以发现整个有状态弹出要比无状态弹出要简单很多，它不需要考虑搭建弹性库，也不需要对业务参数进行弹性 ID 抽取，直接返回-1 即可，改造成本非常低。但是有状态弹出的数据层处理能力和弹出前相比是没有变化的，不像无状态弹出可以通过弹性库的搭建无限扩展数据层的处理能力，弹出类型主要受限于业务场景，对于没办法多点写入和读取的数据（例如某个用户的账户余额）只能采用有状态弹出方案，当然数据库层面的处理能力还是有其他办法可以进行扩展的，比如可以对库进行更细粒度的拆分，或者对数据进行分区等。

5.2 弹回

弹回其实就是整个弹出过程的逆过程，大体上分为以下三个步骤。

（1）应用流量弹回。通过全局弹性业务规则配置的下发可以在几秒内完成弹性业务单元流量的弹回，后续的请求全部按照常规的单元化规则进行路由。

（2）数据回迁。数据回迁主要是针对无状态弹出的那部分弹性库数据，有状态弹出的业务不存在数据回迁步骤，只要把数据库主节点回切到非弹业务单元即可。

（3）资源释放。经历过流量高峰之后需要快速释放计算、存储以及网络等资源，这一块整体上依赖统一的 PaaS、调度以及云计算平台提供的能力，在平台能力的支撑下，可以快速使弹性业务单元应用下线，对资源进行回收。

整体上，弹回要比弹出过程简单得多，我们仍然针对交易和账户余额扣减场景进行弹回描述，交易查询在弹回之后的应用链路如图 5-2-1 所示。

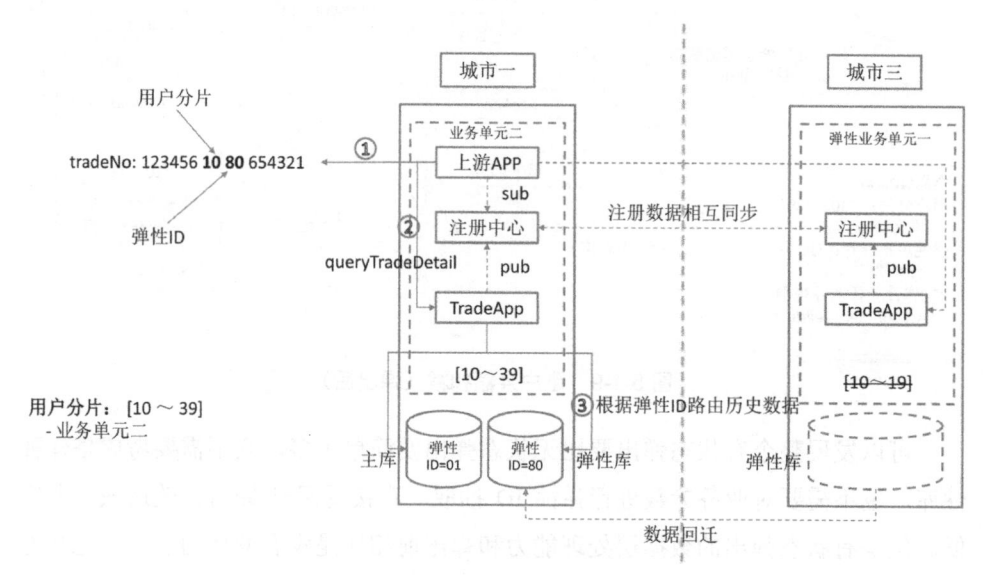

图 5-2-1　交易查询（弹回后）

弹回操作是通过回滚全局弹性规则并下发来进行控制的，如上图所示，弹性规则回滚之后业务可以感知到的只是纯粹的单元化业务规则，这时请求路由将回归普通的单元化路由逻辑，根据请求参数中的用户分片进行目标单元的路由，伴随着上层业务流量的弹回，数据层也需要进行弹回，产生在弹性业务单元中的数据需要回迁到非弹业务单元，数据弹回之后，新增的数据会全部路由到主库中，历史数据的访问依靠数据中的弹性 ID 进行路由（由数据中间件支持）。

再看看有状态场景弹回过程，如图 5-2-2 所示。

第 5 章 混合云弹性架构

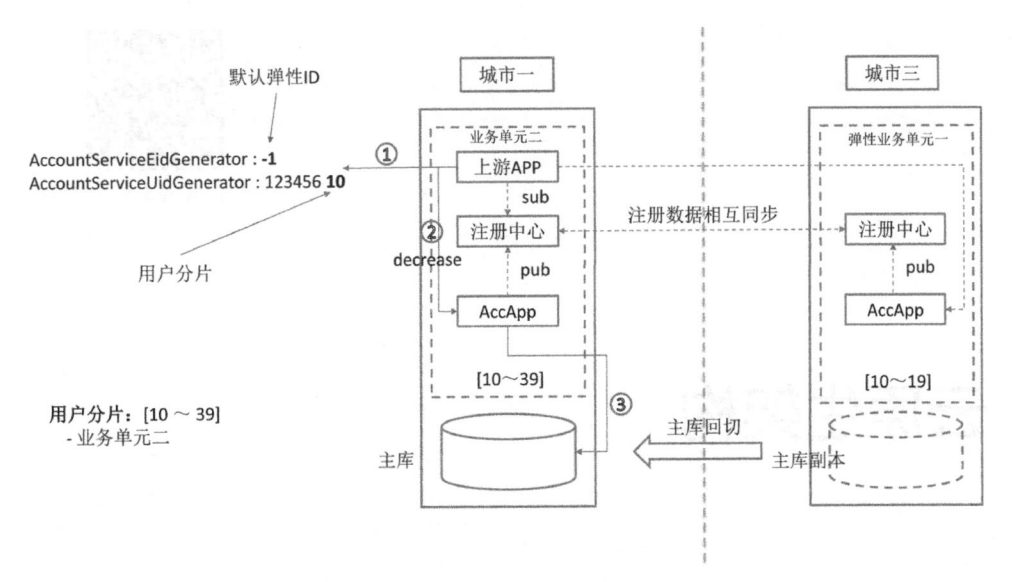

图 5-2-2 账户余额扣减（弹回后）

有状态弹回和无状态弹回的逻辑基本一致，但是有一点不同：无状态弹回时数据层存在数据回迁动作，而有状态弹回时只要单独把弹出的那部分分库的主节点回切即可（其实这里比想象的要复杂，因为弹性业务单元需要回收，所以不仅要把主节点切回，对应的副本也需要回迁，这里依赖了 OceanBase 强大的副本变配能力），其他过程完全一致。

在业务请求和数据弹回完成之后，通过监控观察弹性业务单元监控指标，确保流量全部弹回成功后，即可对弹性业务单元进行释放。计算、网络以及存储资源的释放以 PaaS 作为发起入口，底层调用统一调度和云计算平台完成资源的快速释放，待资源全部释放成功后，整个弹回就全部结束了。

扫码即刻订阅本书视频精解

第 6 章

云原生架构

网商银行从诞生之日起就是一家将核心系统架构在云上的银行，经过架构的不断升级，逐步完成了从"两地三中心"云架构到"三地五中心""异地多活"云单元架构的演进。近些年随着云原生技术的发展和日趋成熟，新技术带来研发运维模式、部署架构等的一系列变革，为研发效率、资源效率提升带来了可行性解决方案。网商银行密切关注行业技术发展趋势，拥抱新技术变革，逐步构建了金融级云原生分布式架构，完成了从单元化架构到云原生架构的升级演进，为业务发展提供安全、稳定、高效和敏捷的基础能力。

网商银行从建立之初发展至今，总共经历了三次大的技术架构变革，整体演进过程如图 6-0-1 所示。

第一代架构以云计算基础平台为支撑，此时业务流量和业务需求量有限，简单的虚拟化架构已经可以满足业务对资源及稳定性的诉求。随着业务量的不断增长，业务发展对系统扩展性及业务连续性提出了更高的要求，网商银行进行了第二代架构升级，从简单虚拟化向分布式架构演进，解决了业务弹性扩展及"异地多活"保障的问题。随着业务的继续发展，网商银行在研发人员规模、IT 系统复杂度等方面呈现大幅度增长，研发效率、资源效率、高可用保障的困境开始逐渐凸显，云原生技术的发展和成熟为这些问题的解决提供了新的思路，网商银行在此基础上进行了第三代架构（云原生架构）升级，业务的关注重心明显上移，技术风险防控、安全防御、高可用保障等基础技术能力开始逐渐独立和标准化，业务研发的需求响应效率大幅提升。

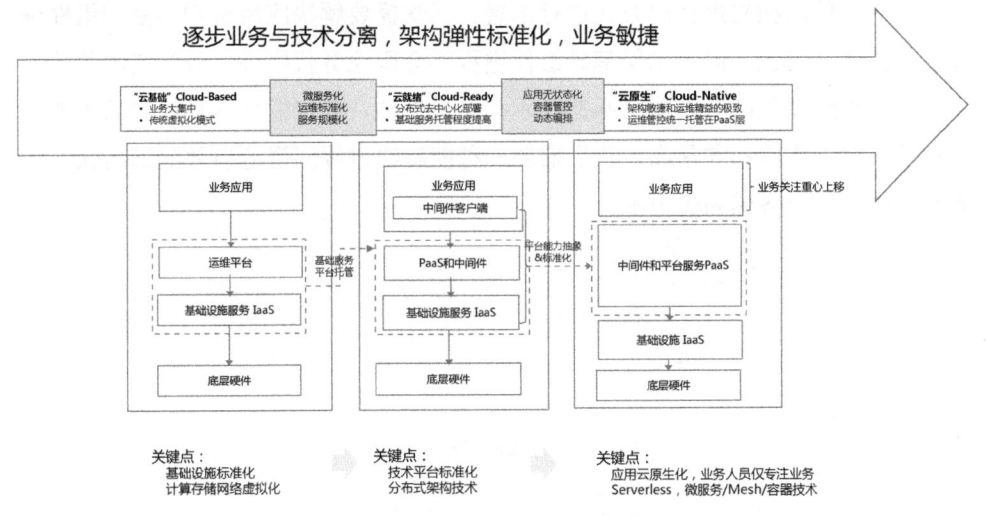

图 6-0-1 网商银行架构演进

1. 复杂架构下的效率困境

网商银行第二代单元化架构具备架构水平扩展能力，可支持全局业务流量按部署单元进行灵活调拨。另外，在容灾层面也达到了行业最高等级的"异地多活"架构。单元化架构让银行的基础设施上升到了一个新的台阶，但是在架构底盘演进过程中，我们也发现了单元化架构面临的一些问题。在单元化微服务架构下，为了保障业务持续可用，应用不得不依赖各式各样的中间件来解决问题。中间件代码中实现了诸如单元化路由、灰度路由、弹性路由、限流、熔断等与高可用相关的非业务功能，应用发布时中间件代码和业务代码在同一次迭代里发布，且最终运行在同一个进程里。图 6-0-2 所示为应用与基础组件强耦合。

从图中可以看出，中间件客户端实现的功能变得越来越复杂，客户端的更新需要依赖业务应用进行发布，升级成本随着微服务规模的扩大不断增加。中间件客户端的升级不仅占用了业务侧需求迭代的资源，而且由于业务开发人员对复杂的基础设施不够了解，往往容易在升级过程中引发线上故障。网商银行需要从架构上彻底实现非业务功能升级与业务功能迭代的解耦,提升二者并行迭代演进的效率,同时更好地管控风险。要解决业务研发与基础设施组件迭代升级解耦的问题,在现有模式下,需要对应用的发布流程及中间件等基础设施做一次彻底的改造。首先要将和流量路由、数据库路由相关的代码抽象出来形成独立的基础组件,并将这些组件以独立进程的方式进行部署。其次需要解决应用进程与基础组件进程之间的通信问题,同时确保基础组件进程不会跟业务代码进程进行资源争抢,应用与基础组件弱耦合如图 6-0-3 所示。经过评估,我们发现这种模式的改造成本和后期维护成本都非常高,我们需要一种能解决进程间资源有效隔离与共享,同时无须上层业务感知的技术。

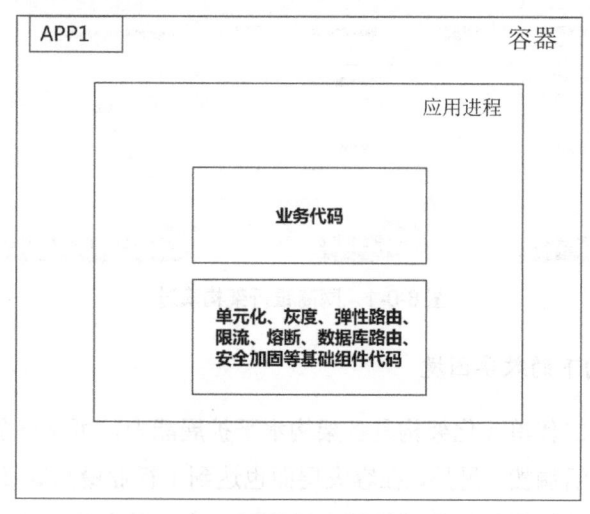

图 6-0-2 应用与基础组件强耦合

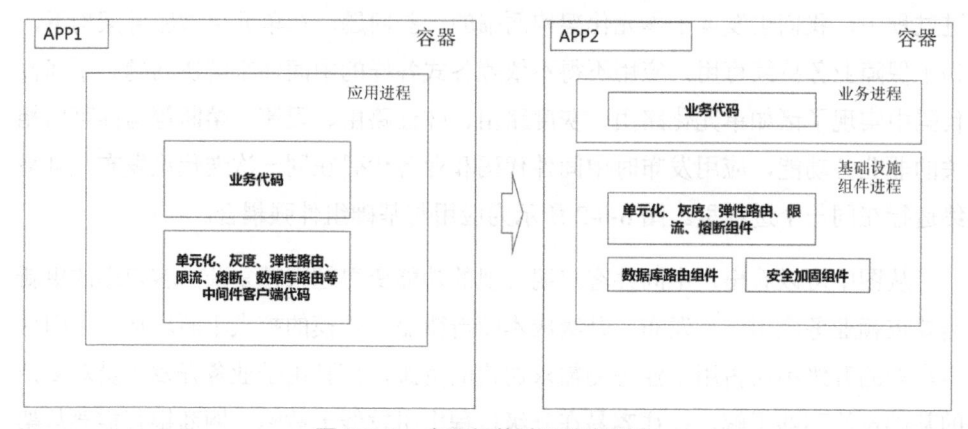

图 6-0-3 应用与基础组件弱耦合

2. 云原生下的应对思路

云原生技术的快速兴起给了我们解决业务与基础组件升级耦合问题的新思路。2014 年，Google 开源了自己的容器编排与管理项目——Kubernetes，在这个项目中我们看到应用的运维模式发生了一个非常大的变化——应用不再以容器为部署单元进行管理，而是以 POD（资源对象）为基础部署单元进行管理，POD 内部可以同时管理多个容器。这种模式使得业务代码和基础设施组件可以分别使用独立的容器进行部署，且具备天然的资源隔离或资源共享能力，这给基础设施的演进与业务的解耦创造了天然的条件。此外，Kubernetes 自带完善的容器编排能力，让我们不用再过多地考虑基础组件独立部署后运维复杂度提升的问题，如图 6-0-4 所示，实现应用与基础组件松耦合。

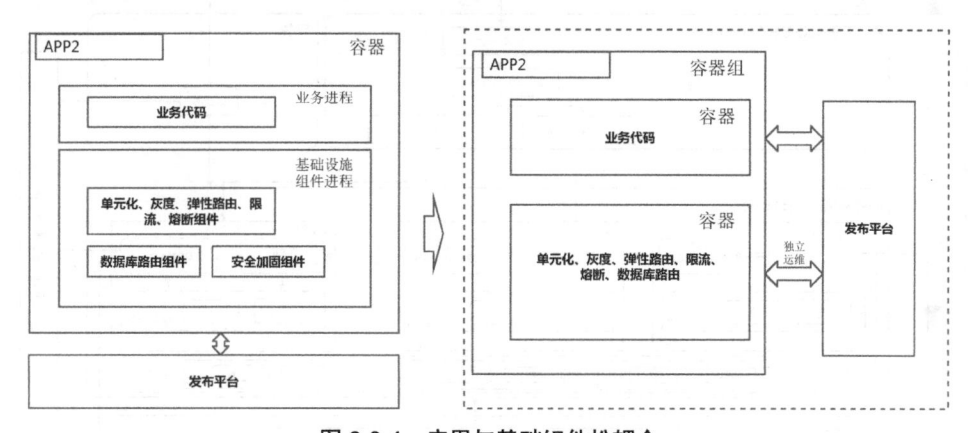

图 6-0-4 应用与基础组件松耦合

随着银行业务需求的快速发展变化，大规模分布式服务运维越来越艰难，传统的运维模式已经很难支撑，以 Kubernetes 为基础的云原生架构基础设施运维，可以更快地构建自动化、规模化的运维体系，降低银行的整体运维成本。此外，为了提升银行基础设施迭代演进效率，网商银行通过服务网格技术的引入使基础设施能力下沉，与上层业务应用解耦，降低了基础设施演进对业务的干扰。针对互联网银行金融化核心组件中台化的趋势，网商银行通过 Serverless 技术在为业务带来弹性资源调度能力的同时，还提供了模块化开发、任务托管等基础能力，支撑了不同的业务场景。最后，为了保障应用发布运维的全链路可信性，网商银行以安全容器、服务鉴权、数据访问鉴权等一系列技术为基础，构建了云原生安全可信体系，通过安全可信架构的建立赋能业务，实现了低成本地安全加固。

6.1 架构概览

网商银行在云原生领域汲取了大量的实战经验，分别从研发效率提升、运行态高可用保障、全链路安全可信等几个角度去构建云原生整体架构，如图 6-1-1 所示，在研发效率上通过 Serverless 及一站式研发平台的打造提升业务研发的整体迭代效率，通过服务网格技术的引入使大量的运行态流量管控能力下沉到 MOSN，在应用发布的全生命周期通过链路加密、服务鉴权、数据库鉴权等技术实现了全链路的安全可信。

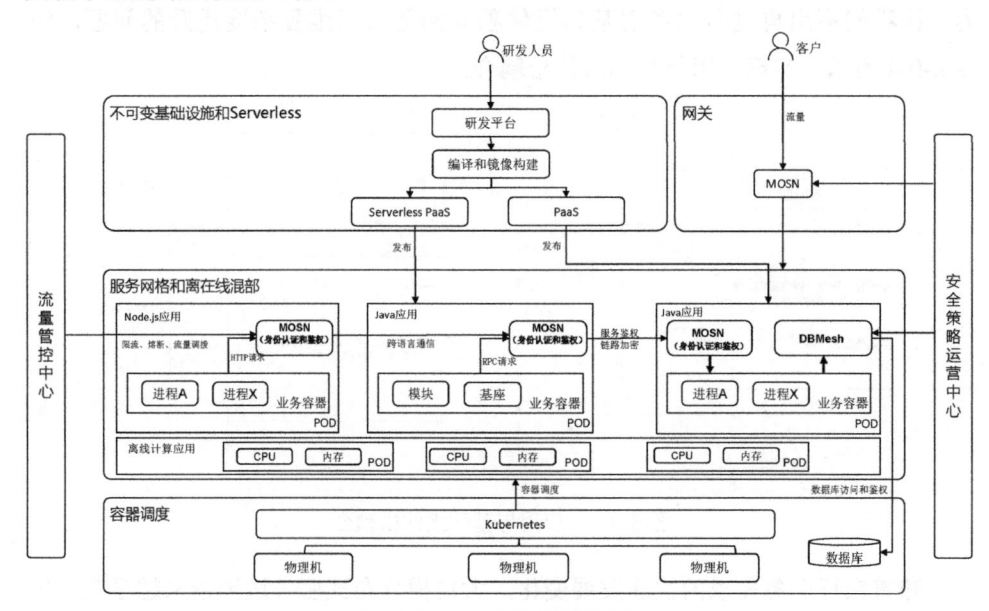

图 6-1-1 云原生架构概览

1. 网商银行云原生技术核心构成

（1）不可变基础设施。针对传统的可变基础设施来说，应用基于物理机或者虚拟服务器进行部署，在应用运行过程中，可以通过动态配置同步，或者访问其他外部依赖服务来更新应用机器的运行状态，对于基础设施来说，应用所处的环境一直处于变化的状态，对应的回滚等运维场景操作会比较复杂。升级为云原生架构后，应用采用镜像化发布模式，将应用运行所依赖的基础设施及配置全部整合到不可变的镜像中，并且多环境发布复用同一个镜像，这样就极大地降低了应用多环境发布打包成本，同时对于发布、回滚等运维操作更友好，极大地提升了基础设施的自动化运维水平。

（2）服务网格。服务网格是新的云原生架构中非常核心的基础设施，它使应用通过 SDK 访问基础设施的网络通信能力下沉到对应的 Sidecar 中，包括服务 RPC、DB 访问、消息处理等，在此之上实现了流量管控、限流熔断、数据库配置管理等能力，完成业务应用与基础设施的透明通信，让基础设施演进与业务解耦，让业务研发人员更专注于上层业务逻辑，降低了对基础设施的理解成本，提高了整体的研发迭代效率。另外 Sidecar 的引入也为系统跨语言通信提供了可行性解决方案，提高了多语言技术栈应用的引入效率。

（3）集群混部技术。随着业务量的不断增大，机器集群规模也在不断膨胀，包括在线业务集群、实时计算集群、离线大数据集群等，为了应对活动峰值流量采购大量机器、单元化和高可用容灾带来的机器资源冗余等，导致了整体机器资源利用率偏低。为了解决资源利用率问题，云原生架构统一资源调度平台后，又进行了混部技术的探索，逐步完成了在线实时混部、离线在线混部集群的部署，以资源隔离和动态调度为基础，将不同类型的服务进行组合部署，使用智能调度算法和容量评估模型等技术手段完成集群资源的有效利用，提高资源利用率，降低机器成本投入。

（4）安全可信。对于金融行业来说，最重要的就是信任，安全所带来的信任，是一种无形的产品，支撑着所有金融业务。不管时代如何变化，金融行业对于安全性和稳定性都具有非常高的要求，在进行架构设计时都会重视架构的安全能力。但是，对于传统金融机构或互联网机构来说，对核心应用进行安全隔离和访问控制，需要投入的成本非常高。需要从架构层面思考能不能进行低成本的安全加固，云原生服务网格技术的引入为这一想法提供了解决方案，基于服务网格可实现核心应用服务及 DB 访问的安全访问控制，形成了核心系统的低成本纵深防御能力，在保障业务研发效率的同时，也极大地提升了安全性。

2. 云原生架构升级挑战与目标

（1）基础设施层面的大规模升级换代。为了满足业务应用接入云原生架构的要求，从下层的资源调度平台到 PaaS、中间件平台，再到上层的应用发布运维平台等，都需要进行云原生架构的产品适配改造，需要适配的产品数量非常多。

（2）云原生架构平滑升级演进保障。在基础设施平台产品层面，需要考虑从已有单元化架构到新的云原生架构的产品兼容性问题，需要保障产品的平滑切换。在研发模式层面，需要从已有的虚拟机代码包发布模式平滑过渡到云原生镜像化交付模式，研发模式的切换过程要让客户尽可能少感知。

（3）基础运维体系及安全生产挑战。新云原生平台产品的引入，以及研发模式的变化，为研发运维人员带来了新的挑战，需要有与新的架构匹配的基础运维能力。另外，新的云原生架构在变更管控、高可用、稳定性等安全方面也面临很大的挑战，与新架构配套的技术风险防控能力需要持续提升。

6.2　容器技术

网商银行在 2017 年已经开始启用 Docker 容器技术，但那时云原生生态刚刚萌芽，容器调度及相关技术还不成熟，网商银行只是把容器当成更轻量级的虚拟机来看，在运维模式及应用发布模式上跟传统的 VM 虚拟机模式没有本质区别。虚拟机发布模式如图 6-2-1 所示，首先上传应用发布包及对应的技术栈到 PaaS 发布平台，在发布时还需要将技术栈及发布包下载后解析到容器中进行安装。整个发布流程虽然已经通过 PaaS 完成标准化定制，研发人员无须太关心发布过程，但由于整个发布过程涉及步骤较多，发布耗时较长，发布过程中遇到的问题也较多，业务研发体验并不好。

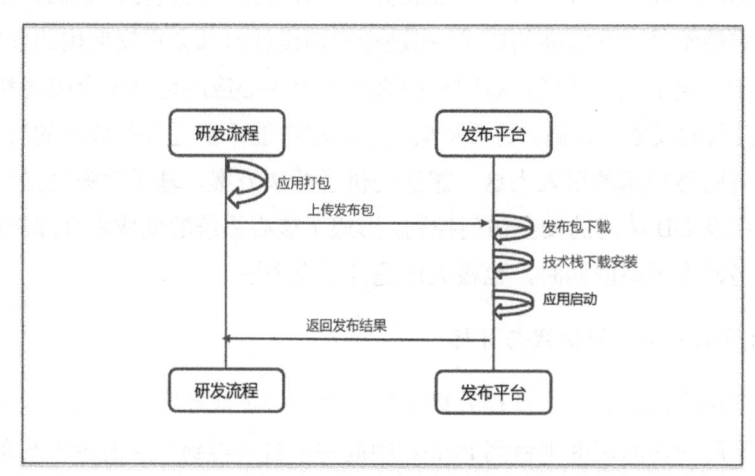

图 6-2-1　虚拟机发布模式

类虚拟机模式容器状态如图 6-2-2 所示，在传统 Docker 虚拟机模式中，应用作为一个独立进程被发布到一个 Docker VM 中，同时在容器中还有监控 Agent 进程，该进程仅接受由 PaaS 平台下发的运维指令来执行运维操作。

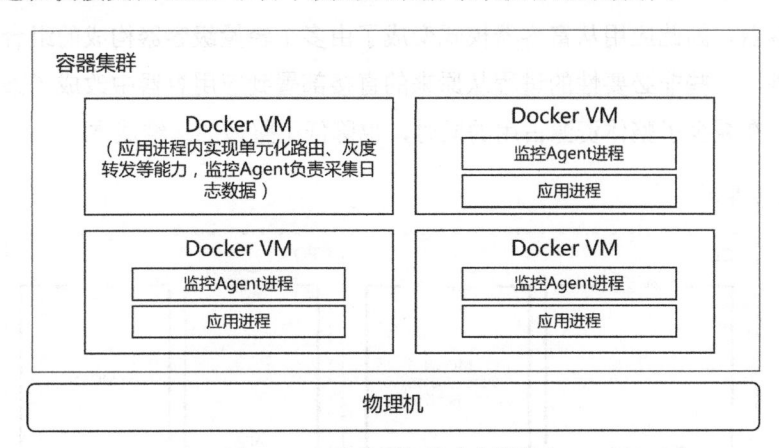

图 6-2-2 类虚拟机模式容器状态

随着 Kubernetes 在业界的兴起，容器技术逐渐成了事实上的云上操作系统。网商银行也开始逐渐向云原生容器技术进行过度，在发布模式上有了较大转变，从可变基础设施向不可变基础设施转变（见 6.3 节），如图 6-2-3 所示。

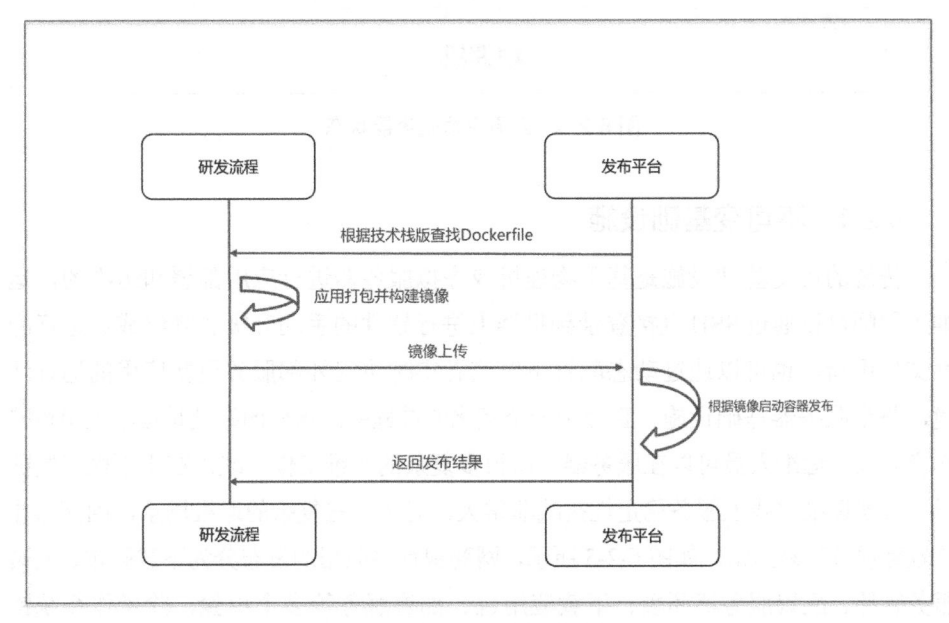

图 6-2-3 云原生发布模式

如图 6-2-4 所示，在云原生发布模式下，应用容器的整体构造发生了巨大的转变。一个应用不再是由一个容器构成的，而是由包含多个容器的部署单元（POD）构成的，一个 POD 中的应用单独占用一个容器，其他 Mesh 相关 Sidecar 单独占用一个容器，因此应用从富容器模式变成了由多个轻量级容器构成的组合容器模式。此外，一些非必要性的进程从原来的直接部署到应用容器中改成了部署到物理机上，在减少了整体资源占用的同时，也降低了整体的运维成本。

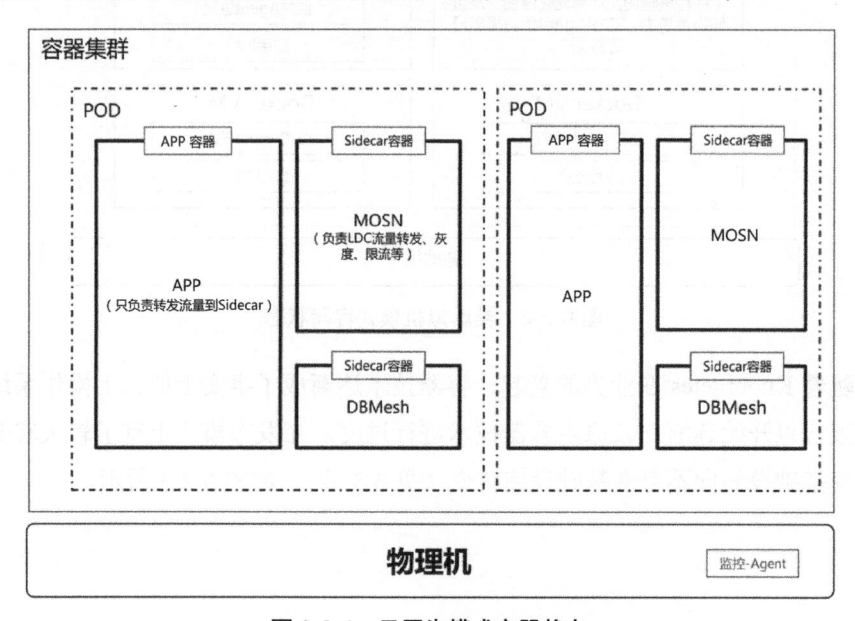

图 6-2-4 云原生模式容器状态

6.2.1 不可变基础设施

传统的可变基础设施是基于物理机或虚拟服务器进行应用部署和运维的，运维工程师可以通过 SSH 直接登录到机器上进行软件的手动升级／降级或者进行配置文件更新，也可以通过动态配置下发或者实时访问外部服务更新应用的运行环境，整个服务器基础设施一直处于一个变化的过程中。这样的好处是运维人员可操作空间大，运维人员可以在服务器上做很多复杂的运维工作，缺点在于不做限制的线上机器运维对线上服务稳定性挑战非常大，对于一些复杂的运维场景，回滚操作比较麻烦且容易出错。如图 6-2-5 所示，网商银行将应用的发布分为下载脚本、安装服务软件、配置服务器环境、下载应用包、部署服务等多个步骤，除操作系统镜像外，其他各部分内容都是可变的，线上服务的稳定性受到众多变量的影响。

可变基础设施

```
┌─────────────────────────────────────┐
│          可变基础设施                │
│                                     │
│        ┌─────────────────┐          │
│        │   下载脚本       │          │
│        ├─────────────────┤          │
│        │  安装服务软件    │          │
│ PaaS发布├─────────────────┤          │
│        │  配置服务器环境  │          │
│        ├─────────────────┤          │
│        │   下载应用包     │          │
│        ├─────────────────┤          │
│        │    部署服务      │          │
│        └─────────────────┘          │
│                                     │
│    ┌──────────────────────┐   由资源管理平
│    │ OS镜像（Docker VM）  │──→台创建
│    └──────────────────────┘         │
└─────────────────────────────────────┘
```

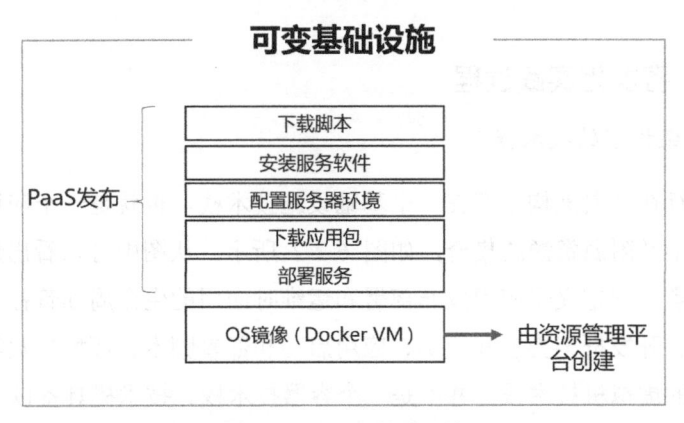

图 6-2-5 可变基础设施

云原生不可变基础设施是指基于云原生的镜像化方案将应用依赖的基础设施（操作系统、安全脚本、运维 Agent、开发框架、运行环境等）打包成不可变的镜像，应用发布时只需依赖镜像将容器拉起即可，极大地降低了应用的部署和运维成本，使得应用部署及运维变得更简单、更可预测，同时应用运行环境也获得了更高的一致性和可靠性。此外，基于镜像还可以实现自动轮转替换、自动回滚等运维功能，大幅提升了应用运维的自动化水平。如图 6-2-6 所示，网商银行将业务镜像进行了分层，每一层镜像负责不同的职能，一方面通过镜像分层可以提升镜像的管理水平，另一方面根据容器加载镜像的原理镜像分层可以一定程度上提升镜像加载效率，从而提升应用启动速度。

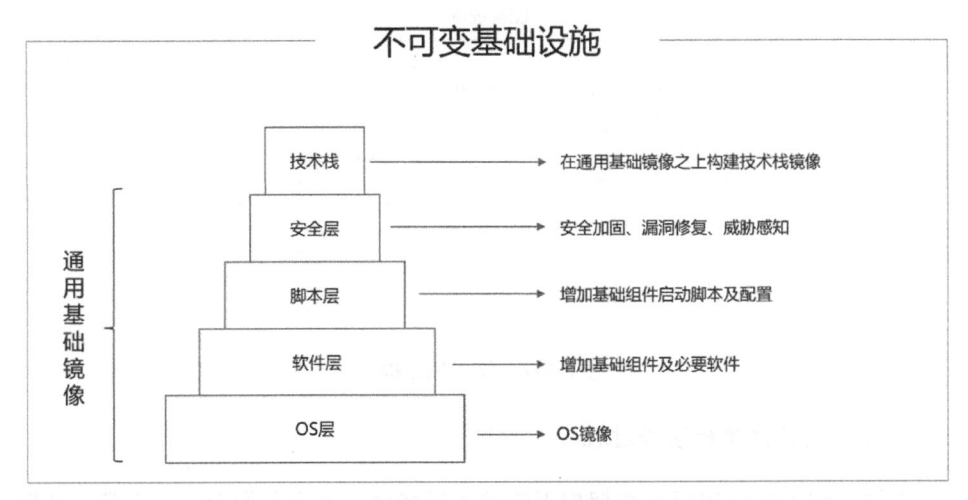

不可变基础设施

- 技术栈 → 在通用基础镜像之上构建技术栈镜像
- 安全层 → 安全加固、漏洞修复、威胁感知
- 脚本层 → 增加基础组件启动脚本及配置
- 软件层 → 增加基础组件及必要软件
- OS层 → OS镜像

（通用基础镜像）

图 6-2-6 不可变基础设施

6.2.2 容器化实践过程

1. 经典架构下的技术栈

网商银行在经典架构下存在一个基础设施技术栈，也就是一个应用程序所依赖的全部框架及附属资源的集合，如图 6-2-7 所示。从图中可以看出这个技术栈所包含的内容，它定义了应用发布部署和运维时应用的生命周期管控，包括操作系统和版本、开发框架类型和版本、应用启动和部署脚本、环境参数等，它其实是一个标准的虚拟机技术栈，并不是一个容器技术栈。技术栈具备以下特性。

- 多样性，技术栈的类型具有多样性，与应用服务所依赖的开发语言以及运行环境相关，例如多样性的开发语言（Java、Python、Golang、Node.js）对应不同的技术栈，可无穷扩展。
- 通用性，技术栈内抽象了通用的脚本接口供 PaaS 平台调用，如应用部署运维生命周期管控，以及应用环境初始化和必要环境资源的安装部署。
- 可扩展性，某些应用的部署场景并不适用于通用技术栈，需要研发人员自定义技术栈类型，可按照技术栈标准的开发方式，编写代码制作技术栈，并发布部署技术栈，使其达到可用状态。

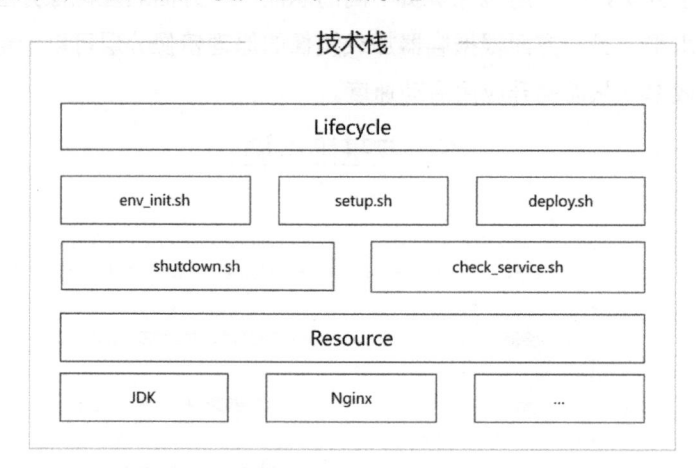

图 6-2-7 技术栈结构

2. 基础设施架构的演进过程

前面介绍了网商银行传统架构下的技术栈特性，下面我们看一下在整个基础设施架构演进的过程中，技术栈与基础设施之间发生了哪些关联性变化。网商银行底层基础设施架构，并不是从传统架构下的 VM 直接演进到了云原生架构下的容器化，在这个过程中还存在一个过渡架构，其实就是云原生基础设施+经典的运维体系（基于传统技术栈的运维能力），即图 6-2-8 中的过渡架构部分。

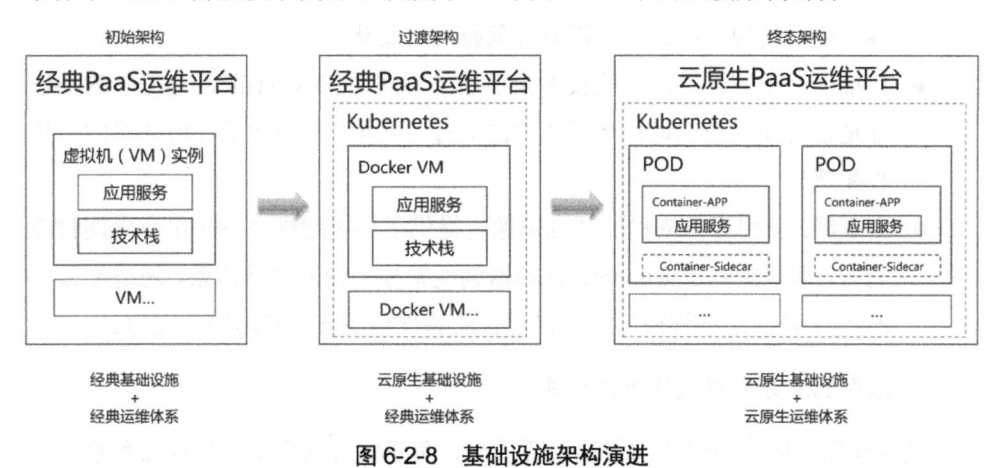

图 6-2-8　基础设施架构演进

从初始架构到过渡架构的演进，只是引进了 Kubernetes 容器管控平台，并没有完全在 Kubernetes 之上以其原生的方式部署和应用这个容器管控平台，主要是因为原有的经典 PaaS 运维平台存在技术栈负担，PaaS 管控应用服务的部署运维偏向于指令式交互，依赖技术栈来初始化运行时环境和管控应用服务的生命周期。如果直接切换到终态架构，既要解决基于技术栈方式部署的运维模式问题，又要从 VM 切换到容器，整个 PaaS 基础架构底盘涉及非常大的改造，这样的话架构的演进周期势必会拉长，业务在强感知后会承担比较大的风险。由于这种技术栈负担，经典模式很难直接切换到云原生模式，所以我们选择了一种逐步演进的方式，先将 IaaS 层的 VM 调度管控能力迁移到 Kubernetes 容器调度管控平台，再将 Docker 容器当作 VM 来使用，这样就可以保证 PaaS 层面的最小适配，基于云原生基础设施+经典的运维体系，业务无感知地从 VM 过渡到了容器化部署。

从过渡架构到终态架构的演进，对于运行应用服务的容器化基础设施来说，重点是去掉了运维体系对技术栈的依赖，从类似 Docker VM 的使用方式转变为 Kubernetes 的最小操作单元 POD 的使用方式，在这个过程中技术栈内封装的全部部署框架及附属资源的集合，作为不可变基础设施的一部分嵌入应用服务容器所依赖的基础镜像中，这样的基础镜像本身具备自包含、自描述、自运维等特性。

- 自包含：应用服务依赖的基础镜像自包含所需的运行时环境，使其可以在任何一个云上或云上任何一个位置被拉起，自包含的特性给应用本身的扩容带来了极大的便利，从一个实例复制、扩容到多个实例，整个过程对于容器化后的应用服务来说没有任何特殊的变化。
- 自描述：不同开发语言的技术栈描述了不同的 Dockerfile，其每层的描述都是说明如何正确地构建所依赖的运行时环境，不依赖于任何外界的干扰和配置。
- 自运维：应用服务依赖的基础镜像内提供了部署运维服务的生命周期管控能力，即适配基于 Kubernetes 容器调度管控平台的运维体系，还适配云上 PaaS 平台的运维管控，通过自包含的特性衍生出了自运维的能力。

3. 基于 P2P 分发模式的镜像仓库

镜像仓库是应用镜像化部署的必要前提，负责业务应用镜像的存储和管理，网商银行在迁移云原生架构的初期，在技术选型上使用了云原生架构下通用的方案，此方案基于 Harbor（开源镜像仓库）和 OSS 搭建，架构较为单一。在测试环境中推进云原生架构落地的过程中，镜像仓库存在的性能瓶颈逐渐暴露，由于银行体系严格的安全防护背景，基础镜像内增加了较强的安全防护能力，再加上应用所需的运行环境软件以及业务应用代码包，导致最终构建出来的应用镜像较为臃肿，大小达到 3GB 左右。在全行上百个应用开始逐步镜像化后，由于镜像仓库集群后端挂载的对象存储没有高效的文件分发机制，在高并发场景中会大量消耗网络资源，极有可能"打爆"镜像仓库带宽，并且给镜像仓库集群造成较大负载压力，导致业务应用部署后其镜像上传和拉取变慢，甚至阻塞，严重时直接导致镜像仓库不可访问，给 PaaS 平台上的业务部署造成极大影响。为解决该问题，网商银行引入了基于 P2P 技术的文件分发系统，来对镜像仓库进行优化。

Dragonfly 是一款基于 P2P 的智能镜像和文件分发工具。它旨在提高文件传输的效率和速度，最大限度地利用网络带宽，尤其是在分发大量数据时，例如应用分发、缓存分发、日志分发和镜像分发。网商银行引入该系统后的架构如图 6-2-9 所示，架构图仅供参考，实际上更为复杂。

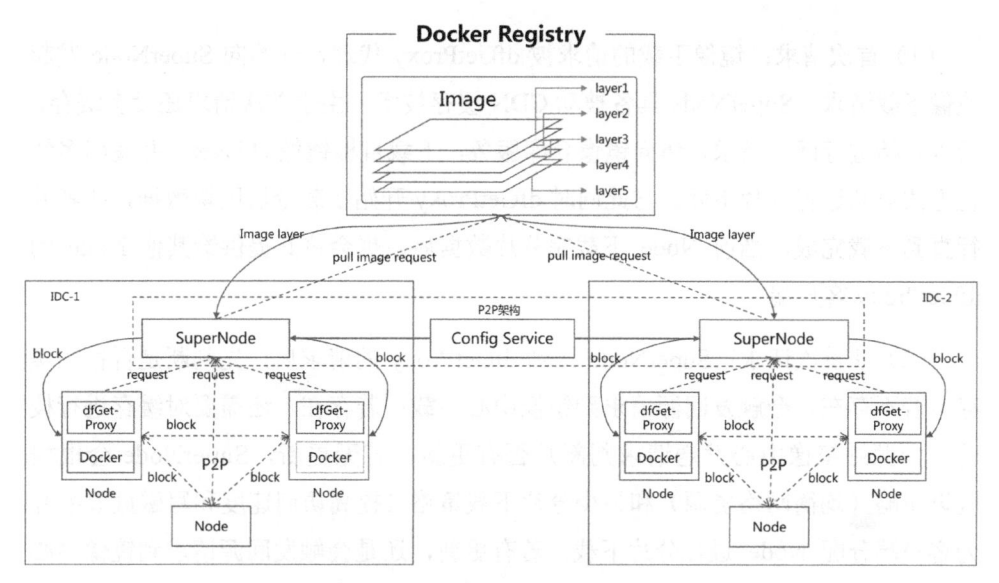

图 6-2-9　基于 P2P 智能镜像分发技术的镜像仓库架构

4. 名词详解

- Config Service：集群配置服务中心，负责管理超级节点。
- SuperNode：超级节点，作为文件分发的核心，部署在云单元架构下的各 IDC 中，管理同域内的 Node（普通节点）。
- Node：普通节点，如果是在云原生架构下的 Kubernetes 集群内，可以理解为集群内的一个普通节点。
- dfGetProxy：用于下载文件的客户端。
- block：文件分片区块。
- Image：容器镜像。
- layer：镜像分层。

5. 基本原理

云原生架构下的业务服务部署，是通过 Kubernetes 的调度能力，将业务服务最小的可部署的计算单元调度到一个 Node 上，启动这个最小计算单元有个前提，就是需要把业务应用镜像从远程镜像仓库下载到 Node 上，而这个下载镜像的过程中就会开始一次 P2P 文件分发，具体分为以下几种场景。

(1）首次请求：镜像下载的请求被 dfGetProxy 代理，开始向 SuperNode 发起镜像下载请求，SuperNode 具备被动 CDN 缓存技术，由于首次请求还没有缓存，所以开始进行回源请求，访问镜像仓库服务，下载目标镜像的 layer，并使用多线程方式对其进行分片下载。与此同时 dfGetProxy 开始下载分层区块数据，两者并行直到下载完成，当前 Node 下载完分片数据后，也会将其提供给其他 Node 的 dfGetProxy 客户端。

（2）非首次请求：SuperNode 接到 dfGetProxy 的请求后，先判断是否存在缓存。若不存在，会触发回源请求到镜像中心下载；若存在，还需要对缓存进行校验，向源站镜像中心发送请求判断是否有更新。若无更新，SuperNode 会根据就近策略（均衡网络资源）和最少分片下载策略（提高访问速度和写磁盘效率），为客户端分配 Node 进行分片下载；若有更新，还是会触发回源请求到镜像中心下载。

这部分只是抽象出了容易理解的原理，如果读者想更深入了解基于 P2P 的智能镜像分发的原理，可查看开源代码进行了解，目前阿里巴巴 Dragonfly 产品已经开源，并成为 CNCF 孵化项目。此外，开源的 Harbor 项目已经集成了开源版 Dragonfly，具备 P2P 镜像分发能力，两者结合成为业界通用的私有镜像仓库搭建方案。

6.2.3 集群混部应用

随着集群规模化的提升，在线业务集群和离线集群资源池逐步变大，由于存在业务低峰期，在线和离线使用独立的资源池会遇到资源利用率低的问题，一个比较明显的现象就是集群的资源分配率很高但是实际利用率偏低。为了提高资源利用率，节省昂贵的资源成本，网商银行在云原生架构建设过程中进行在线和离线集群混合部署，统一资源调度，以资源隔离和动态调整为基础，将不同属性类型的在线服务和离线计算类服务进行精确组合，利用高效调度算法和智能化的容量计算模型等技术手段完成资源的合理利用，提升资源错峰高效利用水平，降低 IT 成本。

要想利用混部技术提高资源利用率从而节约资源采购成本，就必须了解不同业务类型的资源需求、差异时段、服务规模。我们通过研究发现，网商银行业务类型主要分为以下几类，详细的对比信息如表 6-2-1 所示。

表 6-2-1　业务类型特征分类

业务类型	CPU 利用率	内存占用率	磁盘读写频率	带宽最低要求	时延要求	对在线应用集群的效果
在线应用	低	中	低	1000Mbit/s	高	峰值叠加
离线计算	高	高	高	万 Mbit/s	低	削峰填谷
实时计算	中	高	高	万 Mbit/s	高	峰值叠加
离线搜索	高	高	高	万 Mbit/s	低	削峰填谷
实时搜索	中	高	高	万 Mbit/s	高	峰值叠加
中间件	中	高	高	万 Mbit/s	高	峰值叠加
DB	中	高	高	万 Mbit/s	高	峰值叠加

提高资源利用率的混部方式存在多种场景，包括"离线在线混部""在线离线混部""在线实时混部"等几个种类，有一种通用的方式可以帮忙理解这几个场景，就是谁在前面谁提供基础设施资源，并且，从字面意思可以看出几种混部模式的基本特性。

（1）离线在线混部：基于离线服务集群资源部署在线业务服务，以达到混跑业务的效果。使用该混部技术的前提条件主要有两个，首先，优先保障线上应用的正常运行，如出现资源争抢离线任务现象，则需要让出占用的计算资源；其次，离线计算集群因混部额外增加的机器成本不得超过在线应用因混部而节省的成本。不难看出，对于离线计算集群来说，不论是 CPU 利用率、内存占用率还是磁盘读写频率都已经处于较高状态，如果在线应用要混部在该集群之上，势必占用原本给离线任务的计算能力（主要是 CPU 和内存资源）。

（2）在线离线混部：基于在线服务集群资源部署离线计算任务，以达到混跑业务的效果。使用该混部技术的前提条件是优先保障线上应用的正常运行，如出现在线服务和离线任务资源争抢的情况，离线计算任务必须无条件让出占用的计算资源，该部署场景与离线在线混部较为相似，都是基于两种服务的特征进行混部，以达到资源错峰利用和削峰填谷的目的，从而提升集群的资源利用率。

（3）在线实时混部：基于在线服务集群资源部署实时计算任务，以达到混跑业务的效果。这种部署模式与前两种模式的最大区别在于，这种模式的应用服务与实时计算任务的峰值完全重合。这种部署模式在业务集群的选择方式上，更偏向于计算资源使用稳定且利用率低的业务。使用该混部技术的前提条件主要有三个。第一，如出现在线服务和实时任务争抢资源的情况，实时计算任务必须无条件让出占用的计算资源；第二，在线服务资源集群不能因为实时计算混部而导致自身可扩容的 buffer 资源减少；第三，如遇大促活动，需保证有足够的计算资源同时提供在线服务和实时计算任务使用，满足两者流量峰值的叠加情况。

6.3　服务网格

服务网格（Service Mesh）最早由 Twitter 的前基础设施工程师 William Morgan 于 2017 年 4 月 25 日提出。虽然相应的技术在这之前已经有人在使用了，但一直没有一个明确的定义。在 2018 年 CNCF 又将服务网格纳入云原生的定义，使其在云原生领域发挥着重要的作用。

服务网格也是网商银行下一代云原生架构中非常重要的一个基础设施，它使原来通过 SDK 集成的一些网络通信的能力下沉到 Sidecar 中，包括基本的 RPC、消息、DB 访问能力，以及在此基础上的服务发现、熔断、限流、流量管控、数据库分库分表的能力，以此给业务系统带来较为透明的通信基础设施，将基础设施的迭代演进与业务系统解耦，让业务研发人员专注于业务逻辑，减轻业务系统的负担，提升业务系统及基础设施的迭代效率，实现专业的团队做专业的事情。另外 Sidecar 的引入也给业务系统的多语言发展提供了更大的可能性，通过服务网格技术可解决多语言、多技术栈之间的互连互通问题，有利于构建一个松耦合银行系统架构。在引入服务网格基础设施后，网商银行的应用架构如图 6-3-1 所示。

在网商银行主要存在两个 Sidecar，即 MOSN 与 DBMesh，这两个组件分别负责处理服务之间的 RPC 通信以及服务与 DB 之间的通信，基于各自通信协议的要求及能力要求提供不同的基础能力与安全防护的措施。

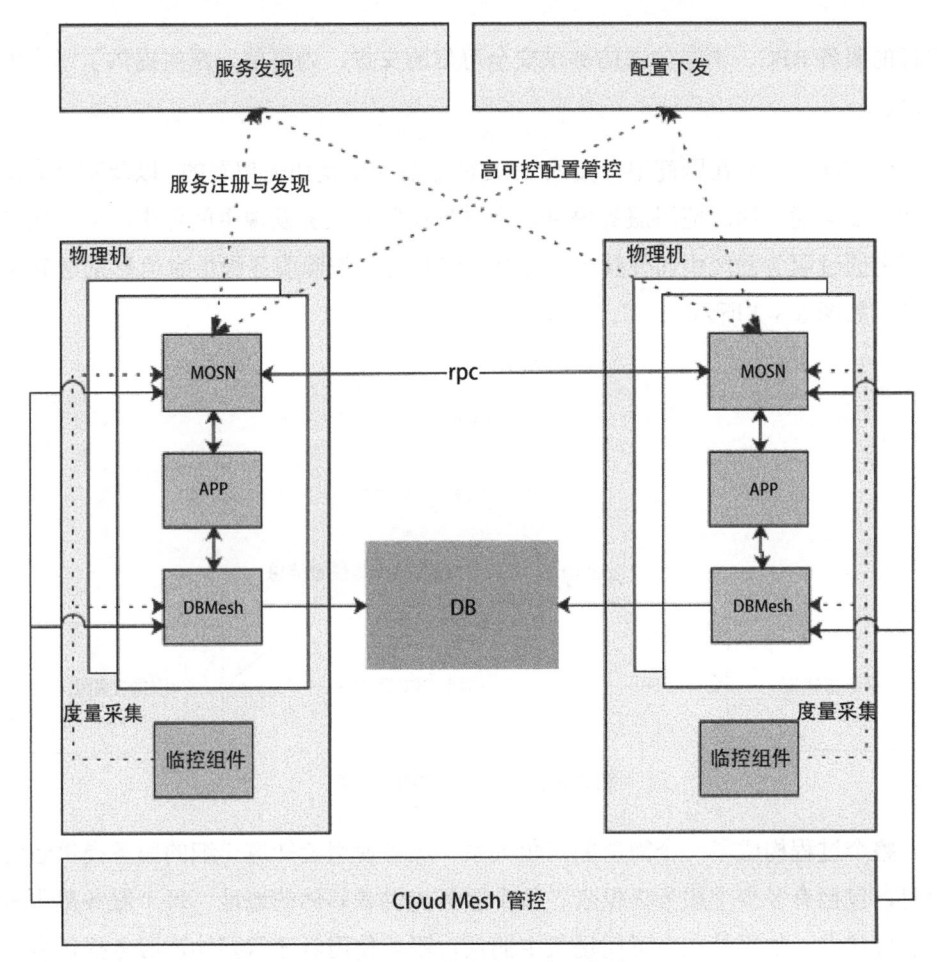

图 6-3-1 网商银行的应用架构

6.3.1 MOSN

MOSN（Modular Open Smart Network）是蚂蚁集团使用 Go 语言开发的一款网络代理组件，已于 2018 年 7 月使用 Apache 2.0 协议开源，开源版本一直在云原生社区具有非常高的活跃度与认可度。作为云原生的网络数据平面，其旨在为应用服务提供多协议、模块化、安全的代理能力。MOSN 对接了 XDS API，通过 XDS API 可以快速地与其他 Service Mesh 进行集成，同时也可以独立作为四、七层负载均衡器、API Gateway、云原生 Ingress 使用。网商银行将 MOSN 作为服务网格的一个重要的组成部分引入整个云原生架构中，让 MOSN 以一种 Sidecar 的角色与业务应用运行在一起，通过相关的通信协议与业务应用进行交互，为网商银行的服务 RPC、消息的通信提供安全可信的支撑，为可信云原生提供了坚实的基础。

我们回顾一下在网商银行接入 MOSN 之前应用是如何部署的，以及两个应用之间是如何通信的。应用服务提供者将自身注册到服务发现中间件中。应用服务使用者通过服务发现中间件找到服务提供者信息，按照服务提供者信息发送 RPC 请求，如图 6-3-2 所示。

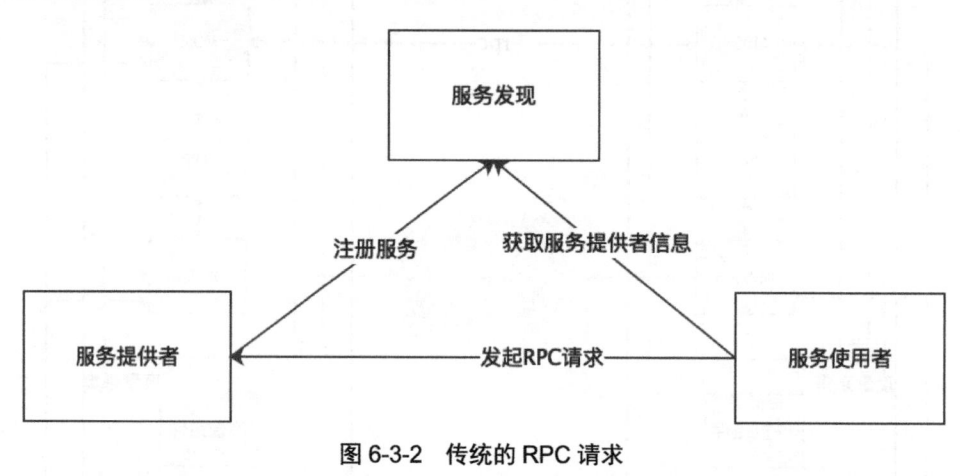

图 6-3-2　传统的 RPC 请求

整个过程构成了一个简单的三角关系。服务使用者知道详细的服务提供者的信息，包括有多少个服务提供者、每个服务提供者具体的地址、每个服务提供者的健康状态，如果是在高可用场景中的话，服务使用者还需要知道服务提供者的请求错误率、请求的耗时，而在服务提供者的代码里也将会有大量的逻辑用于保障自身的稳定性，比如限流、鉴权。这时不管是服务提供者还是服务使用者都将会有大量的代码逻辑用于实现这些能力，这部分能力的提供者也就是我们俗称的中间件。这时应用内模块分布如图 6-3-3 所示。当应用将这些能力与自身业务逻辑耦合在一起时，应用负责人将会有大量的时间成本投入到非业务逻辑的维护升级中，在微服务的场景中，有些应用这部分成本甚至超过具体业务的研发与运维成本。

在引入 MOSN 后这一切都发生了改变，以 RPC 为例，在接入 MOSN 后，整个请求过程将会变成图 6-3-4 所示的这样。

图 6-3-3　应用内模块分布

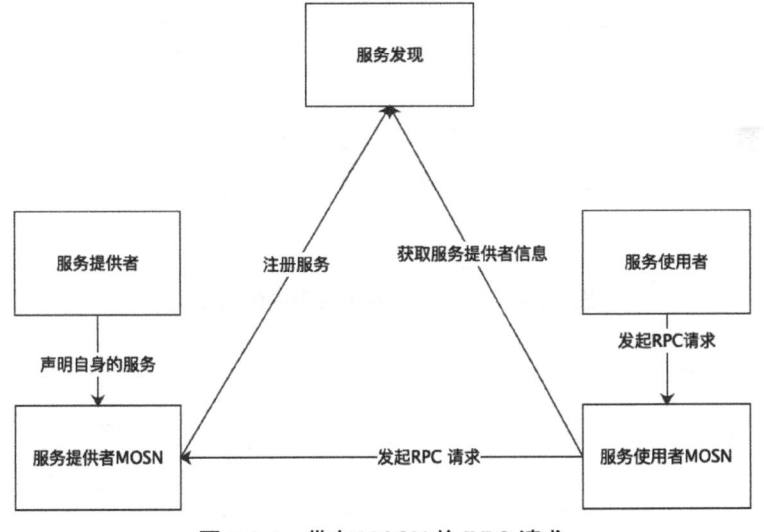

图 6-3-4　带有 MOSN 的 RPC 请求

这里面同样有 RPC 请求的三角形，但这个三角形里面将不再有服务提供者与服务使用者，只有 MOSN 和服务发现。服务提供者通过向 MOSN 声明自己提供的服务，让 MOSN 产生一个服务提供者代理，并且让这个这个代理注册到服务发现中。服务使用者将不再关心服务提供者的信息，在服务使用者看来 MOSN 能够提供所有的服务能力，所以服务提供者只会将 RPC 请求发送给 MOSN，MOSN 会将请求流转给服务提供者代理，该代理将请求转给真正的服务提供者来提供服务。这时候服务使用者不用关心服务提供者的具体情况，只需关注具体的业务，在该发起 RPC 的地方发起 RPC，然后再完成具体的业务。至于其他的基础能力（比如服务提供者情况、错误熔断能力等）全部交由 MOSN 处理。服务提供者一侧也是同样的逻辑。这时应用内模块简化为图 6-3-5 所示的这样。

在基础能力下沉到 MOSN 后，相关人员将不再关心基础能力如何接入，只需明白如何进行配置使用，这样可以更加专注于相关业务的开发。同时，将基础设施与业务实现分开，业务与基础能力同步开发、独立运维。基础能力的升级与新能力的接入，将不再需要业务负责人介入，而直接由能力提供者完成开发、测试、上线，如图 6-3-6 所示。

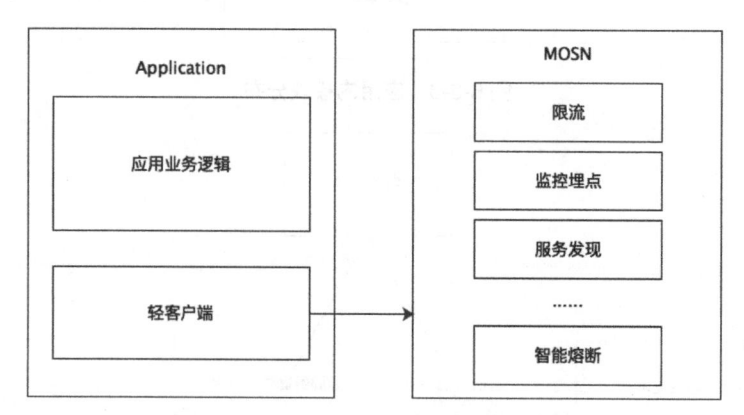

图 6-3-5 接入 MOSN 后应用内模块分布

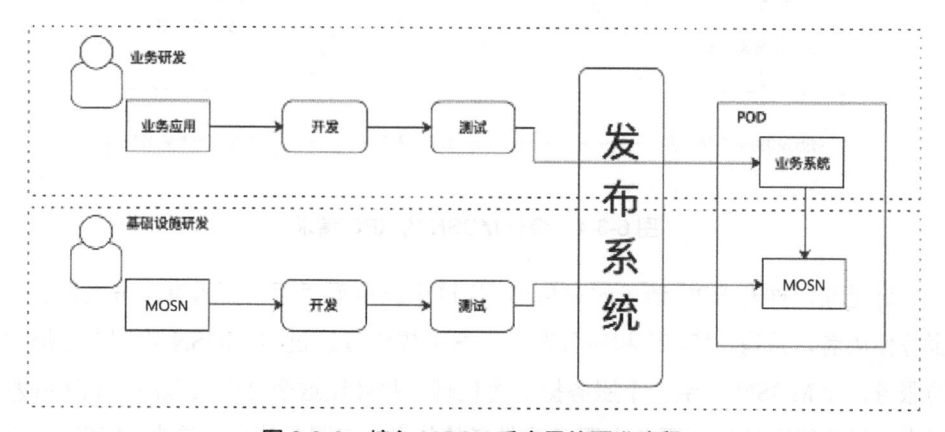

图 6-3-6 接入 MOSN 后应用的研发流程

6.3.2 DBMesh

如 6.3 节开头所述，服务网格是网商银行下一代云原生架构中非常重要的基础能力，DBMesh 则是以 Mesh 的思想解决数据访问层问题的下一代数据库中间件，其不仅提供了对原微服务模式下数据库中间件分库分表、读写分离等基础能力的支持，更重要的是解决了该数据库访问模式的种种弊端，将数据访问的基础设施能力与业务系统解耦，从而实现在上层业务开发人员专注于业务逻辑的同时，使底层技术设施具备快速迭代演进的能力。

我们来看一下当下比较通用的两种数据库访问中间件，其按照作用形态大致可分为集中式与客户端式两种，下面对这两种中间件做简单介绍。

顾名思义，集中式的数据库访问中间件以集中化部署方式提供数据库访问能力，客户端像连接普通数据库服务端一样访问数据库中间件，如图 6-3-7 所示，对应的分库分表、读写分离等核心能力在集中部署的中间件访问层予以计算，对客户端屏蔽实现细节。其弊端也相对明显，集中式部署方式会带来单点问题及对应的隔离问题等，行业代表产品有 Cobar、MyCat 等。

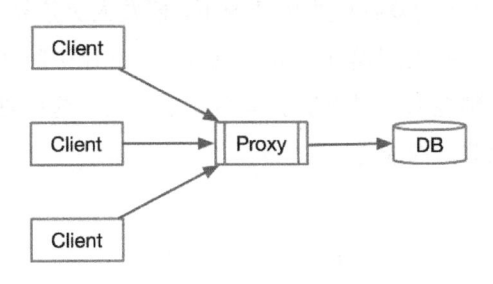

图 6-3-7 集中式部署

而客户端模式下的数据库访问中间件则将分库分表、读写分离能力在客户端实现，以客户端形式与应用系统伴生运行，其作用机制大致如图 6-3-8 所示。该模式的数据库访问中间件在提供能力的同时，对应地解决了集中代理模式下的单点问题与隔离问题，并且使其具备随业务系统一起水平扩展的能力。但该方式也对应引入了新的问题，比如与业务系统的强耦合、与特定的技术栈绑定等问题，在此模式下如果该中间件有新功能、新特性需要对应升级时，在中小使用规模下升级 Jar 包版本也行得通，但是在大规模使用的情况下，推动升级将是一件特别令人痛苦的事情，整个升级过程的时间跨度也不可控。在这种模式下，基础能力的升级依赖于业务系统的迭代发布，日常业务迭代会被干扰，业务研发人员无法专注于业务功能开发，中间件研发人员对整体的升级进程也难以把控，因此这种模式不具备快速迭代能力。

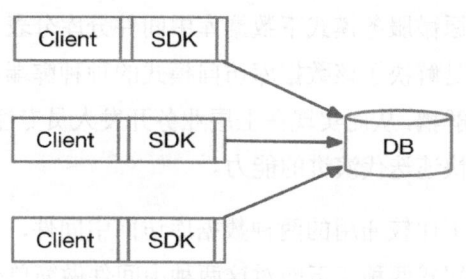

图 6-3-8 客户端模式访问数据库

为解决上述两种中间件的弊端，DBMesh 应运而生，DBMesh 以 Sidecar 形式伴生运行，其作用机制大致如图 6-3-9 所示。该方式不仅具备客户端模式的所有优点，还借助于云原生架构具备 Sidecar 独立升级能力，其以 Sidecar 形式提供能力，对应地也实现了技术栈无关的能力特性，无论何种语言按照对应协议内容均可低成本接入使用。在公司规模较大的情况下，研发人员依靠 Sidecar 的单独运维能力特性，可在公司层面大规模升级基础能力，并且让中间件负责人员对整体的升级过程具备完全控制能力，对上层业务系统零干扰，这种协作模式也使得对应中间件具备快速迭代演进的能力。

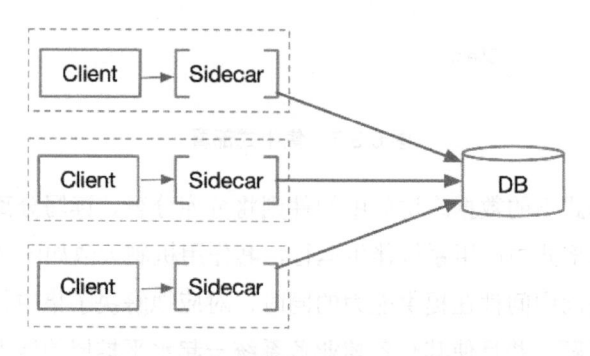

图 6-3-9 客户端通过 Sidecar 访问 DB

下面具体展示一下在 DBMesh 作用下对应组件的工作原理。如图 6-3-10 所示，当一个应用需要查询数据库时，应用程序将对应查询请求发送至本地 Sidecar 中，Sidecar 接收到来自应用的查询请求，会进行鉴权认证操作，鉴权认证通过后再进行 SQL 解析、规则引擎解析，最后经 SQL 执行模块发送到 DB 服务端执行该数据库命令。而规则引擎中涉及的分库分表、读写分离、应急容灾等配置规则，是由 Sidecar 中的控制模块在远端的控制面中动态获取的。

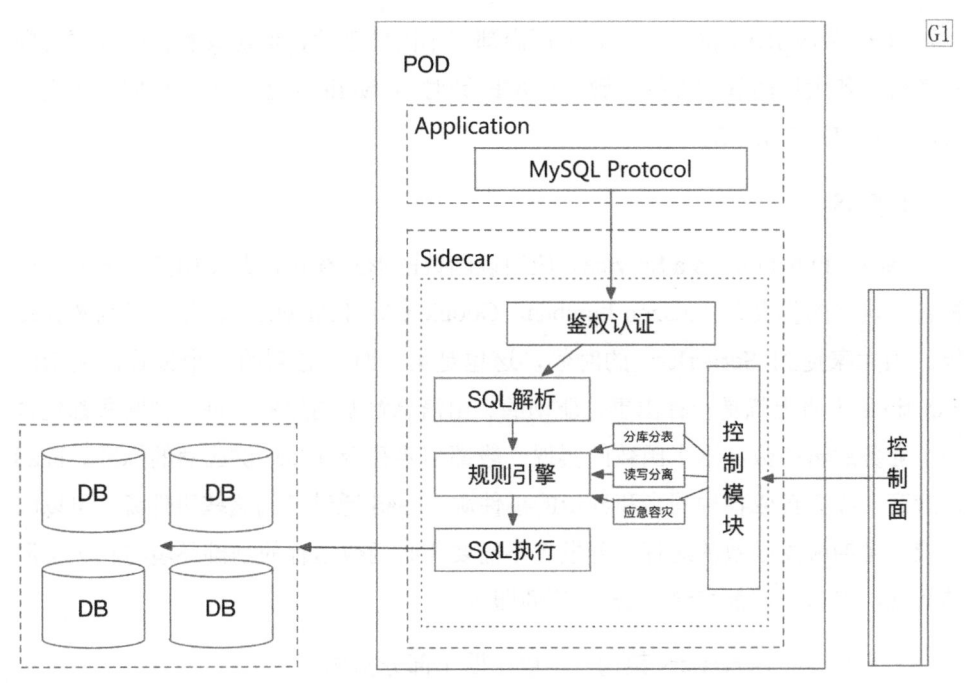

图 6-3-10　在 DBMesh 作用下对应组件的工作原理

6.4　Serverless

Serverless 架构是一种"无服务器架构"的架构模式，应用开发人员不使用常规性的服务进程，无须关心下层运行环境，而是将应用托管于第三方服务平台上，应用服务可以基于真实的使用请求，自动按需进行快速、安全的扩缩容。历史上第一个 Serverless 平台可以追溯到 2006 年的 Zimki。当时并没有使用 Serverless 这个名词，但是它的模式与现在的模式基本一致：按照实际使用量进行付费。Zimki 也是第一个使用这种模式的公司。而 Serverless 的正式提出是在 2014 年年底，Amazon 在推出 Amazon Lamba 时候提出了这个概念，Amazon 当时表示，应用开发者通过 Amazon Lamba 只需要上传代码包或者应用包就可以发布一个应用。在这之后，全球各大云服务厂商纷纷效仿，推出了具有各自特色、对 Serverless 有不同理解的 Serverless 平台，比如 Google Cloud Functions、Azure Functions、IBM Cloud Functions。阿里云作为国内云服务的主要提供商当然也推出了自己的 Serverless 平台——阿里云函数计算。

对于 Serverless 的定义，各大厂商都有不同的理解，但对其整体的发展方向和理念，各大厂商基本保持一致。CNCF 针对 Serverless 也给出了他们的定义：Serverless=FaaS+BaaS。

1. FaaS

FaaS：Functions as a Service。应用以函数的形式存在，并交由第三方云平台托管。典型的代表有 Amazon Lambda、Google Cloud Functions、阿里云函数计算等。当大家提到 Serverless 的时候，这也是第一时间想到的一个模式。所谓的 Functions 本质上就是一种由事件驱动的、由消息触发的服务，每一种服务都包含一个业务逻辑函数，这个函数的实现一般都需要符合 FaaS 供应商的标准。FaaS 供应商一般会集成各种同步和异步的事件源，FaaS 通过订阅这些事件源，可以临时或者定期触发函数的运行。开发者不需要关心函数运行的基础环境与相关资源的管理，将这一切都交给 FaaS 供应商即可。

一个经典的 Serverless 架构，一般由四个部分构成。

- Event Sources Functions：事件驱动的集合。
- Functions Instances：提供服务的 Functions 或微服务。
- FaaS Controller：管理 Functions 的控制服务，比如典型的 API Gateway 或者 BFF（Backend For Front）等。
- Platform Services Functions：依赖的平台服务，如权限管理 API、对象存储服务等。

Serverless 具体结构如图 6-4-1 所示。

2. BaaS

BaaS：Backend as a Service。这里的 Backend 可以是任何第三方提供的服务，所谓"第三方"可以指代云服务提供商提供的服务，比如 OSS，也可以是其他合作伙伴提供的服务，比如统一身份验证服务。

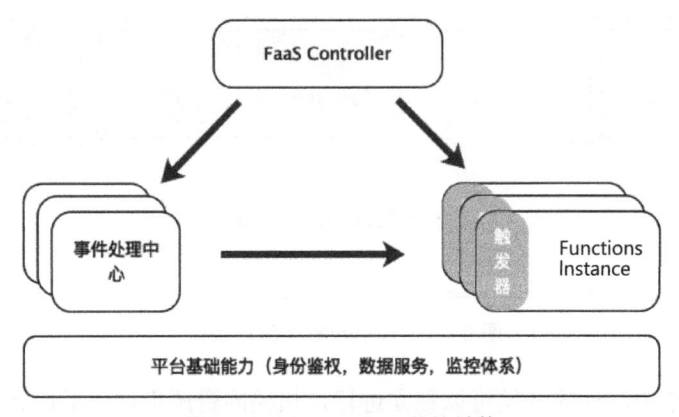

图 6-4-1　Serverless 具体结构

网商银行将 Serverless 作为科技金融重要的组成部分，通过将部分平台转化为 Serverless 架构，将能力组件化、模块化、Functions 化。将平台的基础能力与业务逻辑分离开，实现同步发展，实现这些能力的智能上下线与动态切换，这些能力在业务需要时加载，在业务完成后动态下线，减少逻辑空转导致的资源消耗。比如要做一次促销活动，常规架构模式的开发流程如图 6-4-2 所示。

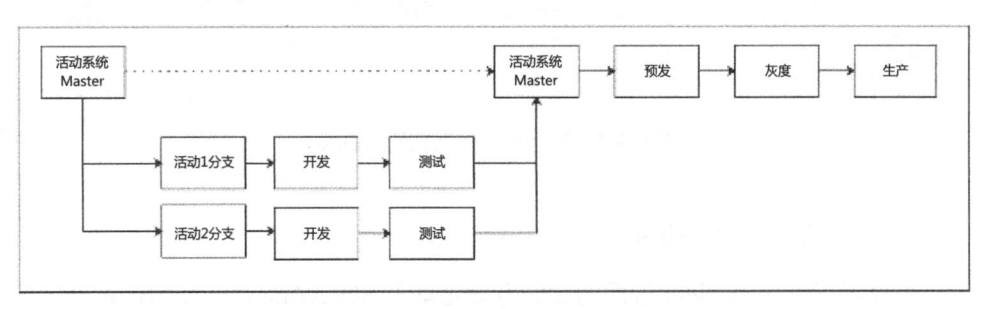

图 6-4-2　常规架构模式的开发流程

在活动开始前需要预先申请机器资源，申请资源需要预先考虑同期其他活动带来的压力。这时候整体系统的容量也不是可以简单地评估出来的，一般需要通过系统性的压测，通过前期的扩容达到容量目标，以规避整体的风险。在活动结束后，相关的能力不会下线，相应的代码通常也不会被清理，一段时间后这些代码就会成为系统内的冗余代码，没什么用，也没人敢清理，整个系统的复杂度增加，可维护性变差。

但在转化为 Serverless 架构后，这个系统的部署情况也会发生变化，如图 6-4-3 所示。

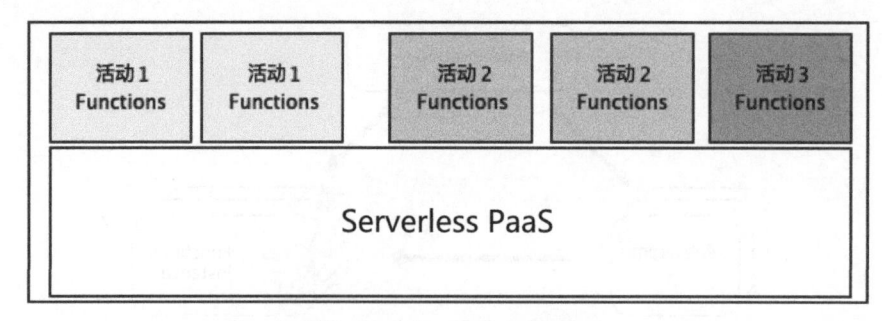

图 6-4-3 Serverless 部署架构

这时候单个活动的开发可以独立进行，相关的资源也可以根据系统的整体压力进行快速、自动化、系统化的扩容。在系统上线后的初期，也可以根据系统容量情况进行资源预分配，不用考虑其他活动的影响。Serverless 架构研发流程如图 6-4-4 所示。

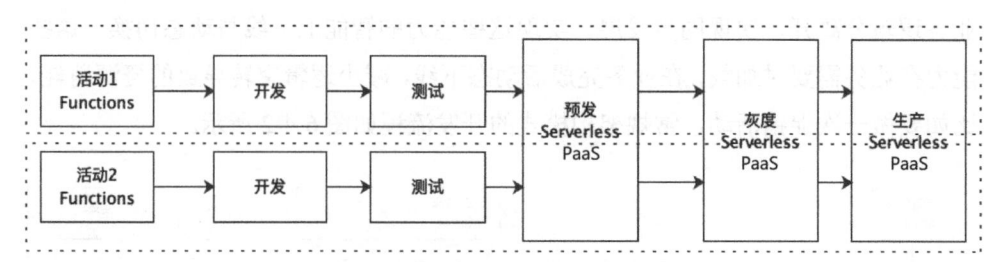

图 6-4-4 Serverless 架构研发流程

6.4.1 Ark Serverless

网商银行在 Serverless 方面的实践方案是基于 SOFAArk 和 SOFABoot（蚂蚁集团开源的基于 Spring Boot 的研发框架）实现的 Ark Serverless 基础架构方案。这套方案提供了一套快速、可复制的 Serverless 平台能力，基础平台团队可以通过这套方案快速构建起各自的业务平台。

那么，SOFABoot 是什么？SOFAArk 技术又是什么？

Ark Serverless 框架层面设计思路源自 Sofa-Dynamic-Module-Runtime 中间件的能力，包括类隔离、模块全生命周期管控、动态部署等。Sofa-Dynamic-Module-Runtime 的产生主要是为了解决下面所描述的问题。

Sofa 应用虽然有多个模块，但在 CloudEngine（蚂蚁集团自主研发的 Java 应用容器）中运行时只有一个 ClassLoad，且诸多的类都受到管控。当需要引入一些其他业务的近端包时，很容易出现冲突。很多业务方都有隔离性的需求，也有很多业务方希望能不重新发布应用而动态更新一些能力。

由于 CloudEngine 的 Sofa-Dynamic-Module-Runtime 能力在整体的运维层面上稍有欠缺，同时在 Java 生态圈中 SpringBoot 的热度不断上升，如何在 SOFABoot 中提供业务模块动态插拔的能力就是当前要考虑的问题，Ark Serverless 也就应运而生了。

Ark Serverless 和前面提到的 BaaS 与 FaaS 在模式上均有一些差异，整体上和 FaaS 更像一些。FaaS 的粒度可能更细一点，到了函数级别，Ark Serverless 的实现是在应用级别的。Ark Serverless 是蚂蚁集团业务中台技术解决方案的一种实现方式，它允许模块以动态的方式被装载到一个正在运行的容器中。SOFABoot 应用与 Ark Serverless 应用的对比如表 6-4-1 所示。

表 6-4-1　SOFABoot 应用与 Ark Serverless 应用的对比

	SOFABoot 应用	Ark Serverless 应用
类隔离	否，只有一个 ClassLoader	是，有多个 ClassLoader
启动方式	fatjar 启动（JarLaunch 引导）	folder 启动（ArkLaunch 引导）

Ark Serverless 应用=SOFABoot 应用+SOFAArk。简而言之，Ark Serverless 应用可以理解成具备 ClassLoader 隔离能力的 SOFABoot 应用。ClassLoader 隔离也就意味着会存在多个 ClassLoader，这些 ClassLoader 是由 SOFAArk 提供的。一个 Ark Serverless 应用结构如图 6-4-5 所示。

一个 Ark Serverless 应用就是一个 Serverless 架构模式的中台，而每个业务模块就是 Serverless 的函数。业务模块的开发者不用关心 Ark Serverless 应用所使用的机器信息，业务模块可以自由使用 Ark Serverless 应用提供的能力与资源，同时通过 Serverless PaaS 提供的调度规则，业务模块可以按需动态加载使用与动态卸载资源。在业务模块容量达到瓶颈时，Serverless PaaS 能够依赖监控自动化对业务模块进行快速扩容，由于 Ark Serverless 应用的资源与容器都已预先启动完成，所以业务模块的加载是非常快速的（秒级）。Serverless 的整体架构如图 6-4-6 所示。

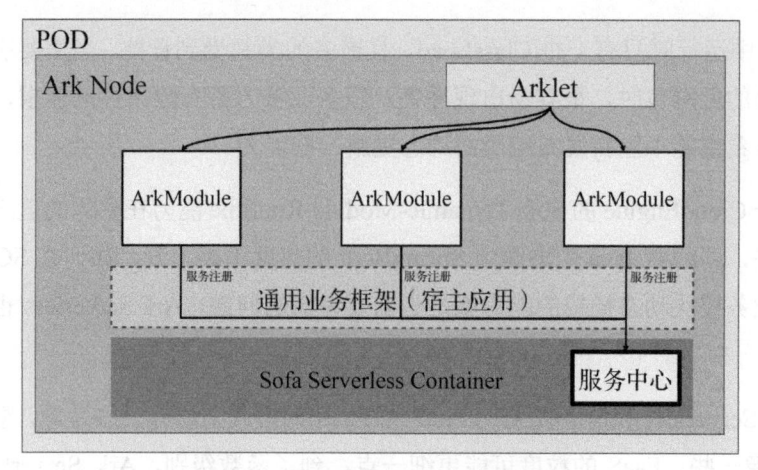

图 6-4-5 Ark Serverless 应用结构图

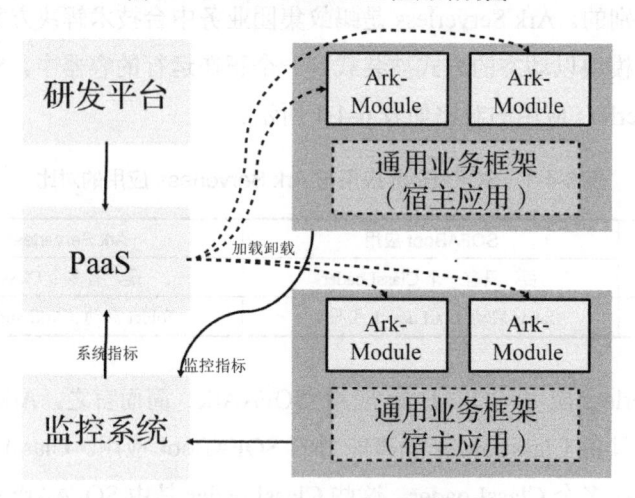

图 6-4-6 Serverless 的整体架构

我们将这个架构与 FaaS 进行对比，通过对比可以对 Ark Serverless 是如何对 Serverless 现代化架构理念进行诠释的有更深层次的理解，也能够对 Serverless 架构思想有清晰的认知。详细情况如表 6-4-2 所示。

表 6-4-2 Serverless 架构与 FaaS 的对比

	Ark Serverless	FaaS
最小单元	ArkModule	Functions Instance
能力依赖	宿主应用	平台基础能力
运行依赖	Sofa Serverless Container	事件处理中心

接下来我们通过"统一巡检平台"这个具体的案例来深入理解 Ark Serverless。首先我们需要先了解一下"统一巡检平台"的基础组成内容。"统一巡检平台"是一个通过配置巡检规则关联用户开发的巡检脚本，由巡检规则触发执行自定义脚本，按照脚本的逻辑去检查线上环境、线上业务等，通过抽样检查来发现生产环境是否有已知的风险存在。通过对这个目标的简单分析会发现这里有一个东西是需要平台用户自己开发的，即巡检脚本。巡检脚本通常需要取获取生产环境的一些信息，这需要巡检平台对生产信息进行高度封装，提供 SPI 给巡检脚本使用。我们可以结合"统一巡检平台"得出平台架构，如图 6-4-7 所示。

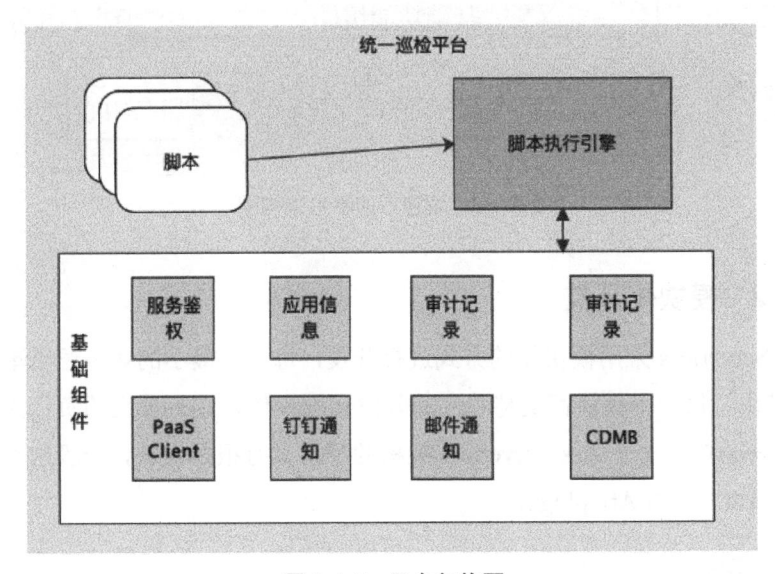

图 6-4-7 平台架构图

这种架构模式存在以下几个问题。

- 需要自主研发脚本执行引擎。
- 脚本的相关质量保障流程也需要自主研发。
- 由于脚本引擎是独立研发的，所以需要额外的学习成本。

如果我们按照 Ark Serverless 架构思想对"统一巡检平台"升级，将对"统一巡检平台"的架构做以下调整。

- 以平台基础能力构建一个 Ark Serverless 应用。
- 将每个巡检脚本调整为 Ark Serverless Module。

- 脚本的研发过程统一至 Ark Serverless 研发平台。

调整完后"统一巡检平台"架构将会升级为图 6-4-8 所示的样子。

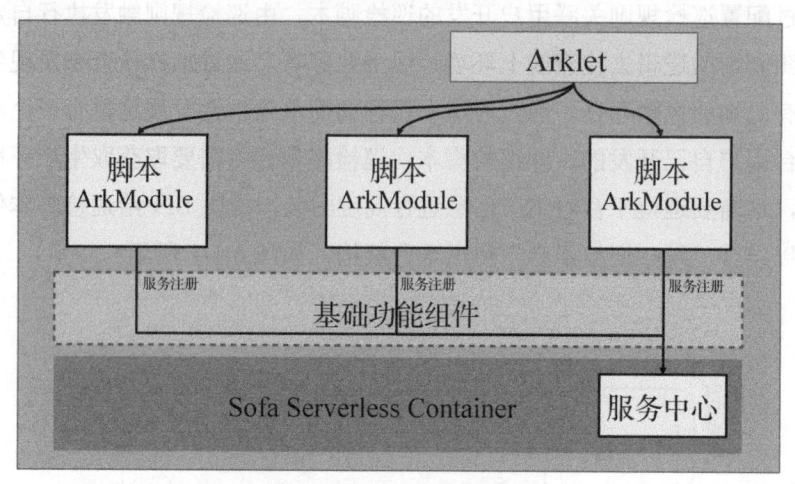

图 6-4-8 调整后的平台架构图

6.4.2 模块化开发

Ark Serverless 采用模块化的方式进行开发，每一个最小的业务逻辑单元都是一样的模块。每一个模块都支持独立的开发运维操作，具有独立的负责人与研发流程，互不影响。一个 Ark Serverless 架构的平台具有很多模块，一般这类模块分为两种：Ark Biz 与 Ark plugin。

1. Ark Biz

Ark Biz 是一个业务逻辑内聚的产物，在项目结构上是 Sofa Ark 定义特殊格式的 Fat Jar，使用官方提供的 Maven 插件 sofa-ark-maven-plugin 可以将工程应用打包成一个标准格式的 Ark Biz 包。在角色上，Ark Biz 又被划分为基座模块与普通模块。基座模块是 Serverless Container 启动后最早主动加载的模块，一个 Serverless Container 和一个基座模块的 Runtime 组成了一个 Ark Serverless 的最小运行环境，这个最小运行环境也叫基座。通过字面很容易就能够明白这个最小运行环境就是这个 Ark Serverless 应用的基础底座，为后面所有的平台能力、动态模块加卸载（加载与卸载）、资源分布式协调提供支持。

2. 如何创建一个 Ark Biz 模块

一个 Ark Biz 模块没有特定的目录格式，也没有固定的 Maven-Archtype 对模块进行定义，任何一个普通的 Java 工程或者 Spring Boot 项目都可以被改造成一个基座模块，只需要使用 Maven 插件 sofa-ark-maven-plugin 打包，将一个普通应用打包成一个基座模块，sofa-ark-maven-plugin 只是在原来的 Jar 包结构基础上新增两个目录文件。

- com/alipay/sofa/ark/biz/mark：标记文件，标记该 Jar 包是 sofa-ark-maven-plugin 打包生成的 Ark Biz 文件。
- lib/：lib 目录存放工程应用的第三方依赖。

在项目产出物上 Ark Biz 模块又分为两种模式：Ark 包与普通 Ark Biz。这两种模式唯一的区别就是 Ark 包模式的产出物中包含了 Ark Container，可以直接通过 java -jar 命令启动。而普通 Ark Biz 的产出物仅仅包含了业务实现与业务依赖。这两种模式在项目结构上没有区别，项目负责人可以根据业务需求自由地通过 sofa-ark-maven-plugin 配置参数 attach 进行切换。当 attach 为 true 时打包发布 Ark Biz，为 false 时打包发布 Ark 包。

一个经典的 Ark 包目录结构如下所示，sofa-ark-sample-springboot-ark-0.6.0-ark-biz.jar 是构建出来的 Ark Biz，直接放置在 SOFA-ARK/biz 下，SOFA-ARK/container 下放置了 Ark Serverless 的运行环境包 sofa-ark-all-*.jar。

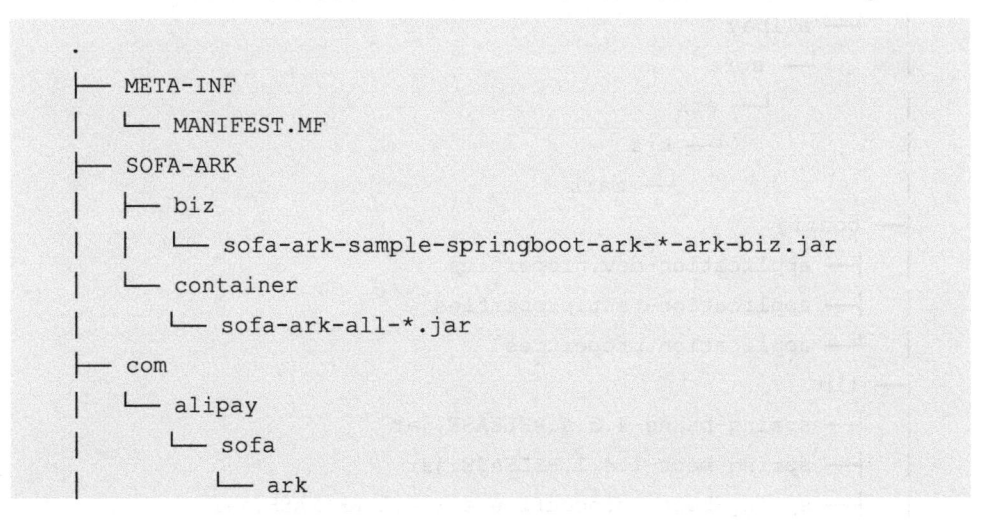

```
.
├── META-INF
│   └── MANIFEST.MF
├── SOFA-ARK
│   ├── biz
│   │   └── sofa-ark-sample-springboot-ark-*-ark-biz.jar
│   └── container
│       └── sofa-ark-all-*.jar
├── com
│   └── alipay
│       └── sofa
│           └── ark
```

```
|       |       ├── bootstrap
|       |       ├── common
|       |       ├── loader
|       |       └── spi
|       └── conf
|           └── ark
|               └── bootstrap.properties
```

Ark 包中的 sofa-ark-sample-springboot-ark-*-ark-biz.jar 就是主模块,它会被 Ark Container 在启动完成后直接进行加载。这里有一点需要注意:如果 biz 目录下存在两个 biz.jar 的话,会导致启动失败,因为有两个 biz.jar 的时候无法判断哪个是主模块需要优先启动。一个经典的 biz.jar 的目录结构如下所示。

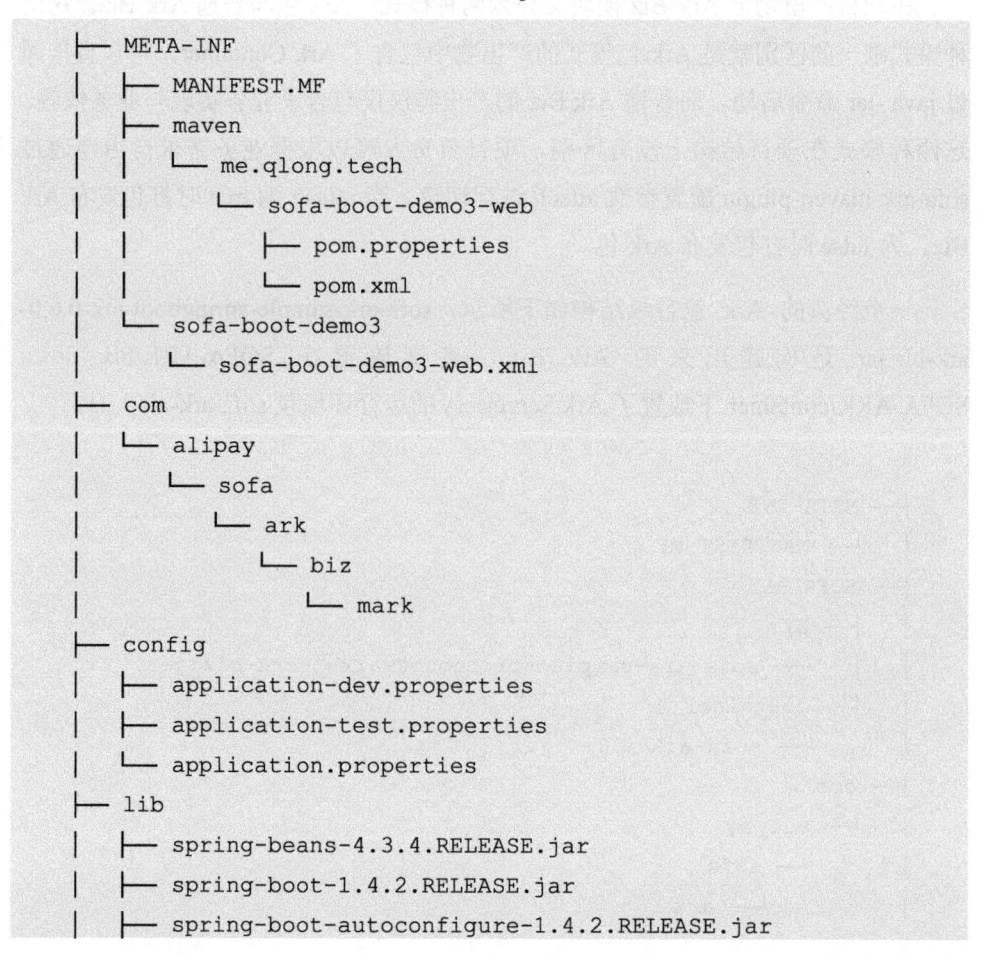

```
├── META-INF
|   ├── MANIFEST.MF
|   ├── maven
|   |   └── me.qlong.tech
|   |       └── sofa-boot-demo3-web
|   |           ├── pom.properties
|   |           └── pom.xml
|   └── sofa-boot-demo3
|       └── sofa-boot-demo3-web.xml
├── com
|   └── alipay
|       └── sofa
|           └── ark
|               └── biz
|                   └── mark
├── config
|   ├── application-dev.properties
|   ├── application-test.properties
|   └── application.properties
├── lib
|   ├── spring-beans-4.3.4.RELEASE.jar
|   ├── spring-boot-1.4.2.RELEASE.jar
|   ├── spring-boot-autoconfigure-1.4.2.RELEASE.jar
```

```
|    ├── spring-boot-devtools-1.4.2.RELEASE.jar
|    ├── spring-boot-starter-1.4.2.RELEASE.jar
|    ├── spring-boot-starter-logging-1.4.2.RELEASE.jar
|    ├── spring-boot-starter-tomcat-1.4.2.RELEASE.jar
|    ├── spring-boot-starter-web-1.4.2.RELEASE.jar
|    ├── spring-context-4.3.4.RELEASE.jar
|    ├── spring-core-4.3.4.RELEASE.jar
|    ├── spring-expression-4.3.4.RELEASE.jar
|    ├── spring-web-4.3.4.RELEASE.jar
|    ├── ...
|    ├── ...
|    ├── ...
|    └── velocity-1.7.jar
├── logback-spring.xml
├── me
|    └── qlong
|         └── tech
|              └── SOFABootWebSpringApplication.class
└── static
     └── index.html
```

3. Ark Plugin

Ark Plugin 是一种特殊格式的 Fat Jar，通过使用 Maven 插件 sofa-ark-plugin-maven-plugin 可以将一个或多个普通的 Java Jar 包打包成一个标准格式的 Ark Plugin。Ark Plugin 包含一份配置文件，通常包括插件和资源的导入导出、插件启动优先级等配置。运行时，Ark Container 会使用独立的 Plugin ClassLoader 加载插件，并根据插件配置构建类加载索引表，从而使插件与插件、插件与应用之间相互隔离。

一个经典的 Ark Plugin 的目录结构如下所示。

```
.
├── META-INF
|    ├── MANIFEST.MF
|    └── maven
```

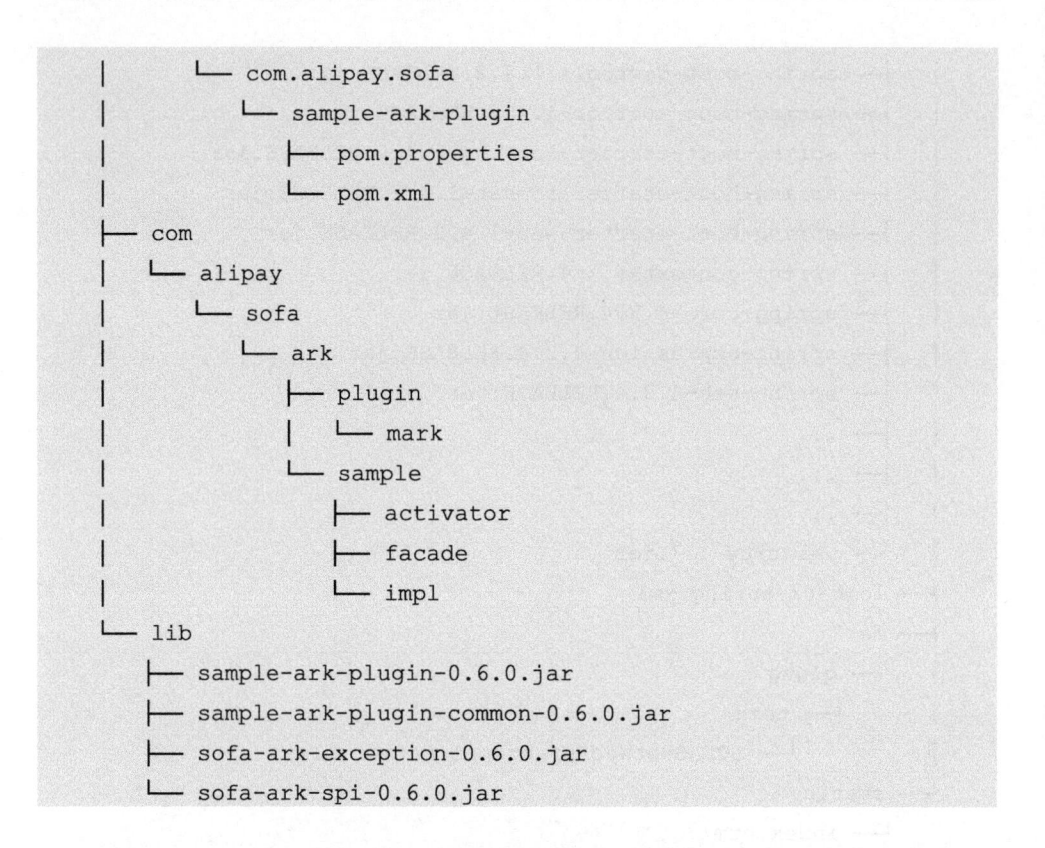

```
|       └── com.alipay.sofa
|              └── sample-ark-plugin
|                     ├── pom.properties
|                     └── pom.xml
├── com
|    └── alipay
|          └── sofa
|                └── ark
|                     ├── plugin
|                     |     └── mark
|                     └── sample
|                           ├── activator
|                           ├── facade
|                           └── impl
└── lib
     ├── sample-ark-plugin-0.6.0.jar
     ├── sample-ark-plugin-common-0.6.0.jar
     ├── sofa-ark-exception-0.6.0.jar
     └── sofa-ark-spi-0.6.0.jar
```

通过 Ark Plugin 可以将众多的通用基础设施改造成 Ark Serverless 的 Plugin 模块，通过提供的 Spi 为业务的 Biz 模块提供基础能力。最经典的用法就是将各自公司的中间件 SDK 通过 sofa-ark-plugin-maven-plugin 生成一个 Ark Serverless 的 Plugin，为基于 Ark Serverless 架构的上层业务提供中间件能力。例如在网商银行使用如下依赖提供网商所有中间件接入能力，为希望用 Ark Serverless 架构能力来构建系统的人员提供支持。

```xml
<dependency>
    <groupId>com.alipay.sofa</groupId>
    <artifactId>serverless-runtime-alipay-sofa-boot-
        starter</artifactId>
    <scope>provided</scope>
</dependency>
```

6.4.3　任务托管

在完成模块化开发之后,能够通过模块化的开发方式将 PaaS 不同的业务相互隔离,能够让开发人员专注于自身的业务能力,能够实现更高的资源利用率,等等。面对服务模块化带来的比微服务更加复杂的分布式架构状态,如何能够更加高效、更加细粒度地对服务模块进行相应的管理,如何对相应模块的运行状态有更清晰的认识,是我们遇到的新问题。

网商银行的应用通过使用面向 Serverless Ark 研发的、提供服务模块托管能力的 Serverless PaaS 来应对使用 Serverless 架构后带来的变化与高度复杂的架构环境。通过 Serverless PaaS 统一对线上线下 Serverless 资源进行管理,为 Serverless 架构下的应用提供基础运维能力与高可用应急手段。这些能力包括应用上下线、模块动态加卸载、应急自愈与自动化的资源调度等。

下面主要介绍一下 Serverless PaaS 基于模块动态加卸载能力的资源调度方案。常规的一个应用中会存在多种业务,每一种业务都有独立的运算逻辑及相应的资源消耗,当我们需要计算相应业务的容量水位时会发现相应的影响变量较多,不同业务之间不同的时间段会有不同的业务量。这会对其他业务容量水平造成不同的影响,导致一个业务的"水位"是不断在变化的,但当应用上有 n 个业务时,整体容量的将会是:

$$f(x) = (业务A单机容量 - \sum_{x=0}^{n}(业务A单机容量 / 业务n单机容量 \times 业务n业务量)) \times 机器量$$

而这个 n 是一直在变化的,所以在 n 不断变大时,对于核心业务 A 的容量评估就会越来越困难,目前通常的做法是在业务量和业务模型不变的情况下,进行相应业务的压测,通过压测的实际表现来判断容量水平。一旦出现压测场景外的场景,就会导致相应的评估失准。

那 Serverless PaaS 如何解决这个问题?Serverless PaaS 通过运用 Serverless Ark 模块化开发、业务模块化及模块动态加卸载能力,配合 PaaS 基于业务和机器性能指标监控的资源调度能力,将应用的部署模式进行调整,具体如图 6-4-9 所示。

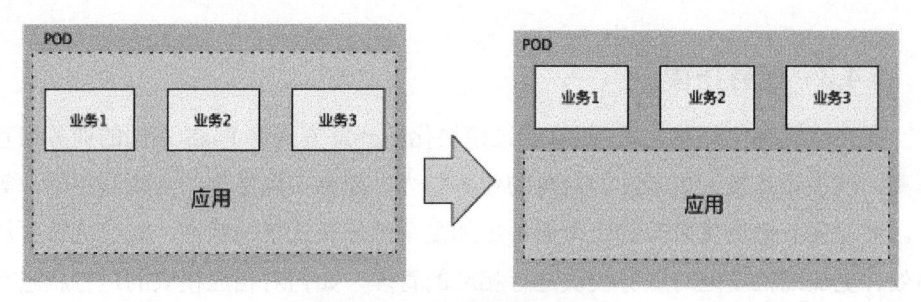

图 6-4-9 业务部署模式变化

在新的模式中，应用集群的情况也会发生相应的变化，新的模式可以让一个 POD 只有一个业务，使原有的集群的节点模式变化为按照业务容量的需求动态划分集群资源的模式，如图 6-4-10 所示。

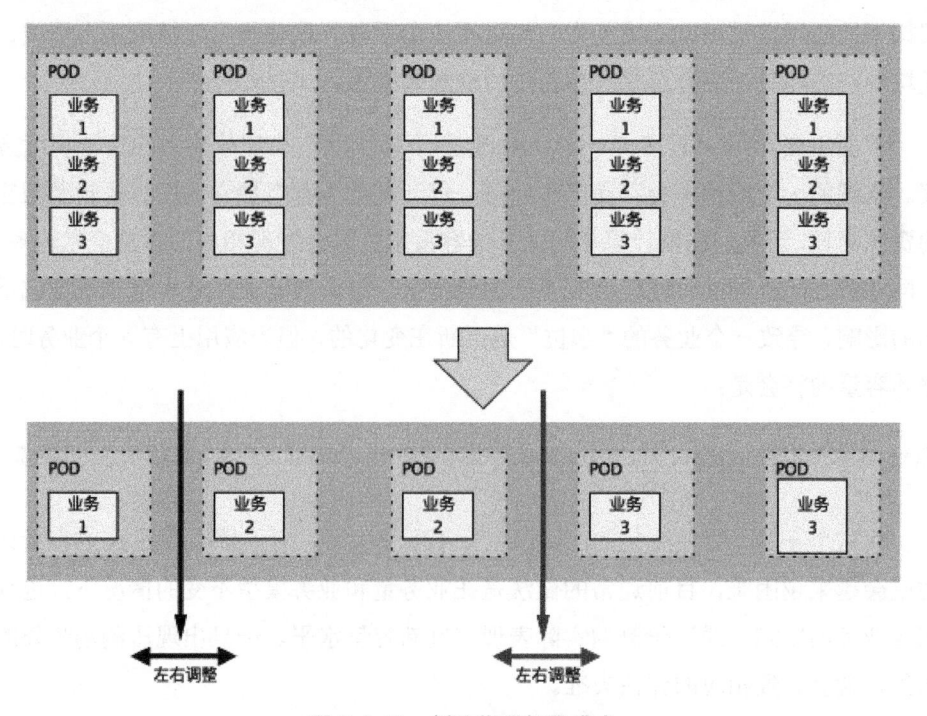

图 6-4-10 新的集群部署模式

这种部署模式将会使应用整体的复杂度大大降低，由于业务模块可以在这个应用上随意加卸载，所以可以根据业务量的变化快速调整某个业务的资源。同时由于复杂度的降低，可以大大降低业务"水位"评估及不同业务间的相互影响。

6.5 云原生研发流程

随着技术发展越来越快,新业务场景不断涌现,业务研发人员面对需求落地的压力也越来越大,提升研发效率对支撑业务快速发展起到至关重要的作用。而云原生相关技术(容器、微服务、服务网格、不可变基础设施、声明式 API、Devops)的出现,屏蔽了业务研发人员对底层基础设施的强感知,其在研发流程上的应用,也极大简化了应用服务编译、部署、运维整套流程,其中 DevOps(Development 和 Operations 的组合)是一种提升研发效率的思维,更是一种在组成层面进行研发效率提升的技术。

6.5.1 云原生 DevOps

1. 研发流程

网商银行的基础设施架构,无论是传统的架构还是目前的云原生架构,从软件研发的视角来看,在研发流程上都离不开三个阶段。在网商银行内部,由研发流程平台来提供三个阶段的系统能力。

(1) CI(Continuous Integration)阶段:持续集成阶段。在研发人员每次提交代码后,由研发平台对代码进行检测和集成测试,这是一个完全自动化的过程。在代码提交流程上,网商银行的研发平台还具备以下特点。

- 合并前动作:针对提交的代码进行冲突检测、安全扫描、代码规则检查,通过后才会进入下一个阶段。
- 合并过程:由一个或多个非代码提交人进行代码评审,评审通过后执行代码合并,如评审未通过则拒绝合并,打回提交的代码,由研发人员继续修改或完善。
- 合并后动作:合并后执行自动化的安全扫描和集成测试,最终提供下一阶段可执行的基础。

(2) CD(Continuous Delivery)阶段:持续交付阶段。基于 CI 自动化集成测试后的代码,构建出可交付部署的产物,并将产物部署在类似于生产环境的环境中,完成最终产品上线前的检验,如在开发环境中完成 CI 后部署至测试环境中,有研发质量人员进行基础验证。

（3）CD（Continuous Deployment）阶段：持续部署阶段。在前两个阶段的基础之上，线上环境的部署（编译、打包、部署）完全自动化。

网商银行研发流程如图 6-5-1 所示，在网商银行架构演进到云原生架构的过程中，持续集成阶段的流程并未发生较大的变化，而持续交付阶段的交付产物发生了本质上的变化，从原有架构下的代码包交付，转变为了应用服务镜像交付，在整个架构演进的过程中，两个交付产物是同时存在的，全面切换到云原生架构后，唯一的交付产物就是应用服务镜像。

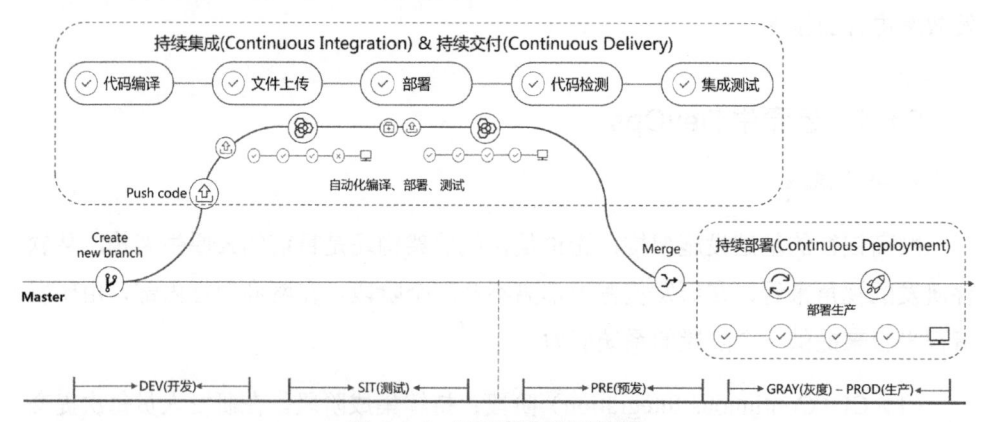

图 6-5-1 网商银行研发流程

6.5.2 关于配置化的研发效率

1. 服务启动配置

无论什么技术栈的应用服务，都需要依赖配置参数进行服务的启动与提供，配置能力是应用系统提供服务不可或缺的。在传统集中式单机系统架构中，如果业务存在配置信息的变化，则需要研发人员或运维人员在机器上登录，进行配置变更及服务重启。在微服务架构中，考虑到分布式部署的架构，应用的体量和微服务的节点日益增加，如果还是按照传统方式维护配置，则加大了变更难度和风险，此时通用的配置中心方案应运而生，并开始应用在微服务架构中，通过中心化配置管理，实现配置动态化。在网商银行的云单元化架构下，应用服务的配置方式分为两种，分别是静态配置和动态配置，两种配置应用在不同的使用场景中。

（1）动态配置。动态配置主要解决对业务服务内部一些能力动态生效的控制问题，如限流值配置、线程配置、降级配置等，网商银行内部的配置中心主要用于动态配置使用场景，动态配置在前面的 4.8 节讲过，在此不再介绍。

（2）静态配置。静态配置在应用工程内以配置代码化的方式维护，这些配置按照环境区分，且一旦服务部署上线几乎无法改动配置，在网商银行单元化架构下，由于流量自包含在云单元内，还存在按照单元的模式进行的配置，比如某个单元内底层基础服务的 VIP 域名，仅供单元内其他服务调用，再如按环境区分配置不同的外部服务访问地址，静态配置主要通过 Spring Boot 的配置加载能力实现。

2. 镜像化配置

业务接入云原生架构的前提是必须完成镜像化改造，镜像化的部署模式与传统运维部署模式相比，存在更多元化的配置信息，包括启动脚本配置、环境变量配置、Dockerfile 配置。

（1）启动脚本配置。应用服务的启动，需要各种参数来满足启动的基本要求，以及对容器资源的适配，从而达到启动后的最佳状态。标准应用启动脚本的参数配置，包括从环境变量配置中获取、从代码包里解析静态配置文件。对于一些非标准应用服务系统，也能从 OSS 上动态拉取个性化配置来满足服务启动诉求。

（2）环境变量配置。不同的服务在不同的环境下，所依赖的配置各不相同，如线下环境和生产环境分别用了两套服务注册中心，服务启动后必须通过注册中心注册本服务，以达到对外暴露的目的，如业务服务在 Mesh 化后，需要通过开关的方式来控制流量是否经过 Sidecar。这几种场景配置都是通过环境变量方式写入容器的，其配置能力由 PaaS 平台在调度容器的过程中提供。

（3）Dockerfile 配置。Dockerfile 配置是业务服务达到镜像化的必要条件，网商银行通过一套成熟的 GitOps 技术来进行业务镜像化打包，首先对应用服务划分出了不同的技术栈，对于每个技术栈类型分别维护了不同基线的 Dockerfile 模板配置，而对于业务代码只需指定其配置版本号即可，这是一种所见即所得的方式。在业务执行 CI/CD 的过程中，研发平台通过代码工程内配置的版本来寻找对应的 Dockerfile 模板，从而进行业务镜像打包操作。

3. 研发效率

网商银行业务服务在适配云原生架构的过程中，也对各种配置进行了优化，将静态配置能力进行了代码化改造。原有架构体系下存在一个静态配置中心，在研发过程中通过该静态配置中心来管理服务的静态配置，业务在打包的过程中从静态配置中心拉取配置并替换工程内的变量，这在一定程度上增加了编译打包耗时。最后我们选择除去静态配置中心以及这个编译过程，通过配置代码化的方式提高编译打包流程的效率，由研发人员维护工程内的静态配置文件。配置代码化的好处是所有环境配置都在代码包内，通过启动脚本配置来控制所在环境的配置，一次编译即可得到无状态化的应用镜像，达到"一镜到底"的目标，即构建后的业务镜像不依赖任何本地运行环境，可让应用实例自由伸缩，在代码不变动的情况下，减少各个阶段的编译打包，从而提高业务研发流程的效率。

6.6 可信云原生

金融行业最重要的就是信任，安全所带来的信任，是一种无形的产品，支撑着所有金融业务。互联网时代业务不断变化，但是不管如何变化，金融行业对错误的零容忍始终保持不变，这也是对稳定性和安全性的极高要求。网商银行在云原生架构探索实践过程中特别注重架构的安全能力，不断建设云原生基础上的安全可信架构。传统银行的生产网络会对核心应用做多层隔离和访问控制，但运维成本非常高，应用扩容都需要修改防火墙策略，效率低。互联网公司生产网基本上都是一张大网，没有什么隔离能力，效率高，但安全性低。作为一家面向互联网的数字化银行，网商银行需要一套兼顾高效率与高安全性的 IT 系统架构，基于服务网格网商银行实现了核心应用服务的安全访问控制，整体上形成了核心系统的纵深防御能力，在保证业务研发效率的同时可以大幅度提升安全性。

6.6.1 安全可信架构

安全问题有点像典型的木桶效应所描述的问题，一个公司整体的应用能够正常运转，是各组成部分互相配合的结果，整体的安全水平取决于最薄弱的部分。如果最薄弱的部分被攻破，其他部分在没有采取安全防护措施的情况下，将会被攻击者长驱直入,所以提高每个环节的安全能力至关重要。网商银行从以下方面入手,综合治理管控,提升整体安全水平:内网安全治理、镜像准入安全、安全容器、服务鉴权、链路加密、数据访问鉴权等。安全可信架构整体上如图 6-6-1 所示,在后续章节中我们将挑一些内容进行讲解。

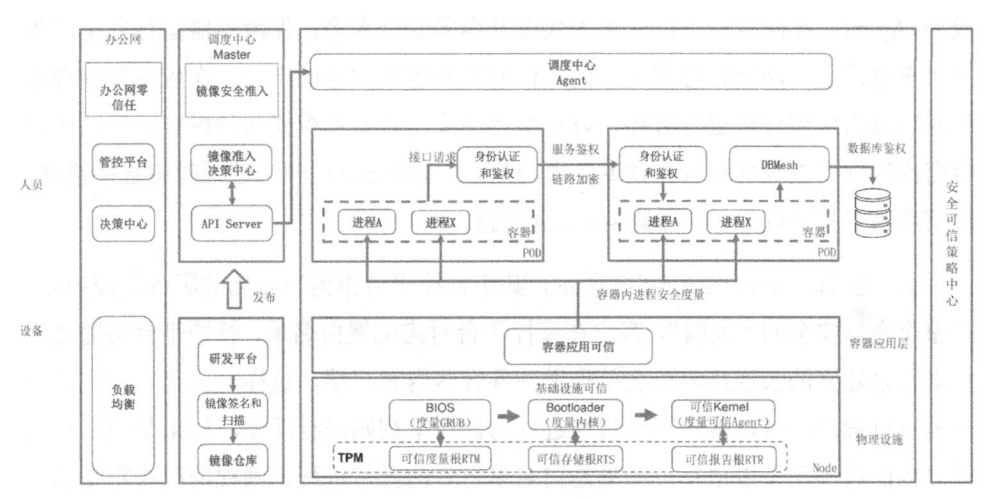

图 6-6-1　安全可信架构

以图 6-6-1 中构造的场景为例,当一个操作者在内网环境中访问内部系统时,办公网零信任机制会校验该客户是否有对应的平台访问权限,对应的策略可通过决策中心动态调整。当操作者通过研发平台发布新镜像时,新镜像会对应生成镜像签名,并将新镜像存储至镜像仓库。当操作者需要对应发布新系统时,会通过研发平台触发容器调度平台对应的能力进行容器调度,而在此时会进行镜像准入决策,保障新创建的容器使用的镜像是通过研发平台标准流程生成的安全可信的镜像。当容器调度创建出对应 POD 后,POD 中会运行业务容器及 MOSN、DBMesh 等 Sidecar。当业务容器发生调用时,会由业务进程将流量转发至本地的 MOSN 中,MOSN 会承载服务鉴权及链路加密等对应能力,保证调用过程的安全可信。当业务系统需要访问数据库时,DBMesh 会与其控制面交互,获取密钥后再安全地访问数据库。在容器调度创建出的容器中,所有的创建进程都会被纳入容器安全度量范围内,由容器安全组进行把控,保障所有的进程是安全的,当发现非法进程启动时会进行报警及拦截。在容器安全度量下层是基础设施(即物理机)层面的安全度量,在这个过程中安全管控中心会与各个安全组件进行对应的交互,完成对应安全策略配置下发。

6.6.2 安全容器

在网商银行升级至第五代云原生技术架构后，后续所有的应用均将在容器内运行，此处的应用为广义应用，泛指业务应用、Service Mesh Sidecar 及其他基础设施 Agent，在此背景下以何种方式提升容器安全水平，保障容器运行安全成为一个重要课题。网商银行在这方面，借助针对容器安全的产品，在应用及镜像维度对容器内应用进程进行管控，以观察者模式与拦截者模式两种模式运行，确保容器内运行的进程均在管控预期之内。拦截者模式在发现非法进程时将直接拦截，观察者模式只予以报警，不影响该进程的启动。

云原生管控平台如图 6-6-2 所示，其中管控平台作为中心化的服务管控中心，是整个容器安全的"大脑"，客户在管控平台对应配置白名单，管控平台会通过客户端与之建立的长连接将白名单推送到各容器内客户端，这样一来当客户端所在容器有进程启动时，客户端会将该进程与白名单规则进行匹配，如果是白名单规则之内的进程则予以放行；如果是白名单之外的异常进程，则视情况决定是以拦截模式运行还是以观察者模式对应进行拦截或报警。

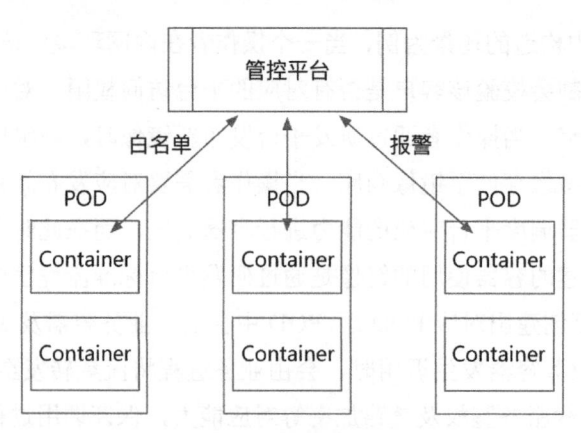

图 6-6-2 云原生管控平台

下面接着介绍容器可信组件启动流程，如图 6-6-3 所示。容器应用可信模块启动时会读取配置，获取容器信息，继而加载通信模块，与服务器（即上面所说的管控平台）建立连接，上报容器信息并对应获取管控平台所配置的白名单，当上述流程执行完毕后，会对应连接内核模块，接管进程启动流程，至此容器应用可信模块已启动完毕。

```
                    ┌──────────────┐
                    │ 容器应用可信启动 │
                    └──────┬───────┘
                           ↓
                    ┌──────────────┐
                    │读取配置获取容器信息│
                    └──────┬───────┘
                           ↓
                    ┌──────────────┐
                    │  加载通信模块  │
                    └──────┬───────┘
                           ↓
                    ┌──────────────┐
                    │   连接服务器   │
                    │上报容器信息获取白名单│
                    └──────┬───────┘
                           ↓
                    ┌──────────────┐
                    │  连接内核模块  │
                    │ 接管进程启动流程 │
                    └──────────────┘
```

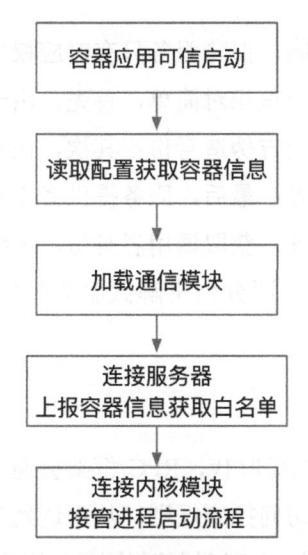

图 6-6-3 容器可信组件启动流程

下面介绍容器应用可信模块作用机制，如图 6-6-4 所示。当进程创建时，内核拦截点会进行感知并交由客户端可信模块进行验证，如果通过了白名单验证则进程创建成功，当不能通过白名单验证时则看是否开启拦截模式。如果当前开启拦截模式，则对应进程创建失败；如果开启的是观察者模式，则不对进程创建进行拦截，进程会创建成功，但会触发报警，相应人员介入确认。

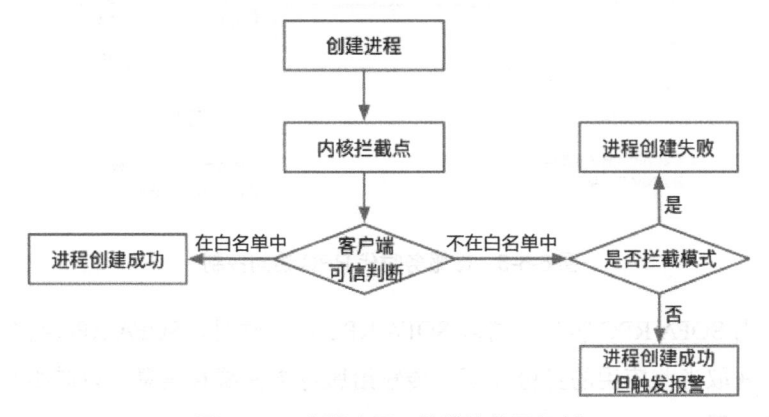

图 6-6-4 容器应用可信模块作用机制

6.6.3 服务鉴权

系统安全的另外一个常见的功能就是服务鉴权，服务鉴权的核心机制就是对服务调用者进行访问规则控制,保障服务只有对应权限的应用可调用,以此来保障服务的数据安全。其中的原理相对简单,首先,由一个独立第三方来进行身份凭证的发布及校验,避免调用方伪造身份;其次,在发起服务调用时,对应地带上身份凭证去请求服务提供者;最后,服务提供者在接收到请求时,通过身份认证系统对调用者进行身份认证,获取调用者身份,再结合提前配置的管控规则来确定该请求是否允许调用。下面分别讲解微服务时代及云原生时代的服务鉴权方式。

1. 微服务时代

如图 6-6-5 所示,在微服务时代,RPC 框架会通过第三方身份认证系统来校验对应请求是否满足配置的访问控制规则,从而达到对调用请求的拦截,以此对服务提供者进行安全保护,图 6-6-5 以蚂蚁集团所使用的 RPC 为示例演示具体流程。

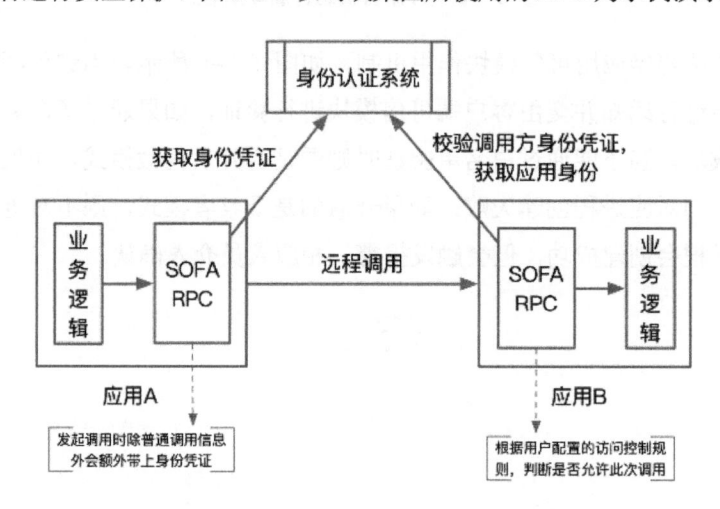

图 6-6-5 微服务时代 RPC 访问控制

(1) 当 SOFA RPC 客户端请求 SOFA RPC 服务端时,SOFA RPC 会从身份认证系统中获取当前应用的身份凭证,传输给服务端并缓存信息,以减少身份认证系统的请求压力。

(2) SOFA RPC 服务端接收到来自客户端的请求后,会通过身份认证系统校验调用方身份凭证并将身份凭证进行缓存,此外还会从中获取调用方的应用名并将其存储于该连接的会话信息中。

（3）服务端在执行业务逻辑之前，从对应连接的会话信息中获取调用方应用名，并通过实现配置的访问控制规则进行校验，决定是否放行。

2. 云原生时代

云原生时代的服务鉴权与微服务时代的服务鉴权大同小异，区别在于，云原生时代的服务鉴权使系统之间的调用及与身份认证系统的交互下沉，由 Service Mesh 的 Sidecar 来承载，网商银行使用蚂蚁集团的 MOSN 组件承载云原生时代的远程调用。如图 6-6-6 所示，MOSN 通过 Agent 与身份认证系统进行交互，完成身份凭证的获取与校验动作，在远程调用时也由 MOSN 携带应用身份凭证，并予以校验，决定是否放行。图 6-6-6 展示了云原生时代 RPC 访问控制。

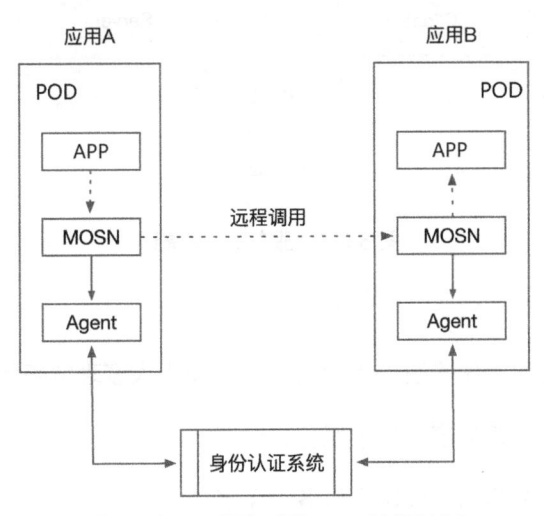

图 6-6-6　云原生时代 RPC 访问控制

6.6.4　链路加密

顾名思义，链路加密就是在数据传输链路上进行加密处理，将信息以密文形式传输，这样即使传输的信息被窃取，窃取者在不知道如何解密的情况下也无法获知真实的传递内容，这样可以保障信息在传输过程中的安全。网商银行作为金融服务机构，在数据安全方面尤为重视。

1. 作用流程

首先，我们回顾服务调用机制，如图 6-6-7 所示，服务调用者及服务提供者分别与注册中心交互，完成服务订阅与注册。服务调用者在获取服务提供者名单后可直接发起调用，而控制面对应地下发配置，控制调用过程是否开启链路加密能力。

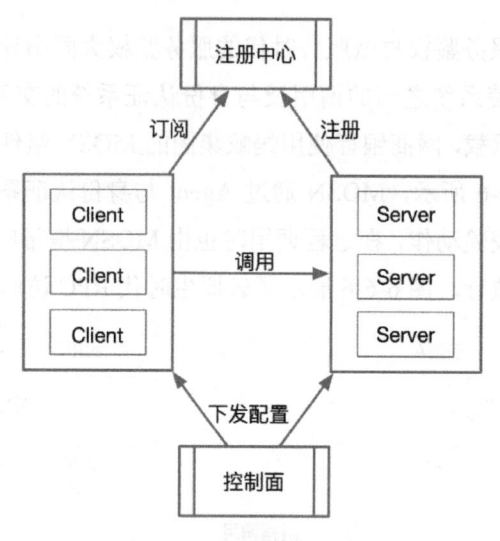

图 6-6-7 服务调用机制

2. 能力规约

在介绍流程之前，先陈述一下能力规约，便于大家理解整体链路。

（1）是否支持链路加密取决于服务提供者。

（2）是否开启链路加密取决于服务调用者。

（3）支持链路加密的服务提供者依旧可以处理未加密的请求。

3. 服务提供者开启链路加密流程

在了解了能力规约之后，我们再来看一下服务提供者开启链路加密的流程。

（1）开启服务提供者链路加密能力，控制面板下发配置至 Server 服务伴生的 MOSN，下发配置的粒度可控制为单台机器。

（2）当服务端伴生的 MOSN 接收到来自控制面板的链路加密配置后，会去获取对应证书，获取证书成功后在注册中心重新注册服务，标注该 Server 已经支持链路加密能力。

（3）服务端在注册中心重新注册后，调用端伴生 MOSN 会接收到新发布的服务信息，当"感知"到服务提供者已开启链路加密能力后，则会认为需重新建立链路加密的连接。

（4）当服务调用者后续收到请求，将请求发送至服务提供者时，如果服务调用者未与服务提供者建立连接，则会建立加密连接，若此时已经建立未加密连接，则会重新建立新的加密连接，原来的未加密连接停止发送数据，一段时间内，由于旧连接没有数据传输，会被空闲超时机制关闭。

4. 服务调用者停止链路加密流程

在了解了链路加密开启流程后，我们再来看一下调用端关闭链路加密的流程。服务调用者通过一个开关配置，决定是否开启链路加密能力。若该变量决定停止使用加密链路能力，则使用明文进行服务调用；若该变量配置意图启用链路加密能力，则会根据服务端是否支持链路加密能力来决定是否开启，从而避免服务提供者不支持导致的服务异常。

下面以关闭客户端加密能力为例，详细讲解对应的流程。

（1）安全运维人员在控制台关闭服务调用者的链路加密能力，管控平台通过配置中心将对应配置推送到服务调用者伴生的 MOSN 中。

（2）当服务调用者伴生的 MOSN 再次接收到请求时，会将其转发给对应的服务提供者，而此时有以下三种情况。

- 与服务提供者未建立长连接，此时会建立明文连接，对应地调用服务。
- 已经建立加密长连接，此时会重新建立新的明文连接，原加密连接停止发送数据包，一段时间后，由于旧的连接没有数据传输，会被空闲超时机制关闭。
- 如果已经建立明文长连接，则此时不会有对应的变化。

6.6.5 数据访问鉴权

在传统模式中，访问数据库是应用系统在知悉数据库用户名和密码的情况下，以客户端方式访问的，如果数据库的用户名和密码被泄露，攻击者可直接访问数据库获取所有数据。而数据访问鉴权的最终目的是，消除在单点被攻破时数据库数据被盗取的后续级联风险，只允许通过认证的应用访问对应的数据库数据，同时支持下发规则对恶意请求进行拦截。

将上述目标进行拆解，我们需要解决如下几个问题。

（1）应用身份颁发。

（2）数据库访问凭证集中管理，并根据应用凭证进行数据访问凭证颁发。

（3）业务逻辑不感知数据库凭证，达到"可用不可看"的目标。

为了解决上述问题，我们可以看一下图 6-6-8 所示的架构图。该图中的数据交互主要分为数据流与控制流，其中数据流部分已在 6.3.2 节进行了介绍，应用服务将数据库请求发送到本地 DBMesh，DBMesh 将数据库请求转发至数据库服务端，以这种方式完成应用系统与数据库的交互。而控制流部分则涉及应用证书的颁发，以及通过应用证书获取数据库访问凭证部分，应用证书由 Mesh 控制面先向证书管理中心申请，再提供给 DBMesh 所在 POD，如此一来 DBMesh 就有了自己的应用证书。DBMesh 通过颁发的应用证书与数据库凭证中心交互，获取数据库访问凭证。按照以上方式实现数据访问鉴权的目的，可提高数据访问的安全水平。

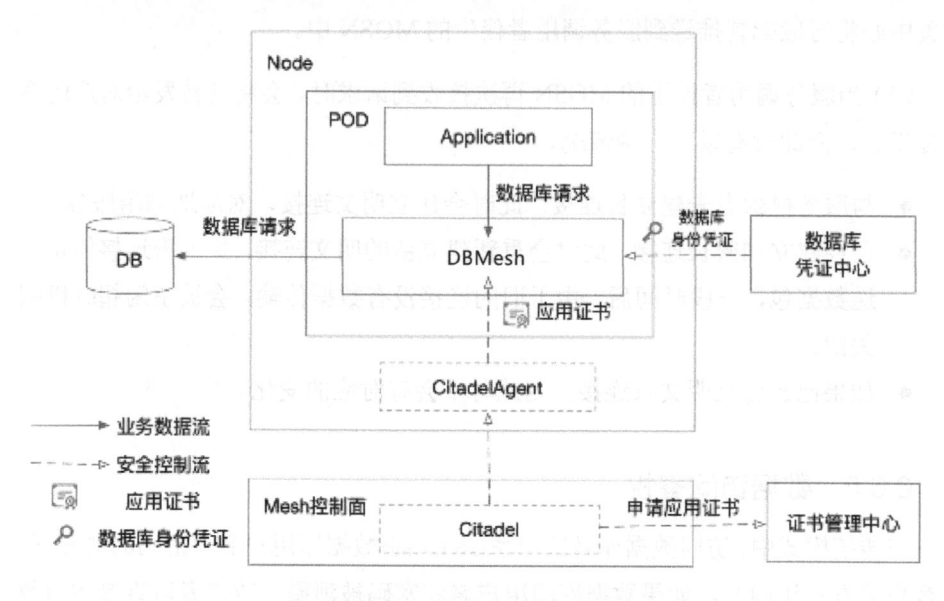

图 6-6-8　数据访问鉴权架构图

6.7 云原生运维

云原生架构升级带来了研发效率和资源利用效率等的提升，容器调度（Kubernetes）、服务网格（Service Mesh）和无服务器化（Serverless）等新技术的引入使基础设施进一步下沉，将应用开发和基础设施变更解耦，降低了基础设施升级成本。但与此同时，新的云原生架构体系也为运维带来了很大的挑战，如何在架构升级过程中完成已有运维体系向新运维体系的平滑切换，以及如何在新的云原生架构下继续保障和提升运维能力，是需要持续思考和解决的问题。下面将从运维视角介绍云原生架构下的运维模式，以及探索过程中的经验和思考。

容器调度是云原生架构的基础，接下来我们会介绍网商银行容器调度集群的架构设计及交付流程、容器集群的常见运维操作、容器集群运维相关的技术风险防控及高可用实现，以及业界比较领先的离线在线混部的实现及应用，让大家对网商银行容器调度层面的运维有整体的认知。

容器调度之上是发布运维切换、应用层的云原生 Mesh 运维，包含了云原生应用发布平台、云原生应用基础运维、应用层云原生运维技术风险防控等。我们重点从应用层讲解云原生运维体系。

6.7.1 容器集群运维

网商银行云原生架构升级过程中很重要的一个环节就是云原生基础设施的升级，而基础设施中的容器调度集群提供了最基础的能力，是云原生架构的重要组成部分。容器调度集群的升级和统一提升了整体资源利用效率，也为标准化运维打下基础，本节会重点从架构设计、集群交付、运维操作、技术风险防控等几方面进行容器调度运维的介绍。

6.7.1.1 资源调度统一

网商银行容器调度集群从低版本的 Kubernetes 升级到了高版本的 Kubernetes，资源调度的稳定性及可维护性得到提升，同时为在线应用、中间件、大数据、数据库等提供了统一的资源调度平台，Kubernetes 调度管控系统为上层业务提供自动化的集群全生命周期管理服务，极大地节省了运维成本。单集群服务器规模已达到上千台,并在不断扩大,新资源调度核心的优势正在逐步体现。通过声明式 API 规范,以及强大的 Operator 扩展能力,新容器调度集群很好地支撑了 Service Mesh、Serverless 的架构演进,同时也为 AI、大数据计算等提供了弹性资源平台能力支撑,为离线在线混部资源调度提供了基础平台能力。金融云 PaaS 运维管控能力以 Operator 插件形式下沉到容器调度基础设施中,通过统一的 API 定义为业务开发者提供了云原生下的研发标准和运维标准、自动托管业务服务,减少了业务的云原生架构升级接入成本,提高了整体研发效率。基于新版 Kubernetes 的资源调度平台整体架构如图 6-7-1 所示。

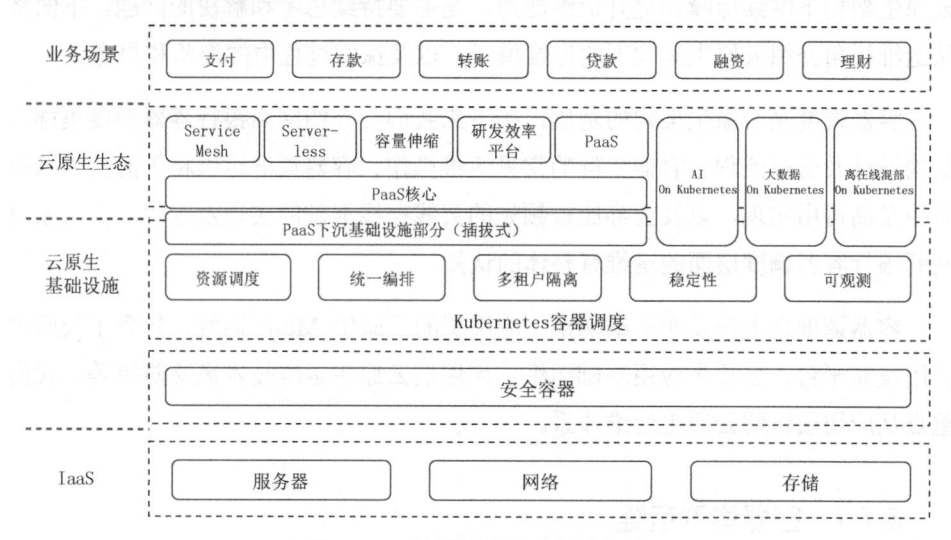

图 6-7-1 资源调度平台整体架构

Kubernetes 源于社区,网商银行基于内部自研的 Kubernetes 调度产品支撑云原生架构,自研调度产品在规模、性能、安全性等方面逐步完善及成熟。同时,围绕容器调度平台建设的 Kubernetes 扩展组件、上层的 PaaS 平台、各种技术产品输出的 Operator、底层的容器运行时等,让基础设施、中间件和上层应用在云上平稳落地。

资源调度统一为自动化、规模化运维打下了基础,容器调度平台自身的运维能力,以及在平台基础能力之上构建的更加丰富的运维能力,为云原生整体架构的平稳运行提供了可靠的保障。下面介绍一下基于容器调度的运维层面的具体内容。

6.7.1.2 容器调度架构设计

容器调度平台整体架构如图 6-7-2 所示。

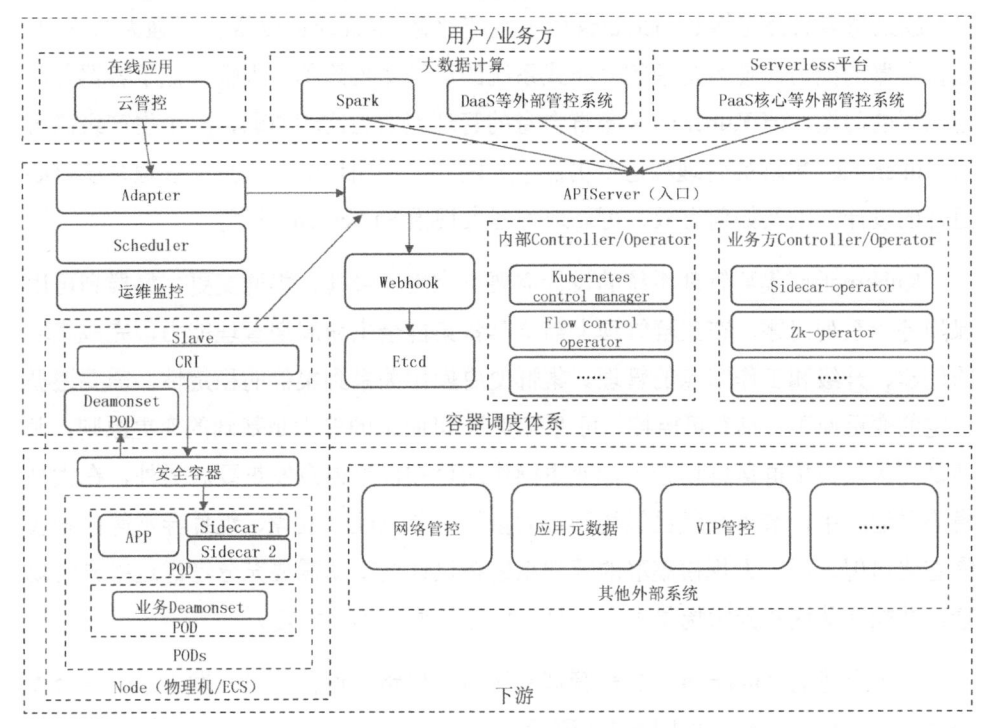

图 6-7-2 容器调度平台整体架构

从架构图上可以看出，容器调度平台架构整体分为三个层次。最上面一层是客户/业务方层，其中的产品一般是面向客户的，包括在线应用、大数据计算、Serverless 平台等，通过一些管控系统和调度平台的 APIServer 或者 Adapter 进行交互，以达到资源调度的目的。中间一层是容器调度体系，是平台的核心层，包括入口层 APIServer、调度组件 Scheduler、运维监控组件、Webhook 组件、Etcd 存储和内部及业务方的 Controller/Operator，业务方通过自定义 Controller/Operator 实现定制化的功能。另外还包含集群 Slave 节点，通过 CRI 和 Node 进行交互。最下面一层是调度的下游层，包含集群 Node 和其他外部系统两部分，其中 Node 上分布了不同业务的 POD，被平台统一管控，其他外部系统主要是一些核心的管控系统，需要和平台协同完成资源的分配。

6.7.1.3 容器调度集群管理

Kubernetes 以其先进的理念及技术架构，成为容器编排领域事实上的标准工具，越来越多的公司将 Kubernetes 用于生产部署。Kubernetes 提供了强大的管理、编排容器的能力，使得复杂的分布式系统的运维变得简单，大幅降低了容器化应用部署的门槛，但 Kubernetes 集群自身的管理能力还比较薄弱，一个生产级高可用 Kubernetes 集群的管理和运维仍然十分困难。下面详细介绍集群管理系统核心组件的设计，以及如何有效、可靠地管理大规模 Kubernetes 集群。

Kubernetes 集群管理系统的设计需要考虑集群管理、集群变更、集群高可用保障等一系列问题。在集群管理上需要具备集群全生命周期管理能力，完成集群的创建、升级和工作节点的管理。集群变更操作关系到集群的稳定性，需要遵循一定的变更原则，具有可监控、可"灰度"、可回滚的能力是基础的变更原则，尤其是在大规模集群运维场景中，变更操作的可控性显得愈发重要。另外，在大规模集群运维中，节点数量已经达到较大量级，节点硬件故障、组件异常等问题会常态化出现，面向大规模集群的管理系统在设计之初就需要充分考虑这些异常场景，并能够从这些异常场景中自恢复，保障集群整体的稳定。

基于上述的 Kubernetes 集群管理系统设计思路，设计人员开发出了一整套管控系统，整体架构设计如图 6-7-3 所示。

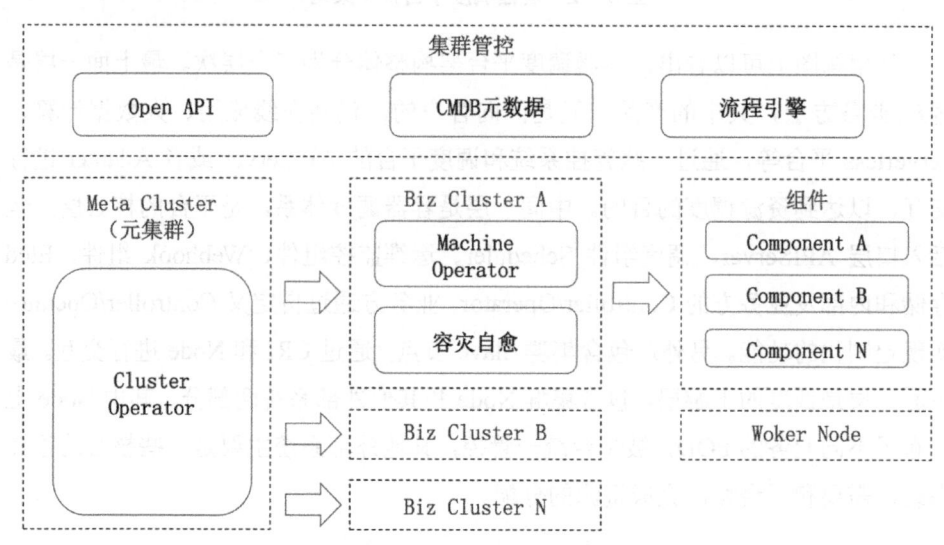

图 6-7-3 Kubernetes 集群管理系统架构

整个集群管控架构分为如下几个核心模块。

1. 集群管控

集群管控平台是集群管理的主入口，为客户提供便捷的交互界面和可控的变更流程，通过提供丰富的 Open API，为上游应用提供灵活的可编排集群运维能力，CMDB 元数据中心保存了最基础的集群元数据信息，流程引擎为集群管理操作提供流程化管理能力，方便进行流程编排。

集群管控中心为客户提供了友好的运维可视化界面，方便客户进行白屏化运维，另外通过对接客户及权限中心实现了客户分级，实现了更加精细化的运维管控，以满足不同场景中的运维需求。

2. 元集群

Meta Cluster 元集群在设计上是一个高可用的 Kubernetes 集群，用于管理多个业务集群。元集群中部署的核心组件是 Cluster-Operator，提供了基础的业务集群创建、删除和升级能力。

集群管理系统采用面向终态的设计模式，核心组件 Cluster-Operator 的实现就是面向终态的，组件会定时检测集群状态，与目标状态进行一致性对比，当所管控的业务集群节点或组件发生异常时，Cluster-Operator 会自动发起故障隔离并进行故障修复，以保障业务集群达到稳定的目标状态。面向终态的设计参考了控制理论中常见的负反馈闭环控制系统，系统实现了闭环，可以有效抵御系统外部的干扰，在 Kubernetes 集群运维场景中，干扰对应着业务集群节点的软硬件故障。

实现面向终态保持的核心组件是终态保持器，集群终态保持器支持集群终态保持和节点终态保持，其架构如图 6-7-4 所示。

集群维度终态保持基于 Kubernetes CRD（Custom Resource Definition，客户资源描述），在元集群中定义了 Cluster CRD 资源来描述业务集群终态，每个业务集群对应一个 Cluster Version 资源，通过对 Cluster Version 资源的创建、删除、更新的描述来实现对应业务集群创建、删除和升级的运维操作。业务集群的组件版本集中维护在 Cluster Version 资源中，记录了业务集群组件的镜像、启动参数等信息。Cluster Version 资源唯一关联一个业务集群，修改描述信息的版本即可完成业务集群的变更操作。元集群中的 Cluster-Operator 负责监控 Cluster CRD 资源变化，以此来驱动业务集群达到 Cluster Version 资源描述的终态。

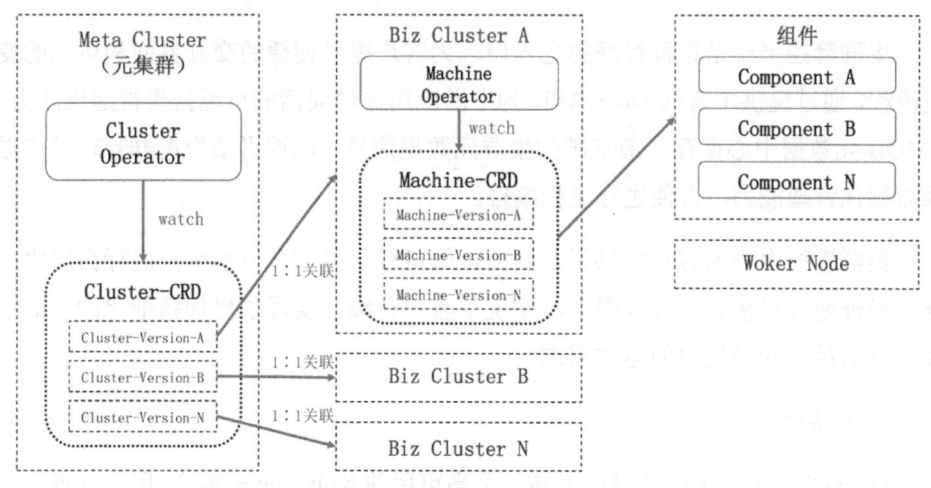

图 6-7-4　集群终态保持器架构

和集群终态保持类似，业务集群也同样基于 Kubernetes CRD 来进行终态保持，业务集群中定义了 Machine CRD 来描述工作节点终态，每一个工作节点对应一个 Machine CRD，通过修改 Machine 资源来管理工作节点，常见操作有节点配置、组件管理、节点调度状态管理、节点故障自愈等。Machine CRD 对应多个 Machine Version，分别对应多个组件的管理，通过 Machine Version 的修改实现组件的相应操作。业务集群中的 Machine-Operator 负责监控 Machine CRD 的资源变化，在节点上执行运维操作来驱动节点达到终态，并持续守护终态。

介绍完云集群核心组件 Cluster-Operator，下面再来介绍 Meta Cluster 元集群是如何构建的，如何保障集群的高可用性和稳定性。

Kubernetes 在应用发布、自动化运维方面具有非常强大的功能，如何让 Kubernetes 集群部署也使用 Kubernetes 的强大功能呢？其中一个思路就是将 Kubernetes 也看成应用，它跑在 Kubernetes 之上，这种采用 Kubernetes 管理 Kubernetes 的方案被称为 Kube on Kube 方案，简称 KOK 方案。KOK 方案让各个机房中交付给客户的 Kubernetes 业务集群的组件和服务都跑在一个 Kubernetes 元集群之上，Kube-on-Kube-Operator 核心架构如图 6-7-5 所示。

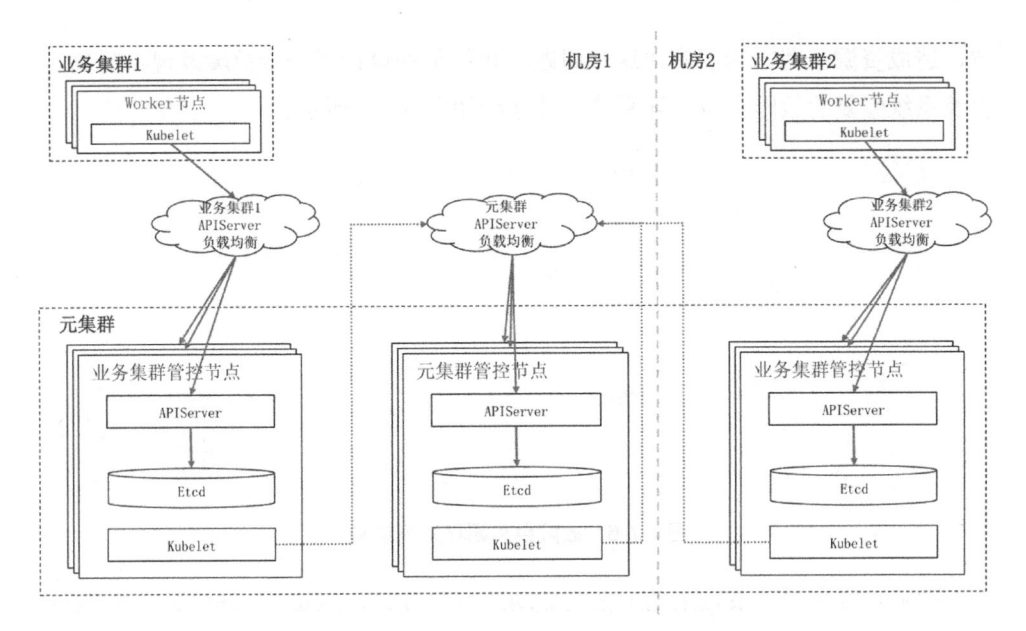

图 6-7-5 Kube-on-Kube-Operator 核心架构

有了 Kube-on-Kube-Operator 之后，可以在"分钟级"时间内创建一个 Kubernetes 集群，同时由于所有业务集群 Kubernetes Master 组件都是运行在元集群 Kubernetes 上的，因此故障恢复只需"秒级"时间。Kube-on-Kube-Operator 使用云原生方式完成了 Master 组件管理，Kubelet 和 Worker 节点也可以通过相同方式进行管理，另外还可以用 Node-Operator 来管理 Worker 节点，这里就不再赘述。

3. 业务集群

业务集群是一个服务生产业务的 Kubernetes 集群。业务集群中部署有 Machine-Operator 和节点故障自愈组件，用于管理业务集群的工作节点，提供节点新增、删除、升级和故障处理能力。在 Machine-Operator 提供的单节点终态保持能力上，集群管控中心构建了集群维度灰度变更和回滚能力，提供了更高一层的集群运维管理能力。

业务集群的 Machine-Operator 及其终态保持相关内容上面已经介绍过了，这里就不再展开，下面重点介绍容灾自愈模块的内容。

由于物理机硬件及系统软件存在一定的故障概率，随着集群节点规模的不断增加，故障节点的出现会成为常态，如果不及时修复，这部分节点资源将会被闲置，造成资源浪费。为了解决这一问题，我们单独设计了一套故障发现、隔离，以及系统修复的故障自愈闭环系统，其架构如图 6-7-6 所示。

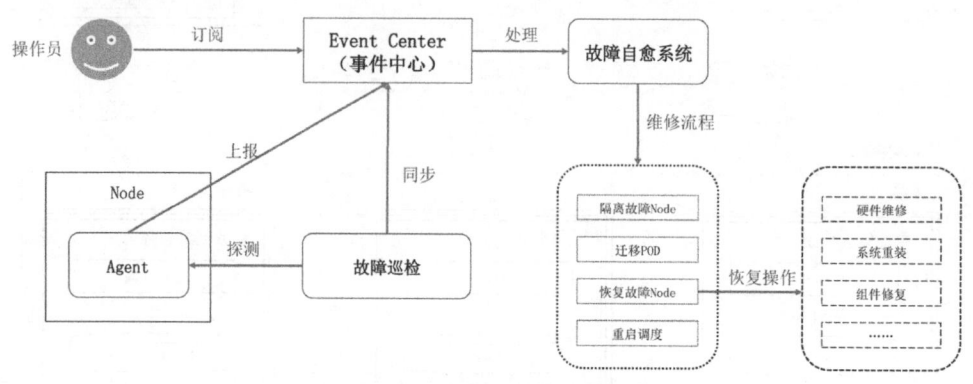

图 6-7-6　故障自愈闭环系统架构

故障发现采用了节点主动上报及被动巡检的方式，Node Agent 负责将 Node 状态信息上报到 Event Center（事件中心），同时故障巡检系统会主动探测 Node Agent 的状态，并将状态信息也同步到 Event Center，通过 Node Agent 的实时上报，以及故障巡检系统的异步上报，保证了节点故障发现的实时性和可靠性。故障信息统一存储于事件中心，并提供上游系统故障信息订阅能力，通过系统交互获取事件中心的故障信息。

发现故障后需要进行故障自愈处理，事件中心会将故障信息同步至故障自愈系统进行下一步操作。故障自愈系统会根据不同故障类型发起不同的维修流程，流程一般会分为以下几步：隔离故障 Node 并暂停调度，对节点 POD 打标并进行 POD 迁移，故障恢复处理（硬件维修、系统重装、组件修复等），节点修复后重新开启调度。如果维修流程长时间不能结束，则需要人工介入进行排查处理。

4. 组件集合

组件集合包含了业务集群节点需要部署的组件集合，包括很多类型的组件，例如 Docker、Kubelet、监控 Agent、Tracing 等，客户可以根据需求进行组件的扩展，不断提升集群的运维能力。

6.7.1.4　容器调度集群轮转迁移

老的容器调度集群最终都要迁移到新的容器调度集群，用 Kubernetes 的 POD

容器支持应用镜像化发布及 Sidecar 接入，完成 Mesh 能力的接入。但是调度集群的迁移并不是马上能完成的，而是经历了较长时间的灰度迁移过程，这样操作一方面是为了控制集群迁移的整体风险，保障迁移过程的稳定，另一方面是由于物理机资源的限制，新的容器调度集群资源有限，必须使用轮转迁移而不是平行迁移的方案。

容器集群轮转迁移过程如图 6-7-7 所示。

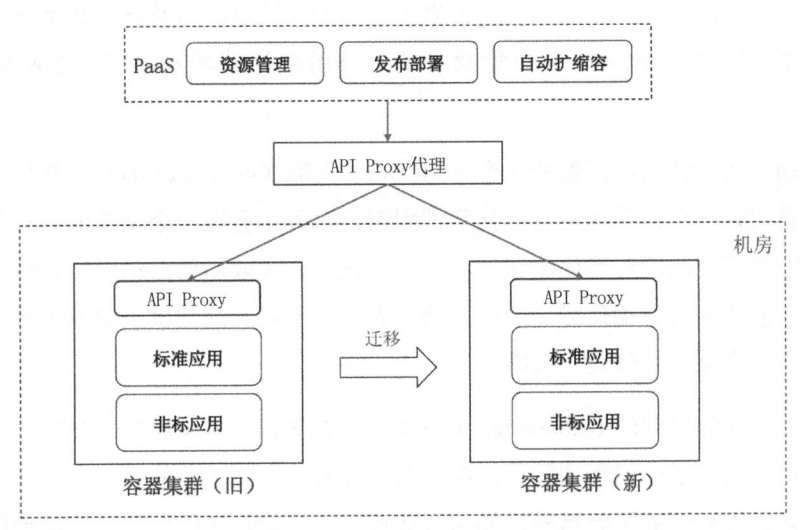

图 6-7-7　容器集群轮转迁移过程

集群轮转迁移需要考虑对上游 PaaS 系统的依赖，为了实现迁移过程对上游 PaaS 平台无感，需要增加一层 API Proxy 代理，这层代理负责对接多个容器集群的 API Proxy 来协调资源分配，使底层多个集群对上游 PaaS 透明，减小了对上层业务的干扰。

轮转迁移的核心是先释放旧的容器集群的物理机节点资源，将物理机添加到新的容器集群，再将旧集群的容器迁移到新集群，如此循环下去就会按物理机节点将旧集群逐步迁移至新集群。

应用容器迁移中比较难的一点是物理机节点上容器的腾挪，尤其是部署有非标准应用的物理机节点。由于一台物理机上会部署多个应用容器，而应用种类可能包含标准应用和非标准应用。对于标准应用，可以用正常的缩容和扩容操作，实现物理机容器的迁移，而对于非标准应用来说，则需要根据应用情况进行手动处理，这就没办法实现规模化操作，耗时也是比较长的。

通过轮转迁移方案，在物理机资源有限的情况下，最终可以实现容器全部迁移至新集群，为后续云原生规模化运维打下了基础。

6.7.1.5 自动化运维

资源调度 Kubernetes 是云原生架构的基础，产品的每一次迭代升级和运维变更操作都有可能给云原生基础设施带来不可预知的风险，如何在 Kubernetes 产品快速发展的过程中保障产品质量及实现交付运维是技术人员一直不断探索的课题。

自动化运维是运维探索的一个方向。为了保障 Kubernetes 的产品交付质量，研发人员对每一个组件编写自动化测试用例，每天都会在一个全新的沙箱集群测试环境中进行产品的自动化测试回归，将测试回归失败用例自动同步至负责人。产品发布前也会走自动化测试流程，测试人员只需要关注测试用例场景覆盖率，极大提升了产品的迭代发布效率。

另外，前面提到的 Kubernetes 集群本身具有终态保持及容灾自愈能力，产品本身就已经具备了一定程度的自运维能力，降低了运维人员的资源投入。但是随着自动化运维程度的不断提升，如何有效控制自动化带来的风险，让自动化运维能够真正提升效率而不是任何时刻都需要承担"删库跑路"的风险是接下来的一个难题。后面我们会介绍，如何从运维接入标准、Operator 框架、技术风险防控能力建设和控制治理等方面入手，让 Kubernetes 上的自动化运维变得更加可视可控。

6.7.2 Mesh 运维

前面介绍了 Kubernetes 容器调度相关内容及集群运维操作，本节将介绍应用侧云原生架构升级方案，并重点介绍一下每个阶段的运维体系，让大家对应用侧 Service Mesh 运维内容有整体的认识。

应用 Mesh 化改造及运维支撑能力架构如图 6-7-8 所示。

从图中可以看出，应用云原生架构升级整体包括三个大的步骤：应用镜像化改造、应用容器迁移和应用 Sidecar 接入及升级。为了保障应用升级过程的平稳进行，需要依赖统一的发布运维平台，并且需要由技术风险防控平台来进一步管控运维变更过程中的风险。下面将围绕这些内容进行说明。

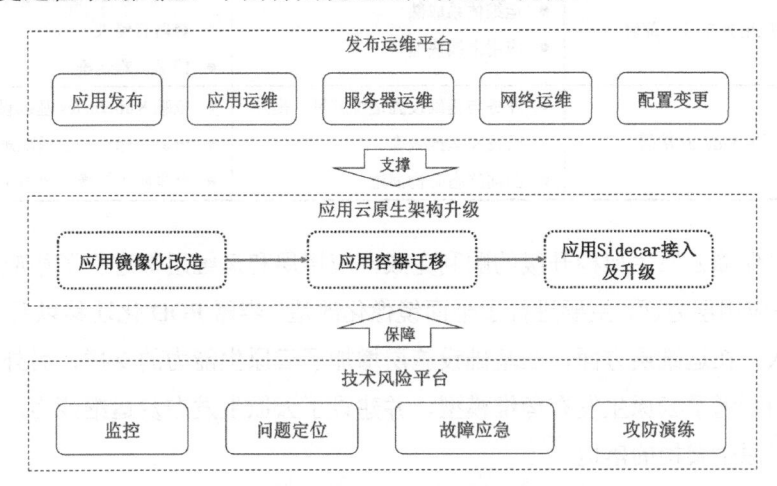

图 6-7-8　应用 Mesh 化改造及运维支撑能力架构

6.7.2.1　应用云原生部署模式

应用云原生部署模式和传统部署模式的主要差别就在于是否有 Sidecar 容器，应用进行 Service Mesh 改造后，新增了 Sidecar 容器，将应用容器与中间件等基础设施解耦，应用负责人可以更关注应用本身的业务逻辑，而使基础设施能力下沉，并交付给基础设施运维团队进行维护，极大地提升了基础设施的升级效率和应用的研发效率。

应用的部署模式从单个业务容器独立进程发展到业务容器+Sidecar 容器合并部署的云原生模式。独立进程的方式兼容传统运维模式，整个运维体系已经比较成熟，但是基础设施组件的强耦合也降低了研发和运维效率。新的云原生模式可以将 Service Mesh Sidecar 的运维与业务容器解耦，业务容器只保留少量与 Service Mesh 相关的参数和 Sidecar 进行连接，Sidecar 模块独立开发和运维，进一步提升研发和运维效率。同时，面向终态的容器运维模式演进，为云原生架构的不断演进打下基础。

传统应用容器独立进程模式与云原生 Sidecar 部署模式的对比如表 6-7-1 所示。

表 6-7-1　传统部署模式与云原生部署模式对比

类别	优势	劣势
传统应用独立进程部署	● 运维体系成熟 ● 应用上线快速	● 基础设施组件改造成本高，业务容器有侵入 ● 镜像化难运维
云原生 Sidecar 部署	● 业务与基础设施运维解耦，提升了研发和运维效率 ● 面向终态架构演进	● 依赖 Kubernetes 基础设施 ● 云原生运维平台适配难度大 ● 全量应用镜像化改造工作量大

为了保障云原生架构升级的顺利完成，应用层和运维层都进行了相应的适配改造。在应用层方面，主要进行了全面镜像化改造、容器 POD 化迁移以及 Sidecar 组件接入；在运维层方面，在基础设施层增加了云原生能力的支撑，另外在运维平台层面新增了云原生发布运维模型，并建设了云原生发布及运维能力，很好地支撑了云原生架构的落地。

6.7.2.2　应用镜像化改造

应用云原生架构升级的第一步就是应用镜像化改造，从传统的发布包模式切换到镜像化发布模式也经历了较长时间的探索及完善过程，以下是应用镜像化改造相关的方案及改造过程中的一些问题和思考。

（1）Dockerfile 标准。关于应用 Dockerfile 的编写，一开始可以想到的是两种方案。一种方案是集中式统一管理所有应用的 Dockerfile，不允许应用自主修改，这种方案的优点是方便进行 Dockerfile 的版本管理，但是灵活性较差。另外一种方案是 Dockerfile 的编辑权限下放给全部应用负责人，这种方案的优点是灵活性较好，但是管理成本较高。经过对比及讨论，我们最终确定的方案综合了两种方案的优点，定义了标准化的统一 Dockerfile 模板，大部分应用使用标准化的模板即可满足要求，其余少量对 Dockerfile 有特殊需求的应用可申请自定义 Dockerfile 文件。

（2）镜像构建。研发效率平台提供应用镜像构建能力，为了兼容经典发布模式下的发布包构建，镜像构建是基于应用已有发布包进行构建的，这个构建过程可称为两段式构建。第一步是基于应用代码进行编译打包，第二步是基于编译包进行镜像构建，这一步是基于之前定义的应用 Dockerfile 来执行的。镜像构建完成后研发效率平台会将镜像上传至镜像仓库，并返回镜像地址，供后续应用发布使用。

（3）配置代码化。在传统的发布模式中，应用编译打包时会依赖配置平台进行应用配置变量的注入，由于各种环境中的配置变量不同，导致多个环境中的应用镜像多次构建，非常影响研发迭代效率。为了解决这个问题，网商银行内部进行了应用配置代码化的改造，将与环境相关的配置信息以配置文件的方式放入代码中一起进行管理，这样改造的结果就是"一次镜像构建，多个环境发布"，有效提升了研发效率。

（4）多语言技术栈支持。网商银行内部使用最多的是Java技术栈，相关的发布运维体系相对来说比较完善，在推动应用镜像化改造的初期，主要针对Java语言技术栈进行镜像化改造并提供支持。但是行内除了Java技术栈，还使用了其他语言技术栈，如Python、C++等，但相对来说应用数量不多，针对这些应用的镜像化改造进行了单独的定制化支持，包括单独定义基础镜像，单独配置镜像构建及应用镜像化发布流程。通过多种方式最终实现了全行应用的镜像化改造。

上面介绍了应用镜像化的改造过程，除了应用层改造支持镜像化，平台层面要支持镜像化发布，这里的平台主要包括研发效率平台和PaaS的发布部署平台。两个平台都是在原有的经典发布运维能力之上，新增加了云原生发布运维的能力。应用镜像化部署流程如图6-7-9所示。

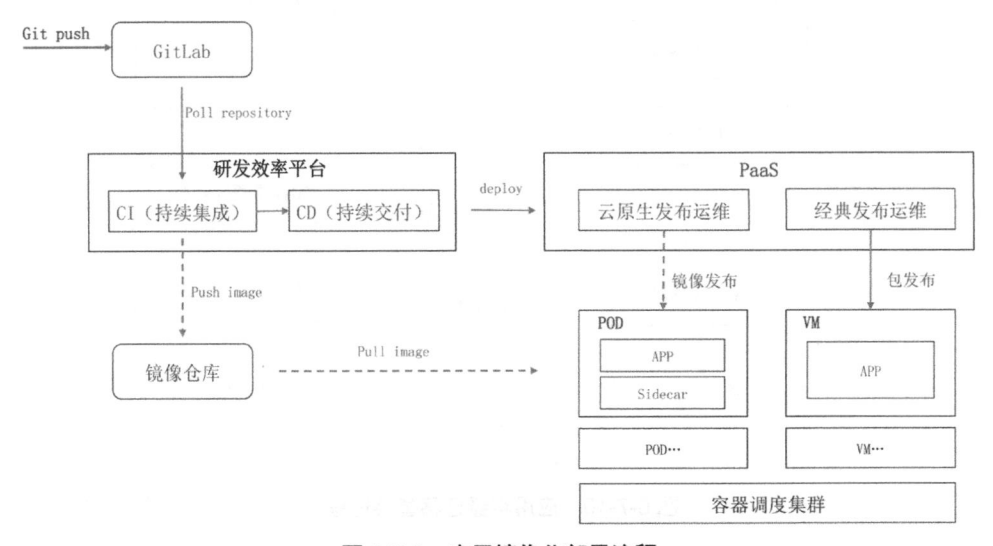

图6-7-9　应用镜像化部署流程

图中虚线部分是新增的镜像化发布流程，整个流程需要将研发效率平台和 PaaS 发布运维平台进行串联，打通从应用镜像构建到应用上线发布的全流程。方案希望平台侧的改造尽可能做到让应用开发人员无感知，所以在客户侧只透出了两种发布模式的选项，而更多的与流程配置相关的内容都由平台统一包装，客户只需要选择经典发布模式，或者云原生镜像化发布模式即可，后续流程全部由平台定制。

6.7.2.3 应用容器迁移替换

第一步应用镜像化改造完成后，应用新增的容器已经运行在新的容器调度集群上，基于 POD 进行应用发布，但是基于经典发布的 VM 机器依然存在。为了将应用的经典发布模式全部切换至云原生发布模式，就需要将应用容器从 VM 切换至 POD，这就是应用云原生架构升级的第二步：应用容器迁移替换。

应用镜像化改造后，从容器调度集群到应用发布模式、应用资源分配方式都随之进行了修改。为了保障整个应用改造升级过程的稳定，避免出现不必要的风险，在运维层面对整个升级过程进行了较强的管控，分步实现了应用容器的迁移替换，整体过程如图 6-7-10 所示。

应用容器迁移替换

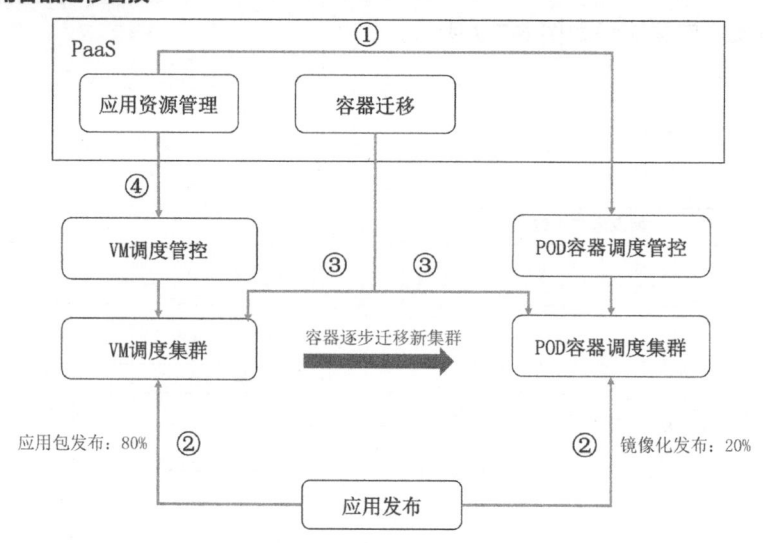

图 6-7-10　应用容器迁移替换过程

整个迁移过程分为以下四步。

（1）PaaS 的应用资源管理对接新的容器调度管控，此操作保障了新申请的应用容器在新的容器调度集群上。

（2）应用发布兼容应用包发布和镜像化发布模式，应用在每次迭代时，会根据容器集群进行发布模式区分，一次发布会提交两个发布单，分别对应老的调度集群的发布包模式和新的调度集群的镜像化发布模式。

（3）启动容器迁移工具，将老的调度集群应用容器迁移到新的调度集群，此过程应用侧无感知的，都是工具自动化完成的，但是迁移过程会分批灰度发布，按灰度百分比逐步完成全部容器的迁移。

（4）应用全部容器迁移至新的调度集群后，PaaS 的应用资源管理将不再对接老的调度管控，避免分配资源到老的集群。

每个应用都需要经历上述容器迁移和替换过程，才能最终完成应用资源调度的统一，以及云原生发布模式的统一。整个过程需要按比例逐步切换直至完成，在此过程中也需要持续观察应用的状态，为了保障整个过程的顺利进行，单独增加了应用监控及迁移大盘，以系统化的方式来管理整个容器迁移和替换的流程，很好地保障了应用云原生架构升级的进程。

6.7.3 Sidecar 运维

应用镜像化改造和容器迁移替换完成后只完成了应用云原生架构升级的一半，因为云原生的核心是增加了 Sidecar 组件，要完成应用的全量云原生架构升级，还需要进行 Sidecar 注入，以及围绕 Sidecar 建设升级、回滚、变更管控等一系列运维能力。Sidecar 的运维变更独立于应用的运维变更，主要由基础设施团队负责管理，将 Sidecar 运维独立大幅提高了整体运维效率，下面介绍 Sidecar 运维变更的具体内容。

1. Sidecar 接入

前面介绍了容器调度平台的整体架构设计，从架构层面可以看出，业务层进行容器调度控制是通过 APIServer、Webhook 和 Operator 组件协作完成的，业务开发人员可以自定义变更实现应用容器操作，应用 Sidecar 的接入也是通过该方式实现的，操作流程如图 6-7-11 所示。

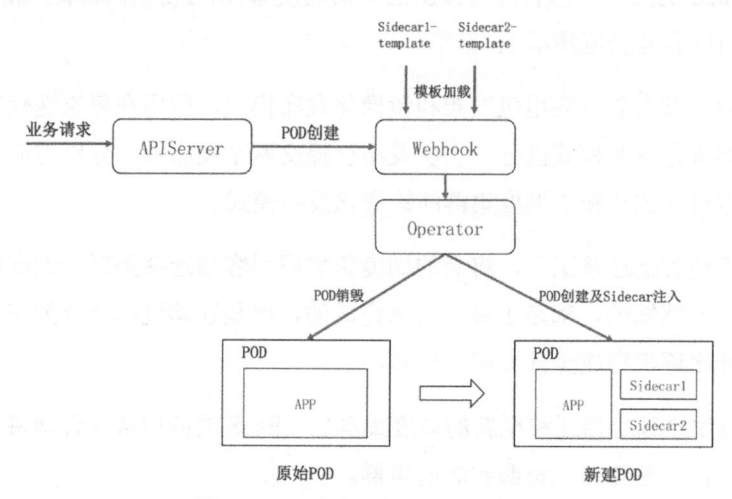

图 6-7-11 应用 Sidecar 注入流程

图中是通过 Sidecar-Operator Webhook 注入一个 Sidecar 容器的标准流程，Sidecar 的接入其实是新建 POD 并注入 Sidecar 的过程，这个过程需要一定的机器 buffer 资源做保障，因为每次新建 POD 都需要消耗新的资源。注入过程也需要同步进行业务流量的管控，需要先停止原始 POD 的流量，等携带 Sidecar 的 POD 启动后再启动业务流量访问新的 POD，这个过程也需要 PaaS 平台的流量管控组件协作完成。新的 POD 启动后若确认应用访问正常则会进行原始 POD 的销毁操作，销毁完成才意味着整个 Sidecar 注入流程的完成。

整个 Sidecar 注入过程步骤较多，任何一步出问题都会导致注入失败，因此整个注入操作都需要支持回滚。另外 Sidecar 注入的耗时较长，因此回滚操作耗时也会较长，对故障应急也带来了一定的挑战。

除了新建 POD 进行 Sidecar 注入的方案，我们还考虑了 POD 原地 Sidecar 注入方案，原地注入的好处就是不需要新增 buffer 资源来进行 Sidecar 注入保障，也会提高 Sidecar 注入和回滚的效率。但是，POD 原地注入方案需要对 POD 资源分配进行精确计算，注入过程也不容易进行观察和监控，因此最终没有采用这种方案。

2. Sidecar 升级

Sidecar 和应用容器共同承担业务流量，Sidecar 的升级过程也伴随着业务流量的切换，避免对业务访问造成影响。Sidecar 升级的过程和注入过程类似，同样需要 APIServer、Webhook 和 Operator 组件协作完成，整个升级过程如图 6-7-12 所示。

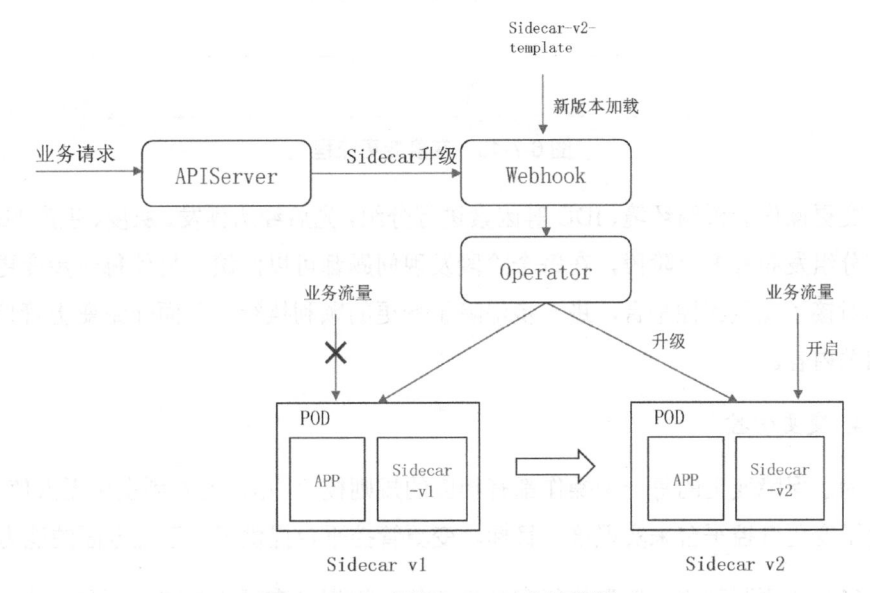

图 6-7-12　应用 Sidecar 升级流程

升级过程会创建新版本 Sidecar 的 POD 容器，让老版本的 POD 容器下线，以实现 Sidecar 版本升级。这在整体上也是使用了容器替换方案，需要一些额外的机器 buffer 做支撑。和 Sidecar 注入类似，Sidecar 升级也考虑过使用容器原地升级的方案，来降低资源消耗及上层业务感知，但是原地升级方案依赖资源精确计算，逻辑复杂，容易出错，所以我们最终还是放弃了原地升级的方案。

3. 灰度变更流程

上面讲到 Sidecar 的接入和升级都是一个"逐步灰度变更"的过程，内部构建了比较完善的变更流程来支撑全行应用的大规模接入和升级，灰度变更流程如图 6-7-13 所示。

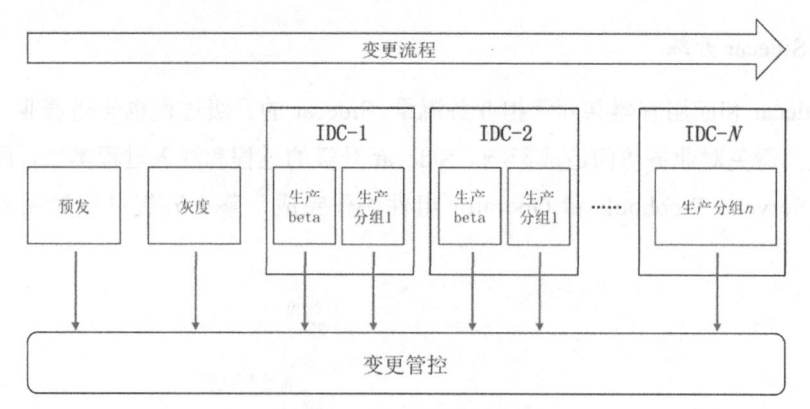

```
          变更流程 →
┌─────┐ ┌─────┐  ┌──IDC-1──┐ ┌──IDC-2──┐         ┌──IDC-N──┐
│ 预发 │ │ 灰度 │  │生产│生产│ │生产│生产│ ……    │  生产   │
│     │ │     │  │beta│分组1│ │beta│分组1│         │  分组n  │
└──┬──┘ └──┬──┘  └─┬──┴─┬──┘ └─┬──┴─┬──┘         └────┬────┘
   │       │       │    │       │    │                  │
   ▼       ▼       ▼    ▼       ▼    ▼                  ▼
┌─────────────────────────────────────────────────────────┐
│                       变更管控                           │
└─────────────────────────────────────────────────────────┘
```

图 6-7-13　灰度变更流程

变更操作会根据环境、IDC 等因素进行分组，先后经历预发、灰度、生产 beta、生产分组发布等多个阶段，在每个阶段发现问题都可以回滚。另外每一步变更操作都对接了变更管控平台，进一步保障了变更的顺利执行，下面介绍变更管控平台相关内容。

4. 变更管控

为了保障变更的每一步操作都有相应的规则校验，尽可能做到变更无人值守，新增了变更管控平台来实现这一目标。变更管控平台提供了以下几方面的能力。

（1）变更强制"灰度"执行和分批执行。根据专家经验制定规则和策略，例如分批批次不能少于两批，单批次需覆盖多机房等。

（2）变更前后置操作自动巡检。每个变更执行前进行前置巡检，例如检查变更参数、和其他变更是否存在冲突、机器容量是否足够等。变更执行完成后进行后置检查，例如变更操作是否符合业务预期等。

（3）变更完整度检查。检查变更步骤是否全部执行完成，等检查结果符合预期后才会执行下一步变更操作。

变更管控平台及变更管控流程如图 6-7-14 所示。

变更的每一步操作都对接了变更管控平台，通过系统化的方式使已有运维经验沉淀到平台中，并应用于所有变更操作，这样操作的结果是逐步提升变更风险管控能力，降低变更期间运维人员的资源投入，保障变更的可靠性和稳定性。

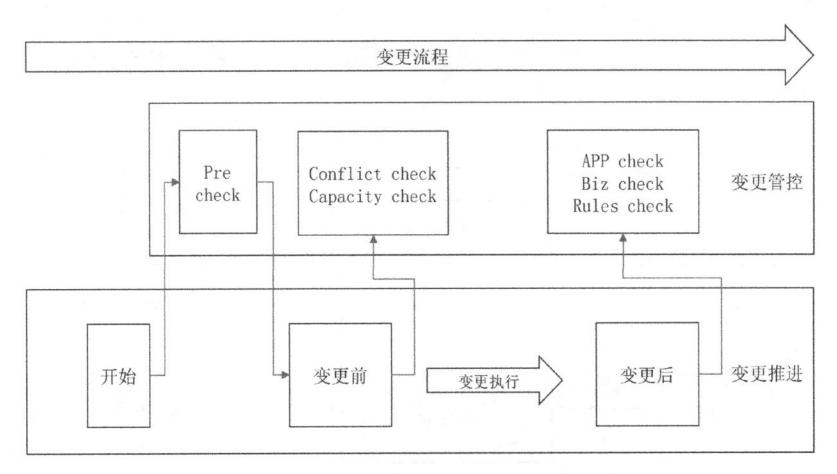

图 6-7-14　变更管控平台及变更管控流程

6.7.4　Mesh 的技术风险防控

云原生 Service Mesh 技术引入使得应用和基础设施解耦，两者独立发展，极大提升了研发运维效率，但同时也给平台带来了很大的挑战，例如研发运维平台需要和现有平台对接，配套的技术风险防控平台的能力需要重新建设等。下面将重点从技术风险防控角度分析如何应对云原生 Service Mesh 新技术的升级。

从技术风险防控角度来看，所有运维变更操作都要具备"三板斧"能力，即可监控、可"灰度"、可应急。技术风险防控平台也基于这些标准，不断丰富系统化能力，以保障变更的稳定执行。另外，除了平台能力，制度上也需要协同进行技术风险防控保障，网商银行内部是通过定期进行风险攻防演练来达到这个目标的。下面将重点从这几方面对 Service Mesh 技术风险防控内容进行介绍。

1. 监控与问题定位

架构升级为 Service Mesh 后，应用发布运维平台的能力也进行了升级，以适应新架构需要，同时监控平台能力也进行了升级。从监控层面来看，新的监控系统一方面需要支撑应用+Sidecar 模式的监控，尤其是新增 Sidecar 的监控，另一方面也需要对监控架构进行优化，以实现更好的稳定性和扩展性。

参考 CNCF 社区原生的 Prometheus 监控采集方案，网商银行内部也逐步完成了 Metrics 监控服务架构的搭建，整体架构如图 6-7-15 所示。

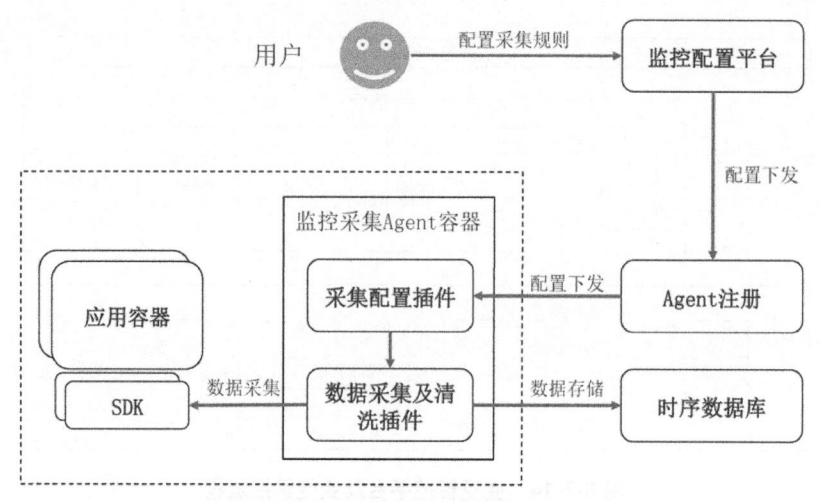

图 6-7-15 监控配置及采集方案

图中监控采集 Agent 容器和应用容器隔离，独立完成监控数据的采集及存储，这是在老版本的监控 Agent 方案基础上进行的优化。对于老版本的监控体系，Agent 是和应用部署在同一个 VM 中的，会占用一部分系统资源，随着应用规模不断膨胀，Agent 消耗的资源也会非常庞大，造成资源的浪费。为了对 Agent 进行优化，内部采用了 Agent 容器化部署，并且部署在物理机上，每台物理机只部署一个 Agent 容器。这样做会带来几方面的好处。

（1）节省了 Agent 部署资源成本。Agent 占用资源成本从应用容器规模降低到物理机规模。

（2）部署隔离，提高了应用稳定性。Agent 容器独立部署，和应用容器资源隔离，Agent 故障不会传导给应用，有效保障了应用的稳定。

（3）节省了 Agent 部署运维成本。Agent 有独立的容器环境，独立部署及运维，可提升整体运维效率。

监控平台能力的完善为云原生监控报警及后续运维操作提供了基础，目前对于 Service Mesh 来说，应主要关注的指标包括系统指标和 Metrics 指标。

- 系统指标。包括 POD、应用容器、Sidecar 容器等多个维度的指标，主要有：CPU、LOAD（负载）、MEM（内存）、TCP 网络传输、磁盘"水位"等。

- Metrics 指标。主要包括：Processor（进程信息）、GO（Sidecar 进程/Thread 等信息）、Downstream（下游请求信息）、Upstream（上游请求信息）、Mesh Sidecar（Sidecar 组件信息）等。

基于监控平台提供的业务监控、Service Mesh 监控信息，可以进一步做问题发现和定位。基于监控聚合能力，平台提供了链路跟踪定位功能，支持问题追踪及定位。另外，在此基础上，我们还在不断探索基于 AI（人工智能）的问题根因定位智能决策服务，不断加强在问题定位领域的能力。

通过问题定位，我们希望可以给研发运维人员一些有效的故障信息，例如是应用问题还是 Sidecar 组件问题，是哪个 Sidecar 组件的问题，组件的具体故障信息等，用来减少研发运维人员在问题排查方面的投入。

经过一段时间的探索，我们在基础监控平台能力之上增加了全局监控视图和大盘，例如业务视图大盘、Service Mesh Sidecar 视图大盘、系统指标大盘、错误码大盘以及指标 TOP 大盘等。这些大盘信息为研发运维人员掌握全局架构状态提供了帮助。

2. 故障应急

监控和问题定位是故障应急的第一步。发现问题后如何处理是关键，对于应用层的故障，快速处理方案一般是变更回滚或机器重启，这些是比较常规的故障应急手段，而升级为 Service Mesh 架构后增加了 Sidecar 容器，针对 Sidecar 的故障应急能力需要单独建设。

Sidecar 相关的故障应急大体可以分为两层，一层是 Sidecar 自身的预案及应急能力，另外一层是 Sidecar 上游的预案及应急能力，详细描述如下。

- Sidecar 自身预案及应急。主要有日志分级及降级、控制面依赖降级、负载均衡降级、Sidecar 重启、POD 重启等。
- Sidecar 上游预案及应急。主要有配置推送降级、软负载均衡列表变更停止、服务注册中心关闭推送等。

前面的章节中介绍了容器调度 Kubernetes 集群具有故障自愈的能力，与之相对应地，Service Mesh 层面也需要建设故障自愈能力。故障自愈基于监控和问题定位，以及预案和故障应急，在多个场景中构建不同的故障自愈规则，用来提升故障应急效率，加快故障处理响应。

故障自愈相关的处理流程如图 6-7-16 所示。

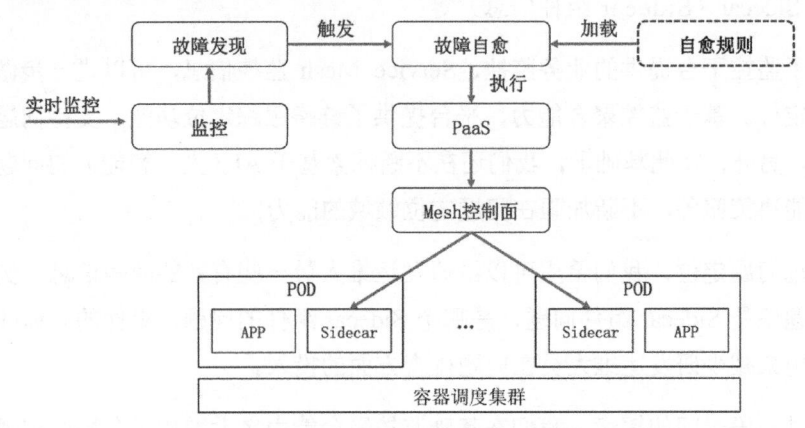

图 6-7-16　Sidecar 故障自愈流程

运维人员可以根据不同的运维场景，不断丰富自愈规则，逐步减小故障处理的人员投入，更加精细化地应对线上故障。

3. 攻防演练

在系统未出现问题时，很多开发和运维人员都会觉得自己的系统是"健壮"的，故障防御体系也是很健全的，但是到系统真正出现问题时，业务上已经遭受了巨大的损失。为了帮助研发运维人员尽早发现系统问题，及时查漏补缺，网商银行内部组织了定期的攻防演练，在制度上保障系统能力的不断完善。

攻防演练的一方负责攻击，制造各种攻击场景，在风险可控的情况下尽可能多地发现问题，对于 Service Mesh 来说，主要攻击来自两方面。

- Service Mesh Sidecar 及其配套设施的攻击。验证 Service Mesh 整体架构的稳定性。
- Service Mesh 上层业务及系统层面的攻击。基于全局技术风险防控视角进行问题发现。

攻防演练的另外一方负责防守，针对不同场景的攻击，校验系统状态是否正常，防御规则、故障自愈等是否正常执行，对不满足演练结果要求的部分进行修复及优化。

6.7.5 发布和运维平台统一

网商银行单元化 LDC 架构中 PaaS 中枢应用、中间件应用和业务 SaaS 应用的发布运维体系不统一，对应多套运维系统，各运维系统对应的运维数据接口不统一、接口协议不统一、元数据模型不统一，导致变更管控平台、故障定位和故障应急平台无法快速对接，同时也增加了运维人员的工作量，对运维稳定性带来了很大的挑战。

升级为云原生架构之后，在容器调度层面进行了统一，发布运维体系也进行了统一及融合。域内统一的发布运维平台，需要接入应用发布、服务器运维、网络运维、配置变更、容量管理、中间件变更等各种变更能力。

以下是对统一运维平台各项功能的描述。

1. 应用发布

这里说的应用包含的范围比较广，既包含 SaaS 类应用，也包含中间件应用，还包括云原生组件类应用（Operator、Sidecar、Webhook、DeamonSet）。应用发布能力为这些应用提供发布流程支持。

2. 服务器运维

服务器运维指的是针对应用服务器的一系列操作，包括服务器重启、上线、下线、替换等常规操作，还包括线程 dump、内存 dump、文件上传及下载、日志清理等相关操作。

3. 网络运维

网络运维主要是网络相关产品组件的机器运维操作，包括 VIP Server 管理、七层负载均衡集群管理、四层负载均衡集群管理、DNS 管理、网络 ACL 配置、网络基线变更等。

4. 配置变更

这里说的配置覆盖范围比较广，包括环境配置、应用配置、容器集群配置等。而每种类型的配置又包含更细粒度的配置选项，比如环境配置包括基础软件版本升级、JVM 参数调整等。

5. 容量管理

容量管理主要是针对应用层的容量管理，包括应用扩容、应用缩容、应用下线等操作，另外还包括通过全链路压测工具进行链路容量评估。

6. 中间件变更

中间件变更指的是各种类型中间件组件的变更管控，覆盖范围有配置推送、通信中间件、定时任务、数据源管理、限流管控等。

发布运维平台的统一加快了后续运维能力的建设，越来越多的新能力会基于同一个平台构建，避免了多个平台维护成本的出现，降低了人力资源消耗，相信在未来运维平台还会逐步发挥其巨大威力。

6.8 云原生实战场景

网商银行从 LDC 单元化架构升级到云原生架构，在架构能力上又登上一个新的台阶。云原生架构升级了容器调度平台，实现了资源调度层的统一，在此基础上实现了离线在线混部。另外新的架构引入了 Service Mesh 体系，支持多种类型的 Sidecar，将业务应用与基础设施解耦，提升了研发运维效率。Serverless 技术及平台的建设，为应用弹性扩缩容及模块化研发提供了可能。整个云原生体系需要架构在安全可信的基础之上，我们在云原生架构升级过程中也做了很多安全可信能力建设。

新的云原生架构为业务快速发展提供了基础设施的支撑，网商银行已基于新的云原生架构让很多业务场景落地，下面对一些典型场景进行详细介绍。

6.8.1 混部技术应用

目前网商银行集群资源分配率很高，但是资源平均利用率较低，主要存在以下几个原因。

1) 日常流量峰值增加了集群规模

对于在线业务来说，会存在周期性的流量高峰和低谷。对于行内大部分业务来说，一般白天是业务高峰期，晚上到第二天早上是业务低谷期，网商银行的存款、贷款、支付、融资等业务都具有这种特点。但是对于小部分业务来说，业务峰值情况正好相反，例如与账务清算相关的系统，一般会在晚上处理日切、计息等业务，流量峰值会在 0 点之后到第二天早上。

为了保障各种类型的系统在业务高峰期仍然可以提供正常的服务，在应用集群规模上需要进行相应的适配，提供业务峰值 TPS 对应的机器容量，但是这样会导致机器的平均利用率很低。

2）大促期间增加了集群规模

网商银行在大促期间会有较高的流量峰值，和日常流量峰值类似，如果要支撑大促的流量峰值，也需要扩容集群，以保障大促的正常开展。但是这样做也会导致大促后大量机器闲置，机器的平均利用率较低。

3）分布式单元化架构带来了机器规模的增长

网商银行从"同城双活"架构升级为 LDC 单元化架构后，将流量按客户 ID 划分成了多个逻辑单元，流量在多个单元间可以自由进行调拨，以此来实现同城和异地容灾，在高可用层面已经达到了业界较高水平。但是，LDC 架构在高可用、扩展性等方面取得进步的同时，也带来了一个问题，就是整体机器规模的增加。

在升级为 LDC 架构后，系统被分开部署在多个逻辑单元中，每个逻辑单元的应用机器只支撑部分客户 ID 的访问，当一个新的应用申请下来后，初期业务流量不会很高，但是为了匹配 LDC 架构，需要在每个 LDC 逻辑单元都部署应用机器，导致每台机器的 TPS 都很低，造成资源的浪费。如果存在大量的 TPS 较低的长尾应用，这种浪费情况会被放大。

4）高可用容灾导致了资源冗余

不管是老的"同城双活"部署架构，还是升级后的 LDC 单元化架构，如果要支持业务的高可用容灾，就需要有资源冗余。因为一个基本的逻辑是当部分物理机房或者逻辑单元出现故障后，就需要进行业务流量的容灾切换，将故障机房或逻辑单元的流量（故障流量）切换到其他机房或逻辑单元，而承载故障流量的机房或逻辑单元就需要具有双倍的机器容量，用来支撑已有流量和故障流量。

同城容灾和异地容灾的逻辑皆是如此,不仅包括在线应用的资源,也包括配套的存储资源。这样就要求每个机房或逻辑单元都要有一些冗余的机器单独支持高可用容灾,这也会导致整体机器规模的增加。

集群规模变大,而机器平均利用率偏低,结果是每年的 IT 采购成本居高不下,但是大量机器无法得到充分利用,造成大量资源浪费,这可能是互联网行业中普遍存在的一个问题。网商银行希望通过新的技术改善这个问题,能够更加充分地利用已分配但未使用的闲置资源,将资源利用率提升到较高水平。

网商银行早期使用了一些资源超卖技术来提高资源利用率,例如 CPU、内存等资源超卖,但是比较简单的超卖策略会导致所有的应用资源均被超卖,集群整体稳定性不可控。为了降低稳定性风险,网商银行升级为云原生架构后基于新的资源调度体系,使用混部技术架构来提升资源利用率,同时也可以对不同类型的业务进行分层保障。

目前使用的资源混部技术主要是针对不同服务保障要求的应用进行分级混部的。根据不同的服务保障要求,可以将应用分为在线应用、实时计算应用和离线任务应用,在混部集群上同时部署不同类型的应用,可以达到资源利用率提升的目标。下面重点介绍一下混部技术在网商银行中的两个应用。

1. 在线实时混部

混部技术的一个使用场景,是把高敏感在线应用和低敏感计算类应用进行资源混部。在同一个机器节点上,根据不同的资源调度策略,对高优先级和低优先级的资源进行调度分配,包括 CPU、内存、网络、IO 等。调度策略会将高优先级资源配置给高服务保障的在线应用,低优先级资源配置给低服务保障的计算类应用。同时通过资源优先级抢占规则和资源隔离能力,在高优先级资源处于忙碌状态时,可以抢占低优先级任务资源,但是在低优先级资源忙碌时,尽量不干扰高优先级资源使用,从而保障资源分级稳定性。

在 Kubernetes 社区落地方案中,大部分都是在线型业务,计算型业务一般通过独立资源申请和独立资源调度跑在 Kubernetes 集群中。网商银行使用的 Kubernetes 完成了资源调度的统一,因此可以实现在线型业务和计算型业务资源统一调度。

网商银行内部，使用 Kubernetes 资源统一调度平台支持各种类型的实时计算业务，包括流式计算、批处理任务以及各类 AI 训练任务等。这些计算型业务都有相同的特点：任务资源按需申请，用完就释放。Kubernetes 资源调度平台对计算型任务进行适配，在任务真正调度执行时会调用 Kubernetes API 申请 POD 资源，并在任务执行完成后删除 POD 释放资源。

另外，Kubernetes 统一调度引擎除了常态化资源调度能力外，还引入了动态资源调度能力和任务画像系统，这为在线型和计算型的不同等级业务提供了分级的资源保障能力，在在线业务不受影响的情况下，资源能被最大化利用。

网商银行在线实时混部的架构如图 6-8-1 所示。

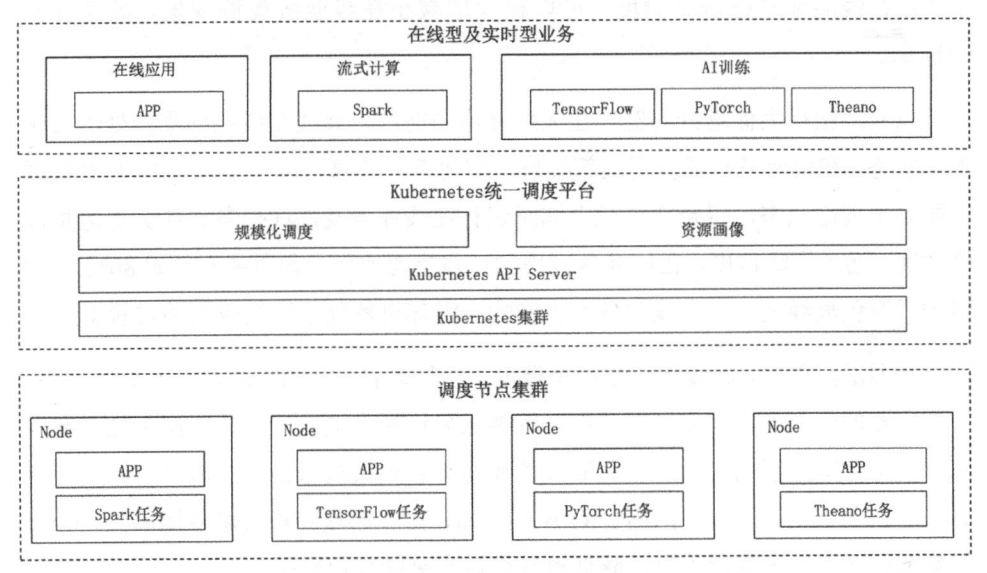

图 6-8-1　在线实时混部架构

该架构可支撑流量高峰时段在线业务和实时计算任务并发调度，不用单独针对实时计算任务进行降级处理。通过 Kubernetes 统一调度平台，可短时间内支持大量计算任务在 Kubernetes 集群上申请和释放资源，后续资源调度平台还会与业务调度进行深度融合，持续打造适应业务发展的平台能力。

2. 离线在线混部

混部技术在网商银行的另外一个使用场景，就是把高敏感性在线应用和低敏感性离线任务进行资源混部。网商银行使用的离线数据仓库产品是 ODPS（Open Data Processing Service，开放数据处理服务），集群进行单独的资源调度管控。离线在线混部指的是将在线业务应用部署到离线数据仓库的集群上，使用离线数据仓库集群的计算资源，应对日常及大促的流量峰值，达到节省机器资源及成本的目的。

在线业务和离线数据仓库任务分别有各自的业务特点，在线业务高峰期在白天，客户对服务耗时感知明显，而离线数据仓库任务执行高峰一般是在晚上，在线和离线高峰在时间线上呈现互补状态。但是，针对在线业务的日常营销活动，或者大促等场景，会存在在线和离线业务流量高峰重叠的状态，在这些场景中使用离线在线混部进行资源调度，可以极大地减小在线业务集群规模，提高资源利用率。

以网商银行大促场景为例，在大促高峰的前后，离线在线混部集群处于日常混部状态，在线业务长期占用混部集群一定比例的计算资源（如 20%），此时集群机器处于混部状态，每台物理机上同时运行在线业务及离线任务。在大促流量高峰期间，通过资源调度，在线业务占用的计算资源比例会显著提高（如 80%），此时为了避免离线任务对在线业务产生影响，混部机器处于在线应用独占状态。

在混部集群中，离线和在线两个调度平台同时自主运行，分别管理离线任务、在线容器的资源调度，中间通过统一管控来协调两个调度平台的资源配比。在混部集群资源隔离层面，通过自主研发的操作系统内核技术来解决混部机器资源隔离问题，从 CPU、内存、网络、IO 这些方面，进行离线在线调度资源隔离，全面保障在线业务的最高优先级，降低离线任务带来的延迟影响。

离线在线混部整体架构如图 6-8-2 所示。

离线在线混部遇到的比较大的挑战是如何在计算资源减少的情况下，保障离线业务的 SLA。除了上面描述的解决混部机器上资源隔离的问题外，离线任务也需要按照业务重要性和优先级做出合理取舍，把有限的计算资源倾斜分配给重点保障业务，离线计算业务保障都会围绕这个目标来展开。

虽然集群上每天运行的离线计算任务规模非常庞大，但是运行任务按业务重要性的分布同样满足"二八原则"，所以为了实现重点业务保障的目标，保障方案的基础就是确定 20%的重点任务。这部分会结合离线任务基线配置进行确认，基于基线配置业务优先级，来圈定需重点保障的任务范围。

网商银行使用离线在线混部技术，使得在线业务的指标与离线业务的 SLA 均得到了很好的保障，通过实践证明了离线在线混部方案的可行性和重要价值，也为未来离线在线常态混部打下了基础。

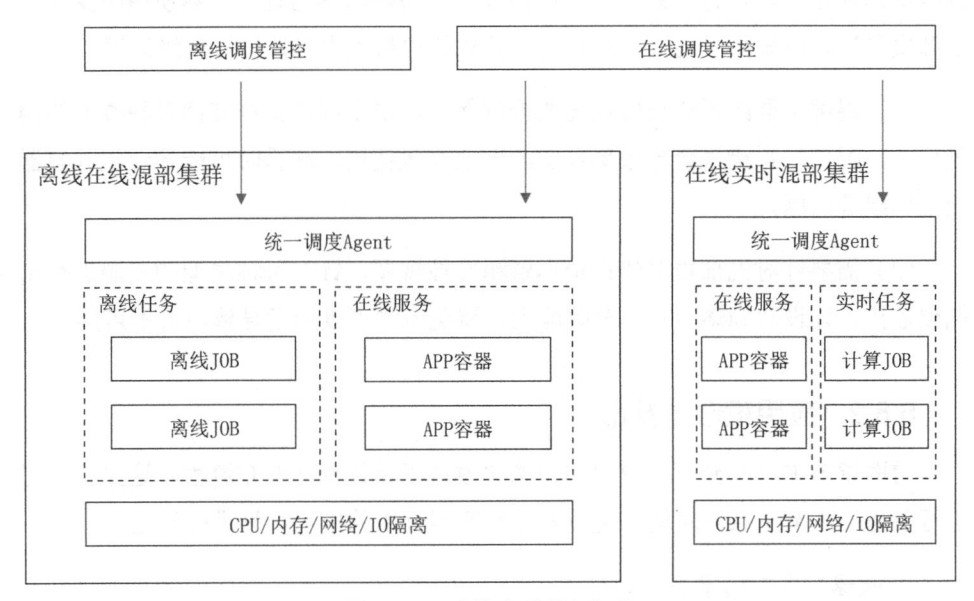

```
┌─────────────────┐              ┌─────────────────┐
│  离线调度管控   │              │  在线调度管控   │
└─────────────────┘              └─────────────────┘
         │                                │
┌────────┼────────────────────┐ ┌─────────┼──────────────┐
│ 离线在线混部集群             │ │ 在线实时混部集群        │
│  ┌──────────────────────┐   │ │  ┌──────────────────┐  │
│  │    统一调度Agent      │   │ │  │  统一调度Agent    │  │
│  └──────────────────────┘   │ │  └──────────────────┘  │
│  ┌──────────┐ ┌──────────┐  │ │  ┌────────┐┌────────┐  │
│  │ 离线任务 │ │ 在线服务 │  │ │  │在线服务││实时任务│  │
│  │┌────────┐│ │┌────────┐│  │ │  │┌──────┐││┌──────┐│  │
│  ││离线JOB ││ ││APP容器 ││  │ │  ││APP容器│││计算JOB││  │
│  │└────────┘│ │└────────┘│  │ │  │└──────┘││└──────┘│  │
│  │┌────────┐│ │┌────────┐│  │ │  │┌──────┐││┌──────┐│  │
│  ││离线JOB ││ ││APP容器 ││  │ │  ││APP容器│││计算JOB││  │
│  │└────────┘│ │└────────┘│  │ │  │└──────┘││└──────┘│  │
│  └──────────┘ └──────────┘  │ │  └────────┘└────────┘  │
│  ┌──────────────────────┐   │ │  ┌──────────────────┐  │
│  │ CPU/内存/网络/IO隔离 │   │ │  │CPU/内存/网络/IO隔离│  │
│  └──────────────────────┘   │ │  └──────────────────┘  │
└─────────────────────────────┘ └────────────────────────┘
```

图 6-8-2　离线在线混部架构

3．混部技术限制和风险

上面描述了离线在线混部技术在网商银行的应用，使用在线实时混部和离线在线混部技术，提升了集群资源的利用率，为银行节省了大量的 IT 成本。但是，混部技术的使用同样存在业务限制以及一定的技术风险。

业务限制方面，混部技术不适用于一些特殊的业务，其主要包含如下几种类型。

（1）在业务访问延迟敏感度非常高的应用时，不建议使用混部资源，否则有可能出现耗时增加导致报错的情况。

（2）需要高级别保障的核心链路应用，不建议使用混部资源，因为混部集群资源的稳定性存在较大的不确定性。

（3）具有弹性特点的链路应用，不建议使用混部资源，因为混部集群的弹性资源空间可能无法得到保障。

混部技术也存在一定的技术风险，比如以下几方面。

（1）混部技术强依赖于系统内核特性，需要确保混部集群机器内核升级到支持混部的稳定版本，否则会导致资源调度、资源隔离等问题。实际使用中要针对混部集群进行内核版本巡检，对不符合要求的内核版本机器进行升级处理。

（2）混部集群配置的正确性需要得到保障，由于混部集群支持多种类型的调度任务，混部配置错误会导致集群资源无法有效使用，严重时可能导致混部容器无法创建等问题。

（3）需要针对混部集群建设全局资源监控视图，针对每种类型的资源进行精细化监控，建设故障熔断和自愈等能力，避免资源调度问题导致集群不可用。

6.8.2 应用镜像化发布

前面章节中已经介绍过应用的镜像化改造以及镜像化发布流程，这里就不再进行赘述，本节主要针对镜像化技术在网商银行中的应用场景进行阐述。

1. 镜像化发布的准备

应用镜像化发布是网商银行云原生架构升级的一个前置依赖，为了实现这个目标，架构层面应该如何体系化支持镜像化发布？这里其实涉及多个平台产品的能力准备，包括以下几个方面。

（1）容器调度集群迁移至 Kubernetes 集群。网商银行老的资源调度集群以 VM 的方式支持应用包发布模式，需要将资源调度升级为 Kubernetes，以 POD 的方式支持应用镜像化发布，同时单个 POD 支持应用容器和 Sidecar 容器多容器部署。

（2）镜像构建平台。无论应用使用 Dockerfile 模板，还是自定义 Dockerfile，都需要由镜像构建平台根据 Dockerfile 构建镜像。镜像构建平台属于研发效率平台的一部分，和其他研发效率组件配合使用，镜像构建平台需要和镜像中心连接，将构建完成的镜像推送到镜像中心。

（3）镜像化发布平台。镜像化发布平台从镜像中心获得应用镜像，并发起镜像化发布流程，提交应用镜像化发布单到 PaaS 平台，并跟踪反馈应用发布结果。

（4）PaaS 平台镜像化发布对接。PaaS 平台提供镜像化发布 API，研发效率平台进行 API 对接，大部分应用镜像化发布会走研发效率+PaaS 的发布流程。但是还有部分非标准应用无法通过研发效率平台提交 PaaS 发布单，这部分应用的镜像化发布需要 PaaS 提供发布能力，根据非标应用自定义镜像进行应用发布。

2. 标准应用一镜到底

这里说的标准应用是指网商银行基于内部定义的后端标准 Java 技术栈、前端标准技术栈、移动终端标准技术栈发布的应用，网商银行的大部分应用属于这种类型。标准应用的特点就是应用技术栈统一，应用构建、打包、发布部署等都基于统一的模板执行，研发效率、发布运维体系统一。

但是在云原生架构升级前，在传统发布包模式下，会存在两个问题。一个是应用编译打包时依赖配置平台进行应用配置变量的注入，由于配置跟随环境变化，多个环境需要进行多次编译打包，影响发布效率。另外一个问题是部分前端应用依赖的前端资源，在应用运行时被动态拉取，导致应用有状态、扩容、升级等运维操作需要运维人员手动执行，影响运维效率。

上面两个问题在升级到镜像化发布模式后依然存在，导致应用镜像化发布改造并不彻底，为了解决这些问题，应用在进行镜像化改造的同时，并行推进了"一镜到底"的改造。"一镜到底"的目标是，一次镜像构建，所有环境发布，在发布进行过程中不依赖其他的外部动态资源。

以下是应用"一镜到底"改造相关的内容。

1）应用配置代码化改造

在传统发布包模式下，应用环境的配置信息在配置平台进行统一管控，在编译打包环节，打包机器会判断环境信息，并从配置平台拉取对应环境的配置，进行配置变量注入。从整个编译打包过程可以看出，应用代码和环境配置分开存储，不利于"一镜到底"目标的实现。

镜像化发布模式对应用代码和环境配置进行了整合，这个过程被称为配置代码化，多个环境的配置以配置文件的方式保存在代码仓库中。镜像构建平台只需要拉取代码仓库即可进行应用镜像构建，减少了和其他系统的交互。另外构建出的镜像里面包含了所有环境的配置，机器在不同环境中启动时，会根据环境参数判断读取的环境配置，而不需要重新构建新的镜像，真正做到了"一镜到底"。

2）前端应用构建时拉取动态资源

在网商银行内部，有部分前端应用在发布时需要动态拉取所依赖的前端资源文件，这个操作给运维人员带来非常高的运维成本。应用扩容时需要先将应用依赖的前端资源文件手动拷贝到扩容机器上，再手动部署前端应用包，否则会导致应用启动失败或页面展示错误。

为了实现这部分应用"一镜到底"的目标，我们对这些应用也做了相关的无状态化改造。改造过程就是将应用启动依赖的动态资源文件拉取，放到应用镜像构建流程中，这样做的结果就是构建出来的镜像包含了所有的前端依赖文件，应用启动时从镜像中读取资源即可，将有状态应用改造成了无状态应用。

3. 非标准应用标准化

这里的非标准应用和前面的标准应用相对应，即非网商银行内部定义的标准技术栈应用，都属于非标准应用的范围。这里面有很大一部分是网商银行采购的外部应用，包括监管机构对接的应用、某个领域业务系统等。

从研发运维层面来看，非标准应用对应的研发运维成本很高，相关操作都需要人工介入处理，运维效率低且容易出错。升级为云原生架构后，我们希望通过镜像化模式，一定程度上让这部分非标准应用标准化，降低应用研发运维成本。

对于非标准应用来说，一般会通过自定义编译、打包、部署脚本，自定义镜像构建 Dockerfile，来实现非标准应用镜像化。通过自定义 Dockerfile 构建出来的镜像，称为自定义镜像，网商银行的 PaaS 平台支持自定义镜像的发布，这样就将非标准应用的发布流程进行了标准化改造。

应用镜像化发布后，扩容、升级等相关运维操作也可以基于镜像执行，进一步降低了非标准应用的维护成本。

4. 中间件应用镜像化发布

除了 SaaS 层业务应用镜像化发布改造外，网商银行中间件应用也需要进行镜像化发布改造，改造原因和 SaaS 应用类似，很多中间件应用也是以发布包模式进行发布的，可以看成特殊类型的 SaaS 应用。

网商银行老的中间件发布平台只支持发布包模式的应用发布，无法进行镜像构建和提交镜像化发布流程。因此在做中间件镜像化改造的过程中，对中间件发布部署平台进行了升级，新的发布平台支持从镜像构建到镜像化发布的全流程操作。

中间件镜像化发布改造提升了中间件应用的发布运维效率，并且完成了发布运维平台的升级，为后面的规模化运维打下了基础。

5. 应用镜像化支持混部

前面介绍了混部技术在网商银行中的应用，包括在线实时混部、离线在线混部等。随着混部技术的不断成熟和完善，后续集群混部会成为常态，而镜像化方式可以更好地支持混部，降低整体运维复杂度。

混部集群在业务流量高峰到来时会进行大规模的在线应用资源扩容，在高峰流量过后再进行大规模的应用资源缩容，应用启动速度对扩缩容效率影响很大。相对于发布包部署模式来说，镜像化后应用的基本软件和代码包都打包在镜像中，不需要做环境的初始化、服务上线拷贝发布包等操作，也不需要依赖 yum 源等拉取配置，因此镜像化发布流程步骤更少，启动速度相对来说也更快。镜像化发布也成了混部资源调度的一个必要的前置依赖。

6. 镜像管理规范

网商银行应用升级镜像化后，为了保障镜像容器的安全性和可靠性，需要制定专门的镜像管理规范，目前的规范主要包括以下内容。

- 镜像命名。应用镜像命名必须以镜像仓库地址为前缀，建议命名中包含 Namespace、appName、envName 等信息。不允许统一镜像 ID 上传不同应用镜像。
- 镜像仓库。网商银行建设独立的镜像中心，严禁和其他镜像中心混用。
- 基础镜像规范。SRE 和安全团队共同维护基础镜像规范，提供安全可靠的基础镜像。基础镜像内容包含操作系统版本、技术栈等信息。

- 自定义镜像。使用统一的基础镜像，自定义 Dockerfile 内容需符合安全要求，禁止使用 Root 等高权限账号操作，生产运维脚本路径须统一。
- 镜像构建。禁止开发人员自己构建镜像后直接部署生产环境，镜像构建使用研发效率平台镜像构建服务，Dockerfile 纳入版本管控系统，做到记录可追溯。禁止本地镜像覆盖平台镜像。
- 镜像部署。镜像部署前需经过安全扫描和镜像签名校验，通过发布平台进行镜像发布，禁止独自发布镜像。
- 镜像运维。镜像运维由 SRE 负责，镜像运维包括镜像上下线、应用重启、容器重启和更新等。

镜像管理规范涉及镜像生命周期的各个阶段，后面我们也会随着镜像化的不断推进继续进行规范的丰富和完善。

6.8.3　服务网格技术应用

网商银行升级为云原生架构之后，架构上引入的最核心的一个技术就是服务网格（Service Mesh），服务网格技术将应用与基础设施解耦，极大提升了研发运维效率。本节重点介绍一下服务网格技术在网商银行中的应用场景。

6.8.3.1　中间件升级周期缩短

应用完成 Service Mesh 改造后，以 APP 容器+Sidecar 容器方式部署在 Kubernetes 的 POD 中，APP 与 Sidecar 之间通过固定协议进行交互。对于中间件使用来说，应用在 Mesh 改造之前大量中间件的 SDK 都嵌入应用中，当某个中间件的版本需要进行升级时，就需要推动全行使用了该中间件的应用升级客户端 SDK 版本，这是一个周期很长的工作，据大概统计，单次中间件版本升级周期为 3～6 个月。

中间件版本升级有时是为了修复已有版本的一些问题，有时是增加一些新的功能，但是不管哪种情况，中间件版本升级周期长会导致中间件的演进速度比较慢，而且会存在多个中间件版本并存的情况，运维成本会相应增加。

在应用改造后，应用配置的中间件客户端 SDK 下沉到了 Sidecar，以 Sidecar 的方式实现独立发布运维，和业务应用彻底解耦。业务应用负责人更专注于上层应用及业务逻辑，中间件研发及运维人员关注下层 Sidecar。运维平台围绕 Sidecar 建设了升级、回滚、变更管控等一系列运维能力，这也是 Sidecar 实现稳定升级的基础保障。

应用 SDK 下沉至 Sidecar 后整体架构如图 6-8-3 所示。

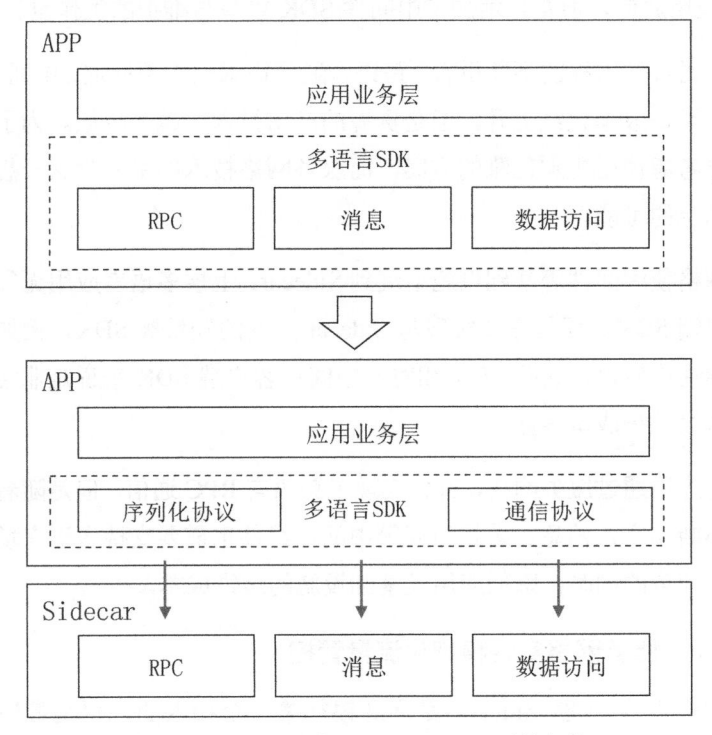

```
APP
  ┌─────────────────────────────────────┐
  │           应用业务层                  │
  └─────────────────────────────────────┘
  ┌─────────────── 多语言SDK ───────────┐
  │  ┌─────┐    ┌─────┐    ┌─────────┐ │
  │  │ RPC │    │ 消息 │    │ 数据访问 │ │
  │  └─────┘    └─────┘    └─────────┘ │
  └─────────────────────────────────────┘

              ⬇

APP
  ┌─────────────────────────────────────┐
  │           应用业务层                  │
  └─────────────────────────────────────┘
  ┌─────────────── 多语言SDK ───────────┐
  │  ┌─────────┐          ┌─────────┐  │
  │  │序列化协议│          │ 通信协议 │  │
  │  └─────────┘          └─────────┘  │
  └─────────────────────────────────────┘
Sidecar ↓         ↓           ↓
  ┌─────┐    ┌─────┐    ┌─────────┐
  │ RPC │    │ 消息 │    │ 数据访问 │
  └─────┘    └─────┘    └─────────┘
```

图 6-8-3　SDK 能力下沉至 Sidecar 后的架构

针对中间件的 Sidecar 版本升级，只需要运维人员在运维平台上操作即可，不需要上层业务应用负责人参与，极大缩短了中间件版本升级周期。网商银行全行应用的单个中间件 Sidecar 升级可缩短到"星期"量级，并且上层应用对升级过程无感知。

6.8.3.2　多语言应用支持

随着业务的不断发展，人工智能、安全、搜索推荐等业务使用的技术栈呈现出多样化趋势，除了常用的后端 Java 语言技术栈、前端 Node.js 技术栈之外，还引入了 Go、Python、C++ 等多语言技术栈。

对于 Java 语言技术栈来说，配套的中间件客户端 SDK 已经比较完善，Java 技术栈在不同应用之间通信，或者应用访问中间件等基础设施，方案都十分成熟。但是如果要实现前端 Node.js 技术栈应用和后端 Java 技术栈的应用通信，难度就会增加。前端技术团队通过重写 Node.js 的各种中间件客户端 SDK，实现了 Node.js 和 Java 的应用通信，但是也增加了中间件 SDK 重写与维护的工作量。

随着多语言技术栈的不断引入，跨语言通信需求也不断增加，中间件 SDK 跨语言重写及维护成本直线上升，但是资源的产出投入比越来越低。为了解决这个问题，需要考虑使用更加优雅的方案，而服务网格技术的引入为这一想法的实现提供了技术上的可能。

服务网格使中间件等基础设施下沉到 Sidecar，上层多语言应用无须实现所有中间件客户端 SDK，而只需要实现与 Sidecar 交互的轻量级 SDK，例如基本的序列化协议和通信协议，这些 SDK 相对于中间件客户端 SDK 来说是非常容易实现的，而且后续维护成本很低。

多语言应用通过服务网格，首先实现了跨语言 RPC 通信，但是随着多语言应用场景的不断丰富，消息、数据访问等中间件组件也需要支持多语言场景，在服务多种类型业务的同时，降低应用及基础设施的运维成本。

6.8.3.3 服务网格实现精细化流量管控

服务网格-网络代理 Sidecar 是网商银行第一个接入的，也是最核心的一个 Sidecar 组件，网络代理 Sidecar 对应用的网络服务请求进行代理，在代理的同时可以进行精细化的流量管控。流量的精细化路由控制能力有非常多的应用场景，下面列举一些实际的应用案例。

1. 全链路压测

全链路压测是实现系统容量评估的重要手段，通过压测流量模拟真实场景访问请求，在压测流量不断增加的情况下探测集群容量瓶颈。但是为了获得线上准确容量而将集群压到临界点，是一件非常危险的事情。是否有一种方式可以将流量引入单机或者小规模集群进行压测摸底，再逐步扩大压测集群范围？是否可以针对部分服务接口做一定比例的组合压测？在服务网格技术接入之前，要想实现这些目标比较困难，主要是因为压测都是针对全局流量控制的，无法进行细粒度管控，而网络代理 Sidecar 组件通过精细化流量管控，可以使用更加优雅的方式实现上述目标。

以单机压测为例，假设应用有 100 台机器承担所有压测流量，每台机器处理 1%的流量，由于服务路由具有随机性，如果不做压测流量路由规则控制，就无法将压测流量引到单台机器上，也就无法完成单机压测。一种比较优雅的方案就是给压测机器打标，并控制上游服务路由规则，实现单机压测。此方式同样适合单集群压测，针对任意集群进行机器打标及路由规则控制，可实现单集群压测。

除了单机和集群维度压测控制外，部分场景中还需要针对服务维度进行压测精细化路由控制，例如将一组服务按一定比例组合进行联合压测，验证特定业务场景中集群的支撑能力。这种情况下在服务管控平台配置压测服务规则即可实现特定场景中的压测。

全链路压测场景中精细化流量管控思路可参考图 6-8-4。

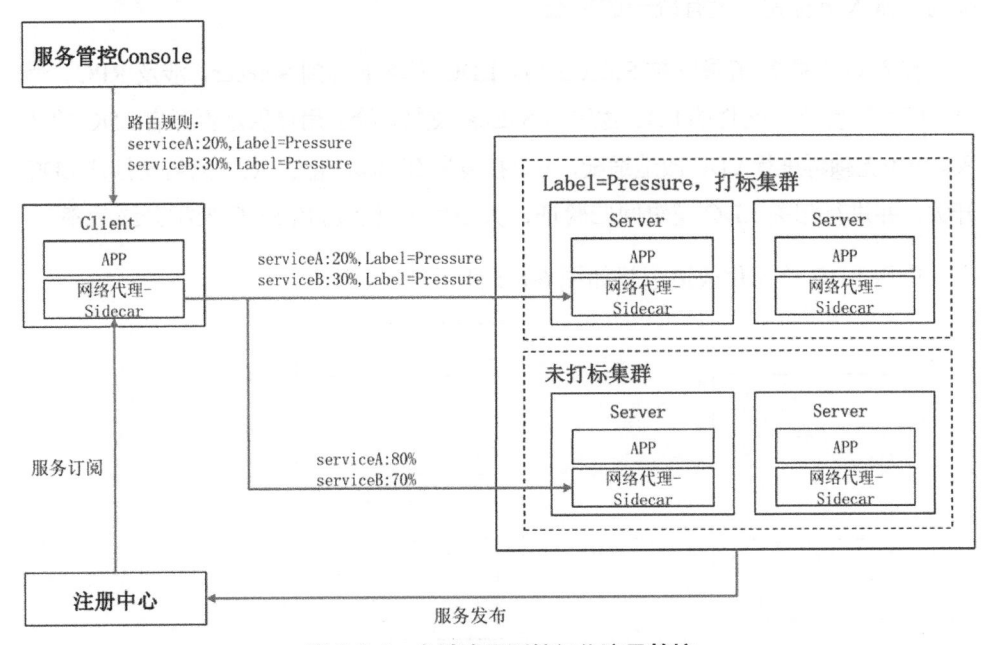

图 6-8-4　全链路压测精细化流量管控

针对压测来说，应用层要想实现压测的目标必须进行应用压测改造，压测链路上的所有应用都需要将压测打标、压测路由判断等逻辑放到应用代码中，这样才能实现整条链路的压测。应用压测改造工作量较大，且链路联调耗费时间长，因此急需新的方案提升压测改造效率。服务网格-网络代理 Sidecar 的出现，为这一问题提供了一种可行的解决方案，Sidecar 中集成了压测打标、路由判断等相关压测代码，应用代码不再嵌入压测相关逻辑，实现了业务应用和基础组件解耦。新增压测链路时，只需要增加相关的压测配置即可，而无须改造全部应用。

2. LDC 单元化支持

在 LDC 单元化架构下，如果想把一个普通应用升级为具备多逻辑单元的 LDC 应用，则需要进行非常多的应用层改造，这些改造有很大一部分是针对中间件及存储访问层面的，比如 HTTP 流量转发、RPC 调用、消息转发、任务调度、缓存及 DB 访问等。单个应用的 LDC 改造工作量非常大，每一部分改造都要进行详细测试，并且需要经历测试、预发、灰度和生产等多套环境验证，生产环境需要按流量比例逐步进行灰度切换，单应用 LDC 改造周期会被拉得较长，且应用改造风险与质量人员有关，没有统一的标准。

接入服务网格-流量管控 Sidecar 后，LDC 逻辑下沉到 Sidecar，涉及 RPC、消息、任务调度等中间件的 LDC 逻辑由 Sidecar 支持，给应用提供是否开启 LDC 的开关。应用无须再进行 LDC 改造适配，可直接复用 Sidecar 能力，应用只需要打开 LDC 开关，并进行相关 LDC 逻辑回归验证，大幅度提升了应用 LDC 架构升级效率。

应用 LDC 单元化改造逻辑如图 6-8-5 所示。

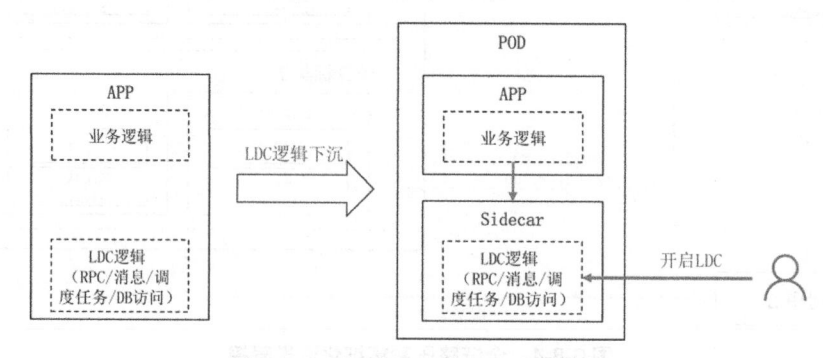

图 6-8-5　应用 LDC 单元化改造逻辑

3. 业务单元隔离

行内目前有大量核心层应用被上层多个业务链路依赖，例如客户中心、存款核心、贷款核心、账务核心等。在这种架构下单个业务链路故障会被放大，单业务导致的核心应用故障会同时影响多条业务链路。但是在单应用维度一直没有很好的方式进行更细粒度的业务链路级别隔离，因为中间件、存储等都是从应用维度进行配置的，没有更细粒度的隔离划分。在这种架构下，当依赖核心应用的某条业务链路需要进行重点保障时，就要考虑核心应用拆分等一些成本较高的方案，这显然无法满足高速增长的业务需求。

那么，有没有一种方案可以避免核心应用拆分，在应用维度进行更细粒度的业务隔离管控呢？答案是有的，服务网格-流量管控可实现这一目标。使用精细化流量管控能力，可以将核心应用划分为多个业务单元，每个业务单元对应一条业务链路，在各单元之间进行资源隔离，避免交叉影响。这样做的结果就是将应用进行了更细粒度的业务单元的划分，对每个单元进行独立管控，实现了分级保障的需求，核心应用也无须进行拆分，大大降低了业务链路重点保障的资源投入。

业务单元隔离整体架构如图 6-8-6 所示。

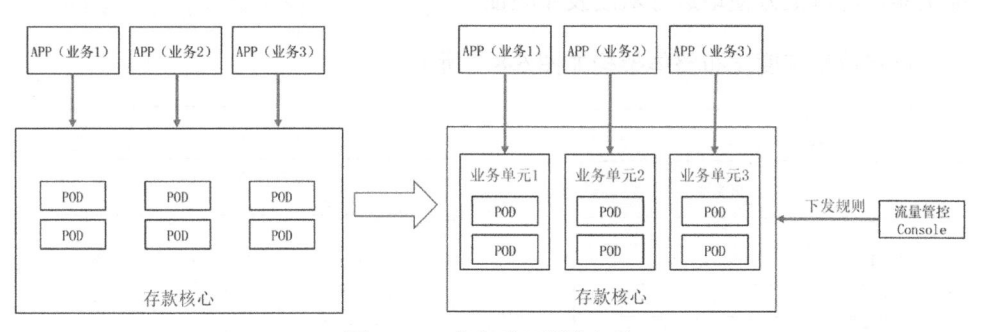

图 6-8-6 业务单元隔离架构

4. 应用弹性架构升级

和应用全链路压测以及应用 LDC 单元化架构类似，应用弹性改造也面临应用改造工作量大、改造周期长的问题。但是对于弹性架构来说，只有在大促这种需要大量资源的情况下才会启用，目的是让使用弹性机房的资源临时支撑大型促销活动，等大促过后再归还弹性机房资源。为了做到资源的弹出和弹回，应用层也需要配合进行一定的弹性改造，例如流量弹出规则配置、跨单元服务调用、DB 访问等，这层逻辑也可以下沉到服务网格层，减小应用层改造投入。

使用服务网格-流量管控能力可判断流量来源是源机房还是压测机房，进而进行流量的自动转发，无须应用层感知。使用这种方案只需配置需要弹出的业务链路应用，以及弹出的具体流量比例、客户 uid 范围即可，非常轻量化地解决了资源的瓶颈问题。

5. 指定策略灰度发布

灰度发布是生产发布的一个必经过程，当应用需要升级版本时，一般会先进行部分节点的发布，观察到节点运行正常后，再逐步分批发布剩余节点。但是有时灰度发布也会面临一个问题，就是需要验证的业务逻辑无法路由到灰度机器上，因此也就无法进行业务灰度验证。这个问题在没有升级服务网格时，也没有很好的解决方案，只能拉长验证的时间周期，等验证业务流量进入"灰度机器"中后再进行验证，这无疑会增加整体发布成本。

使用服务网格-流量管控能力后这个问题也就迎刃而解了，通过对灰度机器打标，并将业务流量转发规则下发至 Sidecar，使需要验证的业务流量精确路由到灰度机器，可以很方便地进行灰度发布验证。

指定策略灰度发布整体架构如图 6-8-7 所示。

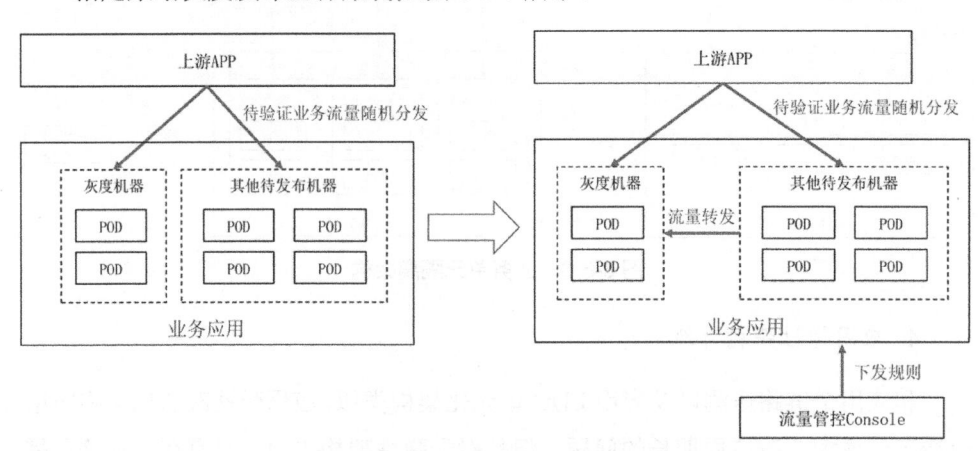

图 6-8-7　指定策略灰度发布整体架构

6.8.3.4　服务网格-DB代理Sidecar

和网络代理 Sidecar 类似，服务网格-DB 代理 Sidecar（简称 DBMesh）是实现 DB 访问代理的重要组件，通过应用层访问 DB 的能力下沉到 Sidecar 来实现 DB 访问控制，以下是 DBMesh 的一些实际应用场景。

1. 分布式数据访问能力下沉

DBMesh 重点关注如何使应用层分布式数据访问能力下沉，与数据库有机串联起来，该 Sidecar 更关注应用与数据库的交互，目标是有效控制杂乱无章的应用与数据库之间的交互。使用 DBMesh 可以将应用和数据库连接，形成一个巨大的网格体系，应用和数据库只需在网格体系中对号入座，其他都是与 DBMesh 功能耦合的。

目前应用层分布式数据访问能力主要包括如下几个。

（1）SQL 解析，通过 SQL 语句获得数据库表名及分库分表字段。

（2）规则引擎计算，根据已加载的分库分表规则计算分库分表结果。

（3）SQL 执行，将 SQL 语句进行分库分表改写，并发给数据库，再将结果集合，返回客户端。

这些分布式数据访问功能都集成在数据访问中间件组件中，前面已经介绍过，中间件有问题需要进行修复或者有新功能需要进行版本升级时，就会面临大面积应用升级周期长的问题，另外也面临多语言客户端 DB 访问的问题，这些都可以通过使应用分布式数据访问能力下沉到 Sidecar 解决，如图 6-8-8 所示。

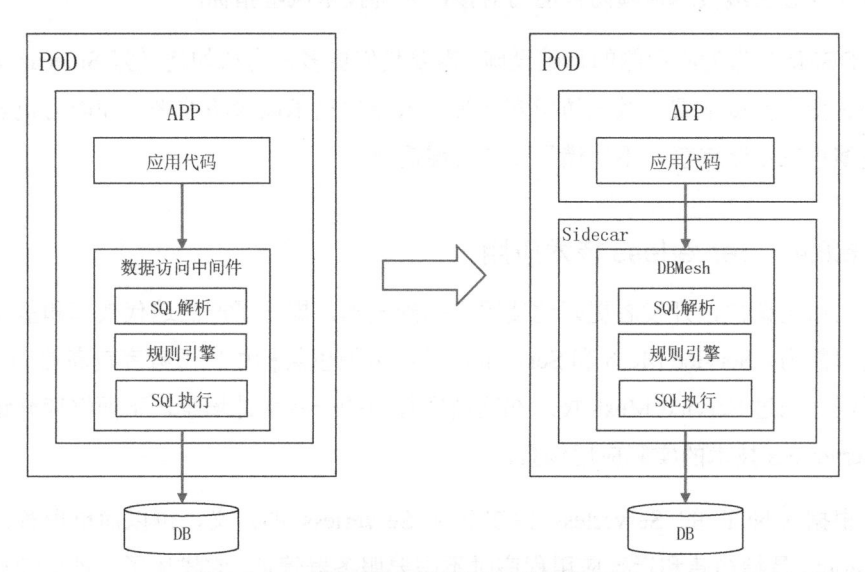

图 6-8-8　分布式数据访问能力下沉到 Sidecar

2. 应用启动速度提升

DBMesh Sidecar 的引入降低了中间件升级业务干扰率，支持了多语言客户端 DB 访问，同时也使得新能力可以快速在全站落地，这些都是服务网格技术带来的技术上的进步。除了这些基础能力的提升以外，对 DBMesh 来说还有一个能力提升，就是应用启动速度的提升，通过优化性能及资源占用率，缩短了应用启动时间。

通过对 Sidecar 进行优化，DBMesh Sidecar 仅占用几十 MB 内存，应用连接的内存占用大幅下降，资源占用非常少，另外通过逻辑简化，以及 Sidecar 提前预热和连接保持，单个应用的上百个逻辑数据源初始化的时间从几十秒降低到几十毫秒，极大提升了应用启动速度，应用发布、回滚、应急等操作的效率都有了非常大的提升。

3. 技术风险防控能力提升

DB 访问下沉到 Sidecar 可以让应用享受到云原生技术带来的技术风险防控能力的提升，DB 能力的下沉也为技术风险防控能力快速接入提供了可能。通过影子流量压测、灰度引流、流量镜像等技术风险防控能力的下沉，可以让业务应用快速完成金融级技术风险防控能力对接，完善技术风险指标。

DBMesh 作为应用侧的基础设施，需要我们更多地考虑如何做好 Sidecar 版本管控、变更灰度配置、数据访问安全等，云原生技术风险防控平台和能力也随着架构演进在不断完善，不断满足业务发展需要。

6.8.4 Serverless 技术应用

云原生架构让开发者更好地使用云基础设施，提升了产品迭代效率和基础设施交付能力。Service Mesh 和 Serverless 是在云原生架构中出现频率较高的词，前面已经介绍过 Service Mesh 技术在网商银行中的一些落地场景，下面继续介绍一下 Serverless 技术的实际应用场景。

根据 CNCF 的 Serverless 白皮书对 Serverless 的定义，可以简单理解为，Serverless 是指构建和运行应用程序时不需要服务器管理。它描述了一种更细粒度的部署模型，该模型将一个或多个功能的应用程序上载到平台，然后按需执行、扩展和计费。

定义里面提到两个很重要的概念：不需要服务器管理、按需执行、扩展和计费。针对 Serverless 也提出了两个新的领域模型，即 BaaS 和 FaaS。BaaS 是指后端即服务，例如将存储、中间件等封装为后端服务，让业务研发人员可以快速基于后端服务实现业务逻辑。FaaS 是一种全新的模式，业务研发人员只需要关注业务逻辑实现，无须关心执行载体。

对于开发者来说，在新的模式下可以做到零运维、按需申请资源和按量计费。开发者无须再关注繁重的基础设施层面的开发、运维、高可用、安全等工作，只需编写业务逻辑代码。Serverless 平台会基于业务流量进行资源自动弹性伸缩，客户无须提前进行资源容量规划。基础设施提供方通过提供丰富的 BaaS 服务以及 FaaS 平台，为 Serverless 应用提供托管能力，支持各种业务场景的接入。

通过建设 Serverless PaaS 平台，构建了 Serverless 下的不同应用形态，把应用形态从原来的应用扩展到服务、任务调度、模块化开发等，通过这些 Serverless 应用形态来支持不同的业务场景。其支持的主要场景有以下几种。

（1）在线应用弹性伸缩。基于应用画像进行资源分时调度，让应用具备"小时级"自动弹性伸缩能力。

（2）任务调度弹性伸缩。多系统定时任务全托管，达到稳定性更高、资源利用率更高的目标。

（3）业务单元隔离部署。提供灵活的任意维度的业务单元隔离部署能力，以及配套的技术风险防控能力。

（4）Ark 模块化研发模式。提供一种研发框架，涵盖应用模块申请、研发、发布部署全流程，提升研发部署效率。

下面针对不同的使用场景介绍一下实际应用。

1. 在线应用弹性伸缩

随着云计算技术的不断演进，应用的承载方式经历了物理机、虚拟机、容器、无服务器的快速演变，资源部署密度越来越高，应用运维方式也发生了很大变化。整体来看，让业务研发人员更少地关注资源是大的方向，Serverless 技术正是在这个方向上不断向前迈进。

应用弹性伸缩能力依赖 Serverless PaaS 平台实现，可以对不同粒度的资源进行自动弹性伸缩，减少应用运维成本，提高资源利用率。弹性伸缩决策主要参考应用的多维度指标，辅以定时规则和自定义规则，形成了多维度的决策矩阵。其中弹性伸缩策略规则可以通过容量管控平台进行配置，方便客户的接入。

应用弹性伸缩整体架构如图 6-8-9 所示。

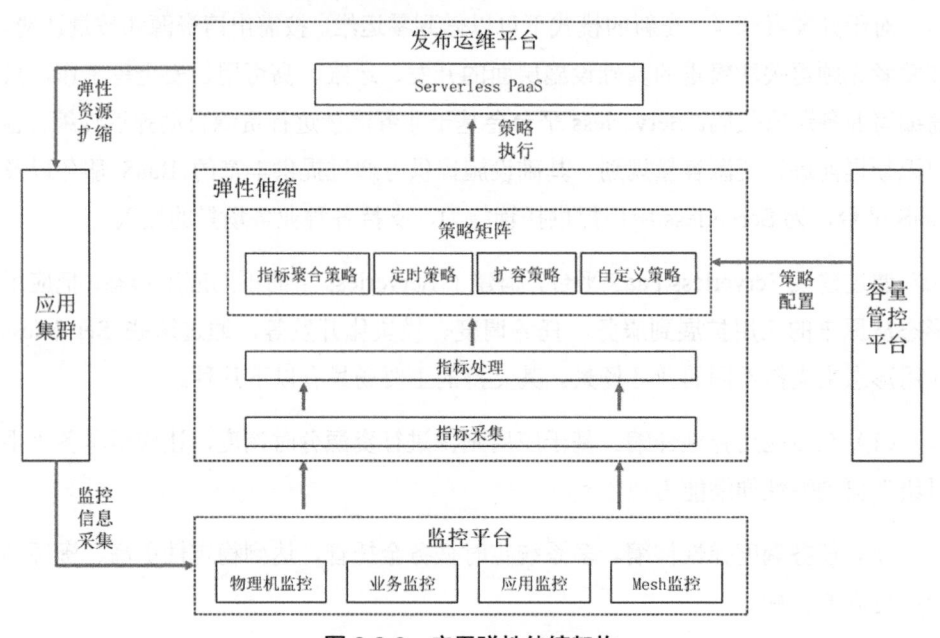

图 6-8-9 应用弹性伸缩架构

应用弹性伸缩策略需要应对多种场景，它们根据指标增长波动的形式可以分为多种模式，比较常见的有如下几种。

（1）普通稳定模式。指标整体比较平稳，无较大波动，这种模式会根据最近一段时间的指标平均值来进行策略计算。

（2）指标突增模式。某一时间点指标量会出现大幅增长，流量曲线突然陡增，该模式会根据指标增长后一段时间内的指标平均值来进行策略计算。

（3）指标持续稳定增长模式。指标整体上持续增长，增长较稳定，该模式会根据当前指标预测出下一阶段的指标数据。

除了常见模式外，还有很多其他场景的策略，我们需要根据场景不断丰富策略矩阵，以达到更加精确地弹性伸缩的目的。

2. 任务调度托管

传统模式下，每个应用的定时任务都是独立执行的，彼此间互不影响，应用任务执行所需的机器资源都由应用自主管控，不能跨应用复用。由于多个应用的任务都是分时段错峰执行的，所以从全局来看，机器资源存在一定的浪费。为了提高机器资源利用率，减少机器资源投入成本，Serverless PaaS 平台还提供了应用定时任务托管的能力，使用统一资源池支持多应用任务调度。

多应用定时任务调度托管的整体架构如图 6-8-10 所示。

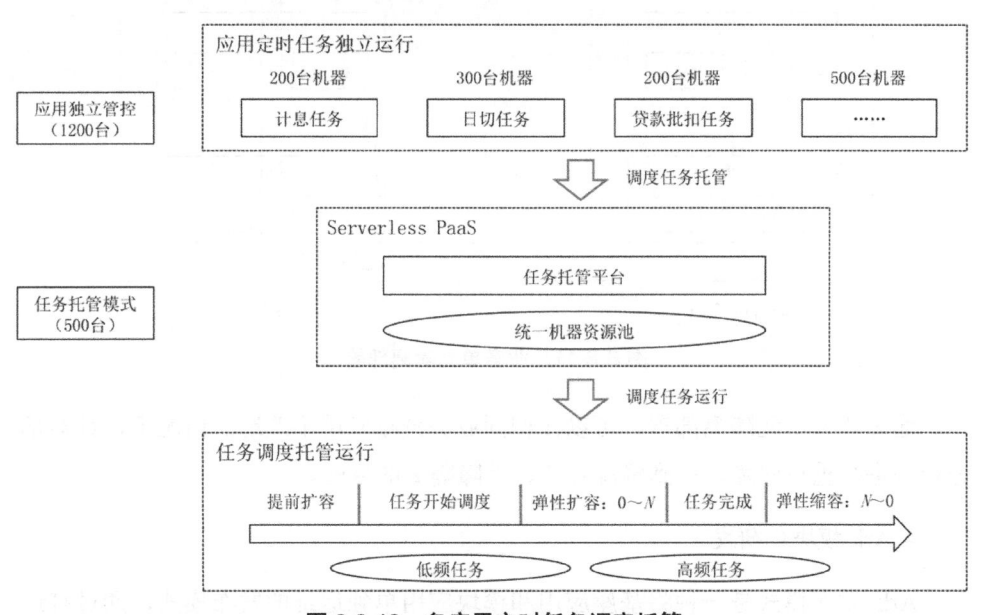

图 6-8-10 多应用定时任务调度托管

任务托管平台使用统一机器资源池支持多应用任务调度，应用新增任务调度时可以选择服务器模式（Server）或者无服务器模式（Serverless），根据不同调度类型调度到不同的集群。

3. 业务单元隔离

传统的技术运维是面向应用、LDC 部署单元、机房、机器等维度的，这种运维模式无法解决业务链路维度隔离的问题，例如某条业务流程上有多个应用，需要针对部分业务链路进行隔离部署，以进行重点保障，这种情况下传统技术运维就无法满足需求，需要引入业务运维的概念。业务运维是将业务与技术结合起来的运维体系，通过定义业务链路以及针对业务链路进行独立运维，实现业务单元隔离的效果。

从面向技术的运维到面向业务的运维的架构变化（业务单元隔离部署）如图 6-8-11 所示。

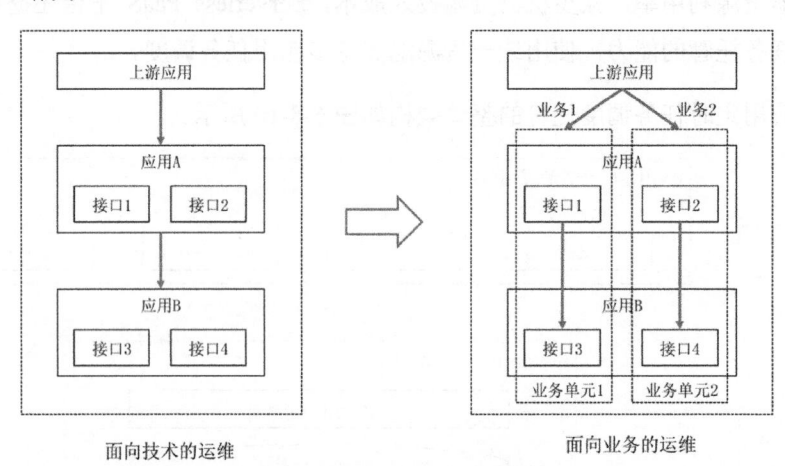

图 6-8-11　业务单元隔离部署

通过业务单元隔离部署，可以在相同业务链路应用不改造的情况下，针对部分业务进行重点保障，达到资源隔离、故障隔离的目的。

4. Ark 模块化研发

Ark 发布模式是一种将基座应用和模块应用单独运维的发布模式，通过打通研发效率平台、Serverless PaaS 平台和技术风险防控平台，Ark 基座应用和 Ark 模块应用的开发部署相互隔离，Ark 模块可动态发布到 Ark 基座中，业务研发部署快，极大提升了研发交付效率。

在银行的业务场景中，类似前端 BFF（Backend For Frontend，服务于前端的后端）应用、中台业务应用等，都存在多应用迭代研发流程串行的情况，导致一个环境中只能部署一段迭代代码，从测试到发布的全流程效率较低，传统的迭代串行发布流程如图 6-8-12 所示。

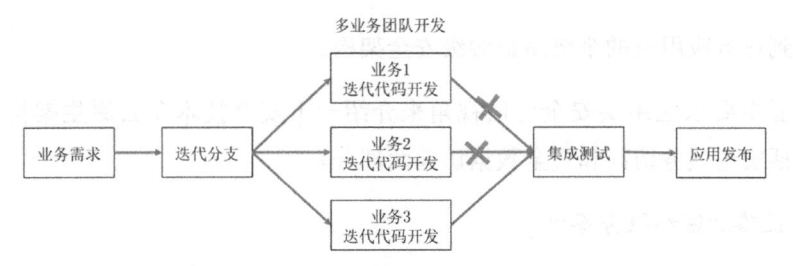

图 6-8-12　迭代串行发布流程

在传统迭代发布流程中，同一个应用承载了多种类型的业务，当有多个迭代并行时，会存在环境抢占的问题，同一时间只能有一个迭代占用环境，因此只能串行发布。Ark 模块化开发将已有的串行发布流程改变为并行发布流程，应用根据业务不同拆分成了多个 Ark 模块，Ark 基座应用和 Ark 模块应用发布独立，Ark 模块之间互不影响。Ark 并行迭代发布流程如图 6-8-13 所示。

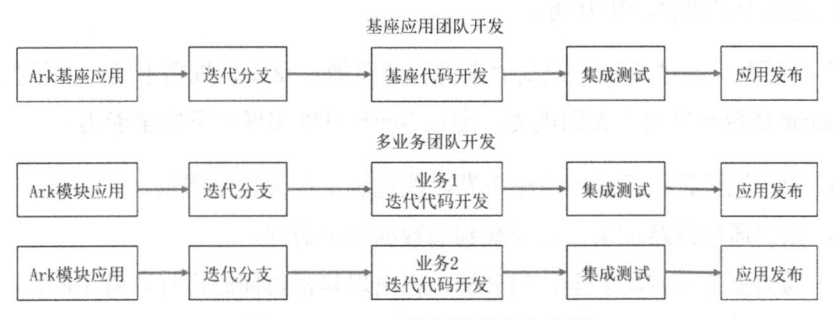

图 6-8-13　Ark 并行迭代发布流程

Ark 模块化研发模式很好地支持了 BFF 应用、业务中台应用的发布，应用按维度拆分成了不同的 Ark 模块，分别由不同业务团队维护，公共的 Ark 基座应用由单独的基座应用团队开发运维，一般改动会比较少。Ark 基座应用和 Ark 模块应用之间可独立发布部署，互不影响，有效提升了整体研发效率。

6.8.5　安全可信技术应用

云原生技术带来了行业技术变革，改变了传统的研发运维模式，提高了生产力水平。但是仅有服务网格、Serverless、离线在线混部这些技术还不够，云原生架构还要满足金融业务的安全需求，也就是要实现安全可信的云原生架构。经过不断探索和实践，我们在技术层面逐步实现了从底层物理硬件到上层软件、从平台系统到业务应用层的全链路金融级安全架构。

下面主要以应用层安全可信视角来介绍一下安全技术在云原生架构中的应用，包括安全服务访问和安全数据访问两部分。

1. 链路加密和服务鉴权

服务网格技术带来了应用交互模式的改变，对于应用间服务调用来说，Service Mesh 使不同应用容器间的通信收敛到 Sidecar 中，所有网络交互统一由 Sidecar 进行处理。这种交互模式让应用间通信链路加密和安全服务鉴权成本大幅降低，传统模式下需要链路上下游应用大规模改造来提升安全能力，而升级为云原生架构之后，只需要在 Sidecar 层面进行安全加固即可，让业务应用无感知地实现安全能力接入。另外，由于 Service Mesh 可实现多语言应用的通信，因此安全访问技术同样适用于多语言应用互访。

系统层面，通过 Mesh 控制面来进行链路加密及安全规则下发，并管控应用端 Sidecar 是否开启安全加固能力。通过 Mesh 可以实现如下安全能力。

- 业务流量管控及访问策略下发，快速满足业务运维需求。
- 系统通信链路加密，实现端到端数据安全访问。
- 通信流量劫持与安全访问分析，在出现异常访问时进行流量中断。

链路安全加密及服务鉴权相关架构如图 6-8-14 所示。

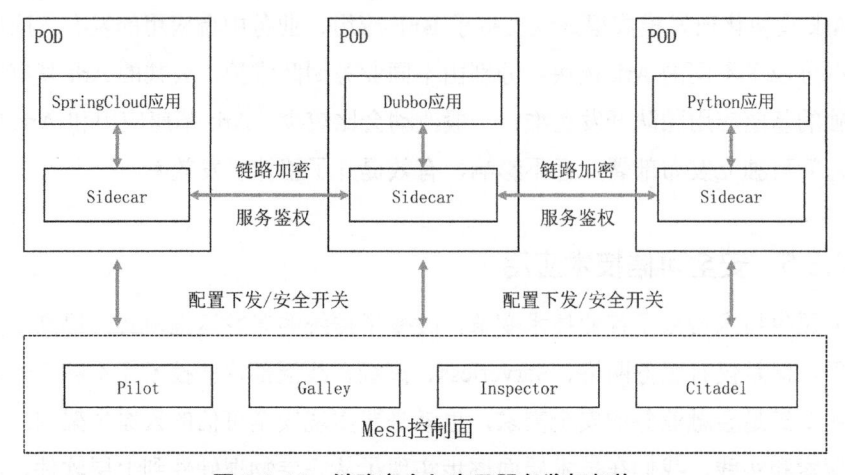

图 6-8-14　链路安全加密及服务鉴权架构

通过构建安全可信的云原生架构，实现了应用层服务调用的安全管控，在架构层面为后续低成本安全加固打下了基础。

2. 数据访问加密鉴权

除了应用层服务调用层面的安全加密及鉴权外，服务网格在应用数据访问时也可以实现安全防控。升级云原生架构前，应用访问数据需要在应用代码层引入相应的数据访问依赖，如果涉及数据访问安全加固，则需要修改应用代码，整体迭代效率较低。使用服务网格后，单独引入了DBMesh Sidecar，应用层让数据访问下沉到Sidecar，安全鉴权等相关能力也跟着下沉。业务应用无须再感知数据访问加密和鉴权等操作。例如数据库密码增加轮换操作，只需要 Mesh Sidecar、安全管控平台、数据库运维平台进行对接即可完成，无须业务感知，极大提升了效率。

应用数据访问加密鉴权整体架构如图 6-8-15 所示。

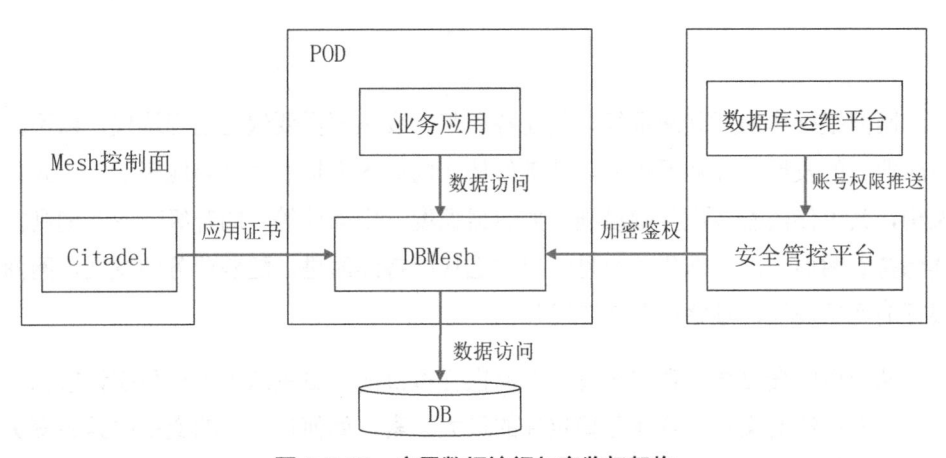

图 6-8-15　应用数据访问加密鉴权架构

从架构上可以看出，要实现数据访问安全管控，需要将 DBMesh、Mesh 控制面、数据库运维平台及安全管控平台进行整合，协调一致完成安全加固。应用启动时会获取应用证书，以及安全管控平台加密后的数据访问账户权限等信息，通过 DBMesh Sidecar 来实现数据访问。当涉及安全策略变更时，通过动态推送配置到 DBMesh 可以实现策略的动态加载，快速实现数据安全访问控制。

第 7 章

技术风险防控架构

网商银行作为互联网银行，其业务和基础设施都需要快速进行迭代，以不断适应业务的发展。开业五年来，基础架构从同城容灾扩展为"异地多活"单元化架构，其中伴随着多次基础设施（如容器调度、中间件等）的升级，业务侧则持续保持着两周一次小迭代，一月一次大迭代的持续演进。随着业务的发展，网商银行的变更规模、频率也在持续提升。

从当前的变更统计数据来看，网商银行每日的变更量从单机视角统计数以千计，而变更恰恰又是影响业务稳定性的最大因素。如何在大量的变更中具备变更风险的防控能力，是当前网商银行在技术风险防控领域的一个核心课题。

当前网商银行重点在三个方面进行了技术风险防控能力建设。

（1）多级业务的分区发布能力的建设。通过落实多级发布，期望实现将问题、故障限制在不对客的发布区域，降低对外的影响。

（2）全站自动化的变更防控建设。通过落实变更基线的标准，将变更的系统接入变更核心，完成每个变更动作的前后置校验，确保对全站的变更统一进行规划和业务影响分析，将故障控制在部分发布分组中，并通过变更的强感知进行快速的自动化应急。

（3）由于网商银行的业务系统日益增加，业务逻辑趋于复杂，如何进行线上资金安全问题的发现和防御就日益成为技术风险防控的重点工作。通过建设一个旁路的基于数据库字段核对的系统，我们完成了基于上下游数据一致性及业务逻辑的校验系统，对线上产生的业务数据进行实时或准实时的核对，进行异常数据的预警和拦截。

下面将从网商银行的变更风险防控的实践出发，介绍一下当前的几道防线。

7.1 多级业务分区发布

为了应对日常的应用迭代和业务类变更，网商银行分别建设了研发环境、系统集成测试环境、预发环境、灰度生产环境、生产环境等五套环境。其中预发环境、灰度生产环境均部署在线上，和生产环境进行同代码、同配置、同数据库的部署，保障业务处理能力一致。预发环境定位为不对客的系统，由网商银行内部的业务人员进行客户验收测试。灰度生产环境定位为灰名单人员准入，比如网商银行全行人员，通过客户 ID 识别把交易转发到灰度生产环境中，优先验证产品和系统功能，第一时间发现业务和系统问题。

其中研发、系统集成测试环境我们不再赘述，重点说明预发环境、灰度生产环境和生产环境的分区发布策略。网商银行的日常迭代由统一的研发平台支撑，业务在完成代码合并及代码评审后，进入发布环节，分别完成预发环境、灰度生产环境、生产环境的发布。如图 7-1-1 所示，其中预发环境的发布结果确认由业务技术团队完成后，即可进入下一步。

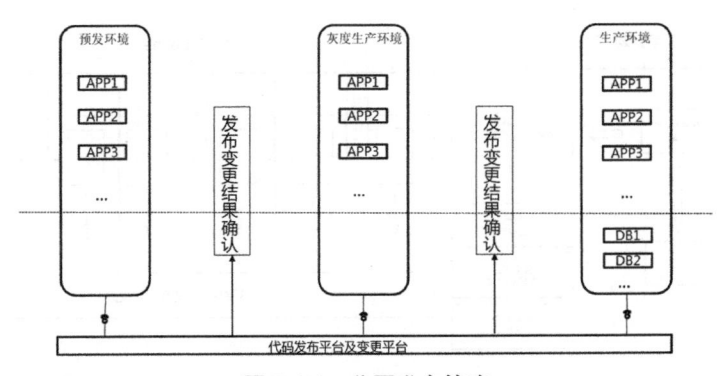

图 7-1-1　分区发布策略

需要对灰度生产环境进行技术风险防控的场景校验，来决定是否继续进行发布推进。其中灰度生产环境作为面向外部客户的最后一道屏障，需要有配套的业务异常的检测及发现的能力。因此网商银行基于灰度生产环境的管控要求，研发了对应的灰度管控平台，基于灰度环境部署了诸如一键引流、引流时间校验、代码覆盖率校验、风险场景核对、业务巡检，以及资金核对等规则，依此来判断变更结果，评价是否可以继续向生产环境提交发布。灰度发布流程如图 7-1-2 所示。

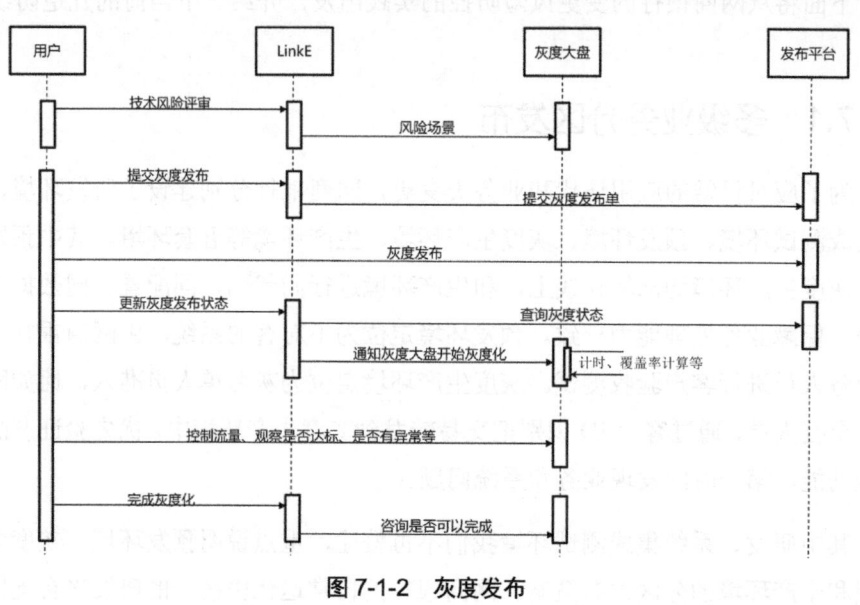

图 7-1-2　灰度发布

生产环境发布则采用了灰度发布能力，针对单个生产逻辑区域进行灰度分组发布，如图 7-1-3 所示。

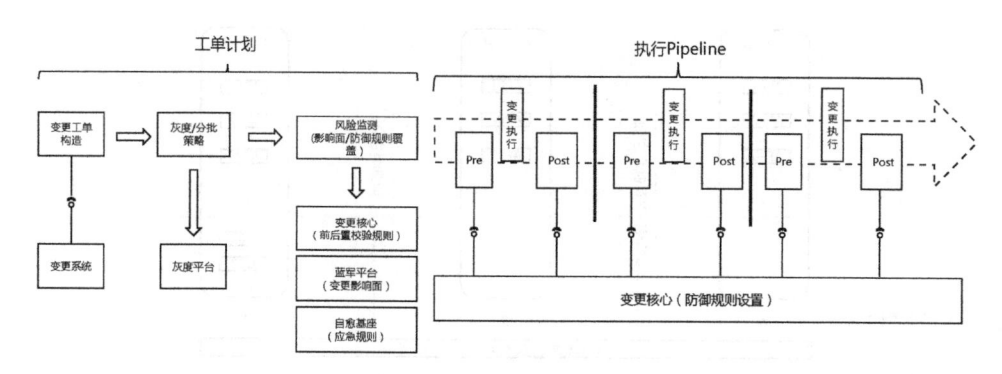

图 7-1-3　灰度分组发布

在传统的变更执行中,一般会采用人工监控的模式确认发布的状态是否正常,无法将人的经验转化为系统的能力。为了更好地完成技术经验传承,防止人工疏漏导致业务异常,或者因忽视延迟、性能等影响客户体验及稳定性的问题发生,网商银行在持续地进行发布流程的优化。目前在发布过程中,我们将对每组发布都进行前置和后置校验。

其中前置校验重点对发布窗口的合法性,以及发布参数、变更配置的正确性进行等校验,保障变更按照发布的预期进行。后置校验则重点进行业务巡检(如计算业务处理的成功及失败次数的同比、环比等),检查服务延迟、系统状态(如CPU、内存、IO 等的使用率),保障每组发布都以系统预期的形式执行。当分组发布异常时,进行发布的熔断或快速回滚。

7.2 全站自动化变更防控

从技术风险防控的视角来看,网商银行线上的问题和故障 60%以上都是由变更引入的。如何控制变更的风险成为重中之重。

当前网商银行的变更从技术风险防控视角看主要有三大挑战。

(1)变更入口平台分散,无法进行统一的管控或分批管控,无法在系统层面有效避免变更交叉产生的影响。

(2)变更结果验证依赖对业务系统熟悉的研发和运维人员,无法形成工具化的沉淀。

(3)在变更应急中,无法快速定位到故障变更并及时进行回滚。

针对上述问题我们看到,仅仅从流程制度上进行管控,并不能有效控制变更的质量,需要从系统层面,打通变更的全站感知能力,并基于此能力,完善变更的前置、后置的有效拦截,才能有效改善当前的情况。

因此,网商银行从蚂蚁集团引入了变更核心服务,并推动网商银行所有与变更相关的系统统一接入变更核心的 SDK,完成全站的变更管控,该系统的整体架构如图 7-2-1 所示。

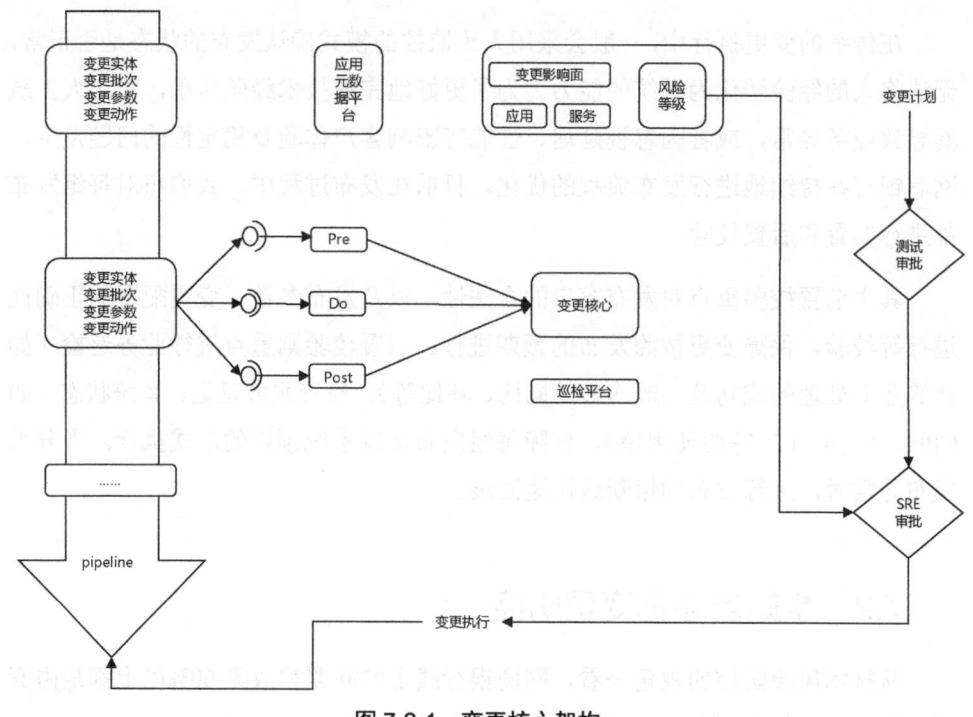

图 7-2-1 变更核心架构

该系统的核心能力如下。

（1）能够通过应用的元数据，自动进行变更风险的分类评估，并生成不同的审批路径。

（2）具备对线上变更的前置窗口校验的功能。比如当有一个系统的变更有冲突时，可以进行另一个变更的阻断。具备通过比对变更参数等对失误的操作进行阻断的功能，比如对一个核心应用的动态参数进行非预期的变更时，就可能用到此功能。

（3）具备通过代码自动实现人工查看日志、监控、系统指标的能力，自动判断变更的执行是否符合预期，当遇到异常时自动阻断。结合业务研发专家及 SRE 专家的经验，基于故障链路的日志进行下探定位，根据故障的根因，进行快速应急或者变更回滚。

（4）能够完成全站变更的感知，当出现线上的异常时，快速关联到相关的变更，进行响应及判研，有效缩短应急时间。

通过上述系统的落地，当前网商银行的变更接入率达到 90%以上，目前通过持续的系统化工作，逐步把变更需要人为盯屏变成系统自动校验的模式，极大地提高了变更的效率及稳定性。

7.3 资金安全

7.3.1 资金安全简介

网商银行致力于为中小微企业提供综合金融服务，自 2015 年成立以来，已累计为 2900 万名小微经营者提供服务，每天有亿元级别的资金流经网商银行，任何一点缺陷，都有可能带来资金安全风险，造成客户、机构、银行的资金损失，甚至产生严重的社会影响。保障客户每笔资金的安全，守护好客户资金，杜绝资损问题，不辜负客户的信任与托付是网商银行技术团队共同的追求。

资损是指由于产品设计缺陷、产品实现异常、员工操作错误等，导致公司或公司客户蒙受直接或间接的资金损失。网商银行作为一家云上的互联网银行，同时具备互联网属性与银行属性。网商银行的金融业务属性，要求我们在业务创新快速迭代的同时，要做到安全、稳定和影响可控。每一笔交易都要保证数据正确性和一致性，每一次业务变更都要符合高标准的研发运维流程要求，每一条资金链路都要有完善的资金风险防控机制。图 7-3-1 所示为网商银行资金安全挑战。

图 7-3-1 网商银行资金安全挑战

网商银行在资金安全方面的挑战之一是业务场景多，业务链路复杂。网商银行作为提供综合金融服务的金融服务商，为中小微企业以及个人经营者提供存款、理财、融资、支付等传统银行服务，同时依托蚂蚁集团的金融科技，有更多基于前沿科技的业务场景在探索中，例如依托区块链技术为卡车司机提供的供应链贷款，以及依托卫星遥感技术为农户提供的信贷支持。广阔的业务拓展空间，将给客户提供更丰富、更贴近的金融科技服务，同时在业务场景与业务链路不断丰富的情况下，保障每一笔业务的正确性，也给网商银行技术团队带来更大的资金安全挑战。

业务逻辑的复杂性，同样是对资金安全的挑战。以贷款业务为例，客户对于本金、息费等金额非常敏感，而不同的定价、不同的还款方式结合不同的营销折扣活动，会使最终利率的计算逻辑十分复杂。同时，对于金融类业务来说，除了正向流程外，可能出现的逆向流程以及异常场景也是资金安全需要重点关注的场景，比如下游服务异常、调用超时或者外部银行退汇等。

同时，网商银行的互联网属性，要求其快速迭代，支撑业务的快速创新。而代码变更、配置变更等高频变更同样会带来资金安全风险。

随着近年来网商银行业务的蓬勃发展，资金风险问题在网商银行业务中的形势更加严峻。技术团队高度重视，针对资金风险问题，结合软件研发流程建设了线下、灰度、线上三层资金安全防线，并将其作为网商银行技术风险防控的生命线。下面将具体介绍资金安全防线建设的思路和实施的策略。

7.3.2 资金安全防线

围绕资金安全问题，网商银行研发与质量团队共同建设了线下、灰度、线上三层资金安全防线，如图 7-3-2 所示。

7.3.2.1 线下防线

线下防线的目标是在最早时间发现问题，将资金风险问题发现于线下。资金安全问题主要是防与控两项工作，线下阶段主要是防止资损风险的引入以及及时发现潜在的资金安全问题，防止问题上线，造成损失。如何在线下做到"充分"分析、"充分"执行、"充分"验证将成为资金安全中最核心的工作。

第 7 章 技术风险防控架构

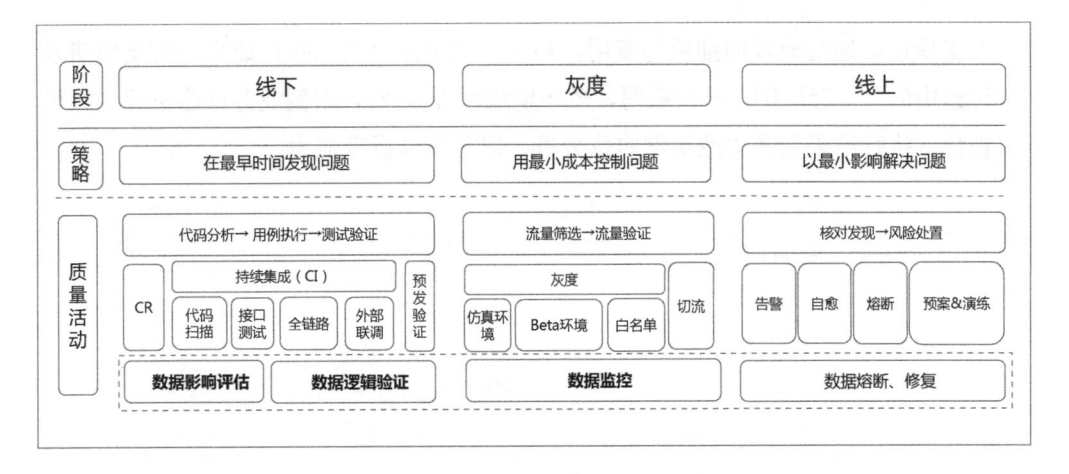

阶段	线下	灰度	线上
策略	在最早时间发现问题	用最小成本控制问题	以最小影响解决问题
质量活动	代码分析→用例执行→测试验证 CR／持续集成（CI）[代码扫描／接口测试／全链路／外部联调]／预发验证 数据影响评估／数据逻辑验证	流量筛选→流量验证 灰度[仿真环境／Beta环境／白名单]／切流 数据监控	核对发现→风险处置 告警／自愈／熔断／预案&演练 数据熔断、修复

图 7-3-2　网商银行资金安全防线

1. 充分分析——场景分析

在资金安全领域，我们面临的一大挑战在于，随着业务的发展与新应用场景的接入，网商银行的业务场景不断拓宽，业务复杂度不断提升。在这种情况下，单纯依赖人工经验分析变更影响业务场景将越来越难。对业务场景与变更影响面的充分分析是需要解决的首要问题。

图 7-3-3 所示为飞轮场景分析建模流程。飞轮产品基于业务数据、业务日志、系统调用链路以及核心接口服务出入参等多维数据，提取业务特征，对业务进行建模，刻画业务场景。同时，通过对线上历史数据流量、数据迭代的分析，自动沉淀全量业务场景，并将业务场景与代码调用路径关联，建立单应用代码及跨应用代码和场景的关联。代码变更通过图谱分析，可关联对应业务场景，辅助人工评估防止场景分析遗漏。

2. 充分执行——测试执行

结合人工分析与飞轮自动业务场景分析得到测试场景之后，进入测试用例的执行阶段。在测试用例的执行阶段，我们重点关注用例执行的充分性与效率。

在测试执行阶段，使原子测试服务经过测试流程编排和引擎组装，构成全链路自动化用例。质量负责人员将接口调用、数据准备、业务校验等逻辑封装成原子测试服务，在全链路平台上完成原子服务的逻辑编排，利用流程引擎将原子操作串联起来，平台支持分支、循环、等待等编排逻辑，通过引擎驱动执行，代替人工操作。通过流程的抽象与复用，最大程度上减少人工执行成本，可支撑研发过程中的"一套用例，一次编写，多环境执行"。同时，用例业务链路执行过程可视化，执行结果具备失败用例定位分析、覆盖率分析等能力。

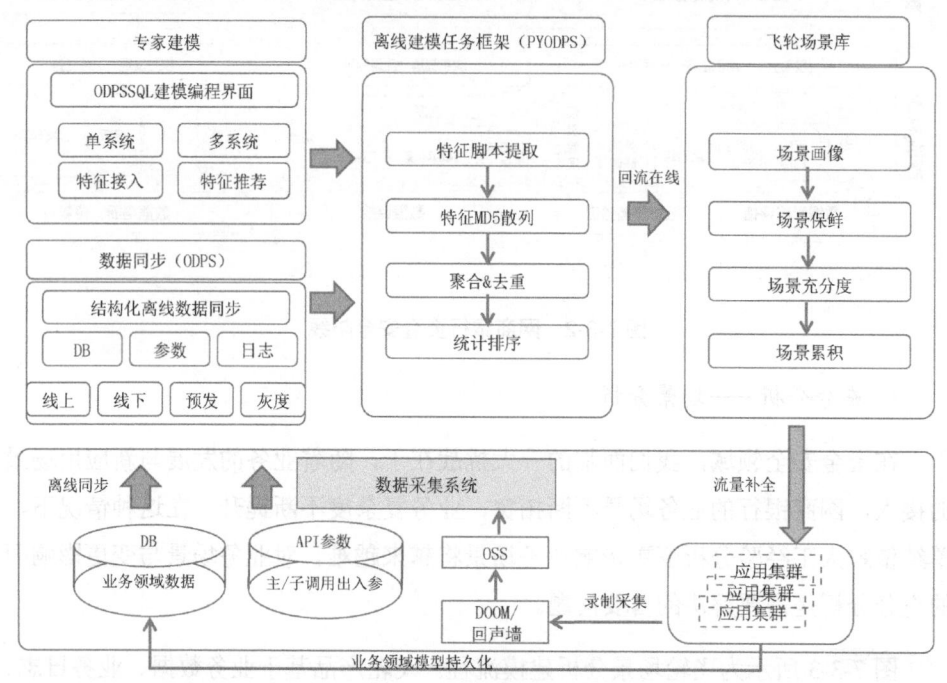

图 7-3-3　飞轮场景分析建模

异常场景的测试也是测试执行过程中需要重点关注的，而异常场景往往又十分难于模拟，为解决异常场景构造问题，我们基于 JVM-Sandbox 动态 AOP 能力，实现了异常测试平台。具备快速构造幂等、消息乱序、DB 抖动异常、服务调用超时、服务调用失败等多种异常场景构造能力。同时，针对幂等测试场景，具备自动幂等测试能力，可一键配置自动注入执行。

全链路自动化用例与异常测试相结合，在降低用例执行成本的同时，结合代码变更行覆盖率与飞轮场景覆盖分析，可达到测试充分执行的目标。

3. 充分验证——结果验证

在测试用例充分执行的基础上，需要对结果全面验证，检查用例执行结果是否符合预期。在自动化用例中，最常见的验证方式就是通过断言的方式，执行对业务结果数据的判断。但这种方式很难回答验证充分度的问题。图 7-3-4 所示为校验充分性分析流程。

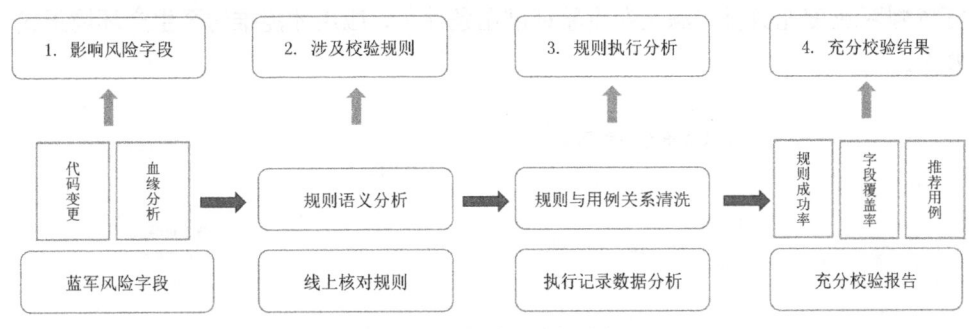

图 7-3-4 校验充分性分析

在结果验证阶段，首先分析领域内所有风险字段。我们将数据库中涉及金额、利率、账户信息等核心资金属性的字段定义为风险字段，根据代码变更分析代码"血缘"路径，找出变更影响的风险字段。基于变更字段，分析对应校验规则的执行情况与覆盖情况。

针对核心层业务系统依赖上游发起的业务触发校验的场景，提供校验平台自动调用校验服务的能力。基于 JVM-Sandbox 进行数据流量拦截，通过建立神经网络模型，对历史校验数据进行训练，智能识别流量对应的场景，然后找出该场景中的校验规则，进行主动验证，通过充分验证的分析能力与校验服务自动调用，实现结果验证。

7.3.2.2 灰度防线

网商银行初步完成了基础设施建设、灰度引流能力建设、业务灰度能力建设，并对核心应用和服务进行灰度改造。灰度环境可以理解为一套独立于生产的线上环境，应用经过预发、灰度、生产三个阶段完成应用发布。灰度防线的目的在于最小成本控制问题，通过将生产环境流量引入灰度环境，进行线上验证，由于灰度流量由引流控制，可以大大缩小风险问题的影响面。灰度环境验证方案如图 7-3-5 所示。

灰度防线的关键在于灰度的"充分性"，即在灰度环境中是否能在控制风险的同时引入足够的流量，覆盖变更影响的业务场景。因此在随机引流与客户自定义规则引流的基础上，从代码变更出发，分析影响的服务接口，同时对对应接口做特征精准引流。通过变更代码覆盖率、核心服务覆盖率以及业务场景覆盖率的度量判断灰度充分性，满足灰度验证准出条件后，应用才能推送至生产环境正式发布。

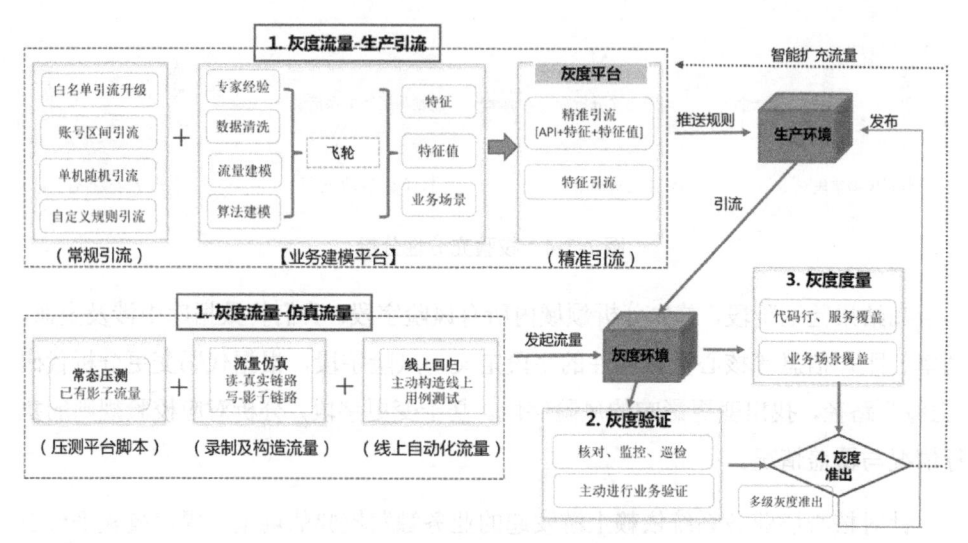

图 7-3-5　灰度环境验证方案

7.3.2.3　线上防线

在资金安全体系建设中，发现能力是最重要的一个因素，虽然合理的设计以及尽可能充分的测试，可以尽量在产品上线前规避严重的资损风险，但也无法确保百分之百没有问题。而资损问题一旦在线上发生，问题的发现时间以及"止血"的速度，将直接影响资损敞口。网商银行从业务监控、数据核对、实时业务规则校验等多方面，建设线上资金安全防线，校验线上每一笔业务的正确性。

核对是从业务的领域模型中，抽象出数据之间的关联关系，将数据之间的一致性关系或者业务规则沉淀为校验规则，通过数据核验的方式，保证数据之间逻辑的正确性。核对重点关注业务核心风险要素传递和使用的正确性，由数据变更事件或者离线数据回流任务触发校验，与实时业务链路解耦。

智能核对规则挖掘流程如图 7-3-6 所示。在核对防线建设初期，我们主要基于人工专家经验，以人工编写脚本的方式对业务领域中的核心风险要素进行核对和布防，存在人工成本高、风险点易遗漏的问题。"智人"平台将资金风险问题进行数据建模，将业务一致性问题抽象为多项式表达。通过遗传算法等技术手段，从海量历史数据中挖掘核对规则，自动布防线上核对及线下自动化校验，以此来保障资金安全。

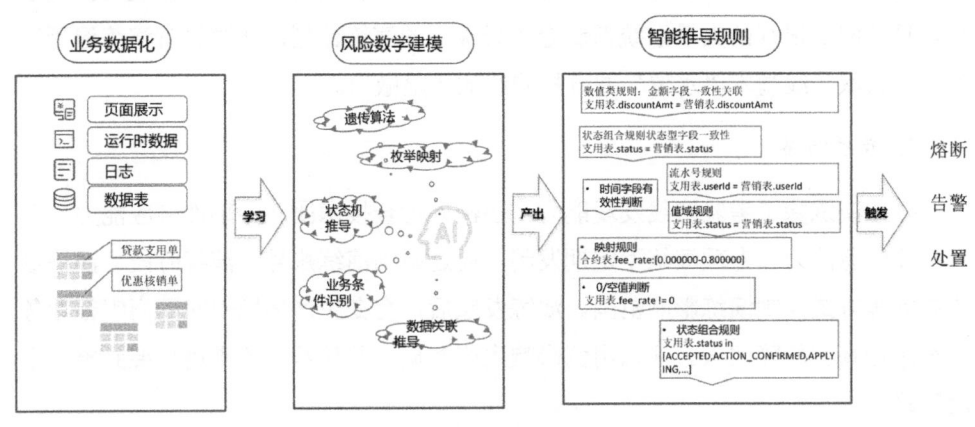

图 7-3-6　智能核对规则挖掘

同时，针对复杂业务链路的资损保障，需要从业务链路视角进行业务正确性校验，网商银行还建立了一套实时业务校验（BizCheck）系统。与核对不同，BizCheck 灵活度更高，尤其适用于一些涉及复杂计算逻辑的资损场景，比如在贷款业务中，使用营销打折工具后，利率计算逻辑的正确性问题。由业务系统调用 BizCheck 服务触发业务校验，可以支持同步调用、异步调用等多种模式。同时 BizCheck 具备实时业务熔断能力，对于高风险点，可以通过熔断方式，避免资损风险的发生，做到事前预防。

7.3.3　资金安全防线运营

资金安全防线建立完成后，接下来需要回答的问题是：防线是否有效，以及它的覆盖率是否符合预期。在网商银行中，对防线有效性和覆盖率的终极验证手段是攻防演练，演练不仅度量资金安全防线，同时也考查技术团队对风险事件的响应、应急机制。

网商银行针对不同场景，提供了 3 种演练方案。

1. 日常演练

日常演练的核心目标是验证防线的发现能力。此方案从生产环境中抽取业务数据，单独引流到核对链路，进行篡改后使其流入核对系统，在考验核对系统的能力的同时，不影响真实业务的推进，因此可以以较高的频率大量覆盖资损风险点。目前网商银行的大量系统都制定了天级别的演练计划，通过日常演练遍历风险点，获取防线基本"水位"并分析防线的风险敞口。

2. 专项演练

专项演练除了考验防线发现能力，还额外考查技术团队的事件响应能力，以及故障应急能力。专项演练不定期发起，通过限制演练账号、演练时段、演练篡改参数等方式控制演练影响范围。演练发起后，会在生产环境中对网商银行业务系统进行真实故障注入。注入用例影响生产数据，并随着业务推进扩展到整个下游链路。

资金安全防线捕获风险后，会生成风险事件通知，并通知关联技术团队。技术团队需要立即启动应急响应机制，同步给技术风险防控负责人，召集相关业务团队人员进行事件应急。"止血"完成后，需要进一步定位问题源头，评估受影响数据，并完成问题数据的修复。

专项演练让业务团队对可能的风险事件保持高度的敏感，多次练习应急处理流程，提升应急、"止血"能力，以便在真实风险事件发生时冷静应对，驾轻就熟。另外，专项演练也促使技术团队重新审视业务系统设计，主动挖掘系统可能的风险，提升系统鲁棒性。

3. 年度演练

网商银行在每年 12 月都会发起全行范围的攻防演练，考验各个技术团队的资金防线。年度演练的攻击点不仅包括业务系统中可能出现的各类风险点，也包括文件内容、离线数据处理的隐藏风险。另外，红队的能力在不断增强，每年挖掘出新的风险类型，考验技术人员对未来可能发生的风险的预判以及布防能力。通过排名及风险文化运营，加强技术团队对资金风险的认识，并在日常的研发中使其落地。

7.3.4 小结

网商银行技术团队通过技术、数据、算法手段部分解决了场景分析、风险识别、测试充分性度量、问题发现等子领域的问题，建立了线下、灰度、线上三道资金安全质量防线，保障网商银行的线上资金安全，不负客户所托。资金安全领域仍有更多深入挑战在等待技术人员的突破。

7.4 全链路压测

在分布式架构下，保障系统稳定性的最大难题在于容量规划，而容量规划的最大难题在于，如何准确评估从客户登录到完成交易的整个链条中，所有链路组成的系统的实际承载能力。重大基础架构升级（如云单元架构体系建设）、基础设施变迁（机房裁撤和新建）、容灾演练等重大变更也需要以一种让客户无感知的验证方式来进行验收。而这些诉求，网商银行都是通过构建全链路压测体系来应对的。图 7-4-1 展示了全链路压测的开展情况。

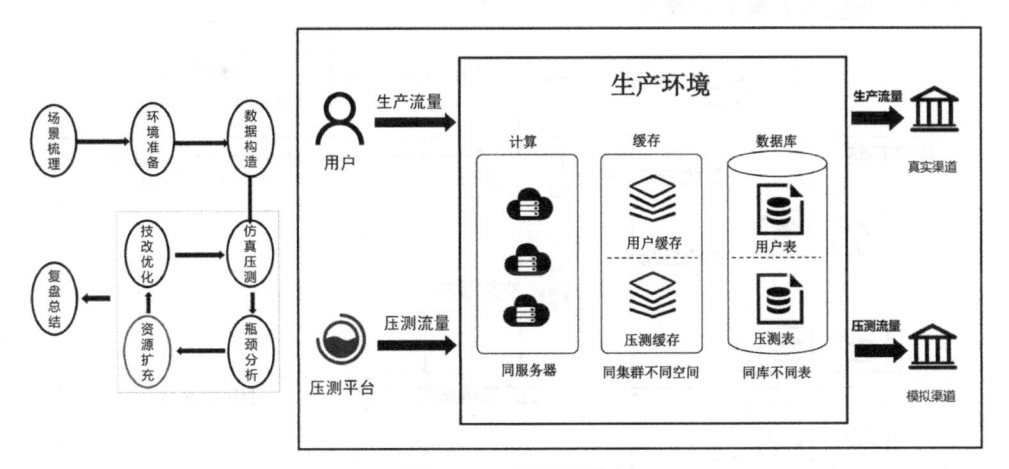

图 7-4-1　全链路压测

早期压测一般在线下测试环境中进行，其优点主要体现在实现相对简单、风险低，能够发现一定的性能问题。其不足体现在线下部署结构、网络、硬件设备与线上生产环境存在巨大差异，无法模拟线上真实压力场景。后面发展到线上压测，往往通过负载均衡软件工具（例如 Nginx Proxy、TCPCopy）引流完成，通过线上进行单机压测，获取单机性能极限。该线上压测方案不仅需要有专门压测设备投入，还无法实现脉冲压力下对应用集群和数据库容量的压测，将单机指标换算为集群指标时往往偏差较大等，也不能体现出整个链路的吞吐能力。

网商银行在建设单元化弹性技术架构体系时，借鉴云计算的多租户机制，通过在分布式中间件中对压测流量进行识别，引入压测租户和影子表。所谓影子表是基于真实业务生产表结构建立的一张别名表，一般与真实业务表处于同一个库中，表结构完全相同，分表情况完全相同，差别只是表名称，影子表的名称是在正式表名称后面加了后缀"_T"。通过提供工具组件、压测平台来构建全链路压测体系，如图 7-4-2 所示。在该体系下，应用只需简单遵循一定的规范开发，就能获得应用和数据层面真实业务流量和模拟压测流量的有效安全隔离，具备参与全链路压测的能力。全链路压测的本质是在客户无感知前提下在系统中预演，在真实的线上生产环境中模拟客户规模、业务场景和交易请求量级，之后再有针对性地进行系统调优，是对生产环境的一次高仿真模拟考试。全链路压测是容量保障利器，也是底层架构升级护航利器，在正式投产前，可通过全链路压测来验证链路的正确性及容量的可靠性。

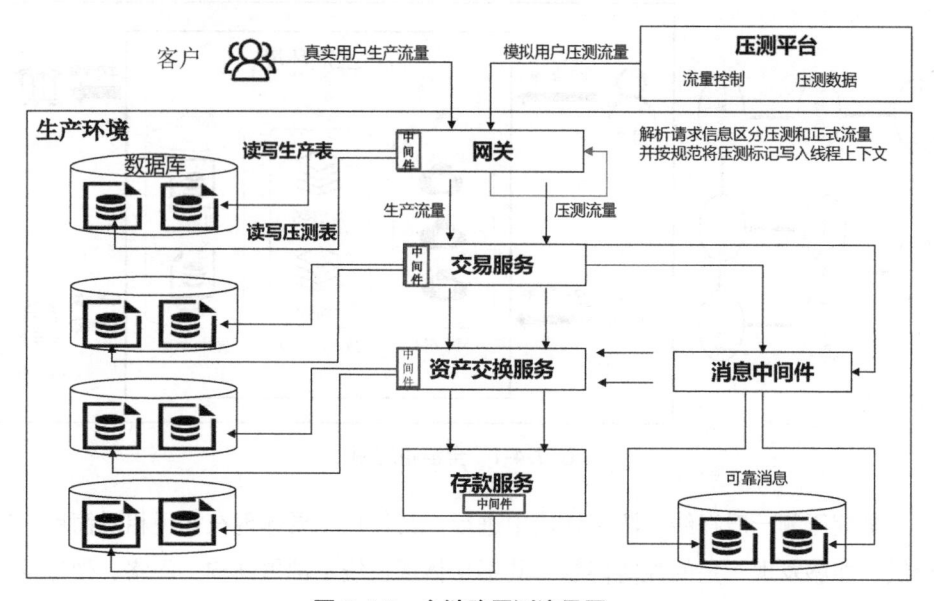

图 7-4-2 全链路压测流量图

在真正执行全链路线上压测时，需要确保压测流量不影响生产业务，压测数据不写入生产表，压测流量不流入第三方。需要特别关注安全控制问题，主要有三方面需要特别控制：一是建立压测流量识别机制，调整安全策略，确保压测流量不被判别为攻击流量；二是建立非法流量的监控报警机制；三是建立中间件和工具组件在识别到非法流量时的主动阻断机制，比如防止压测流量写入生产表或者生产流量写入影子表等情况。在监控层面需要能有效区分压测流量和正式流量，一般建议压测流量和正式流量输出到不同的日志目录和文件，便于进行监控配置隔离。

网商银行所有主要业务链路都支持生产环境中的全链路压测，在"618""双11""双12"等重大活动和基础架构升级演进过程中，网商银行通过全链路压测有效地提升了全行容量，降低了架构升级风险，保障了生产系统稳定运行。

7.4.1　压测链路与仿真

随着分布式系统的逐步发展壮大，业务链路和压测链路也越来越成为重要的数字资产。特别是银行业的业务链路，由于关系到客户资金的处理，一条业务链路涉及十几个、二十个应用都是很常见的情况。这时候能否准确评估链路上的应用，以及压测的结果是否符合真实生产的结果预期，就显得尤为重要。一旦发生压测流量与真实业务流量分布不一致的情况，压测的结论就很难令人信服。为此，我们需要做两件事：

- 压测链路与业务链路的管理和沉淀。
- 压测仿真。

为什么需要区分压测链路和业务链路？因为在压测场景中，经常会涉及与外部金融机构（比如银行、基金等）系统进行交互，此时，如果外部机构不在压测窗口内，那么我们需要用一些模拟的应用或程序代替外部机构系统进行压测，我们把这些系统叫作挡板系统。如果存在挡板系统，那么业务链路和压测链路涉及的应用就是不一致的，所以我们需要做区分。当然，对业务链路和压测链路本身关注的人群也不一样，业务技术团队更关注业务链路，负责压测的人员更加关注压测链路，这就导致其使用场合不太一样。两者在链路应用上有一定的相似性，两者都是很重要的数据资产。

业务链路的构建，是从设计业务系统的时候开始的。但是随着系统越来越复杂，人工的梳理和经验文档的传承很容易出现梳理疏漏或文档过时的情况。而且，有时链路系统会做"蓄洪"或异步处理，比如通过消息中间件进行系统间的解耦，或者系统内部通过线程池做了同步转异步的处理，此时业务链路的梳理难度就会更大。所以我们需要利用分布式链路跟踪的能力，来辅助我们进行业务链路数据的沉淀。分布式链路跟踪在前文中已经提到，在此不再赘述。

业务链路的流量数据，其实不是静态的。例如客户转账的业务，根据转账金额的大小可能走向不同的代码分支，大额资金走的可能会是一个需要短信验证的通道，小额的资金可能通过"免密"（无须输入密码）或者更加便捷的通道。这就导致我们需要对线上链路的流量模型进行计算。如图 7-4-3 所示的情况为例，入口应用是 A，流量在经过 A 之后，产生了分支，有 60%的流量进入了应用 B，有 40%的流量进入了应用 C。这是线上真实的流量模型，一般来说我们可以通过线上流量的采样计算来得到这样的结果。

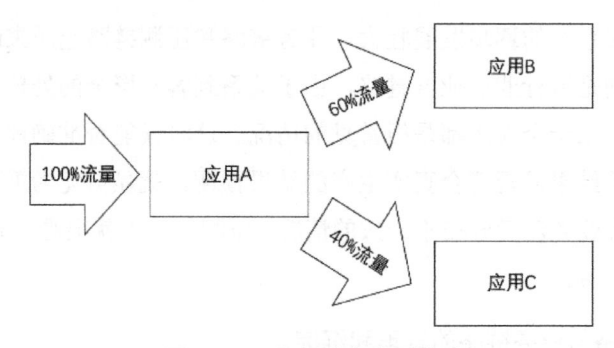

图 7-4-3 业务链路流量模型

压测链路和业务链路其实是息息相关的。对于压测链路的构建，我们一般需要一个模拟入口应用，通过这样的应用封装 HTTP 的接口，接口内部封装的其实是业务的 RPC 接口，方便压测平台发起压测。同时，也需要在压测上下文中带上压测的标识，一旦业务系统或中间件识别到压测标识，就需要将压测数据单独写到压测的库表或缓存中，与正式流量进行区分。压测链路与真实的业务链路能否"走"到同样的业务分支，与我们的压测资产的准备是强关联的。比如压测资产中客户在应用系统中的唯一编号是否分布均匀，客户的转账资金分布与实际情况是否一致，都会影响压测结果的准确性。

压测仿真是为了展示压测流量与真实流量之间的分布差距而产生的。真实流量模型还是图 7-4-3 所示的情况，但是压测过程中的流量分布是图 7-4-4 所示的情况，可以看到，在应用 A 之后的分支流量分布是 50%到应用 B，50%到应用 C，与真实流量产生了差别，我们可以通过计算，得到一个误差值，这样的误差值我们称之为压测失真度。如果压测失真度较大，说明压测资产出现了问题，需要根据真实的情况重新构建。

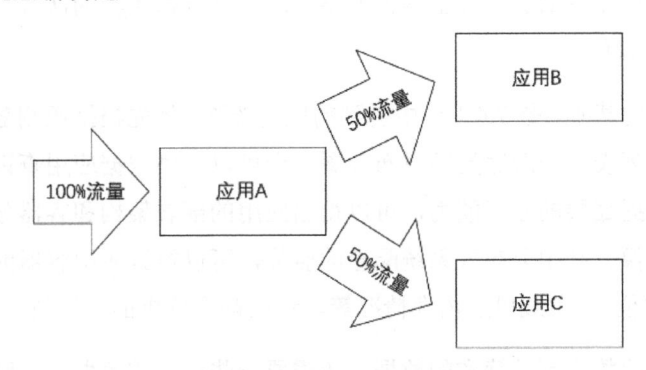

图 7-4-4　压测流量模型

压测失真最大的影响，就是无法通过压测准确评估在类似的压力下线上真实的系统表现，这对于系统保障很可能是致命的。比如在"双 11"大促的场景中，对于银行来说，根据支付金额的大小，业务可能会使用不同的处理逻辑，走不同的业务系统。客户可能会有免密额度，免密业务可能会走快速处理系统，而大额的资金可能使用正常处理逻辑。免密和大额资金的线上真实比例，与压测时的比例最好一致，这样可以判断出系统的压力和承受能力。

从这里可以看到，真实的业务链路数据，是全链路压测中的评估前置数据。这些业务链路的构建可以通过分布式链路跟踪，但是为了让链路"保鲜"，链路上应用流量的分布需要通过一个单独的业务链路系统来承载。对于线上的真实流量，没有必要全部进行采集，可以设置采样比，这是对存储的保护，如果系统访问量过大，日志量很多，全部进行采集的话，存储会"爆炸"。

7.4.2　容量规划

全链路压测的目的，在于做好最终的系统容量规划。系统在某种预估压力下，分布式系统的容量如何分布才会达到一个相对的稳态？容量规划如何做？是否可以根据某些压力情况下的系统表现,来提前规划更大压力下的系统容器分布?一般来说,总的容器资源是有限的,那么如何在有限的资源下合理分配资源,使其达到系统容量的最大值?这都是平时令人困扰的问题。

我们甚至可以大胆地猜想,是否可以在设置好系统目标容量的前提下,对于压测链路上应用的分布进行分析,得出此时系统容器的分布是否合理,是否会存在瓶颈,从而可以提前进行线上容器调整,减少全链路压测的次数和时间,提升压测人员的幸福度。

容量规划的基础,是7.4.1节中提到的压测链路,优先根据压测链路得到待优化的目标应用列表。一般底层的发布部署平台可以提供根据应用查询容器列表的原子能力。根据底层的原子能力,可以得出应用的部署架构和容器分布,这就是应用的简单画像。利用分布式系统配套的监控,可以得到应用容器的监控信息,比如CPU"水位"、负载以及内存情况等。这些都是分析的"原料"。

以上提到的数据都是静态的数据,还需要一些动态的数据来辅助决策,这就是压测的历史数据。熟悉压测的人员都知道,一般来说,压力都是逐步加上去的。如果目标TPS是2000,需要按照200一个阶梯,逐步加到2000。在这个加压的过程中,可以把每个阶段的CPU"水位"等情况记录下来,设定好CPU参数达到多少才算高负载从而需要扩容解决,再根据相关的数据,求解出相关的函数,作为一条链路的容量计算方式。在实际操作时,可以通过真实的压测场景来验证函数的准确性。有多条链路的话,也可以通过这种方式来验证可行性。

容量规划提供了另一种可以提升效率的能力,容量规划就是识别容量不足,实现自动扩容。在压测过程中积累的各种经验,是可以通过系统沉淀下来,用于日常压测过程中的自动决策的。前期可以通过推荐的方式人工决策,如果系统能力相对成熟,那么系统帮我们做扩容也未尝不可。因为压测遇到的很多问题,其实都是可以进行分类的,比如某个应用的CPU使用率很高、单机的指标很高、单个机房的指标很高等,这些都是决策的因素。这些因素的集合是有限的,根据人工压测经验,可以穷举这些因素。在扩容前,还需要评估一下数据库的连接数(这很容易被忽略,连接数被"打爆"的情况也出现过),防止数据库连接数不够导致的扩容失败。最后,谨慎评估缩容造成的容量变化。

7.4.3 压测风险识别

压测会有什么样的风险？之前讲到的压测方案，是通过影子流量的方案来实现全链路压测的，压测通常在真实的线上生产环境中执行，虽然存储、日志等信息都是单独存在于线上的，但是压测流量也会占用线上的流量带宽，所以压测有一定的风险，并且会影响线上真实的流量。比如 CPU 的使用率过高，内存使用率过高，处理线程池被占满，都会对线上的系统产生实际的影响，严重的还会导致线上故障。这与压测的初衷是相违背的，因为压测是为了验证线上系统的性能，不应该对线上系统产生实质的影响。

上述场景是压测影响线上真实运行的场景，当然压测本身也会有一定的风险，导致达不到既定的压测目标。比如，某个接口的限流值过小，导致压测流量到了这个地方就被限制住了，达不到目标 TPS 值，这是一个很典型的场景。同样，一般压测涉及的系统和中间件较多，它们都需要支持压测或影子流量才可以将整条链路串起来，如果某个应用不支持压测，在压测过程中将压测的标识丢掉了，就会产生很严重的影响，压测的数据会写到线上去。对于这种问题，需要在中间件层面做一定的管控。如果识别到压测标识，但是它没有写到影子表中，就需要通过日志告警，这也要求压测链路调试人员特别关注日志的情况。

有时候链路上会有消息队列这样的解耦中间件，此时压测产生的消息是否需要进行投递？可以有不同的策略，一般来说，压测的消息是需要进行投递的，这里会有一个压测白名单的机制。哪些压测消息投递到目标服务器，哪些不投递，都是需要提前识别和控制的。

另外还有一种情况，比如压测的时候系统能力已经到达了瓶颈（通常来说是 CPU 的使用率达到了阈值，或者某个应用的响应超时），这时候我们需要通过扩容来解决问题。在扩容之前，我们需要充分评估数据库的连接数和应用连接池的大小，评估此次扩容是否会导致数据库连接数不够，导致更加严重的后果。特别是对于大型的分布式系统，其本身应用容器数已经很多，此时进行扩容就需要好好评估。

以上都是在一线实践中总结出来的，实际产生过影响的压测风险。不同领域有不同的风险场景，应该根据实际的情况，来制定压测的风险识别策略，应通过系统化的能力，而不是人工去识别风险，这才是我们的本意。

当然，还有一种压测数据的问题，也可能导致压测结果不符合预期。比如，我们在对转账的场景进行压测时，如果转账的金额过大，可能会导致处理比较慢，在这种情况下，需要考虑线上真实的转账金额分布是怎么样的，是正态分布还是其他的分布，压测的数据不能凭借压测人员的主观臆断，要尽可能还原真实的场景，从真实的场景中构造压测数据。

7.4.4 压测风险管理

解决问题是一种很重要的能力，但是更加重要的能力是，如何去提出一个问题。有时候如果问题的定位足够清晰，问题其实已经解决了一大半。针对 7.4.3 节中的几种场景，我们可以提前识别风险。

针对压测影响到线上的情况，我们的解决方案有两种。

（1）采用人工盯屏的方式，就是在压测时安排相关人员值班，时刻关注线上的告警情况，包括应用的错误数、异常线程池、应用"水位"等情况，一旦发现告警或者异常，立刻停止压测，防止造成线上故障。进一步来说，可以考虑减少人工的介入。一旦线上系统出现异常情况，监控系统发现后立刻通知相关的问题处理群组，或者用电话形式告警，自动熔断压测，这种方式也是可行的。

（2）尽量在业务量比较小的窗口进行压测，这样即使出现问题，影响的范围也是比较有限的（故障等级定义中通常会有影响客户数这个指标）。一般对于银行来说，由于涉及与银联和网联（非银行支付机构网络支付清算平台）的交互，压测窗口的选择其实是比较少的。每次压测之前，都需要进行相关的报备工作，向相关机构报备我们对于线上链路的操作。

当然，也会有互联网公司这么做：单独搭建一套压测的环境，用于线上真实的压测。不过这样对于成本的消耗比较大，需要重点考虑投入产出比。针对银行业多机房的场景，如果容灾演练做得足够好，也可以在业务低峰期将一个机房的流量全部切走，模拟单机房出故障的情况，考虑使用某个机房来做常态化的压测，另外几个机房可以承载所有的容量。

万一压测接口的限制值过小怎么办？这就要求我们提前做好相关的识别。还是基于之前的压测链路来做，根据压测链路以及目标 TPS，我们可以算出到每个接口的 TPS 大概是多少。这样接口的限流值也可以提前算出来，判断是否需要在压测之前调整限流值。这其实可以作为压测的一个预案来做，后续在压测之前，提前执行限流值预案，调整限流值大小，压测完成后自动恢复线上的限流保护能力。除了限流的预案，其实还有其他的一些预案，比如线程池大小的预案、日志的预案等，都可以提前设置好，防止在宝贵的压测时间内，反复走流程进行线上阈值调整。

从上面的风险管理和解决方案中可以看出，只要我们日常积累的场景足够多，问题的定义足够清晰，我们就可以用系统化、自动化的手段，来提前识别压测过程中的风险，从而做出更加正确的决策。

7.4.5 压测实战

我们以"双 11"大促压测为例，进行压测实战演练，确保我们的系统能够承载"双 11"级别的流量。下面重点讲解一下整体压测的过程，包括相关的能力。

说到大促，我们首先想到的就是瞬时的流量会很大，对于银行系统来说，特别是快捷支付等场景，很可能没有经历过如此之大的流量的考验，所以到底应该接收多大的瞬时流量，除了自身内部的全链路压测之外，还要考虑商务层面的沟通，与各第三方支付渠道约定好容量，最好可以隔离第三方支付渠道，防止出现超过负载的情况。当然，这是对外的承诺，至于内部的能力是怎么样的，还是需要全链路压测来进行摸底的。

全链路压测的第一步，其实是确定压测的目标。压测的目标主要与业务团队的业务目标相关，可把业务目标换算成系统压测的目标。这些业务目标可以存储在某个文档中，也可以落到专门的压测系统中，作为后续的压测数据沉淀的元数据。

根据前面提到的压测风险识别和管理，全链路压测组织的第二步，是进行压测风险识别。这个过程如果没有系统化的支撑，可以通过分析压测链路和系统调用，来具体分析某个系统的流量。从入口流量 TPS/QPS 开始，逐步进行细化分析，细化到某个应用和接口的 TPS/QPS，做到这个程度，就可以进行单系统的压测了。

当然，单系统的压测和单链路的压测还是会有区别的，单系统的压测结果并不能通过简单计算得出集群的能力，还需要分析系统的限流值等，防止出现限流值不满足压测需求的情况，提前将限流值放开。如果做得更好一些，还可以通过机器学习等方式，实现容量的提前分析，从而实现提前扩容。

在确定了压测目标，并进行压测风险分析之后，第三步就可以开始进行单链路的压测。单链路压测的目标，可以是进行回归验证，也可以是进行单链路容量"摸高"。一般按照压测目标上浮20%进行压测"摸高"，是相对合理的"摸高"目标。链路压测的前提，应该是所有的压测流量能够正确地贯穿所有的链路上的系统，包括消息中间件等异步化的中间件。我们需要提前在测试环境中验证压测流量的正确性。一般来说，压测入口基本上都是HTTP的对外服务，可以通过压测平台直接进行压测。当然，也有可能是非HTTP的接口，比如RPC的接口，这时候需要将RPC接口转换为HTTP接口，方便进行压测。要有单独的程序来做这件事，所有的压测脚本都存储在这个应用程序中，方便统一管理。单链路压测最终是为了全链路压测，在全链路压测中，确认好各个链路的流量比例和大小最为关键。

第四步就是全链路压测，其实也就是单链路压测的集合，加上各个链路的权重或者流量大小。我们需要将单链路的目标确认后统一脚本，并行压测，这就是全链路压测。在全链路压测过程中，要做的就是观察系统的表现，以及压测的结果是否符合预期。特别要注意观察系统的报错量和响应时间超长的问题，这些问题都很容易引起线上的故障，特别是对外的一些可用性问题，经常都是因为压测引起的。要能够识别出压测过程中的问题，并及时停止压测，防止造成进一步的故障。

全链路压测的过程，也是压测数据沉淀的过程。压测过程中的系统表现，很可能就是最终的线上表现，这个过程中的数据可以包括系统的CPU、负载、内存、响应时间等。当然，此时的一些元数据还应该包括应用的部署机器、分布情况、数据库的负载情况、缓存命中率等我们经常容易忽视的数据。

全链路压测的结果，还应该包含优化和扩容的建议。某个系统出现了瓶颈，可能是系统调用不合理，或者接口本身的内部实现需要优化，也可能是参数设置不合理。对各种原因需要进行分类分析判断，让专家经验沉淀到系统中，辅助压测负责人进行判断。

7.4.6 自动化压测

全链路压测是一个很危险的过程,过程控制不好,极容易造成线上的故障。而且,这又是一个非常消耗人工精力和时间的过程,毕竟真正的压测一般都是在凌晨。另外,线上的系统经常在变化,我们难以清楚地知道线上此时的容量情况是怎么样的、线上的容量是否足够。这些都是需要用常规性压测来进行回归验证的。但是,大规模的压测活动,需要耗费的人力物力都是很大的。由此,我们产生了自动化压测或者叫无人值守压测的想法。

自动化压测分为两部分。

一部分是压测脚本每日回归。这部分主要做的事情,是每日验证线上的压测脚本是否能够正常运行。一般通过定时任务来跑 1TPS 的压测脚本,校验各个系统是否收到了相关的请求,来确认压测脚本和压测数据的可用性。这个能力也可以用来确认压测链路上的调用是否有变化。比如,一般来说某个系统只会收到一次压测请求,但是上下游系统改造后,系统收到了两次或者更多次的压测流量,这时候就需要注意了,很可能这条链路的压测结果会产生变化。第二天,可以对前一天跑的脚本进行回顾,确认目前线上的资产都是有效的。

还有一部分,就是真实的自动化全链路压测。

对此有几个思路,第一个就是利用单机房的压测结果,来确认线上真实的情况。我们模拟某个机房不可用的场景,将某一个机房的线上流量全部调拨走,保留压测入口。压测流量全部通过压测入口进入压测机房。自动运行压测脚本,这个机房的压测过程,不会对线上真实的流量和应用产生影响。但是要注意,我们做压测时,线上真实承载流量的机房要能承载全部的流量。也就是说,原本需要多个机房承载的流量,在减少一个机房后,剩余的机房要能够承载全部流量,这对于双机房部署的情况要求会更高,原本只需要承载 50%流量的机房,现在需要承载 100%。当然,这也是容灾演练的场景。这种自动化的场景,我们可以用来验证单机房的容量瓶颈,最终的线上真实流量可以通过计算得到,这就需要每次压测的机房不一样。等到压测结束,清理线上的影子数据之后,再将流量进行恢复。这个方案的好处是,压测不会影响线上流量,但是对于容灾演练要求比较高,需要全部自动化地进行容灾演练,减少人工切换,系统自动触发流量切换。而且,线上真实的容量也不一定准确，需要进行换算。另外，流量切走后，也需要注意一些自调度的任务，比如自身触发的定时任务等。

另一种思路对于线上的告警及处理能力有较高的要求，就是按照真实的场景进行压测。万一出现了线上的问题，要能够及时熔断，并在第二天做出对熔断的判断，从而进行系统优化或者扩容。这个方案可以得到线上的容量结果，但是可能会对线上运行产生影响，也需要多多尝试，一次性达到目标的可能性不大。前期需要人工进行跟进，等到自动化压测稳定后，会节省很多的人力。

7.4.7　云原生全链路压测

云原生场景中的全链路压测和非云原生场景中的压测会有什么异同点？在非云的场景中，我们根据特殊的标识来标记压测流量，这是在所有机房、硬件都已经固化的场景中进行的压测。那么，在云原生的浪潮越来越高的今天，我们如果要新建一个新的云机房，在正式引流之前，应该如何进行压测？

云原生的一些基础设施，已成为业内标准产品的 Kubernetes、Service Mesh 等，让云机房的压测有了新的可能性。在 Service Mesh 的能力中，我们可以看到一个思维，就是"下沉"。不仅是中间件的复杂能力下沉，更重要的是，Service Mesh 的 Sidecar 接管了所有的流量，也就是"流量下沉"。流量接管让压测流量的识别和转发有了新的可能性，特别是在新建云机房的场景之下。

一般来说，我们新建了一个机房后，最令人头疼的就是如何验证新机房的性能。不能一下子将流量引过去，一旦发现了问题，需要快速回切，否则会出现损失。另外，一些隐性的问题可能不是马上就可以发现的，需要在很高的压力之下，或者长时间运行之后才会出现。这就需要我们在引流之前进行压力测试和稳定性测试，最好可以带着真正的业务系统一起做压测，这样既可以验证云机房的能力，也可以验证云原生的一些能力。

云原生压测的要求，就是链路上所有的应用全部云原生化，并且全部接入 Service Mesh。这样，Service Mesh 的控制面具备了流量接管的能力。另外，Service Mesh 的控制面需要和压测流量规则平台进行对接，从而让控制面知道压测流量如何进行转发。也就是说，Service Mesh 的控制面需要和流量规则平台进行对接，包括正式流量和压测流量的转发，都由 Service Mesh 来接管转发。为了不影响非云机房的压测，对于控制面，我们要有开关来控制流量是否转发，也要有平台来对接类似 ZooKeeper 这样的注册中心，拿到应用所有对外暴露的接口。一条链路上的所有应用及接口，要同时开启压测流量转发（同样需要有平台来管理所有接口），这样才能确保云机房的压测流量不会"逃逸"到非云机房，从而真正可以验证云机房的能力，让我们在后期可以放心地进行对正式流量的引流。

当然，新建机房的场景毕竟少之又少，一家成熟的银行，怎么会动不动就去新建一个机房呢？但是随着云的概念越来越普及，云的能力越来越强大，我们有理由相信，云原生下的压测会不断走向成熟，非核心的应用很可能就直接跑在云机房或者私有云上。拥抱云原生，就是拥抱未来。

7.5　大促技术保障

随着第三方支付公司的流量日益增加，银行业目前也面临着越来越高的业务峰值。特别是以淘宝、天猫等为首的电商公司，每年都会举办各种促销活动，比如"双 11""双 12"等活动，这不光对电商系统本身有很大的压力，对第三方银行支付类的业务系统同样也有很大的压力。

如何让银行的分布式系统在面临大促业务峰值时不被瞬间"冲垮"，顺滑地通过大促的考验，是一个值得深究的课题。

每年都有大型促销活动，每年都有一些共性事件，但它们也会有不一样的地方，如何让这些活动的保障工作的宝贵经验传承下去，同时让未来大促的保障工作有条不紊地推进，让技术人员看到系统运行的全貌，也是一个可以展开的话题。

把这些大促的技术用于日常的工作，即"大促日常化"；日常的工作和大促关联在一起，即"日常大促化"。这两件事，说起来很容易，但是真正到实施阶段就很难落地。因为大促状态毕竟只占一年中很短的一段时间，日常的业务也很少会考虑大促状态下的情况。在系统建设完成后，我们首先要做而且长期要做的，就是测试系统容量上限，并设定一定的冗余容量。我们要做的保障工作，就是要对自己的系统负责，为我们的系统加上保护机制，减小出错的概率。系统保护能力如何建设？我们要单独来看一下。

7.5.1 大促活动保障台

每年的电商节日其实有很多,其技术保障也大同小异。我们可以通过遵循一定的范式,来实现大促活动的保障,同时也可以通过大促活动保障台,来沉淀系统数据,特别是高峰期数据,使这些数据产生更多的价值。

保障台的核心在于流程保障。之前进行保障时,动作都写在文档中,数据也都存在于各个参与人员的脑子里,无法产生更多的价值。而且,其流程也是通过口口相传来实现传承的。为了锻炼队伍,基本上每次参与保障的都是不同的人员,这就导致一些经验的传承要依赖于人工。在信息传递的过程中,各人的理解不一致,很容易产生偏差。这就是这个平台要解决的问题所在。

一般来说,大促保障从链路梳理开始,包括业务链路、业务目标拆解等,重点在于链路沉淀。前面也提到过,在全链路压测过程中,基础数据就是业务链路。每次大促参与的业务链路可能只有那几条,不会有太多的变更。当然,不排除每年会有新的业务链路出来,但是只要在平时做好沉淀,这些都是可以自动化采集和生成的。业务链路代表了系统的全貌,包含的元素有应用、存储、调用关系、中间件等,这些是业务的骨架。在大促保障中,业务链路加上业务目标的确定,是所有工作的第一步。

之后,大促保障还可以包括预案(提前预案、应急预案等)、限流熔断等,这两部分后文会详细说明。另外,每次大促保障必然有容量保障的过程,也就是需要进行全链路压测。为什么要进行全链路压测?在云原生的场景中,如果系统的CPU利用率长时间较低,对于公司的成本来说也是很大的消耗,我们可以通过释放一些应用容器,来提升整体的系统利用率。这样就势必导致之前的压测结果不能很好地适用于现状。全链路压测就是让系统的"水位"达到目标值,从而保护系统在大流量的冲击下不会崩溃。

另外,该平台的意义还在于记录系统数据,特别是峰值期间和压测期间的"水位"。这些"水位"的信息,对于我们做容量规划和容器规划都有特别的意义。我们可以根据不同压力情况下系统的"水位"表现,来动态调整系统的容器数,让系统的能力得到充分的释放,这也是云原生追求的意义所在。之前,我们一般不会记录这些历史数据,每次保障之后,对于数据也不会做深入挖掘。这就导致线上的真实运行状况和容器比例是否合理没有很好的数据支撑。

大促活动保障台是自动化大促保障的起点，它提供了一个框架，将大促保障的流程全部串联起来，实现了各个保障系统的统一，提供了一站式的大促保障，让更多的新人可以参与到大促保障中来，提升团队的战斗力。

7.5.2 自动化预案

大促技术保障事项繁多，其中预案就是很重要的一环。预案一般是指为了保护系统不被业务峰值"冲垮"，将一些不重要的、非核心的业务进行降级，从而保证主业务流程能够顺利通过的技术方案。当然，也可能是提前在业务代码中"埋点"的一些动态内容调整，比如日志降级（从原先的 info 日志级别降级为 error 日志级别，减少日志打印量，防止出现高峰期日志打印过于频繁，导致服务器磁盘被占满的情况）、线程池调整（日常可能只需要 5 个线程就可以处理所有的请求，高峰期间需要进行线程池的扩容）、定时任务调整（定时任务的"捞取"频次、"捞取"时间都可以进行调整，减小定时任务本身给系统带来的压力）。

随着业务复杂度的不断升高，预案的数量也越来越多。预案平台是怎么实现的？根据前文所述，预案是一个比较系统化的平台，对接了其他的几个平台，比如分布式配置中心（开源的 Disconf、Apollo 等）、分布式定时任务调度等。一般来说，在这些平台内部，通过接口的调用即可实现预案平台的搭建。当然，还有一些权限控制、角色分配等基础能力，这里不一一细说。一个预案包含的元素，应该有预案的基本描述、预案的内容、预案关联的正向预案和逆向预案等。这些都是一个预案的基础元素，可以称为原子预案。基于这些原子预案，可以实现其他的一些预案需求，比如说定时预案、预案编排、预案集、预案演练等。

本小节主题就是这些预案功能的一些集合。在日常大促保障中，我们录入系统中的预案，并不是全部要在大促的场景中使用。我们需要维护一个大促应用的列表，这个列表的来源就是各种原子预案。预案有分类，可简单分为提前预案和应急预案。提前预案就是预知到的需要执行的预案，这类预案一般就是执行一些降级的动作等，不会对主流程有影响。而应急预案是不会提前执行，需要满足一定的条件才会执行的预案，比如出现某些非预期内的情况需要怎么处理。这两种预案在大促之前都需要进行演练。演练的目标就是确保预案能够在大促当天执行成功。有些对客户有影响或者有损的预案，会在业务低峰期进行演练，而有些预案则可以直接进行演练。实在不能在线上环境进行演练的预案，可以在测试环境中进行演练，这些都是可行的方案。

大促还有一些场景，比如某些预案是在特定时刻执行的，比如高峰期前的半个小时，同一时间执行的所有预案的合集，可以称为预案集。预案集也可以定时运行。当然，也需要一些校验机制，来确保预案被真实执行了。整个大促保障的过程，就是自动化预案的过程，我们通过预案的时间编排、预案集执行、定时执行等能力，在业务高峰期来临之前进行妥善保障，适当进行业务降级和调整，保障系统在大促过程中能够平稳运行。

7.5.3 限流熔断

大促峰值的流量，可能会超出系统能够承受的峰值，即使我们做好了相关的降级预案，将系统做到了极致的优化，应用系统也可能被"冲垮"。为了保护系统不被瞬时峰值流量"冲垮"，我们还能做什么呢？当然是设置一个比较合理的限流值，给应用系统的能力保留一定的余量。

业内开源的限流熔断组件其实也有很多，比如 Hystrix、Sentinel 等，这些中间件可以通过设置应用甚至接口级别的阈值，来进行系统保护。一旦触及阈值，就会触发熔断，返回重试等信息，让上游系统进行重试。

但是，现在控制得比较好的，是单机的限流。所以一旦应用容器数发生了变化，那么限流值就需要重新进行设置。如果不重新设置，可能会导致下游系统撑不住，因为下游系统本身的容量有阈值，超过的话就会发生熔断。此时，如果可以根据系统容器数来动态调整限流值，那么系统限流值就会更加合理。

为了保障生产环境流量的稳定，限流熔断的配置需要非常慎重。一旦由于粗心导致了推送，那么很可能系统的流量会跌至零，导致线上故障。这就涉及线上变更的流程及确认，其可以包含在限流熔断平台中，当然也可以提供接口，让另一个变更管控平台来集成。

第 8 章

业务架构

8.1 数字化转型下的银行业务架构

数字金融时代已经全面到来！

随着智能手机、IoT 设备的普及，电商、社交网络、网络游戏、移动支付、本地生活、短视频等互联网服务的蓬勃发展，客户的心智和行为已经发生了根本性的变化，传统的高门槛、低效率、同质化的银行产品和服务已不能满足客户需求，线上化、个性化、场景化的新金融服务已成为客户的基本诉求。

数字技术的发展已经改变了商业模式，使得新金融真正成为可能。移动互联、IoT，使得金融可以更便捷有效地触达客户，并提供更好的客户体验。生物识别解决了远程甄别难题，为边远地区提供了便捷的金融服务。大数据缓解了信息不对称难题，有效识别金融风险，让普惠金融成为可能，并可持续发展。人工智能极大提升了数据处理效率、业务流程效率、商业决策效率和准确度。云计算大大降低了创新和服务成本。区块链让金融服务透明可信，可审计可追溯，解决了信任难题，构建了新的生产关系。数字技术对效率与成本的变革，使得满足海量碎片化、多元化的金融服务需求成为可能。

银行自身面临的发展、竞争与生存的挑战，如传统对公业务规模见顶，风险积聚，年轻客户流失，线下渠道使用率大减，客户接触和数据减少，理财、资管、消费信贷业务被第三方争夺，等等。监管对普惠金融的要求，社会对普惠金融的期望，与银行传统的、只能服务有限的高端客户的业务能力之间的矛盾，都在倒逼银行进行数字化转型，建设数字化服务能力。

因此，银行数字化转型已成为不可逆转的趋势。银行应主动拥抱数字金融时代，将数字化转型定为全行级的战略，从组织阵型、业务、科技、数据、运营等方面制定具体战略和实施方案，充分利用移动互联、IoT、云计算、大数据、生物识别、人工智能、区块链等数字技术，建立移动化的客户触达和服务能力，敏捷化的产品创新、研发交付和系统支撑能力，智能化、数据化的风控和运营能力，高效连接和协同商业生态系统、金融同业、政府等的开放银行能力，为客户提供随时随地、永远在线的金融服务，满足海量化、碎片化、多元化的金融服务需求，实现银行整体的数字化转型升级。

不同时期的银行发展情况如图 8-1-1 所示。

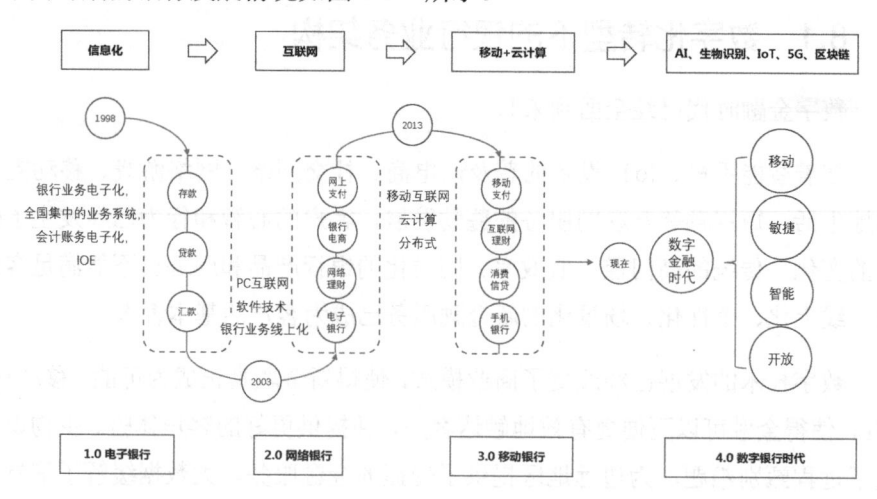

图 8-1-1　不同时期的银行发展情况

在接下来的部分，我们将重点以国内数字化银行的引领者——网商银行为例，给大家介绍一下网商银行是如何践行数字化银行的发展战略，并通过多年的数字化银行建设经验积累，收获普惠金融发展的硕果的。

8.1.1 数字化银行设立初衷

浙江网商银行是中国首批试点的民营银行之一,于 2015 年 6 月 25 日正式开业。网商银行将普惠金融作为自身的使命,希望利用互联网的技术、数据和渠道创新,来帮助解决小微企业融资难、融资贵,以及农村金融服务匮乏等问题,促进实体经济发展。

发展普惠金融,本身就是世界性的难题。好的普惠金融服务需要做到如下几点:第一,要"普",即可得性,能够让更多的人更及时更便捷地获得服务。第二,要"惠",对于获得服务和提供服务的双方来说,成本都是可承担的,相对比较低的。第三,服务要全面、优质,不仅是信贷服务,还应包括便利的支付结算、理财等。第四,要可持续,普惠金融不能是一种慈善金融或者公益,而应当是一种可持续的商业模式。

历史上,普惠金融领域内最早的成功案例之一是格莱珉银行,它的创立者尤努斯博士因此获得了诺贝尔和平奖。但格莱珉银行从创办至今近约 40 年的时间里,累计放贷大概 1000 亿元人民币,服务人群约 900 万人。这对于中国庞大的市场和客户群体、广袤的区域而言,是微不足道的,模式很难复制。

数字技术正是破解这一难题的钥匙。互联网、移动互联、5G 等,可以低成本地让金融服务触达更多客户,覆盖更广袤的区域和场景。充分利用数字技术,践行普惠金融使命,这是网商银行探索和建设数字化银行的初衷。"无微不至,无处不在",成为数智驱动的云上银行,是网商银行已在逐步实现的目标。

8.1.2 数字化银行顶层设计

为了服务更多小微企业、个人消费者和农村客户,践行普惠金融使命,网商银行从开业之初即自我定位为轻资产、交易型、平台化的互联网银行。

所谓轻资产,是指不采用依赖资本金、物理网点、人员扩张的发展模式,而采用互联网的方式,数据化运营。所谓交易型,是指贴近商业场景,贴近客户,将金融产品无缝嵌入客户的交易流程中,为客户的生产经营活动提供无微不至的综合金融服务。平台化的思路,则是网商银行将风险管理能力、技术支撑能力、场景化的客户服务能力，开放共享给商业生态和同业金融机构，进而更高效地实现金融服务需求与供给的匹配，形成开放式、生态化的平台，如图 8-1-2 所示。

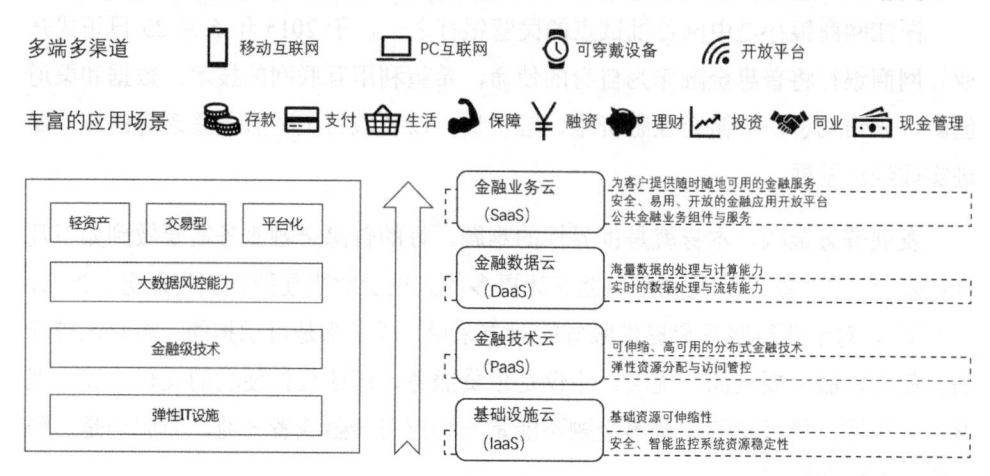

图 8-1-2　互联网平台化设计思路

根据定位，网商银行数字化银行的总体建设规划要点如下。

（1）云计算基础设施：基于蚂蚁集团金融云计算平台，建立基础设施、金融技术、金融数据、金融业务云，将核心系统架构在云上，具备处理高并发金融交易、海量大数据和弹性扩容的能力。建立"异地多活"跨地域金融级容灾体系，保障业务连续性。建设金融级云原生分布式架构和安全可信架构，为业务发展提供安全、稳定、高效和敏捷的基础设施。利用云计算综合成本优势，以及性能、稳定性和可扩展性优势，实现为更多小微企业提供金融服务的目标。

（2）大数据风控体系：应用大数据风控技术实现"3-1-0"的信贷放款模式，即：3 分钟申贷、1 秒钟放款、全程 0 人工介入，大幅降低信贷成本，控制信用风险，提高服务效率。依托阿里巴巴体系内客户授权数据和外部可获得数据，设计指标体系，创建预测模型和风控策略，形成多层次、完整的风险评估、准入授信、定价策略、风险预警和监控体系。

（3）多端多渠道服务体系：通过小程序、SDK、API 等多种形态，将银行服务植入电商、物流、供应链、支付等外部商业平台，实现对客户的全渠道、全场景触达，金融服务的全方位渗透，实现"无微不至，无处不在"的金融服务。

第 8 章 业 务 架 构

（4）智能运营营销体系：通过引入大数据分析，全面解读客户的行为、关系网络，生成客户画像，再根据产品特性、服务内容、客户习惯等进行深度挖掘，在不同的商业场景中，向不同的客户推荐不同的产品和服务，实现千人千面的个性化智能服务和精准触达。

（5）智能资产管理：应用大数据、人工智能技术，预测和防控流动性风险，优化金融市场、资产证券化等业务的交易成本和效率，优化总体资金成本，保障融资、支付、理财等业务健康、可持续运营。

（6）开放银行：应用开放平台、区块链、共享智能技术，联合商业生态系统、金融同业、政府等，实现金融能力开放、金融业务开放、数据安全融合与共同利用，建立开放、共赢的普惠金融合作生态，服务更多小微客户。

此外，总体规划还包含信息安全管理体系、信息科技治理体系、敏捷研发体系等，请参考本书其他章节。

8.1.3 数字化银行落地过程

网商银行的发展史，就是一部应用数字技术持续创新、践行普惠金融使命的科技发展史。以下为简要的发展历程和科技成果，如图 8-1-3 所示。

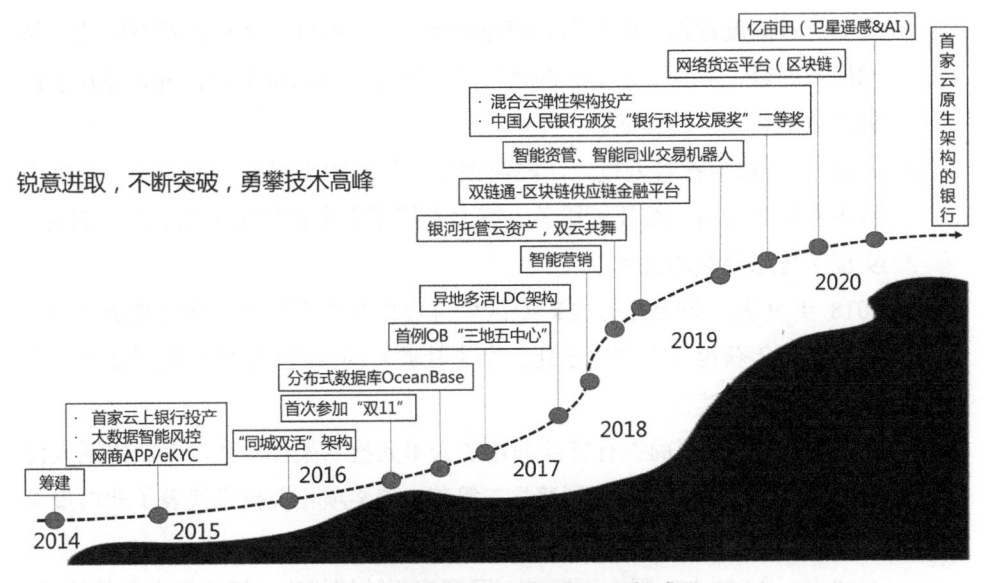

图 8-1-3 网商银行发展历程和科技成果

- 2014年9月26日，网商银行筹建申请获批，开始筹建。采用**自主研发技术路线和先进的云计算架构**，放弃外购核心系统方案，将银行核心系统建在云上。
- 2015年6月25日，网商银行正式开业，全球**首家云上银行**投产。此后陆续推出了集成生物识别等eKYC技术的网商银行APP，和基于**大数据智能风控体系**，面向小微企业的"**310**"**模式**的网商贷产品。其中"310"贷款模式成为行业标杆。
- 2016年，"同城双活"架构落地。11月，首次成功参加"双11"大促。
- 2017年，全面应用**国产分布式数据库 OceanBase**，在银行业界率先实现了100%去IOE和自主可控；同年，全面建成数据库"三地五中心"架构，城市级别灾难RPO为0。
- 2018年10月，"**异地多活**"架构投产，网商银行具备了"随时随地，按需扩容，随时切换"的全业务容灾和应急响应能力，达到了RPO为0、RTO为数分钟的银行业界最高容灾等级标准。该技术架构体系在行业中处于国际领先水平，同时也为银行业从传统IOE架构体系向分布式云计算体系的转型和持续演进提供了示范案例。
- 2018年，**智能营销体系**建立，通过引入大数据分析，全面解读客户的行为、关系网络，"绘制"客户画像，再根据产品特性、服务内容、客户习惯等进行深度挖掘，在不同的商业场景中，向不同的客户推荐不同的产品和服务内容，实现千人千面的个性化智能服务和精准触达，极大提升了营销的效率和客户的体验。
- 2018年，**银河托管云**投产，网商银行开始向中小银行、信托等金融机构提供专业的应用系统托管服务，有力支持了中小银行对小微商户的服务，实现了普惠金融的目标。
- 2018年9月，网商银行与**蚂蚁区块链**合作的"双链通"供应链金融平台上线。当年获得《金融电子化》杂志社颁发的2018年度金融行业"产品创新突出贡献奖"。
- 2019年10月，网商银行持续演进的云单元技术架构体系，荣获中国人民银行颁发的"**银行科技发展奖**"**二等奖**，该奖项相关技术代表了业内最先进的业务连续性保障水平。
- 2019年，AI技术应用全面开花，网商银行陆续推出"智能资产负债管理"

"智能同业交易机器人"等系统,网商银行同业业务全面进入智能化时代。其中智能同业交易机器人项目当年荣获中国外汇交易中心颁发的"**2019 银行间市场金融科技创新大赛最具潜力奖**"。

- 2019 年 10 月,基于区块链、大数据风控的网络货运平台投产,在合肥试点成功,目标是为 3000 万名卡车司机和数万家小微物流企业提供"310"模式的普惠金融服务,当年获得中国计算机用户协会云应用分会颁发的"云鹰奖"优秀奖。
- 2019 年 11 月,**混合云弹性架构投产**,该架构进一步使网商银行成为首家具备跨多朵云形成"一台计算机"支撑核心业务的银行。
- 2020 年 5 月,采用**卫星遥感**和人工智能技术的"亿亩田"项目投产试点。卫星遥感技术有望成为解决农村贷款难问题的一把钥匙。
- 2020 年,网商银行成为首家"在可信云原生架构之上的银行",基础设施迭代效率及资源利用率显著提升,可信级纵深防御能力建立,大幅增强了金融级安全防御能力。

8.1.4　数字化银行效果呈现

网商银行开业以来,利用数字技术服务小微企业和个体户,通过线上触达、大数据风控、人工智能、区块链,实现大规模、低成本、高效率的金融服务,开创了中国独有的创新模式。依靠服务线上"网商"和线下"码商"两大群体,实现客户量指数级增长。截至 2020 年 4 月,网商银行累计服务了 2900 万名小微经营者,户均贷款 3.6 万元,不良率仅为 1.5%,平均运营成本仅为 2.3 元,大幅低于行业平均水平。这些小微经营者包括网店店主、路边店店主、经营性农户,这些经营者有 80%此前从未获得银行经营性贷款。这一成绩 3 倍于开业当初设下的"五年服务 1000 万名小微(经营者),成为全球服务小微(经营者)最多的银行"的目标。

2019 年 10 月 8 日,网商银行获得了世界银行集团和二十国集团(G20)颁发的 2019 年度普惠金融领域的全球最高奖项,网商银行在全球 140 多家银行中脱颖而出,获得了这一殊荣。网商银行获奖的原因,主要是因为在小微企业贷款难问题上做出了突破与贡献,累计服务的小微企业与个人创业者数量超过了全球各大银行,包括曾获得诺贝尔和平奖的格莱珉银行。

2020年3月5日，网商银行联合中华全国工商业联合会、中国银行业协会和约100家银行，共推"无接触贷款"计划，半年内向全国1000万家小店提供资金支持，帮助其更快地复工复产，并在3个月时间内完成该目标，为众多小微企业和个体工商户解了燃眉之急。

上述成绩中的较大一部分，其实也是网商银行携手金融机构合作伙伴共同完成的。在启动凡星计划、全面开放之后，截至2021年4月底，网商银行已完成与850多家金融机构的商业合作，合作行业覆盖面广，合作场景丰富。今后，网商银行将继续保持开放的态度，在业务和技术能力合作的基础上，持续打造金融生态赋能平台，与合作伙伴共同服务好成千上万个小微商家客户。

8.2 中台战略

8.2.1 中台战略概述

1. 中台源起

从阿里巴巴2015年开始提"中台"概念，到最近的几年，大家都知道"中台"这个词越来越火，特别是阿里巴巴、腾讯、百度、京东等互联网公司频繁地基于中台调整组织架构，使中台的热度又上升到另一个高度，甚至有这样的声音："（20世纪）90年代企业不做ERP会死，现在企业不做中台也会死"。我们看到越来越多的企业加入积极探索和大规模投入企业中台建设的浪潮中，但很多企业领导者并不清楚中台战略的目的是什么。这里面有几方面的考虑。

第一，如何提高对客户的"响应力"。

网商银行所有的变革都源于如何更好地服务客户。阿里巴巴的愿景是让天下没有难做的生意，网商银行要服务几千万名小微商户，秉承着这些理念，我们要拿出更好的服务去服务我们的客户，用更快的速度满足客户的诉求，提高企业对客户的"响应力"，并不断快速响应、探索、挖掘、引领客户的需求。

第二，如何与时俱进。

时代在前进，市场环境也在变，特别是在要迈入DT（Data Technology，数据技术）时代的背景下如何找到客户，服务好客户，是值得思考的。例如：以前在线下摆个摊别人就会来买，现在却不是这样，在"流量经济"下，还要去推荐，那么根据什么去推荐？以前的系统是孤岛式的，一个系统里的信息是非常有限的，数据不够就没法去做精准的营销，做不到"千人千面"。但生意的模式已经变化了，所以必须转型，这个"转"是大家有意识的、有痛点，才会转。其实，数字化信号已经逐渐深入到社会的每个角落、正在影响着客户的心智和行为，特别是，银行已来到数字化时代的门口，需要注意到数字化信号：面对那些"门口的野蛮人"（新的竞争者）的挑战，数字化带给客户的全新体验和客户习惯的变化。

麦肯锡报告指出，数字化时代的客户消费行为和业务形态不断变迁，如果不积极应对的话，到2025年，五大零售业务（消费金融、按揭贷款、中小企业贷款、零售支付、财富管理）中10%～40%的收入将面临威胁，20%～60%的利润将消失。

2. 中台战略定义

经过上述分析我们可以发现，其实企业的数字化转型才是目标，而中台恰好实现了"用数字技术赋能企业商业领域运营，支撑前端业务快速多变和创新，符合数字经济时代的商业运营方式和价值创造路径"。

中台战略是支撑数字化转型的基础，其核心是打破传统僵化的前后台运营模式，重组组织和业务架构，为企业提供更灵活、更具创新性，并能实现协同共享和多技术融合的核心数字化能力。

中台战略结合了互联网技术和行业特性，将企业核心能力以共享服务形式沉淀，形成"大中台、小前台"的组织和业务机制，供企业快速、低成本地进行业务创新和企业架构，业务中台将企业的核心能力以数字化形式沉淀为各种服务中心或服务形态。

阿里巴巴集团在2018年启动中台战略，战略定义为："构建符合DT时代的更具创新性、灵活性的'大中台、小前台'组织机制和业务机制。其中，前台作为一线业务，能更敏捷更快速地适应市场，中台将集合整个集团的数字运营能力、产品技术能力，对各业务前台形成强力支撑。"

3. 中台战略建设

中台想要建设成功，其实最关键的是企业本身的自驱力，而这些有自驱力的企业往往都具备了数字化的一些特征。因为数字化转型是技术与商业模式的深度融合，数字化转型是商业模式的变革，从数字化企业和正在转型中的和传统企业的转型过程来看，这样的企业应该具备什么样的特征呢？

（1）移动化、互联网化。数字化移动平台已经成为客户的第一选择，移动化、互联网化将承载越来越多的金融业务是必然趋势。

（2）注重客户体验。用数字化手段提供最佳的客户体验，才能够吸引客户，留住客户。

（3）数据驱动。借助数字化形成全方位的企业洞察力，以"精准制导"式的数据驱动满足企业精细化运营，提高差异化服务能力，降低成本。

（4）开放的生态。数字化企业需要具有开放的生态，联合合作伙伴提供综合化的服务，而不仅仅是单一化的产品。

（5）科技创新。谁能通过数字化手段不断创新、不断推出新的金融服务"爆款"产品，谁才能成为顺应时代潮流的顶尖企业。

那如何使企业具备上述特征呢？或者说，通过中台战略，如何促使企业进入数字化转型的快车道？其实，每个行业都有自身的现状，包括组织架构、市场前景、行业特性、系统现状等，但关键的基础设施是共通的。

（1）组织战略升级。中台一定是"一把手工程"，需要有整体的规划，通过中台建设，使企业数字化战略落地。同时，企业的组织架构需要与中台架构相匹配，根据企业实际情况优化组织效率，实现数据化运营，更好地支持业务发展和创新。

（2）流程升级。关键词是"协同"，对企业现有的协作流程进行全面梳理，并进行优化，提高企业整体运作效率。

（3）技术升级。通过互联网技术，对企业基础技术设施进行升级，降本增效，实现企业IT部门整体技术升级。用数据智能替代人工服务，建设真正具备运营整个生态的能力的终极智能系统。

有了战略上的规划和升级，企业在中台的建设过程中，最关键的是要打造业务与数据的闭环，建立起业务中台、数据中台"双轮驱动"的中台体系，如图 8-2-1 所示。接下来我们会围绕这两大部分来展开讲解。

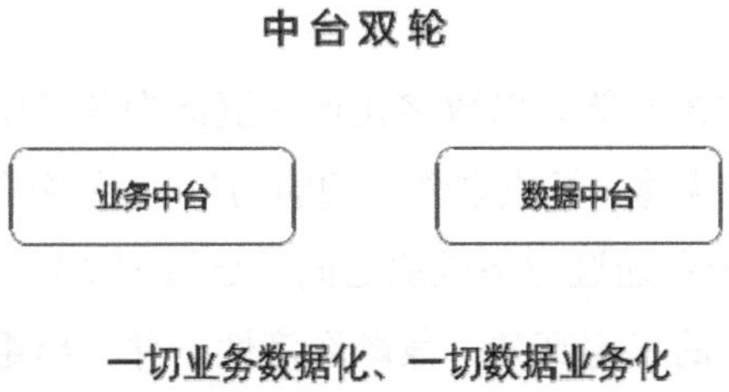

中台双轮

业务中台　　数据中台

一切业务数据化、一切数据业务化

图 8-2-1　双轮驱动中台体系

8.2.2　业务中台

近年来消费金融无疑刺激了互联网金融、银行互联网零售业务的发展，但银行业内人士表示，在大数据、AI、区块链场景创新等的驱动下，银行未来也将面临新的业务增长点的机遇和竞争，比如发展中的理财市场、区块链与物联网结合驱动着供应链金融市场，以人工智能驱动的风控技术对小微金融领域可能带来的质变等。

传统银行习惯服务于高端的企业客户和个人客户，而网商银行将普惠金融作为自身的使命，所以，从成立之初，网商银行就深刻地意识到，要用数字化打破客户边界，通过数字化渠道来触达所有客户群体。而这些客户又需要我们有更加精细化的数字化运营能力：数字渠道获客、精准的客户洞察、"千人千面"的营销、智能化的客户体验等。

本着这个理念，网商银行的数字化体系也一直在持续建设中，其中，业务的数字化主要围绕业务中台来展开。

8.2.2.1　什么是业务中台

传统金融机构经过多年信息化建设，开发了相当多样化的应用，基本上信息化系统是"全覆盖，无死角"的。银行各业务部门不同的 IT 需求，导致了大量重复建设的功能和应用充斥在系统中的各个角落，随着系统变得复杂，数据孤岛越来越多。反过来，又因为无法共通，所以数据逐渐成为业务创新的负担和包袱。

正是这种典型的业务需求驱动的项目制的 IT 系统建设方式，导致了阻止企业创新的"组织墙"与"数据墙"，也阻碍了企业成为真正的"数字化企业"。由此可见，真正的数字化转型，必然是企业整个技术架构的转型，绝不能再"头痛医头，脚痛医脚"。

业务中台将企业的核心能力以数字化形式沉淀为各种服务中心。业务中台的目的是"提供企业能够快速、低成本创新的能力"。业务中台的核心是"构建企业共享服务中心"。业务中台通过业务板块之间的连接和协同，持续提升业务创新效率，确保关键业务链路的稳定高效，兼顾经济性，并突出组织和业务机制。业务中台也包含技术和组织两大部分，通过"方法+工具+业务理解"加以实现。

8.2.2.2 业务中台的核心思想

毕马威发布的关于助力企业数字化转型的报告来看，未来企业将重点致力于解决从传统信息化到数字化的转变，包含从"烟囱系统，重复开发"到"共享并沉淀服务化能力"，从"数据孤岛"到"数据智能决策"等核心 IT 能力的转变。可见，金融机构能否建立一个能力打通、组件化、服务化的"共享化敏捷服务中心"，将成为其数字化转型的重要因素。一直以来，特别是在当下，"共享化、组件化、中心化"的思想进一步推进了主流数字化的转型。

组件化、可复用是一种架构思想，并不仅仅适用于技术领域。网商银行从建设之初就已经开始服务化、共享化、平台化的进程。通过对应用的系统拆分、微服务改造、单元化治理，逐渐把单个"巨石系统"分解到多个服务领域，形成了一整套组件化、可重用的"金融敏捷的能力中心"，将业务的灵活性、敏捷性、可扩展性推进到一个前所未有的水平。这个过程并非一蹴而就的，而是经过了大量论证和实践：哪些业务、哪些系统先拆，哪些后拆，上下的层次关系或者左右调度是怎么样的；服务粒度怎么确定（太粗不便于复用和修改，变更和隔离风险难度变大；太细的话，服务管理成本以及整合复杂度变高，服务使用方系统使用体验不好）。在实践过程中，我们也采用了多级域的架构划分方式，每个架构域都是闭环领域，其中又包含了很多系统和组件，各自以服务的形式进行交互，管理数据且分工协作。

最终形成了有"上帝视角"的互联网金融基础信息模型"飞马模型"，它可以覆盖银行、证券和保险业务场景，更加容易实现"全局最优"的金融信息互通、集成标准的建立。

8.2.2.3 业务中台的建设经验

业务中台实现了企业核心的业务运行机制，因而处于企业运行生态的核心位置，所有应用系统都必须与之建立联系。中台的存在并不只是为了抽取可复用的能力，但是从另外一个角度思考，能力为什么可以复用？业务能力输出的内容主要是核心业务数据和业务流程，从单一业态的价值链来看，每一个业务环节的产出不仅会影响下游环节，还会反作用于上游环节，这必然要求每个业务环节将其核心业务数据实时共享，这就是需要共享业务的根本原因。能力复用只是中台的形，核心的业务数据和业务流程才是中台存在的本质。

1. 中台需要有方法论、标准和机制

（1）方法论：网商银行以"飞马模型"为指导，并通过业务抽象、领域建模，建设了自身领域的业务模型、领域模型等，并以服务为中心对外提供统一的标准的数据和服务。"业务抽象解决 80%的共性化问题，系统架构开放解决 20%的个性化问题"，通过架构的开放，既能对外提供标准的数据和服务，又能通过平台配置，通过实现指定服务接口，或在平台内部实现业务逻辑控制等方式支持不同业务的运行。

（2）标准和机制：通过建立业务身份、能力、扩展点等业务领域的概念标准，能力管控、流程编排等系统运行时标准，使大家能互联互通、共享共建，以统一的标准进行需求分析、技术开发和复用。

2. 中台需要有强大的组织

既然业务中台始于快速响应客户诉求，所以，对应地也要建立独立于业务线的中台技术团队和 KPI 机制。以前 IT 系统建设是业务需求驱动的，是被动型的，IT 技术团队是与业务线相匹配的支撑部门，业务部门提出需求，IT 技术部门进行项目式的流水线模式开发。IT 技术人员的 KPI 与各自业务部门 KPI 相绑定，导致其缺乏全局统筹规划，所以天然形成了各自业务的"组织墙"，初始建设很快，但后续发展却异常复杂，代价极大，这种模式"局部最优，但全局未必最优"。网商银行多年的共享服务建设经验中的一条就是，IT 技术人员不能完全被业务绑架，需要有独立的思考，不但要有局部的"战斗视角"（支撑短期业务，业务驱动科技），还要有全局的"上帝视角"（给未来发展提供持续动力，做到科技驱动业务），所以从组织阵型上需要有配套的中台技术团队建设，将中台技术团队的 KPI 与业务 KPI 分离。形成一个强大而独立于业务线的中台技术组织，负责进行全局化公共服务的沉淀和建设。技术中台团队人员要对不同前端业务中的公共业务和通用业务有深刻的理解，还要时刻掌握技术发展趋势，这样就能不断从不同前端业务中抽象出可以沉淀到共享业务中的业务点，还能前瞻性地从共享业务层面提出业务创新方向，再反哺给前端业务。

3. 中台需要持续治理

服务是需要长期持续的，"一边污染，一边治理"。业务在快速发展的过程中，不可能因为技术而停顿，组件化共享服务中心可以最大程度上减少重复开发，快速配置业务，实现 80%的业务需求的敏捷上线，但无法预测所有的未来业务需求，"烟囱式"的建设会持续伴随，所以，业务线 IT 人员也会在共享中心域外构建一些业务域"烟囱"，业务域与能力共享的架构治理是一个长期持续的过程，"一边污染，一边治理"。网商银行的架构师会定期进行领域内的架构评估，评估业务"烟囱"是否有通用性和共性，并进行中台化提炼和沉淀。共享能力建设不能一蹴而就，需要不断从业务域吸取营养，反过来在更大程度上滋润业务发展。网商银行发展到今天，经历过数代技术架构的更迭，每一次架构更迭中最重要的一件事情就是盘点"烟囱"和拆"烟囱"，保证了有价值的业务能力不断沉淀并被复用，避免重复建设。

4. 中台需要有强大的技术体系

当技术平台变为分布式架构、微服务体系后，业务架构将变得异常复杂，必须有强大的技术组件支撑，将能力的建设重心放在抽象和服务上，对于底层技术组件，尤其在中间件层面，尽量使用成熟的云原生组件来提高系统稳定性和性能。并通过数据垂直拆分、数据水平拆分、分布式架构构建、云计算平台构建、"单元化多活"架构建设、弹性架构建设、混合云架构建设、云原生可信架构建设、架构升级和持续演进等，打造金融级 IT 基础设施，提升 IT 信息系统应对多种挑战的能力。

8.2.3 数据中台

谈起数据，在银行业中一直有一个耳熟能详的词，叫"数据仓库"，是通过对数据的有针对性处理，实现跨业务、跨系统的数据整合，为管理分析和业务决策提供统一的数据支持。而后又出现了"数据湖"，主要针对非结构性数据或半结构化数据，通过强大的计算能力进行处理和分析。

从数据需求来源的角度看，无论是数据仓库还是数据湖，需求还是来自预先的设计，来自对固有流程数据的整合。而这个时候，企业的业务已经有了一定的复杂度，企业管理人员希望从数据中发现一些隐藏的、未知的价值和规律。而这个时候预定义的查询条件、预定义的业务主题已经不能满足这样的需求，所以在数据仓库基础上，产生了数据挖掘的技术，业务从数据中发现市场的规律，洞察客户的兴趣，发现一些人们不知道的信息。这个阶段在市场营销、生产调度等影响因素较多，动态性较强的业务领域，数据的重要性愈加凸显。数据中台结构如图 8-2-2 所示。

数据中台：为业务价值而生

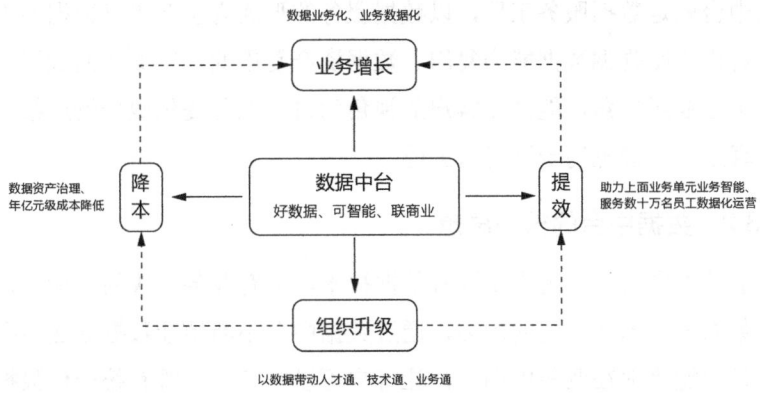

图 8-2-2　数据中台

特别是在数据经济时代，一切都被数字化的技术所重构，而数据是构成数字化世界的基础。数据如同石油一样，成为新时代的资源，从数据当中能挖掘价值，数据中能产生创新已经成了所有企业的共识。那如何让数据真正体现出它的价值？数据的价值在于流动，通过完成企业的数据治理，使数据统一化、可视化、价值化，最终驱动企业的业务模式创新、组织变革，赋予企业新的生命力，这也正是数据中台的职责所在。而数据中台的核心价值就是，优化现有业务，助力新业务的创新，打造数据驱动的企业数字化智慧系统，以客户为中心进行精细化运营，以数据为基础支撑商业模式创新，打造持续增值的数据资产。

8.2.3.1 什么是数据中台

"数据是构建与物理世界对等的数字化世界的原子"，数据中蕴含着业务的本质，蕴含着创新的源泉，谁有掌握数据的能力谁就能在数字化竞争中拔得头筹。特别是最近几年，数据在数字化转型中的重要性被提到了前所未有的高度，数据驱动的决策、调度、运营给企业装上了智能的大脑，带来了巨大的业务价值。归根结底，数据中台的一个根本性创新就是把"数据资产"作为一个基础要素独立出来，将成为资产的数据作为生产资料融入业务价值创造过程，源源不断地提供推动企业发展的生产力。

如果将数据比作"石油"，目前的数据仓库、数据集市等就像输油管一样，未来它们都属于数据中台的数据供给侧，而数据中台就是"炼油厂"，它的作用就是根据业务和客户需求，将"石油"变成可以创造商业利润的"石油产品"。

数据中台就是数据服务工厂，以数据服务的形式为企业提供数据能力。数据中台可以看作高度强调数据能力复用、数据资产复用的自服务式的数据服务，具有全局、全企业级视角，能站在客户的视角为每个业务提供数据资产级别的决策支撑，是真正的金融机构全局视角工程。

8.2.3.2 数据中台的核心思想

真正的数据中台只能诞生于既有数据技术，又有业务土壤的环境中，形成一个业务→数据→技术→价值的闭环，通过数据中台不断地让数据更加标准化、实时化，并且智能化地在业务中循环，让客户可以构建一个既有统一化数据技术，又有业务能力的数据平台，可以让银行的数据架构统一化、数据治理规范化、数据应用智能化，让数据与业务充分连接，获得"数据聚变"式的业务价值。

根据 OneData 方法论以及集团的实践经验，建设数据中台关键在于建立相应的数据管控制度和流程，在模型、指标、流程规范和资产管控等方面进行统一，如图 8-2-3 所示。

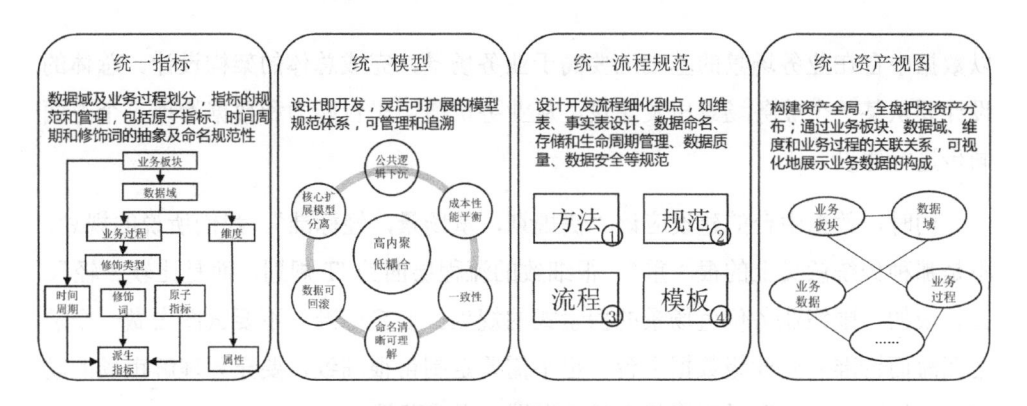

图 8-2-3　基于全生命周期的数据资产构建和管理

8.2.3.3　数据中台的建设经验

1. 战略与组织

就像业务中台一样，数据中台的建设也是企业级战略任务，是"一把手工程"。管理者的战略方向选择、战略投入决心和战略实施意志，对转型成败起着至关重要的作用。该战略主要评估企业在战略规划和实施过程中对数智化的重视程度，包括是否将数智化纳入企业战略和预算体系，是否采取实际行动确保企业战略能够有效落地实施。同时，从组织层面上还需要一支掌握数智化技能的复合型人才队伍，以及一套动态灵活的组织架构来支撑。数智化组织主要评估企业人力资源与组织架构是否满足转型需求，包括企业员工的数智化素养与能力，企业组织形态、管理机制和运行方式的数智化程度。

2. 策略

在数据中台的建设过程中，要清晰地认识到它是一项复杂的工程，是一项演进迭代式的建设工程，是不能毕其功于一役的，要有策略、有步骤地去建设，不要试图做一个大而全、大一统的平台。要服务于业务，高于业务，要深入业务场景才能获得业务的支持，获得持续的生命力。

所以，在建设的过程中除了战略的决心，还需有从业务到架构和技术的良好的演进策略，数据中台应该"以业务价值为纲，生于业务场景，高于业务场景，归于业务场景"。数据中台的建设需求，要围绕业务价值产生。所以所有的功能设计要以对应的业务场景需求为根源，但是数据服务是要抽象、建模、复用的，所以数据中台在业务场景的基础上要高于业务场景，完成总体的架构设计。总体的设计要从某一个业务场景出发建设，从业务价值、平台能力和数据治理三个方面同步进行建设。

同时，数据中台的建设应该"快规划，重场景，轻标准"。我们所说的规划，不是那种传统意义上的很"重"、很细致的流程层面的IT规划，而是比较"轻"、比较快的，围绕业务价值场景的探索式的规划。要轻标准，不要试图去做一个放之四海而皆准的企业级数据中台，也不需要定制得很细致，要充分理解市场的动态性，标准太"重"了实施起来就是枷锁，很难落地。

3. 数据资产的构建

在数据中台的建设过程中，数据资产的构建是特别重要的一项内容。

（1）数据的规划：数据资产不等同于数据，数据资产是能为业务产生价值的数据。对于同一堆数据，不同业务部门所关注的数据指标可能完全不同，要想让各个跨域的业务具有统一的标准，就需要规划企业的数据全景图，将所有可能用上的、所有对企业可能有价值的数据都挑选出来，最终梳理出企业的数据资产目录。

（2）数据资产的获取和存储：从广义上来讲，数据中台要为企业提供强大的数据资产的获取和存储的能力。但是这种能力不是数据中台的核心功能，很多企业可以基于原来的数据平台、数据仓库等已有的工具来提供数据采集和存储的能力。

（3）共享和协作：企业的数据中台一定是跨域的，需要让所有的人都知道数据资产目录在哪里。不能出于数据安全考虑，不让大家知道企业有什么数据。没有共享和开放，数据就没有办法流动起来，没有流动的话数据的价值产生的速度就会非常慢。所以在数据安全的基础上，企业的数据资产目录要对利益相关者、价值创造者开放，要让业务人员能够做到"Self-Service"（自助，自我服务）。数据资产目录是数据中台很核心的一种基础能力，但是目前很多的企业都尚未具备这种能力，这也是导致数据在企业内部不开放、不共享、不能被利用的很重要的一个原因。

4. 智能化

如前面所讲，数据一定是"贴"着业务走的，企业要通过数智化驱动业务模式创新、组织变革，赋予企业新的生命力。而整个数据智能化建设有以下几个核心思想。

- 统一数据入口：形成统一数据集成（数据湖），把不同结构的数据统一存储，使不同数据有一致的存储方式，在使用时方便连接，真正解决数据集成问题。
- 统一数据研发体系：形成在线、离线一体化的数据研发体系。
- 统一数据出口：形成标准化的数据资产管理模式。
- 智能应用中心：形成数据智能分析、智能营销等智能应用。利用智能化技术形成一系列的产品和解决方案，使其逐步渗入业务场景中。其中，智能客服、智能风控、智能营销、智能推荐等大量繁杂的业务和人工任务可以由金融智能自动化完成，避免人工瓶颈，提升客户体验。

5. 数据质量

通过过去这么多年的经验和教训可知，数据质量的问题是不可能百分之百解决的，因为业务变化的速度快于数据变化的速度，这是一个客观存在的而且短期内不可能改变的事实。如果换一个角度看，追求百分之百的数据质量其实不是目的，最应该关心的应该是数据如何能够让业务产生价值，数据质量是围绕这个目的的一个工具。数据质量的问题是客观存在的，对此需采用新的治理方法，即精益数据治理（Lean Data Governance），其包括三个原则。

（1）服务式原则：实施服务式的治理，轻管控，以解决业务问题为目标，而不以提高数据质量为唯一目标。

（2）场景核心原则：数据标准越轻越好，强调与业务场景的融合。能够服务好业务场景、产生业务价值的数据标准就是好标准。

（3）元数据驱动原则：原来的数据治理很多都是在事前进行管控，让业务服从于数据管理的，比如主数据的管理，需要事前审批。而我们现在更多是在实践利用元数据驱动的数据管理方式，将审批流程弱化，通过自动化数据技术，让业务无感知，从事前管控变成事后归因。不影响业务交易的速度，让复杂的事情发生在后端。

8.3 大数据与人工智能

在新世纪第二个十年期间，以互联网电商经济为代表，整个社会的生产经营活动开始大规模向线上迁移，并且带动和衍生了互联网支付、互联网金融、线上线下融合等众多的新型商业或金融模式。强大的云计算基础设施使得这些大规模线上经济成为可能，线上经济则为企业带来了海量的客户与高频的交易数据，云计算又使得普通企业都可拥有挖掘和处理这些数据的能力，进而通过大数据与人工智能技术挖掘数据价值，实现交易资源的最优化分配，如图 8-3-1 所示。

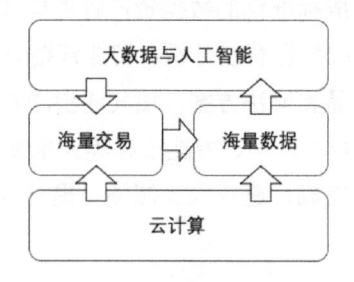

图 8-3-1 大数据和云计算

网商银行是一家以普惠金融为自身使命的互联网民营银行，在诞生之初即面临着无实体网点、需要服务海量小微长尾客户、资本规模有限三大核心问题。正是利用大数据与人工智能技术，网商银行体系化地建设了数据化风控、智能流动性管理、智能化运营三大能力，让低成本、规模化、商业可持续化的普惠金融成为可能，如图 8-3-2 所示。

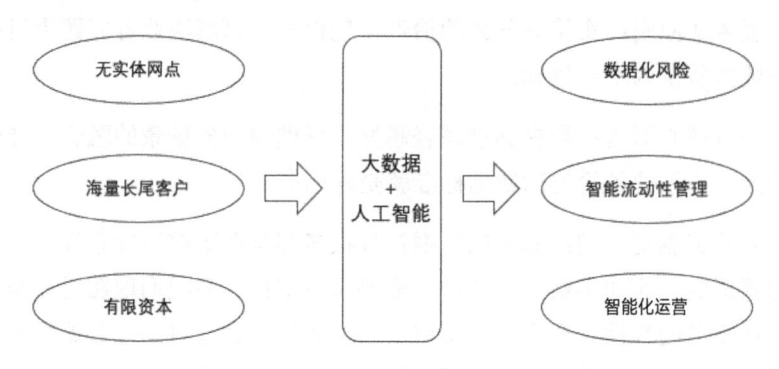

图 8-3-2 大数据和人工智能

下面我们将分别从这三个方面来一窥网商银行的实践经验。

8.3.1 数据化风控

1. 大数据风控的总体框架

网商银行自诞生之初即发布了纯线上小额贷款产品，其背后是一套纯线上风控体系，与传统金融机构的线下风控有表 8-3-1 所示的区别

表 8-3-1 线上线下风控对比

	线上风控	线下风控
评估目标	还款意愿和还款能力	还款意愿和还款能力
数据采集能力	实时、动态、多维	人工收集为主
数据处理能力	云计算，7 天×24 小时	大中型机构自建数据仓库或分析平台，或人工处理
量化模型能力	传统算法+AI	以传统算法为主
风险评估角度	个体评估+网络评估	以个体评估为主
覆盖人群	小微长尾经营者	中大型经营者
产品特点	随借随还，小额分散	一次授信，偏中大额

网商银行及其前身阿里小贷，专注服务小企业 10 余年，积累了 10 万个以上指标的体系、100 多项预测模型和数千种风控策略。其大数据风控主要围绕个体风险、关联网络、全生命周期信贷决策三个体系建设，如图 8-3-3 所示。

（1）个体风险：和传统机构相似，从客户本身的属性（年龄、行业、城市）、经营情况、资产情况等方面进行评估。

（2）关联网络：基于客户账户网络、资金网络、物理地址网络、设备/IP 地址网络进行套现、欺诈、黑产的识别。例如对全量客户的资金行为轨迹与相互关系进行实时刻画，可发现套现所涉及的商户、中介、客户信息，或者通过物理地址网络发现客户交易地点在短时间内有很大变化，则基本可判断该客户已被窃密。

（3）全生命周期信贷决策：以算法+数据为基础，构建客户风险准入→授信额度评估→差异化定价→贷中反欺诈→贷后监控的整套智能化体系。

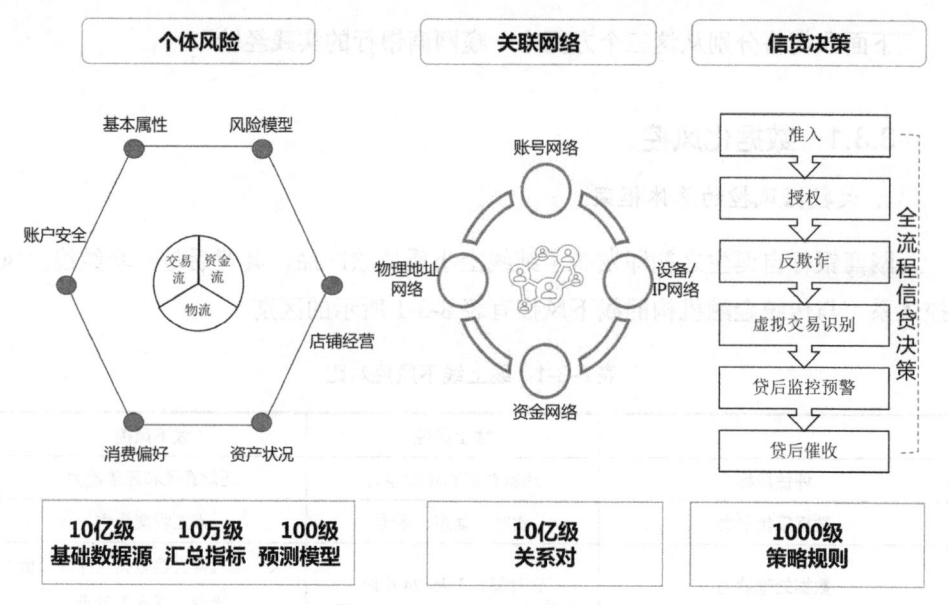

图 8-3-3 大数据风控体系

2. 人工智能的运用

传统的授信与交易风控，主要依靠人工授信、评分卡模型、专家经验规则等模式。但这些模式在面向海量小微客户以及互联网电商场景时，存在着无法满足客户实时需求、难以应对风险与信用数据时刻变化，以及没有充分挖掘数据价值的不足。网商银行运用人工智能技术，并依靠云计算的海量数据处理能力构建了一整套算法模型风控体系，如图 8-3-4 所示。

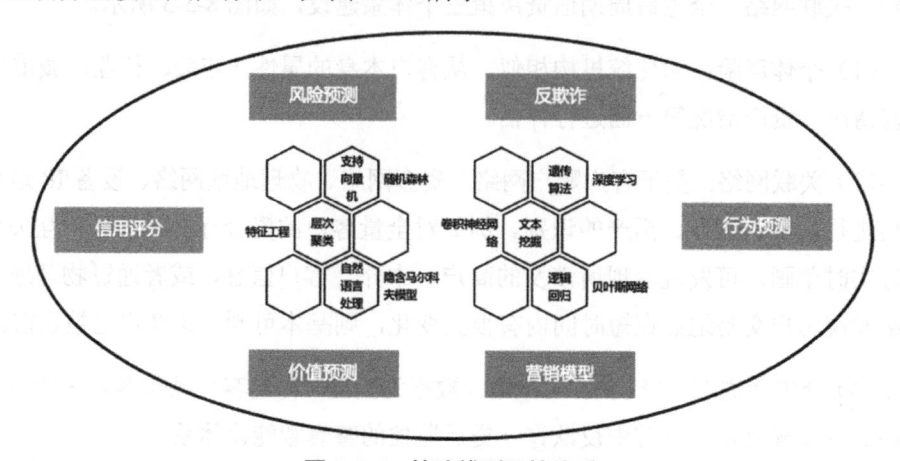

图 8-3-4 算法模型风控体系

3. 风控体系在电商场景的运用

针对电商场景的风险管理和核心模型，要围绕信用风险和欺诈风险进行多方位的预测和评估，如图 8-3-5 所示。

图 8-3-5　信用和欺诈风险预测和评估

导致信用下降的风有多种，比如，客户经营不善，或者受到平台的影响，以及外部环境的影响。针对不同的风险点都需要利用大数据设计风控模型：对于经营不善情况，需要构建客户交易下滑模型；对于平台的影响，需要加强跟平台的联动；对于外部环境的影响，需要对各个行业类目不断做差异化的研究。

关于欺诈风险，需要重点提一下虚假交易。虚假交易风险的核心在于一方面客户可能会通过刷单提升销售额获得授信额度，一方面刷单对于客户来说需要成本，比例太高则经营就没有办法持续，因为没有利润。所以欺诈风险中虚假交易的识别是非常重要的。

随着电商平台上的炒信（以"刷单"等不正当手段提高信用）手段越来越复杂和难以识别，从早期亲戚朋友之间互相"刷单"，到目前已经形成了非常完善的黑色产业链。网商银行的虚假交易识别技术也在不断升级，在数据维度上，考虑客户浏览、拍下、付款，等商家发货后再确认收货，有时还涉及售后服务的交易全链路数据表现，并且结合买卖家的关联关系进行评估。在识别方法上，从早期的专家经验，到机器学习、深度学习算法的应用，现在已经在强化学习领域有很多尝试和实践。网商银行利用大数据技术进行虚假交易识别，准确率高达90%，有效防范了刷单导致的信用风险。图 8-3-6 所示为利用大数据识别虚假交易。

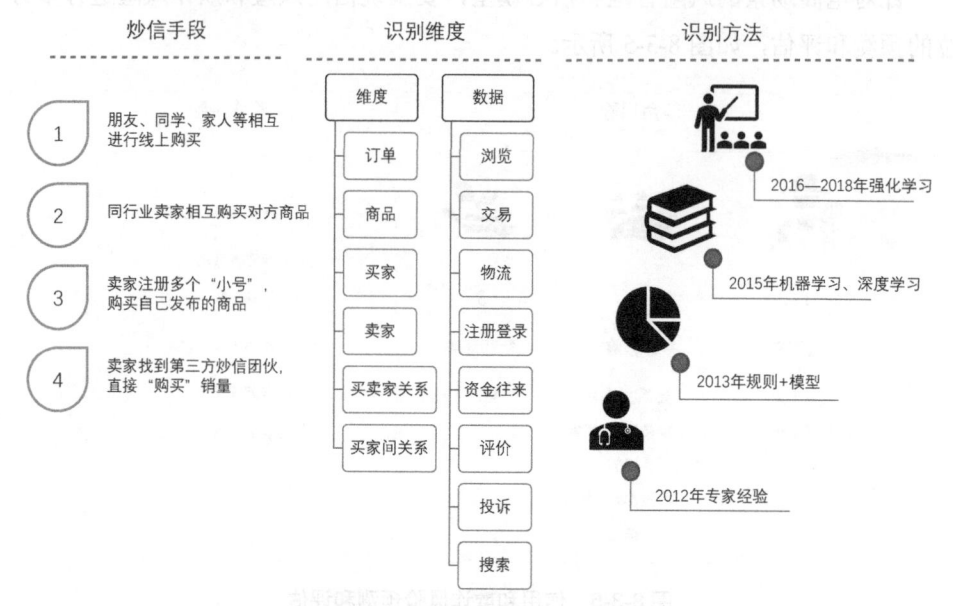

图 8-3-6　利用大数据识别虚假交易

4. 风控体系在线下小微商户中的运用

网商银行在成立之初，主要以互联网电商平台的小微商户为服务对象。但我国还有更多的线下小微商户没有被传统机构所服务。这些小微商户可能是开了一个小卖部、一家小饭店，也可能只是摆了一个路边摊，如何让他们能够在生意需要资金周转时得到服务，成了网商银行要解决的一个技术问题。

面向线下小微商家的服务，第一个问题就是，很多商家是个体经营者，有些甚至连固定店面都没有，如何区分是个人行为还是商户的经营行为？图 8-3-7 是通过模型识别到的一种个人用户和商户支付的网络特征。如果是一个个人，给他转钱的人之间或多或少是有联系的，所以他们的关系图就像一个毛线团。如果是一个经营者，给他转钱的人会更多，而且他们之间是没有什么联系的，所以关系图更像一个蒲公英。

当线下小微经营者用上移动支付之后，能够沉淀下来的数据甚至比线上电商还要丰富。如图 8-3-8 所示，网商银行创建了多套有针对性的风控措施，能有效识别经营属性，判断交易有效性，预测商家经营能力。除了参考商家店铺的经营流水外，还会考虑商家店铺所在商圈的人流量、所在的行业，跟进商家店铺在商圈内同行业店铺中的销售排名以及变化情况，综合评估商家的经营走势，这样为他们提供贷款服务就有了基础。

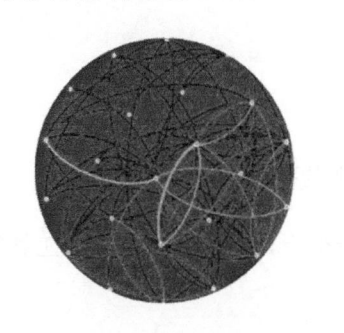

Individual Payment Pattern
个人用户支付网络

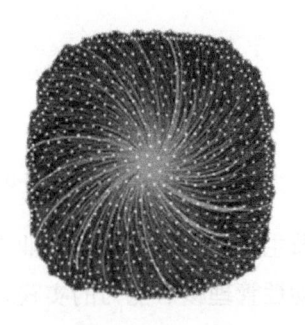

Merchant Payment Pattern
商户支付网络

图 8-3-7　个人用户和商户支付网络

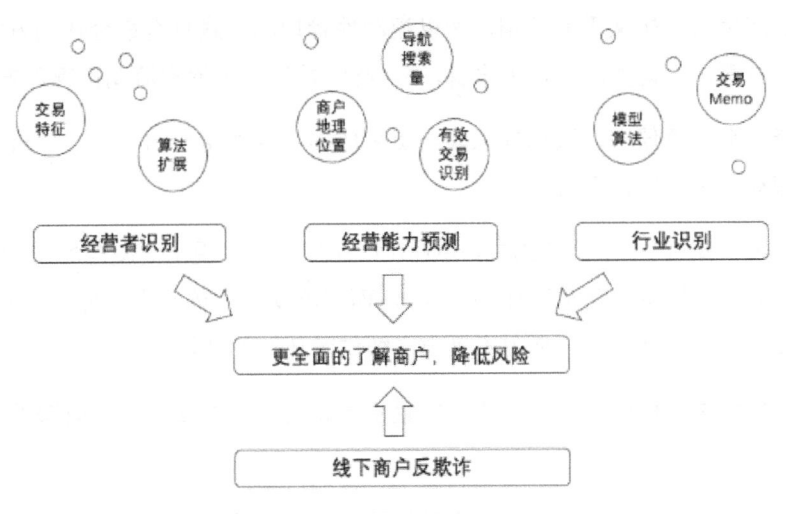

图 8-3-8　线下商户授信与风控体系

8.3.2　智能流动性管理

在风控之外，流动性是一家银行能够持续为客户提供金融服务的另一支柱。流动性管理既要考虑成本又要考虑风险，若单纯强调规避流动性风险，则流动性成本势必上升，故商业银行均构建了完整的 ALM（Asset Liability Management，资产负债管理）与 LRM（Liquidity Risk Management，流动性风险管理）框架，以实现成本与风险的平衡，如图 8-3-9 所示。

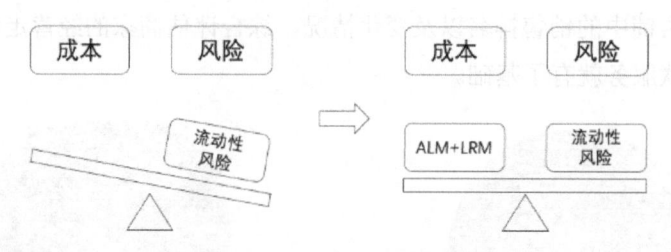

图 8-3-9　成本与风险的平衡

本节主要讲述网商银行在业界管理理论框架下，采用大数据与人工智能技术实现流动性管理核心能力的实践。

1. 网商银行业务特点下的流动性管理难题

流动性管理理论体系在各家商业银行中大相径庭，而各家银行的客户、产品形态、资产负债结构又千差万别，所以流动性管理的实践只有最合适的方案，没有最好的方案，一切要回到业务本身，"以终为始"地去探索流动性管理方案。

从资产端、负债端、流动性工具与资金成本、管理定位四个方面分析，网商银行的流动性呈现出以下特点。

（1）资产端：以小微信贷为主，并且在产品形态上体现出高度与场景融合（例如切入商业平台场景）、随借随还的特征，从而在流动性上体现为现金流碎片化（小额）、波动大（场景驱动）、期限不确定（随借随还）的特征。

（2）负债端：以同业存款为主，并且由于缺乏大量对私客户故而缺乏大数平滑效应。

（3）流动性工具与资金成本：中长期流动性主要依靠同业协定存款、货币市场融资、资产支持证券发行，故而资金成本与传统商业银行相比处于劣势，降低流动性成本（例如资金闲置成本）的诉求更强烈。

（4）管理定位：网商银行的宗旨是为小微商户提供 7 天×24 小时的 "310" 信贷服务，以满足客户需求为首要目标，故管理上不能容忍因流动性储备而延迟应答客户请款诉求的现象。

由于以上原因，网商银行的流动性无法走"由负债定资产"的传统"计划经济"管理之路，必须借助于科技的力量。从技术上来看，流动性管理本质上是一个"预测+运筹优化"的问题，即预测未来业务的规模，并通过运筹优化得到最佳的流动性方案。这即是网商银行流动性管理的主要思路。

2. 预测

首先，金融预测是一个时序预测问题，即通过过去一段周期的数字表现（例如每日放款量），预测未来一段时间（例如 T+45 日）中每一日的业务规模。针对时序预测问题，网商银行与蚂蚁集团共同研发了工业级的基于深度学习的时序预测平台——Antflux，如图 8-3-10 所示。

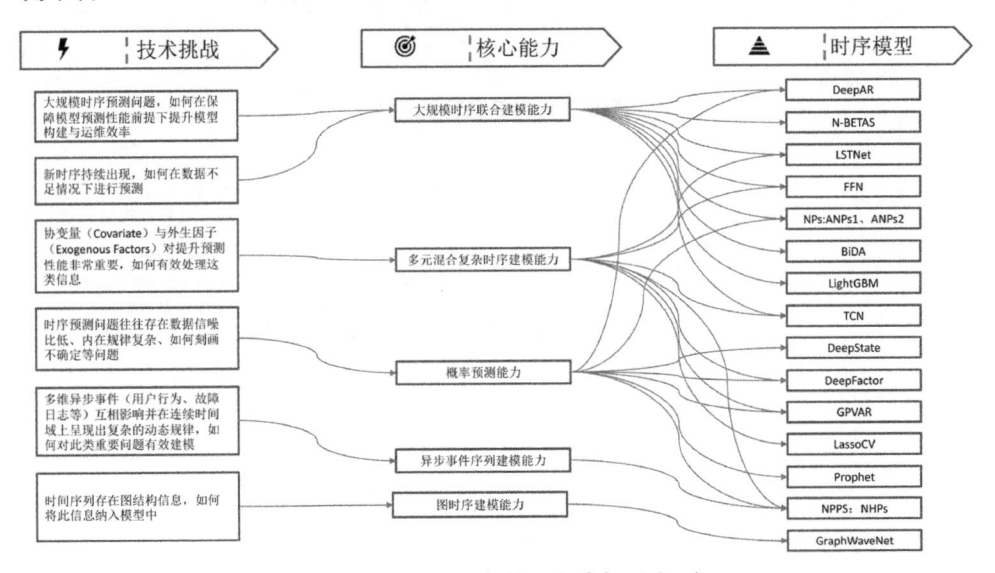

图 8-3-10　基于深度学习的时序预测平台

有了强大的模型与平台，网商银行用客户特征、交易特征、时序特征进行构图，得到了数十亿条边的时序图谱，依据这份图谱数据并结合强大的人工智能算法，实现了任意客群（图 8-3-11）及行业（图 8-3-12）的高准确度时序预测，为智能流动性管理打下了第一个基础。

3. 实际案例

在资金渠道的最优化规划上，网商银行采用人工智能的技术预测未来交易规模，并且采用大规模优化器进行求解（可支持千万个级别的决策变量和十万个级别的约束条件），从而获得最合理高效的资金渠道规划，进而实现各渠道头寸的管理以及交易流量的调配，如图 8-3-13 所示。

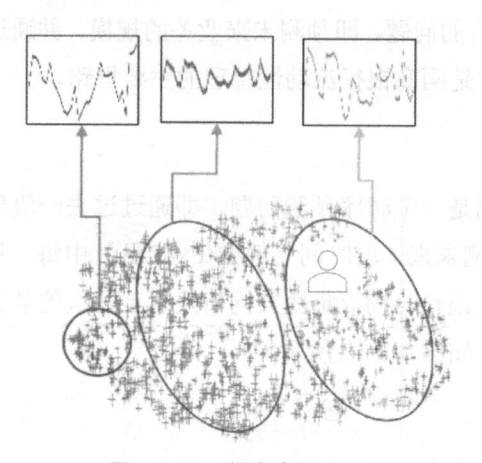

图 8-3-11　任意客群预测

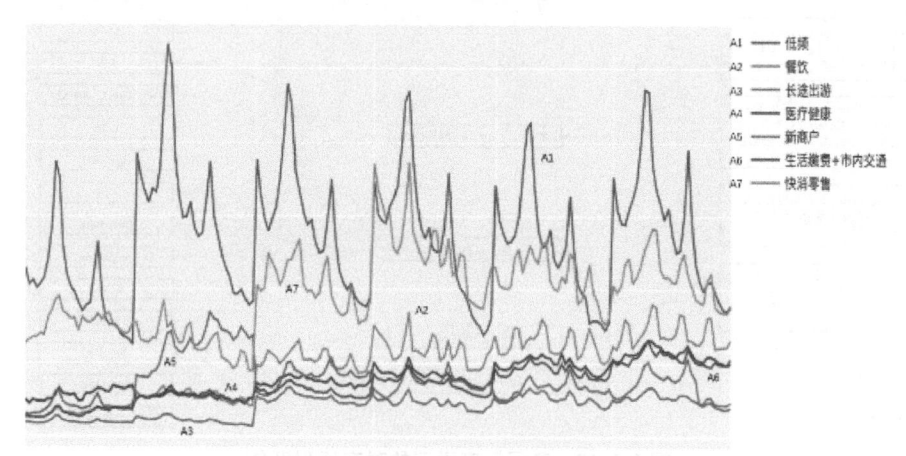

图 8-3-12　行业客群预测

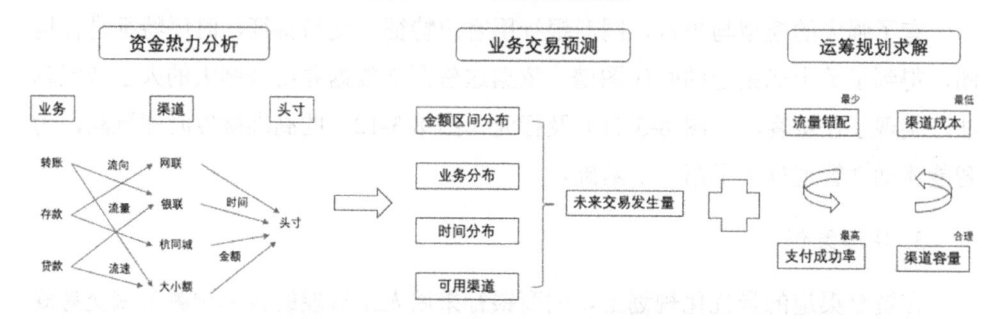

图 8-3-13　头寸的管理以及交易流量的调配

8.3.3 智能化运营

传统银行的运营更多的是线下运营，但是随着互联网业务的崛起，APP 聚集的流量远大于线下门店。银行的运营也开始转到线上。线上运营的效率和能力远大于线下运营，但是为了深度服务客户以及更广泛的客户触达，也存在线上线下联合运营的情况。本节主要介绍线上银行运营的能力。

银行的互联网运营的能力很难逃脱互联网运营的标准方法论 AARRR 漏斗模型，以及"目标-洞察-策略-实验-迭代"的运营方法论，如图 8-3-14 所示（实验和迭代偏实际操作，在图中没有提及）。

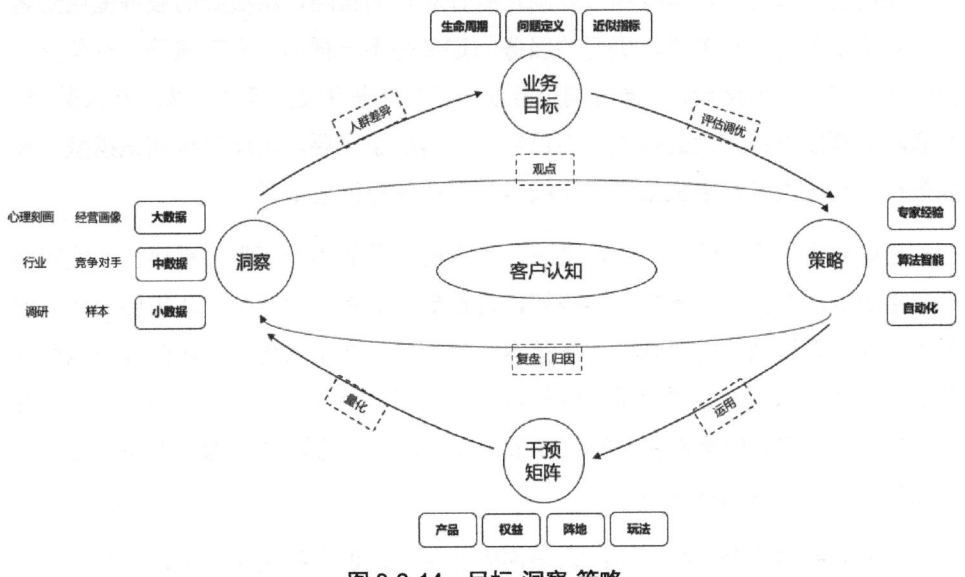

图 8-3-14　目标-洞察-策略

首先是目标定义的问题，广义的目标定义比较简单，比如以余额作为目标，但按照产品生命周期进行切分后的目标则容易存在滞后的问题，需要通过大数据分析寻找近似目标。比如以留存率作为老客户运营的子目标，但是在人群流失后再去干预已经为时太晚（尤其是贷款流失口径为几个月的时间），需要根据留存的情况找到近似的行为，比如要流失的人对 APP 的访问频率也会下降，通过大数据验证和模拟，如果两者正相关且相关度高于某个阈值，则可以使用老客户访问作为一个近似指标来观察，这样在对老客户实施有针对性的策略时也更容易观察和调整。

在目标定义下，人群画像的差异需要通过洞察来解释。过去的传统银行主要是"小数据"的模式，受样本和调研能力的制约，会出现样本偏差以及问题覆盖不全的问题。线上业务开展后，业务会积累大量的数据，基于这些"厚数据"，可以通过大数据分析完成对人群心理和经营状况的"刻画"，进而能够覆盖更广的问题。如果需要更加精确，则要从"大数据"走向某些行业细节的"中数据"，只在某些业务场景中"加厚"，才可以进一步增强。即便如此，想要深度调研问题背后的深层次原因，传统的"小数据"模式依然要发挥作用，但是受限于传统模式的运作效率，可以考虑线上调研，比如用智能电访、智能问卷等模式进行处理。

在洞察环节之后，运营环节要制定有针对性的策略，将更好的服务提供给客户，对于不同的客户来说，更好的服务的定义是不一样的，人有偏好，有差异。在策略上需要精细化设计，同时利用算法自适应地提供更合理的策略。在大数据+互联网运营的时代，人的操作能力已经远远落后于需要，因此通过知识模型、智能策略，从人类专家中脱胎出智能机器专家系统变得很重要。

巧妇难为无米之炊，在策略之下，运营的干预能力也变得很重要，要能跟客户产生更好的互动，具备更好的心智，打造更好的差异化产品，还需要一系列的干预矩阵。要用独立的"阵地"承接客户的复访，要用人传人、团购等类电商的玩法增加客户的认知，要用足够的权益和产品版本构建不同的产品心智，以应对不同的需要。这类问题需要从洞察环节中发现，在产品思维/运营思维下设计，然后在策略环节去熟悉并应用。

金融创新的四个核心认识：认识你的业务，认识你的风险，认识你的客户，认识你的交易对手。不可否认，运营的核心问题仍然是客户认知的问题，只有能够综合利用各类数据、各类手段才能从客户的行为中理解客户，设计出合适的产品、手段、策略。因此互联网运营的核心问题脱离不了客户的认知问题，过去的客户认知的方法论在运营中仍然适用。也正因为如此，才能够去构建一个精准运营的网络。

8.4 金融开放

谈到金融开放，就不得不提到当下高频出现的一个概念：开放银行。

开放银行是一种创新的商业理念，是平台化的商业模式。银行应联合致力于普惠金融事业的金融同业、各地政府，通过与商业生态系统共享数据、算法、交易、流程和其他业务功能，建立聚合了客群、渠道、资金、风控等全要素的金融聚合平台，为商业生态系统的客户、供应商、员工、第三方开发者、金融科技公司和其他合作伙伴提供服务，使得银行构建起服务全社会小微商家和消费者的核心能力，创造新的价值，让小微商家和消费者在各种场景中，随时随地得到方便好用的金融服务。图 8-4-1 所示为金融开放生态。

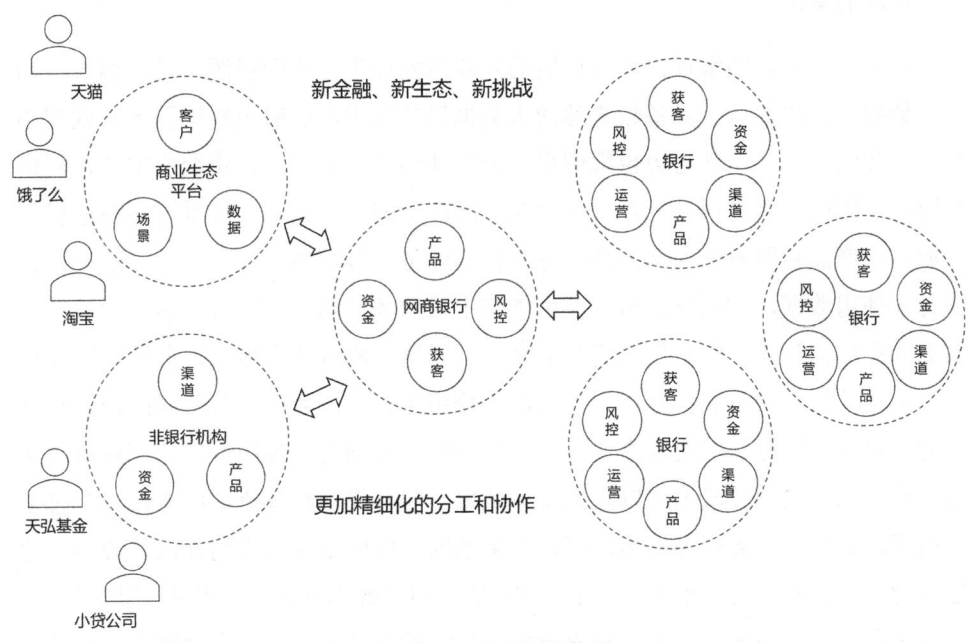

图 8-4-1 金融开放生态

网商银行理解"开放"的本质，一方面银行应主动贴近商业场景，采用云计算、大数据、AI、生物识别等金融科技手段，主动将金融服务融入客户的生产经营、生活消费等经济活动中，深入了解客户及其业务特点，为客户提供贴身、定制化的产品和服务，"粘"住客户，同时控制好风险。

单纯从技术上将银行的标准产品和服务包装成标准 API，提供给合作伙伴，还不足以实现真正的"融入"，对客户也难以达到了解和贴身服务的效果。银行必须贴近场景，深入理解平台、客户、交易的特点，理解平台数据，从客户识别和认证、反欺诈、信用风控模型、产品形态等多方面进行定制，和商业平台一起共建核心能力，提供最合适的解决方案。例如，同样是服务小微商户，网商银行为淘宝、天猫、1688、支付宝等各平台提供的产品和服务就是有差异的，是贴合平台、客户、交易特点定制的。

另一方面，银行也应该对金融机构合作伙伴开放，整合各方优势资源，共建一个开放、共赢的"开放银行金融生态系统"，共同服务好客户。

在整个开放银行金融生态系统中，不同特色的银行可以采用不同的开放策略，扮演不同的角色。

如新兴的互联网银行，掌握优质的互联网商业生态平台资源，具有客户、场景、数据方面的优势，具备较成熟的大数据风控技术，能够更好地服务互联网小微商户和消费者。但其劣势也很明显：无实体网点吸引存款，资金成本高，规模受限等。因此互联网银行可以采取全面开放的策略，一方面对场景方即商业机构开放，将产品和服务深入嵌入场景方平台的业务流程，融入客户的经济活动，合法合理使用数据，控制好风险，提供能带来极致体验的产品服务好客户。另一方面对同业机构开放，输出优质资产或客户，和这些机构联合运营，分摊风险和利润，合作共赢，共同服务好客户。又如部分中小银行，暂不具备较强的金融科技实力，也缺乏可控、优质的商业生态平台资源，短期内较难向第三方商业机构深度开放，浅层次的开放也难以收到实际效果。但其天然具备资金成本低、熟悉本地情况、掌握本地数据等优势，可以先采取向互联网银行等机构开放的策略，通过联营等方式扩展资产规模、优化资产结构，服务好本地客户，相对风险也较小。同时可在此过程中逐步掌握、积累自主风控等相关技术，增强自身的金融科技能力，再逐步提高开放程度。

总结一下，开放银行首先是银行自身的深层次开放，利用金融科技手段，向商业生态平台等第三方机构开放，贴近商业场景，让金融产品和服务主动融入客户的经济活动。其次，开放银行应该是全行业的共同开放，各行发挥自身特色和优势，紧密协同，共建开放共赢的开放银行金融生态，分工协作，共同服务好客户，服务好国计民生。

接下来我们将分别从金融场景开放和金融机构协作两个视角来介绍网商银行是通过哪些关键步骤来践行开放银行这一商业模式并最终取得成功的。

8.4.1 金融场景开放

伴随着互联网商业的蓬勃发展，我们可以看到以往线下的衣、食、住、行的场景正在被互联网技术线上化，商业交易的本质并未发生改变，但是因互联网技术的加持，信息传递的丰富性、通透性和交易效率却有了显著的提升。从传统线下场景到互联网线上场景，从线下场景的数字化到产业互联网，互联网技术正在逐步改变着生产生活的每一个领域，互联网这个新兴的虚拟社会正在加速形成。而商业场景的变化同样促进了互联网金融的发展。

回到商业银行自身，尤其是互联网银行，其业务经营的模式与传统银行体现出了极大的不同。互联网银行没有网点优势，没有客户经理的服务优势，所能依赖的只能是开放的商业生态场景。网商银行在这几年的发展中，依托开放的金融场景生态，整体业务有了长足进步，而为了服务好整个互联网商业生态，我们无论在业务模式上还是在IT能力构建上，都在积极拥抱开放。总结下来，网商银行整体能力开放模式主要由几个部分组成：技术能力开放，业务能力开放，产品开放，行业解决方案开放，下面分别介绍一下这几种模式。

1. 技术能力开放

电销场景是我们熟知的典型场景，过去常常是一层楼中上百个客服（客户服务人员）每天拨打电话来推荐产品，获取客户，这种营销模式对每个客服的个人沟通技能要求较高，人员的培训成本和人力的薪资成本也一直是制约企业ROI提升的痛点、难点。

然而，随着AI技术的持续发展，智能化的电销产品开始投入使用，对客沟通、意图分析、话术统一、数据量化、模型优化等一系列先进技术步入人们的视野，把智能电销的平台化能力快速复制到网商银行各条产品线，历经多轮优化，现在大部分场景都接入了AI机器人客服模式。

智能电销无论在营销效果、成本投入还是在营销效率等方面，均已实现了线上化、精细化、智能化的管理目标，且人力成本大幅降低，基本实现了极少部分客服人员即可支撑整个企业的电销目标。

智能电销模式如图 8-4-2 所示。

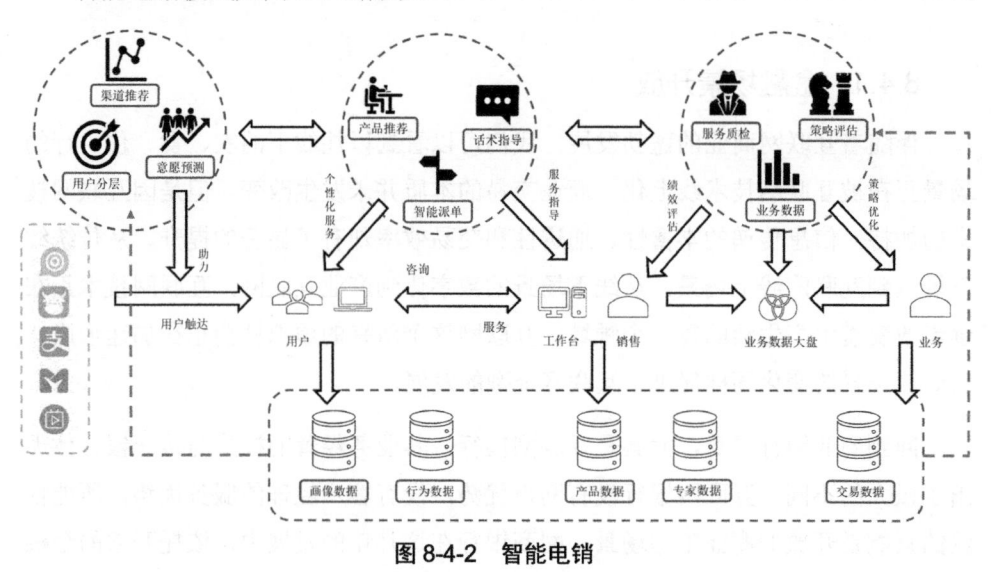

图 8-4-2　智能电销

2. 业务能力开放

业务能力开放的案例比较多，传统银行也有大量类似案例，比如很多银行构建的开放平台，就是将行内很多业务能力以产品或服务的模式对合作伙伴开放。随着社会分工的精细化发展，越来越多的企业开始从封闭走向对外合作，互补短板的方式，能实现商业上的共赢。

网商银行在业务能力开放这方面，也曾有过风控服务能力开放、担保能力开放、代收代付能力开放等诸多业务案例。以风控服务能力开放为例，网商银行曾为很多主流汽车金融服务平台提供对客授信额度和风险定价服务，助力大量汽车金融行业平台在一手车、二手车的业务中快速发展。在整个交易链条中，网商银行的风控服务会无缝嵌入 4S 店的汽车购买场景，顾客可以按车型选择符合自己需要的分期方案，实现购车交易+银行信贷服务一站式完成，既提升了客户体验，又促进了交易的快速达成，同时也极大地弥补了汽车销售厂商的金融服务风控短板。试想如果没有开放的业务能力加持，很多场景中的客户体验会大打折扣，进而也会对销售成功率产生一定的影响。

3. 产品开放

在传统银行业务中，产品开放的例子以银行和企业间发行的联名信用卡最为典型。而互联网银行的产品开放案例则开放程度更高，比如网商银行当年的平台贷业务（银行和金融平台之间合作的一类贷款产品），从产品期限、利率到还款方式，从客引（客户引流）方到尽调（客户信息尽职调查）方，从担保方到数据合作方，从风控审批方到出资方，几乎实现了将一项完整的信贷业务对全产品、全链路各参与方的自由开放，每一个角色都可以根据商业协议进行替换，诸多合作方的最终目标就是为了服务好终端客户，为客户提供最大的价值。

4. 行业解决方案开放

随着产业互联网的深度发展，产业互联网金融开始逐步进入人们的视野，如何服务好产业互联网上的客户成为摆在我们面前的新课题。总结下来，产业互联网金融的几个核心关键点是客户视角、按需提供、差异化服务。网商银行历经几年的行业化探索，已在快消（快速消费品）、物流、农业、县域、汽车等诸多领域拥有大量成功案例，如快消行业的扫码贷、物流行业的承运人、农村的大山雀（通过遥感卫星图像来对农户授信）等案例，都是网商银行相关人员在理想、行动、坚持的初心下不断开拓创新所取得的成果。

8.4.2 金融机构协作

上一节谈到了金融场景开放，本节重点介绍金融机构间的开放协作。

金融场景开放更多是为了引流获客，使客户转化并留存下来，而金融机构间的协作则使得不同类型的金融机构间可以分工更精细，使各自的长短板互补，实现互利共赢，完善整个金融协作生态。

金融机构协作的本质即是重塑生产关系，结合网商银行多年的实践经验，我们总结金融机构协作的几个要点如下。

1. 金融服务网络

金融机构协作首先是金融服务网络的打通，建立连接，实现自主化高效接入，实现机构接入、接口联调和接口发布的接入小闭环。

其次是提供各类技术产品或平台来为不同类型的金融机构提供科技支撑，如联合风控中台和 PaaS、DaaS 平台等。

通常情况下，合作主体方还会给各协作机构提供统一的开发者中心，制定统一的信息标准规范、统一接入标准、系统对接模式、协同运维工具等一些提效工具，保证业务尽快开展起来。

整体上看，整个金融服务网络是机构合作接入的第一步，侧重在技术层面对接。

2. 数据安全计算

低成本、大数据量的安全计算是业务可以深度开展的必要条件。随着各类与数据相关的管理办法的出台，在不交换数据的基础上，充分挖掘数据价值，达成业务目标，成为各家科技公司努力的方向。

在这个大背景下，各类技术和玩法开始逐步显现出来，比如侧重隐私保护的同态加密、零知识证明，侧重数据融合的联合建模、多方安全计算等都在助力金融协作生态向着更深入、更紧密的方向发展。

3. 同业信任协作

同业之间除了技术对接、数据对接外，比较重要的就是同业间的信任协作了，比较通行的机构间运营协同、工作流审批流协同、财务结算等随着业务发展都会被优先建设完成，在机构协作过程中，还有一部分是比较新颖的小创新，如各类协作机器人、基于区块链模式的联盟链、穿透式监管等都为业务的发展带来微小而美好的创新。

扫码即刻订阅本书视频精解

第 9 章

安全可信架构

安全是数字银行的生命线，同时也是数字银行业务开展的关键竞争力。安全贯穿于整体系统架构之中，包括基础设施架构、应用系统、业务逻辑等。一方面，安全是技术架构的重要属性之一，在设计技术架构时必须保证基础设施和运行环境的安全性，这是上层应用安全的前提；另一方面，安全属性贯穿于信息系统的方方面面，也需要通过安全架构的方法高效达成安全目标。

前面介绍了数字银行面临的安全挑战和应对思路，本章主要介绍如何设计数字银行的安全架构。

9.1 安全架构概述

安全架构的目标是通过系统化和架构化的方法高效率地达成数字银行的安全防御目标。在前面的章节中，我们通过分析数字银行面临的安全挑战和应对思路，指明了数字银行安全架构设计两个主要目标：高安全性和高效率。高安全性目标是将安全风险的发生概率控制到无限趋近于 0；高效率目标是在达成高安全性目标的同时数字银行整体的生产效率不受到明显影响。

数字银行安全架构的设计理念包括五个部分：默认安全机制、可信纵深防御、威胁感知与响应、数字化与智能化、实战演练检验，如图 9-1-1 所示。

其中，默认安全机制、可信纵深防御、威胁感知与响应、实战演练检验的目标是将安全风险的发生概率降低到无限趋近于 0，数字化与智能化则是为了保障高效率目标的达成。

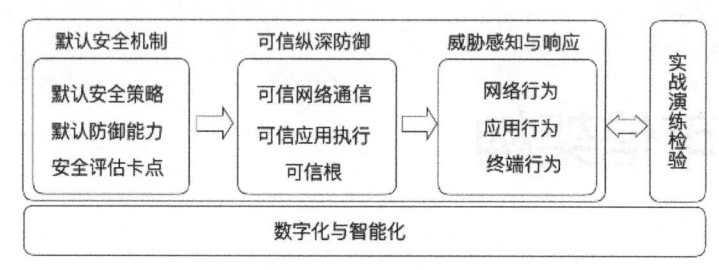

图 9-1-1 安全建设思路

1. 默认安全机制

默认安全指的是整个数字银行信息系统的任何实体（主机、容器、域名、应用）在创建时就需要经过安全的评估与加固，达到安全的状态。大部分信息系统尚未做到默认安全，而是在事后用修复应用漏洞、修改主机或容器的配置、修改网络 ACL、重构系统等方式来解决信息系统中的安全风险，以提升安全水准和能力，这种传统做法效率低、成本高、风险敞口大。例如曾经有些公司的公网应用刚发布上线，还未进行安全防御加固，就已经被黑客入侵。又如系统架构在设计之初没有考虑通信加密和存储加密的问题，导致安全水准低，后面需要进行方案修改和架构重构，导致重复投入研发人力，浪费企业研发成本。因此在架构设计中实现默认安全机制是一种更高效和更安全的方法。

2. 可信纵深防御

数字银行面临的安全威胁大，且安全风险事件可能导致的损失也很大。因此，需要尽可能保证实质安全风险事件不发生，而不是仅仅依靠应急处置来减小损失。然而，由于安全攻防是一个持续对抗的过程，随着攻击者能力的提升，任何安全防御机制都可能存在漏洞，任何安全防御方法都可能被攻击者绕过。因此需要采用可信纵深防御架构，让攻击者难以达成攻击目标或者在达成攻击目标之前已经被发现和制止。可信纵深防御架构指的是，针对我们要保护的目标的所有攻击路径，防御机制的层数都能达到两层以上，且每层防御能力都需要达到可信防御的强度。可信防御的强度，需要具备防御未知攻击的能力，而不仅仅防御已知的攻击方法，只允许符合预期且经过安全评估的行为被执行。

3. 威胁感知与响应

基于任何防御机制都可能被突破的基本原则，我们需要立体化的威胁感知与响应体系，确保每层防御机制被突破后的攻击行为都能被快速感知和"止血"。目标是在核心保护目标被攻破之前能完成"止血"。

4. 数字化与智能化

在前面三个部分中，我们需要对信息系统所有的有新增、变更的组件的安全性进行安全评估，需要定义每层防御节点上预期的行为模式。因此需要做非常多的决策和分析，工作量必然很大，仅靠人工几乎无法完成，同时可能会影响公司系统研发和运营的效率，成本也会非常高。基于数字化银行的架构思路，我们需要实现所有的系统研发和安全评估工作的数字化，以进一步支撑安全评估、分析、决策工作的自动化和智能化。

5. 实战演练检验

实战演练是检验安全防御体系有效性的最有效最可靠的方法。然而真实的黑客攻击如同战争一样，发生的频率低，但造成的损失可能大到不可承受。因此我们需要采用类似军事演习的方式，以较低的成本来高效检验安全防御的有效性和不足之处，在安全架构设计中需要针对所有的攻击路径设计攻击演练机制。

9.2 默认安全机制

9.2.1 问题背景

网络安全风险无处不在，回顾历史上出现的安全威胁，无论是业务应用、系统服务，还是 APP、办公电脑、服务器，甚至员工自身都会存在各种安全风险。比如在业务应用当中经常出现的逻辑越权、敏感信息泄露、反序列化、命令执行、

SSRF、XSS 等漏洞，在系统服务层出现的通用口令、弱口令及第三方组件的未授权访问等风险，因员工安全意识不足导致的各种类型的被"钓鱼""水坑"等社会工程学手段攻击的问题。

造成安全风险的本质是什么？本质是不符合安全要求的状态变化，当一个目标实体的状态变更时往往会伴随着新的安全风险的出现。我们来列举几种容易导致安全风险的行为：新员工入职、新系统上线、新功能开发、新依赖引入、新机器上线、新端口开放等。目标实体可以是人，如参与系统建设的开发、测试和运维人员，参与公司管理的高管、财务和 HR 人员，参与公司运营的保安、保洁人员。目标实体也可以是实体设备，比如服务器、网络设备、终端电脑、手机、IoT 设备等。目标实体还可以是软件服务，比如代码、框架、依赖的组件、数据库等。根据目标实体所处的阶段和时机，可以将其抽象为不同维度或不同层次的事、物或人。状态变更则可以抽象为增删改。"增"可以是一个目标实体的初始化或新增，比如新人入职、新系统或新服务器上线、新端口开放等。"删"代表着目标实体的消失或销毁，比如员工离职、系统下线、服务器下线或端口关闭等。"改"代表着目标实体的变更，比如人员转岗、代码迭代、配置更新、端口变更等。

要解决安全风险需要做什么？当预知目标实体会发生状态变化时，安全团队需要适时对变更的内容和场景建立事前、事中和事后的管控和防护机制，包括但不限于变化发生前的安全评估和检查，变化发生中的安全组件集成及防护能力的配置等。

9.2.2 解决思路

什么是默认安全机制？顾名思义是目标实体默认在上线时就是安全的，而非"带病上线"（后者完全依赖安全防护来达到安全目标）。在目标实体的生命周期内状态变化（增删改）需有对应的事前风险规避、事中安全评估卡点和事后安全防护应急。默认安全架构如图 9-2-1 所示。

当不同维度和不同粒度的目标实体状态发生改变时，在事前、事中、事后的安全评估的资源投入和效果产出上会有差异，因此需要针对公司发展的不同阶段、安全团队建设的不同阶段和安全投入的多少等因素来决定我们的安全要做到什么层次。很多公司的安全团队会找到一些有明显"产出"的操作（比如各种上线后的漏洞挖掘方式），并且不断深化这些能力，却发现漏洞还是不断地新增，只能不断地去应急和修复。我们要避免进入这种误区，要以默认安全机制的思维，让这些问题在更早期被发现和解决。

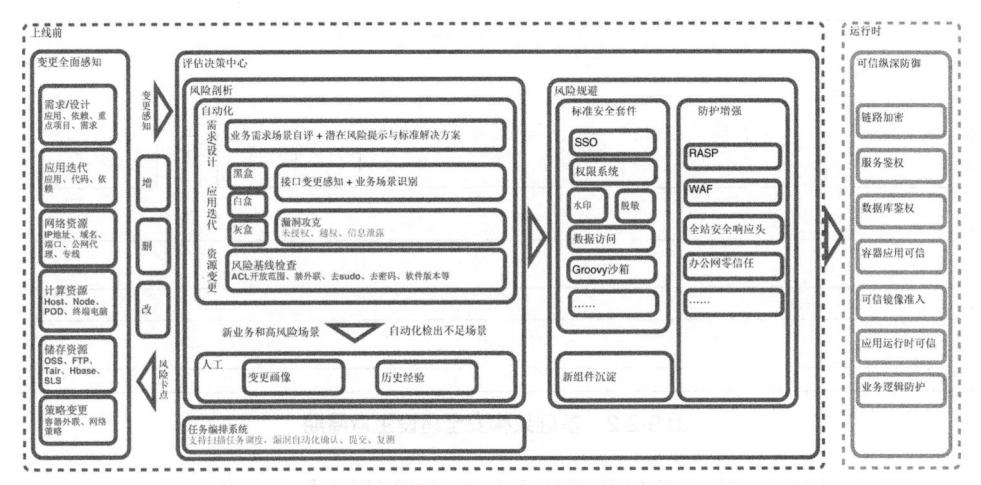

图 9-2-1 默认安全架构

默认安全机制的建立可以缩短风险暴露的窗口期，降低风险解决的成本，当一个不安全的目标实体被投入使用，事后再去补救时会出现一个风险暴露的窗口期，存在被外部利用的可能，我们很难以一己之力和整个互联网的"白帽子""黑灰产"去比拼风险发现和修复速度，但在投产前加固就可以较好地避免这一点。事后发现风险再处理的成本将远远大于投产前一系列安全措施的投入，同样，一些架构设计层面的问题，后期改造的投入将比事前的投入高出数十倍。

9.2.3 实践落地

9.2.3.1 基础架构安全

图 9-2-2 所示为基础架构安全建设生命周期。

基于默认安全机制的基础架构安全建设需要将安全的要求、规范、基线及防控能力融入基础设施的整个生命周期当中，确保基础设施相关的资产是默认安全的、无风险的。大到新的云机房、云租户（账户）及办公区的建设，小到新的容器、镜像、IP 地址及域名的上线。以金融机构的生产、测试及办公网当中的人、事和物为载体，基础架构的默认安全机制建设需要覆盖基础设施的规划、建设、交付及下线销毁等几个重要阶段。每个阶段缺少了默认安全机制的指导都将陷入后续补偿建设需要几倍甚至几十倍资源投入的尴尬境地。

```
基础架构安全建设生命周期
基础设施规划安全 → 基础设施建设安全 → 基础设施交付安全 → 资源持续交付安全 → 基础设施销毁安全
生产网
办公网    测试网
```

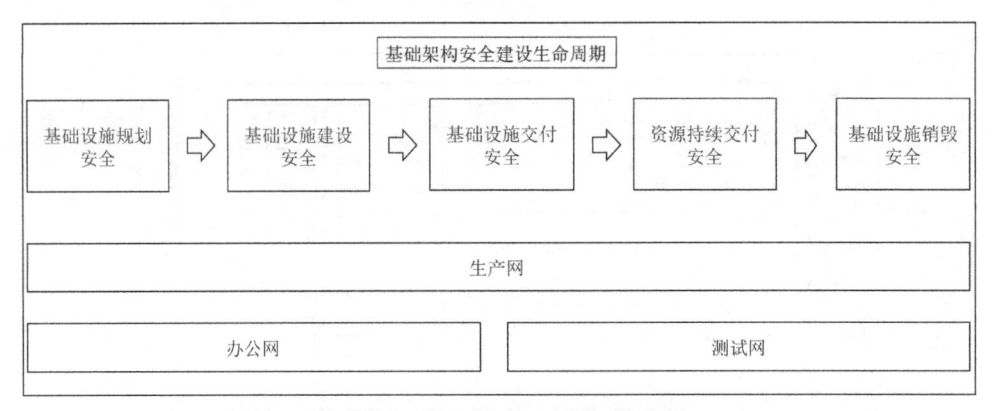

图 9-2-2　基础架构安全建设生命周期

接下来将围绕着每个阶段的默认安全机制的运用事例进行说明。

1. 基础设施规划安全

基于云架构模式的基础设施方案的选型有了更多的选择空间，在方案的规划当中如果缺少安全因素的考量后果将会是灾难性的，如在网络的方案选择上走上了经典网络的道路，那么后续的安全投入将会是无穷尽的。

因此在基础设施的规划阶段就需要按照默认安全的机制进行方案的规划和选型。基于网络安全的考量，经典网络的方案是需要默认禁止使用的，开发、测试、生产等不同的功能区域需默认能实现机房级或者 VPC 级的隔离能力。数据库、运维区、业务区等区域需要使用独立的网段。基于网络边界安全管控及默认防护能力的考量，负载均衡及弹性公网 IP 地址需要满足图 9-2-3 所示的抗 DDoS 的防护能力及云防火墙。基于主机安全可信的需求，采购的机型需要具备 TPM 安全芯片。其他不同层面的功能点需要参照类似的思路进行安全规划和设计。

这种基于默认安全机制的规划设计，可以确保站点投产后网络、系统、主机等不同层面的安全架构是符合预期的，减少后期安全加固的投入成本。

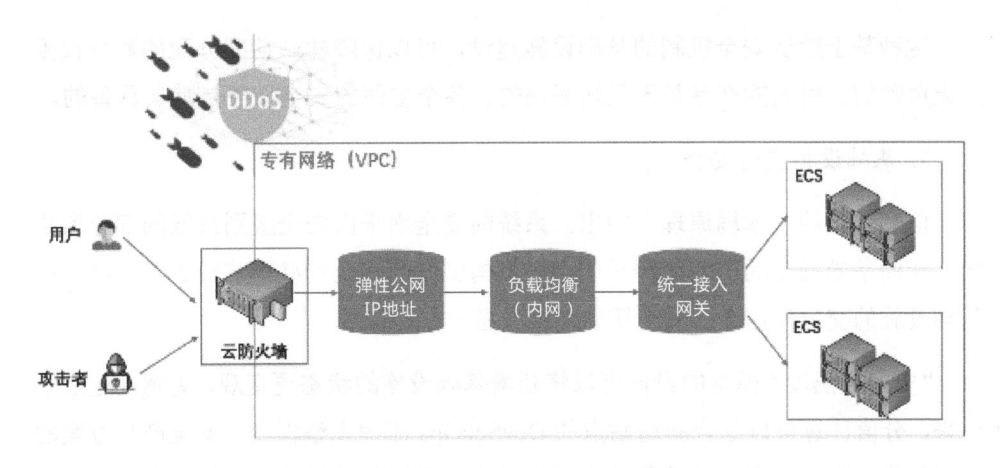

图 9-2-3　网络入口默认安全设计方案

2. 基础设施建设安全

基础设施的建设好比盖房子，在整个建设阶段需要以配套的默认安全机制为指导来保障建出来的房子质量是合格的，配套设施是齐全的，住进去是安全的。

基于默认安全的原则和云架构模式，在云基础设施建设初期需制定配套的安全建设规范、流程机制及工具能力来保障施工阶段的人员、账号、权限及 AK 等信息符合安全预期，要建立账号使用和主机运维的安全通道。账号管控可以用云控制台的功能对接金融机构自身的 SSO 功能，与已有的账号体系打通，降低账号不合理的使用带来的风险。主机通道需要搭建独立的建站堡垒机进行人员、权限的管理，按照实际使用需求，达到最小权限功能和使用周期的分配要求。存储类 OSS、SLS 等资源的使用需要满足"One APP One AK"的要求，同时需要满足 AK 对应的访问控制策略最小化开放的要求。在基础产品服务进行部署前，需要进行充分的安全测试，确保上线的产品是无漏洞的。在安全产品能力上，网络及网络边界层面的 Anti-DDoS、Web 安全防火墙、Web 威胁感知、CC 攻击防护，应用层面的接口鉴权及访问控制能力，主机层面的主机入侵检测、主机系统日志、主机安全基线、主机进程白名单的加固配置，数据库层面的敏感数据的威胁检测和防御能力都需要与基础设施进行深度的融合，以做到新增的应用、主机、数据库及开放的域名是默认安全的，是具备安全纵深防御能力的，因此若要保证新增资产上线安全，要做的就是策略规则的优化。在建设后期，需要对建站使用的临时通道及账号权限进行撤销或回收，保障建站期间的风险是可控的。

这种基于默认安全机制的基础设施建设，可以保障建站期间分配的账号权限是无风险的、引入的产品是无已知漏洞的、各个层面的安全布控是默认具备的。

3. 基础设施交付安全

信息安全的"木桶原理"指出，系统的安全水平由安全级别最低的部分所决定。新的基础设施的引入往往对于金融机构整体的安全水准影响较大。因此，在基础设施的交付使用上，安全团队需要具备一票否决权。

"安全成熟度"模型的设计可以将新增基础设施的状态更直观、更感性地展示出来，分值计算可以结合新增站点的 DevSecOps 流程完整程度、安全产品方案的覆盖程度、新增站点的风险敞口和历史风险处置情况进行综合计算，来评估新增基础设施与当前核心业务之间的"水位"情况。安全"水位"如果符合预期的话，将满足安全交付的要求，否则在投产前需要进行整顿改造。

这种基于默认安全机制的基础设施交付标准，可以保障新增的基础设施不会拉低已有业务的安全水准。

4. 资源持续交付安全

资源的持续交付是重要且繁重的流程，伴随着应用的持续新增和迭代，IP 地址、域名、容器主机、物理主机、镜像等资源会源源不断地出现，默认安全机制能否有效地运用，对应用上线后的风险敞口及风险处置的成本投入有至关重要的影响。

如图 9-2-4 所示，资源持续交付整体上分为六个重要阶段。资源申请阶段，需要保障资源申请的渠道是符合安全要求的，防止绕过一系列的安全加固措施。资源交付阶段，需要确保交付上线的主机、数据库是符合安全基准的，安全的监控产品是默认具备的。业务集成阶段，需要保障安全依赖的中间件及 RASP、RDS 类组件和规则是默认集成的，保障上线的应用是具备持续的安全对抗能力的。部署发布阶段，需要保障发布通道是满足安全要求的可控通道，防止绕过前置的加固环节直接上线。监控变更阶段，需要针对应用上线后的变更动作进行持续的监控，防止新增的域名、IP 地址、机器的扩容引入新的风险。下线回收阶段，需要对已经下线废弃的主机、数据库进行及时的数据清理及策略回收，防止造成敏感的信息泄露及出现绕过安全策略的风险。

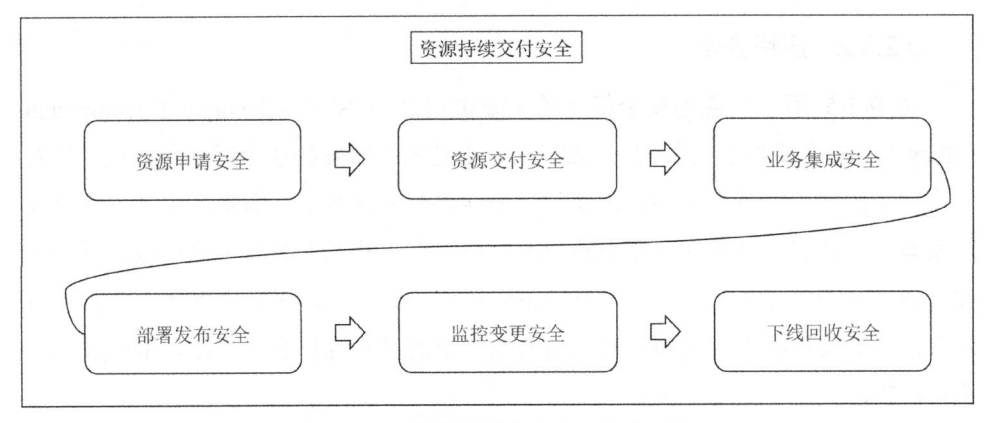

```
┌─────────────────────────────────────────────────────┐
│                   资源持续交付安全                    │
│                                                     │
│   ┌─────────┐    ┌─────────┐    ┌─────────┐         │
│   │资源申请安全│ ⇨ │资源交付安全│ ⇨ │业务集成安全│         │
│   └─────────┘    └─────────┘    └─────────┘         │
│                                                     │
│   ┌─────────┐    ┌─────────┐    ┌─────────┐         │
│   │部署发布安全│ ⇨ │监控变更安全│ ⇨ │下线回收安全│         │
│   └─────────┘    └─────────┘    └─────────┘         │
└─────────────────────────────────────────────────────┘
```

图 9-2-4　资源持续交付安全生命周期

这种基于默认安全机制的资源持续交付安全机制，可以保障新增的应用关联的主机、镜像、IP 地址、域名等资源都是符合安全要求的。

5. 基础设施销毁安全

传统的 IDC 机房的物理设施使用年限往往是比较固定的，云化的基础设施也面临相同的问题，旧机房的裁撤及销毁处置不当将会带来比较大的风险。

在基础设施的销毁处置阶段，除了常规的系统、数据的清理和格式化操作外，还需要对上线的安全策略进行回收。基于历史业务的需求，往往对于一些使用过的机房、站点或租户增加了大量的白名单。原有机房及区域的释放意味着原有的资源被其他业务及机房的复用，安全策略的有效回收可以减小不可信区域的攻击面，使得基础设施的销毁和废弃是默认安全的。

这种基于默认安全机制的基础设施的销毁方案，可以保障废弃的基础设施资源都是符合安全要求的。

将安全基准、加固配置和产品能力默认融入基础设施及研发运维体系的方案可以大幅减少云站点、云租户及应用服务上线的风险敞口，默认具备纵深防御能力，同时可以大幅减少事后安全加固带来的大量的资源投入和浪费。实现金融级的默认安全架构。

9.2.3.2 应用安全

图 9-2-5 所示为应用安全机制的主要进程之一 SDL（Security Development Lifecycle，安全研发生命周期），SDL 的核心是围绕研发的生命周期各阶段，植入安全相关的能力来减少漏洞的出现和增加漏洞的发现概率。但实际实施下来会发现所有工具都有，风险却还是不断出现，原因在于开发人员对于这么做背后的逻辑理解不深刻，导致其只是以研发的生命周期粒度在做，未结合默认安全机制对所有的目标实体状态的生命周期（增删改）中的风险进行事前规避、事中发现和事后防护。

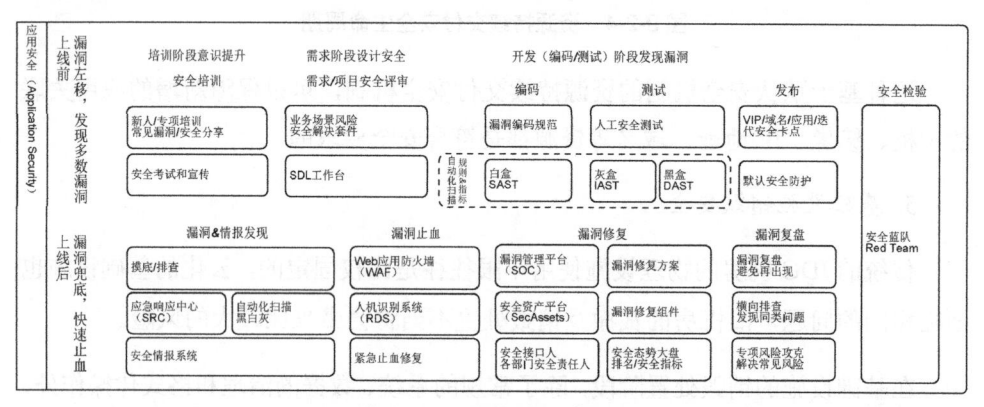

应用安全 (Application Security)	上线前：漏洞左移，发现多数漏洞	培训阶段意识提升 安全培训	需求阶段设计安全 需求/项目安全评审	开发（编码/测试）阶段发现漏洞		发布	安全检验
				编码	测试		
		新人/专项培训 常见漏洞/安全分享	业务场景风险 安全解决套件	漏洞编码规范	人工安全测试	VIP/域名/应用/迭代安全卡点	
		安全考试和宣传	SDL工作台	自动化扫描 白盒 SAST / 灰盒 IAST / 黑盒 DAST		默认安全防护	
	上线后：漏洞兜底，快速止血	漏洞&情报发现	漏洞止血	漏洞修复		漏洞复盘	安全蓝队 Red Team
		摸底/排查	Web应用防火墙 (WAF)	漏洞管理平台 (SOC)	漏洞修复方案	漏洞复盘避免再出现	
		应急响应中心 (SRC)	自动化扫描黑白灰	安全资产平台 (SecAssets)	漏洞修复组件	横向排查发现同类问题	
		安全情报系统	紧急止血修复	安全接口人各部门安全责任人	安全态势大盘排名/安全指标	专项风险攻击解决常见风险	

图 9-2-5 应用安全生命周期

在 SDL 基础上，可以针对更细粒度的目标实体去进行默认安全实践，比如针对"人"的生命周期状态变更的事前、事中、事后，"人+增"是新员工入职，在人工入职的事前需要进行安全培训、事中需要进行安全考试验收、事后需要不断宣导。"人+删"是员工离职，"人+改"是员工转岗。基于默认安全的拆解方式有助我们更加全面地拆解事项，避免遗漏一些关键点。但如果以实体的维度进行拆分，目标感会弱一些，更好的做法是以结果目标为导向，再去看有哪些会影响目标结果的关键实体，把这些实体的生命周期增删改的事前、事中、事后都囊括进来。

如图 9-2-6 所示，从以结果为目标的角度去拆分，应用安全的理想目标是"零可利用漏洞"（没有黑客等可以利用的漏洞），拆分一下可以从规避漏洞产生、发现已知漏洞、防护未知漏洞三个角度进行建设，越靠后的阶段，对应的修复成本和暴露风险越大，因此在"零可利用漏洞"的前提下需要尽可能将着力阶段前移，以降低修复成本和减少暴露风险。规避漏洞的出现是指不让出现漏洞的代码编写出来，可以在人、事、技术层面进行，比如制定编码安全规范、对新人进行安全培训避免重蹈覆辙、对项目需求进行安全评审避免设计时就出现风险。发现已知漏洞是指当代码写出来时或测试时能发现所有已知的漏洞，可以从代码编写、代码测试阶段进行，比如集成开发环境的代码安全风险插件、代码安全扫描、交互式安全扫描、黑盒漏洞扫描甚至人工渗透测试等。防护未知漏洞是指当出现新的0Day漏洞时前面的手段将会失效，此时需要从网络层、应用层甚至主机层进行防护，减轻或消除漏洞造成的危害，比如采用Anti-DDoS、WAF、RASP、进程白名单、互联网外连管控、主机间隔离等措施。

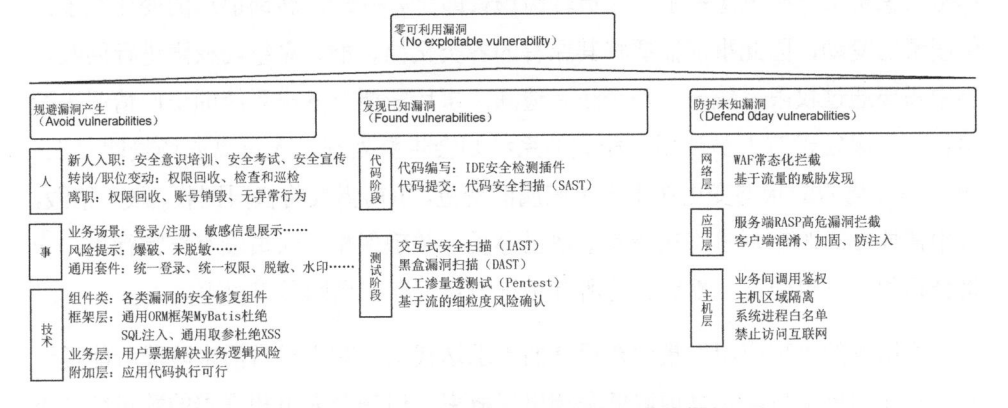

图 9-2-6　以结果为目标的应用安全建设逻辑

　　基于默认安全机制，终极目标需要对所有目标实体的状态变更进行安全介入，涉及的目标实体涵盖人、项目、应用、需求、迭代、代码、主机、端口、服务、接口等，状态变更又涉及增删改。由于企业的状况各不相同，可以分阶段进行建设，切勿一开始就追求极致的安全，对于越细颗粒度的目标实体，安全介入的成本越高，应根据核心目标、企业历史上出现的安全风险、当前业务形态下各目标实体状态变更时导致的风险沙盘推演、同行同体量企业情况、企业自身业务发展和安全投入情况等综合来确定优先级。

　　为便于理解，我们围绕"零可利用漏洞"，在规避漏洞出现、发现已知漏洞、防护未知漏洞三个方面讲一讲实践内容。

1. 规避漏洞出现

要做到规避漏洞出现，可以从人、事、技术层面分别进行。

有人的地方就可能有漏洞，人可以是研发、产品、设计人员，也可以是保安、保洁或外包人员，如果人的意识和认知不足，则容易出现安全风险，当人本身的状态发生变更时所带来的风险也需要纳入我们关注的范围。比如新人入职场景即"人+增"，而由于新人的背景、经验各不相同，所以容易导致低级漏洞。因此在事前阶段需要对所有新入职员工进行安全培训，让其熟悉常见安全风险，在事中阶段通过考试来验证和检查其知识掌握程度，在事后通过举办一些安全意识宣传活动给大家带来一些风险提示。人员转岗场景即"人+改"，转岗前后的变化在于岗位职责的变动，因此事前需要将其原有的各类文档、群、系统的权限进行回收，事中需要通过权限系统检查是否还有遗漏，事后需要对各类系统的访问情况进行巡检，如果发现有人员使用非相关的系统则会告警处理。人员离职场景即"人+删"，员工离职的状态变更在于人员归属的变更，事前需要将权限回收、账户销毁，事中需要在离职交割时确认所有事情已办妥，并确保相关人员没有异常行为，未将公司相关资料带走，事后巡检所有系统中是否存在离职员工权限。

应用侧的"事应用"集中在日常的需求迭代上，对于日常需求阶段若能提示其中存在的风险也能很好地降低漏洞出现概率。但安全人员和需求的数量往往不匹配，无法通过人工跟进每个需求的方式来评审，此时最优选择是重点项目由专人跟进，其他各类需求通过给出基于业务场景的风险提示，并提供基础安全解决套件的方式来减少重复性事项的人工评审。

技术角度则是指通过框架层来避免漏洞的产生，比如 SQL 注入漏洞经常出现，按照直接的处理方式可以通过过滤关键字来达到修复目的，但下次还可能出现这样的漏洞。从默认安全的技术角度来看，完全可以通过底层的 ORM 框架从技术角度杜绝 SQL 注入，比如所有项目统一使用 MyBatis 进行数据库操作，所有 SQLMAP 都需要使用预编译的方式进行取数，非预编译的方式禁止发布。再比如 XSS，可以通过在业务逻辑层进行数据过滤来修复，也可以通过封装成通用修复函数来供各方调用，但由于依赖显性调用一定存在遗漏情况，所以可以使其内置到框架级取参函数中，业务逻辑使用正常的取参函数即可自动实现过滤能力。除了这种基于框架层进行的技术安全加固外，还可以从框架外的业务层来进行技角度的安全提升，比如最常见的获取客户信息导致的越权漏洞，可以在客户会员中心要求各方在调用某个客户信息时，除了传入需要查询的客户 ID 外，还需要传入一张客户票据，客户票据需要和被调用的客户 ID 为同一人的，而客户票据由客户中心统一颁发给客户，上游系统需要将该客户票据信息从客户侧一直传递到会员中心方能取到最终客户数据。当其中任何一个环节没有票据或票据错误时都无法获取到客户信息，这样可以有效避免这类越权查看信息的风险。除了基于框架底层进行技术手段限制和业务流程设计，还有一种是附加能力，比如最常见的代码执行，引起代码执行的方式太多，有执行系统命令、反序列化、Groovy 等，若一个一个去解决，不仅成本高而且容易存在遗漏。此时可以从技术角度来限制一个应用能做的动作，以避免这种未知的代码执行，通过向应用注入 Java Agent 来劫持 JVM 底层可直接或间接执行命令的函数，通过观察正常业务逻辑函数的调用，可以直接禁止非预期内的高危函数和高危函数参数的执行，通过可信白名单彻底规避漏洞的产生，上面只是举一些例子以便理解，因此做了简化，实际应用中还需要考虑各种情况。

2. 发现已知漏洞

上面从人、事、技术角度去规避漏洞的产生，但周期和覆盖的问题会导致有漏洞流向下一个阶段，在研发编码阶段产生的漏洞则需要通过各种手段来发现。此处围绕的目标实体主要是研发、代码、测试、IP 地址、域名等，我们将从代码和测试两个角度讲一下实践过程。代码层面的漏洞发现涉及代码编写和代码提交两个环节。在代码编写阶段，可以通过让研发人员安装 IDE 安全插件，在其写代码时提示可能存在的风险。在代码提交阶段，可以通过 CI 触发调用白盒代码安全扫描（SAST），通过 AST 技术来跟踪参数调用链路，回溯高危函数调用栈，来判断高危函数参数是否在外部可以控制来确认漏洞的存在，同时也可以通过分析代码中的依赖来确认是否存在低版本风险依赖以及根据依赖的 Hash 判断其是否被污染过。在测试阶段，通过交互式扫描（IAST）、黑盒漏洞扫描（DAST）以及人工渗透测试（Pentest）方式来发现已知漏洞就比较常规了，这里不再赘述。是否经过这些环节就能发现所有已知漏洞了？一次迭代到底新增或改动了多少接口？每个接口是否含有敏感信息或涉及高危操作？每个接口可能存在哪些漏洞是否都测试到位了？解答这些问题时，最好以流量为出发点。

3. 防护未知漏洞

在规避漏洞发现和发现已知漏洞阶段之后，就进入防护未知漏洞阶段。限于认知、投入等因素，很可能存在我们不知道的漏洞，对于这类风险的防护是重中之重。我们从网络、应用、主机层分别展开讲一下落地方案。在网络层应利用好这一层的优势，通过对常规漏洞和历史漏洞的常态化拦截，尽可能早地将攻击拦截在外层，在规则编写上尽量更加通用，彻底消除某个漏洞被利用的可能性，降低后续防护被绕过的可能性。当进入应用层后，通过 RASP 来阻止各种高危操作，同时对其他接口的调用也需要签名鉴权。在主机层通过进程白名单方式禁止一些非预期内的恶意程序，同时所有主机默认不可访问外网，以禁止回连控制端及向外传输数据。

整个过程中的核心在于，安全措施在不同阶段可以具有完全不同的安全效果，事前发现和提醒可以帮助我们降低风险出现的概率以减少系统风险改造带来的成本投入，事中通过各种层次的安全手段来发现并解决已知风险来避免暴露上线后暴露面更大导致风险增大，事后以巡检的方式来降低前期出错概率，依靠防护来降低未知漏洞威胁，再辅以流量感知来发现入侵威胁，同时结合运维系统建立有效的安全管控机制，在系统上线之前对于前期发现的应用安全漏洞、不安全的系统组件配置、安全检测和防护能力的缺失进行检测和检查，确保应用在面向互联网提供服务前所有的安全措施都是有效的。

9.2.3.3 数据安全

默认安全不仅限于安全开发领域，在近年火热的数据安全与隐私保护领域也发挥着作用。由于互联网的迅速发展、社会对个人隐私的高度重视，以及近年陆续出台的法律法规，企业普遍在加大数据安全方面的投入。大部分企业的数据安全实现方式主要以管理体系为主，通过规章制度、组织架构等管理手段来控制数据安全风险。但是这种实现方法仅能做到"防君子不防小人"，越来越多的数据安全事件是因为内部人员因素导致的，常见因素包括以下几种。

- 疏忽。
- 缺乏安全教育或风险意识。
- 为获取经济利益而进行信息盗窃。

- 为报复公司而进行恶意破坏或敏感信息披露。

部分企业也逐渐意识到了以上风险趋势,近几年以互联网企业为主的科技公司以"轻管控,重监控,快响应"的思路,通过多种检测型商业产品对数据泄露风险进行事后审计,将事后审计发现的可疑行为进行处置,可以有效规避常见风险,从而达到快速"止血"、限制影响的效果。但是这种应对方式存在几个致命问题,包括审计监控效果、事件处置成本以及风险已显现的影响。

数据泄露行为的审计监控效果可以通过准确率与召回率来衡量,准确率指的是在所有的判断中有多少判断是正确的,召回率指的是所有的正样本中有多少被预测正确了,如图 9-2-7 所示。准确率低会浪费运营资源,另外数据安全异常行为的定性比网络攻击更加模糊,数据窃取与外泄的行为和业务与外部合作的行为可能会比较难以区分,最终导致审计工作的转化率较低(在所有启动调查程序的可疑事件中,真正有风险的事件占比低)。另一方面,召回率低意味着实质风险没有被发现,同时考虑到审计策略只能发现已知并已配置检测逻辑的风险,还有很多未知或未被检测逻辑覆盖到的风险,整体来说企业很难通过审计监控发现所有的风险。

$$\text{准确率} = \frac{TP + TN}{TP + TN + FP + FN} \qquad \text{召回率} = \frac{TP}{TP + FN}$$

TP: True Positive 把正的判断为正的数目
TN: True Negative 把负的判断为负的数目
FN: False Negative 把正的错判为负的数目
FP: False Positive 把负的错判为正的数目

图 9-2-7 准确率和召回率的定义

准确率和召回率是评估监控审计价值的一个角度,另外一个角度是事件处置成本,特别是重复性的运营与处置成本。一次安全事件的调查、定级定性与处置不仅需要信息安全部投入,通常还需要业务部门以及法务、公关、人力等职能部门的协同,去对事件进行复盘,商讨对个人或部门的处分等。这样昂贵的资源投入,往往是因为一个简单问题导致风险屡次发生,所以需要反复投入。最后,事后审计监控需要等风险已经发生,影响已经实际产生后再去响应,虽然企业可以通过多种手段将响应时间缩到很短,但是在金融这种强监管的行业中,事后"止血"的做法是不能接受的。特别是银行,更加需要去思考问题的根本原因,去完善可能导致数据泄露的系统、业务流程或者产品逻辑,阻断风险的发生。

既然决定了要解决问题的根源，最好的方式就是坚持"默认安全"的理念，因为与漏洞修复时的代码补丁相比，上面提到的问题的修复成本更高，通常需要对产品的核心设计、架构进行较大规模的迭代。在产品上线前，将数据安全要求与理念前置，从而达到"Privacy by Design"的效果，不仅可以减小数据泄露的概率，从而降低风险事件处置成本，而且可以帮助我们更好地遵守国家法律法规以及监管要求。下面通过介绍客服的案例来更好地讲解"默认安全"下的数据安全。

为了提高客户满意度，企业会建立客户服务部门为其客户群体提供更细致的服务，解决客户问题，进行市场调研等。而为了节省成本，大部分企业会将其全部或部分客服工作进行外包，并向这些外包客服人员（通常也简称为客服）提供部分内部系统与资源的访问与使用权限。比如当客户咨询账户或者订单状态时，客服需要在企业信息系统中进行查询，并向客户进行反馈。在这个背景下，企业信息系统的安全性可以分为三个等级：初级安全，安全可用，默认安全。初级安全的定义是相关业务应用系统均已具备了部分安全防御能力，包括常见的账户权限体系、明暗水印、数据脱敏、行为审计等。但是因为自建系统与外部系统的混用，或因各个系统独立实现安全能力，导致各个系统的安全能力的实际标准不同，最终因"木桶原理"造成整体的安全水准较低。举个例子，客服可以在一个系统中查询匿名化的客户 ID 对应的客户业务信息，但是如果这位客服可以通过另一个系统将客户 ID 映射到实名信息，前者的匿名化工作将失去效果。系统之间安全标准不一致同样会带来安全风险，比如某客服在系统 A 中查询到的某客户的手机号隐去了第 8~11 位，但是在系统 B 中查到的结果却隐去了第 4~7 位，两者结合即可得到客户完整的手机号。

安全可用等级与初级安全不同的地方在于，所有核心的安全能力均由信息安全部门统一提供标准或技术方案，以接口或 SDK 形式向业务系统提供安全能力。上述脱敏规则不一致的问题将不再存在，所有系统脱敏能力的技术实现以及脱敏规则统一后，任何数据字段均可在识别后进行一致的处理。另外因为各类安全能力均由一方提供，可以通过多种安全能力的配合更多地或者更精准地发现异常。例如系统行为日志记录了频繁查询行为，同时前端页面监控检测到复制粘贴行为，另外在终端监控中发现了相对应的数据文件的创建与最终的外发，从多个角度独立发现的线索中进行关联分析，最终可以拼接出违规行为的整体链路。

默认安全与上面两个级别最主要的不同是安全理念的前置，即在业务场景及技术实现的需求设计环节就已经透彻分析潜在的数据安全与隐私风险，并设定了合理管控措施，将各个独立的系统之间打通，对数据与权限进行细粒度的实时管控。回到上面客服的案例中，当相关业务系统达到安全可用的级别后，客服在应用系统中的所有操作会经过层层审计与管控，但是可能依旧存在违规操作的行为。例如，客服在一个应该系统中查询了100个客户的信息，其中1次查询是受外部犯罪分子所托，最终被揭发而引起一起舆情事件。这类风险需要依赖默认安全的应用系统去避免，一种常见的实现方式是将所有客服工作中需要的信息，按照最小化可用的原则集成在一个应用系统中，向客服提供一站式工作台，并通过派工单机制对可访问到的信息进行实时管控。当某客户来电话咨询时，系统自动向接听的客服张三开放该客户的信息访问权限，张三此刻只能访问该客户的信息，不能访问任何其他客户的信息。同时客服李四因为没有相关工作需要，未接听到该客户的来电，系统不会给李四提供信息访问权限，直到张三需要将工单流转给李四。此类动态权限管控甚至可以覆盖多个应用系统，只要有统一的工单管控系统接入每个应用系统即可。

【注】

[1] IDE 安全插件在代码编写过程中实时检测存在的问题，提供问题的具体描述以及可能的解决方法，来减少因代码导致的漏洞。

[2] SAST（静态应用程序安全测试）技术通常在编码阶段分析应用程序的源代码或二进制文件的语法、结构、过程、接口等来发现程序代码存在的安全漏洞。

[3] IAST（交互式扫描）技术是一种实时动态交互的漏洞检测技术，通过在服务端部署 Agent 程序，监控应用程序运行时函数执行、数据传输，并与扫描器端进行实时交互，高效、准确地识别安全缺陷及漏洞。

[4] DAST（动态应用程序安全测试）技术在测试或运行阶段分析应用程序的动态运行状态。它模拟黑客行为对应用程序进行动态攻击，分析应用程序的反应，从而确定该应用是否易受攻击。

[5] Pentest（渗透测试）是通过模拟恶意黑客的攻击方法，来评估计算机网络系统安全的一种评估方法。这个过程包括对系统的任何弱点、技术缺陷或漏洞的

主动分析,这种分析是从一个攻击者可能存在的位置来进行的,并且从这个位置有条件地主动利用安全漏洞。

[6] RASP(应用运行时自我保护)是一种在运行时检测应用程序攻击并进行自我保护的安全产品,比如内部同类产品 JAM 主要基于 JVMTI 机制,对目标 Java 代码进行字节码增强,从而实现运行时监控 Java 应用程序执行的敏感操作,甚至可能直接实施拦截。

[7] WAF(Web 应用防火墙)对网站或者 APP 的业务流量进行恶意特征识别及防护,使正常、安全的流量流回服务器。避免网站服务器被恶意入侵,保障业务的核心数据安全,解决因恶意攻击导致的服务器性能异常问题。

[8] HIDS(基于主机型入侵检测系统)是主机安全加固产品,通常拥有自动化实时入侵威胁检测、病毒查杀、漏洞智能修复、基线一键核查等功能,是构建主机安全防线的统一管理平台。

9.3 可信纵深防御

金融级的默认安全机制可以大幅减少应用服务已知风险的暴露面及事后安全加固带来的成本投入,但对于更高级别的未知风险的防护存在不足,还需要可信级的多层次的纵深防御体系能力进行应对。

9.3.1 问题背景

当前网络环境日趋复杂,网络空间中安全领域面临的威胁更加难以应对,尤其是如下几类风险。

(1)0Day 漏洞攻击:随着安全攻防对抗趋势的发展,越来越多的漏洞不断被发现,"漏洞是不可避免的"已经成为行业共识。0Day 漏洞是已经被少数黑客发现但尚未公布的漏洞,因此安全团队没有机会修复此类漏洞,攻击者利用 0Day 漏洞进行攻击就像打开一扇未上锁的门一样简单和快速。历年国家级、省市级的攻防演练中有不少企业系统都因为 0Day 漏洞被快速入侵攻破。

(2)APT 攻击:APT(Advanced Persistent Threats)指的是高级的持续性的威

胁，通常是专业黑客组织实施的持续性、有组织、有明确目标的攻击，攻击方法多样，除了常规攻击行为还会采用钓鱼、欺骗等社会工程学攻击，甚至物理攻击，只要目标偶尔存在漏洞或者人员疏忽则会被入侵。

（3）软硬件供应链攻击：绝大多数企业都不可避免地需要使用第三方生产的硬件或者软件，而攻击者可以利用这些第三方生产的软硬件的漏洞或者提前植入的"后门"来攻击目标企业，这类威胁对于任何一家企业来说都是难以防范的。

针对这些有组织、有预谋的攻击，传统的基于已知攻击类型和攻击规则的黑名单的防御模式已很有效。

因此需要探索并实施金融级的安全可信纵深防御方案，目标是构建金融级的事前纵深防护体系，以确保网络信息系统始终按照预期的方式运行，阻止非预期内的访问及运行行为以缩减攻击面，同时针对不同的防御平面部署多层防御能力，来应对 0Day 攻击、APT 攻击、软件供应链攻击等高威胁的攻击行为。

9.3.2 解决思路

可信纵深防御体系的设计原则不同于传统的、基于攻击者常用攻击脚本不断优化拦截和阻断策略的做法，这种防护模式需要我们持续地与攻击者进行对抗，一旦一些新的安全产品的绕过方法被发现，可能都会造成灾难性的后果，因为我们没有能力准确地预测未知。基于业务特性的人员、权限、接口、端口、服务的白名单化的策略会更加有效，在攻防的对抗过程当中我们很难界定出哪些行为是错的，但是根据业务的代码、流量等数据，我们可以很清晰地定义出哪些行为是预期内的可信访问行为，基于这种思路我们可以建立起人员、权限、接口、端口及进程的白名单策略，让这些可能造成风险的资源信息的运行状态都是预期内的可信行为，这种基于白名单的控制方式在抵御未知的威胁上效果会更好。

对于安全防御来说，我们可以把单个安全产品的能力发挥到极致，但是在整个防御体系当中，我们不能过度依赖单点的防护能力，单个防御措施可能会被绕过或者运行异常导致能力失效。因此，我们深化利用安全的纵深防御体系，在不同层面的防御平面上我们部署至少两项防御措施以应对未知的威胁，降低单层防护措施被绕过带来的风险，让攻击者难以达成攻击目标或者在达成攻击目标之前已经被发现和制止。

基于如上的思路和设计原则，首先我们需要定义出如表 9-3-1 所示的基础设施、应用、网络等不同层面的安全可信的场景和可信的行为内容，同时需要基于单个平面设计不同层面的纵深防御能力，结合各个场景的安全可信的需求进行产品能力的建设和可信白名单策略的维护。

表 9-3-1　可信纵深防御场景定义

分层	子分类	可信定义	防护场景
基础设施可信	硬件可信	针对硬件加载时的硬件类型、版本、固件内容、配置等进行验证，确认系统运行前依赖的硬件是符合预期的	抵御硬件供应链风险：若硬件在生产和采购过程中被替换或植入"后门"，需要在启动时检测并阻止硬件使用
	OS 启动时可信	针对 OS 引导、启动的每个环节进行度量，确保 OS 启动的过程是符合预期的	抵御来自攻击者入侵后植入的可驻留的 OS 级别的"后门"和 Rootkit 的风险，以及攻击者控制了 OS 供应链，并植入"后门"的风险
	OS 运行时可信	针对 OS 运行状态进行持续度量，确保运行中的 OS 不被篡改	抵御 OS 级别的 Rootkit
	虚拟机可信	针对虚拟机 Hypervisor 进行持续度量，确保虚拟化机制状态是符合预期的；同时也需要度量通过虚拟机启动的 OS 是否符合预期。实现虚拟化场景的安全可信	抵御在虚拟化场景中，攻击者在虚拟机 Hypervisor 层或者虚拟机 OS 中植入恶意代码的攻击行为
	容器可信	针对容器 Driver 进行持续度量，确保容器底层机制运行的状态是符合预期的；同时进一步验证，确保容器镜像符合预期，禁止加载不安全的镜像	抵御在容器化场景中，容器镜像存在软件供应链的攻击威胁
应用可信	应用启动可信	针对主机、容器中启动的应用程序进行度量，确保启动的应用代码和配置是符合预期的	抵御攻击者入侵到主机、容器后，尝试执行自己的木马程序以进一步攻击或者留"后门"的攻击行为
	运行时可信	针对主机、容器当中运行的应用进程进行持续度量，以判断程序运行空间的代码是否被篡改、程序行为是否符合预期	抵御攻击者入侵到主机、容器中的某个应用，在应用进程代码执行空间中插入自己的恶意代码的行为
网络可信	访问者身份可信	针对网络服务（包括应用层 Web、RPC、DB 服务等和通用 4 层网络服务）的访问者进行身份和行为验证，以判断访问行为是否符合预期	抵御攻击者通过 0Day 漏洞或 APT 攻击获得一定权限，进一步攻击办公网、生产网内开放的服务，利用其中的漏洞窃取数据的风险
	访问者状态可信	针对访问者的运行环境和状态进行验证，以确保访问者身份是可信的、是没有被攻击者利用的	抵御攻击者利用已经入侵的应用服务器或利用其身份发起攻击来扩大攻击面的风险

9.3.3 实践落地

安全可信纵深防御方案整体实施框架如图 9-3-1 所示，整体方案需要以硬件和操作系统的可信为基础，并扩展到虚拟机、容器、应用、网络等不同层面，每个层面都会将信任关系传递到下一层，形成完备的信任链，实现信息系统的整体安全可信。

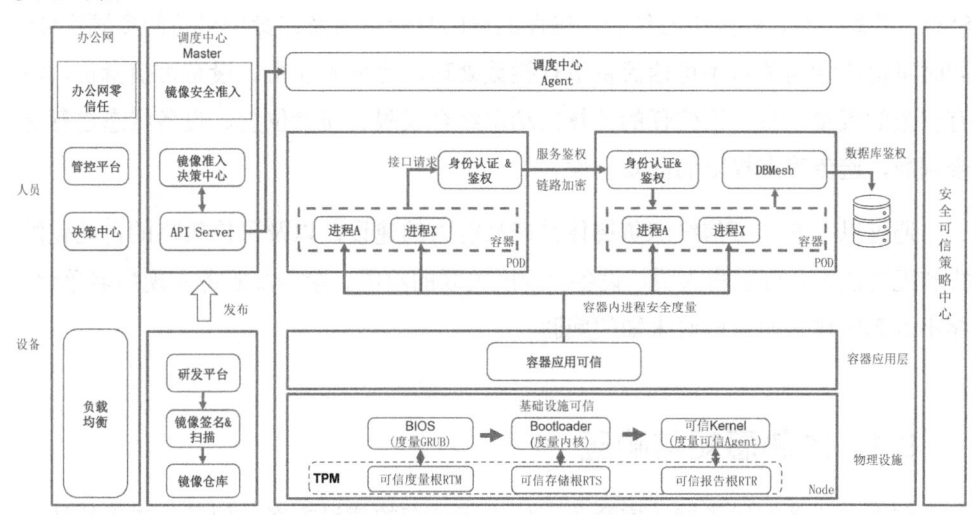

图 9-3-1　安全可信纵深防御框架

1. 基础设施可信

基础设施可信需要通过定制启动代码来实现，在通电时由主板上的启动代码开始度量 BIOS、BootLoader、Grub、Kernel 等信息，并在内核层面确保只有经过签名的符合预期的内核版本才会被加载。可信内核同时会度量客户态的 Agent 的状态，保证可信 Agent 是符合预期的，以便给上层服务提供度量凭据。远程证明服务端会定期检查物理机 Node 节点的度量值，以验证 BIOS、BootLoader 的加载是符合预期的，若发现度量值不符合预期则将物理机置为不可信状态。

2. 应用可信

应用经过研发平台研发时，研发平台提取应用本次迭代的变更信息，包括网络访问、主机进程、镜像版本等信息，当本次变更被评估为符合安全预期后，相关变更信息传递给可信应用，此后只有符合特征的应用可启动，未知应用的启动均被拦截。

3. 网络可信

以高敏感资源和服务为主体，确保所有对高敏感资源的访问均被可信度量。该环节的关键是可信流量网关，首先我们保证所有的对办公服务的访问、对生产服务的访问、对数据库的访问均经过可信流量网关，其次可信流量网关和IAM、SSO、设备中心、权限中心结合，确保流量的身份可信及该身份可访问资源实体，同时可信流量网关对不可信流量进行拦截处理，比如未加密、没有可信身份、没有权限的流量。每一次信任的计算需动态结合权限、流量位置、设备状态进行综合判断，避免静态权限的低安全性。

通过以上安全可信纵深防御体系产品能力的建设，以及可信策略的自动化编排和配置能力，可以将人员、设备、应用关联的权限、接口及服务实现白名单化，缩小暴露的攻击面以应对未知的威胁。

9.4 威胁感知与响应

前面向读者阐述了默认安全和可信纵深防御的建设方案，但是攻击者往往在利益的驱动下持续试探，等待我们犯错，任何一个点的突破都可能导致隐私数据等关键信息的泄露，威胁感知与响应的目标是在安全事件即将发生或已经发生时做到有效感知和应对。威胁感知与响应默认需要具备全天候持续作战的能力，动态化、实时化、主动化、自动化成了评判体系成熟度的关键指标。本节从数据基础、分析研判、响应"止血"、指标体系四个层面介绍我们在威胁感知与响应体系建设方面的实践，如图9-4-1所示。

1. 数据基础

数据是威胁感知的"眼睛"，数据采集的覆盖是对应主体被感知的基础，需要根据架构纵深在主机、网络、数据库、应用、运维系统等层面进行采集探针的部署，采集探针需要集成多种形式数据的采集能力来降低接入成本和运营成本，采集探针需要具备低丢失率、低消耗率、低故障率等属性，避免由于采集探针无法满足高可用导致数据源丢失。威胁感知的日志数据源具备覆盖面广、来源多、量级大、异构性的特点，通过统一日志服务平台的支持，能够适配各种维度的结构化或非结构化的数据。汇聚的数据输出给三个下游方：第一提供给 Blink 计算引擎的流计算任务，第二通过数据投递到数据仓库进行分析建模，第三输出给快速溯源平台进行安全图谱构建。

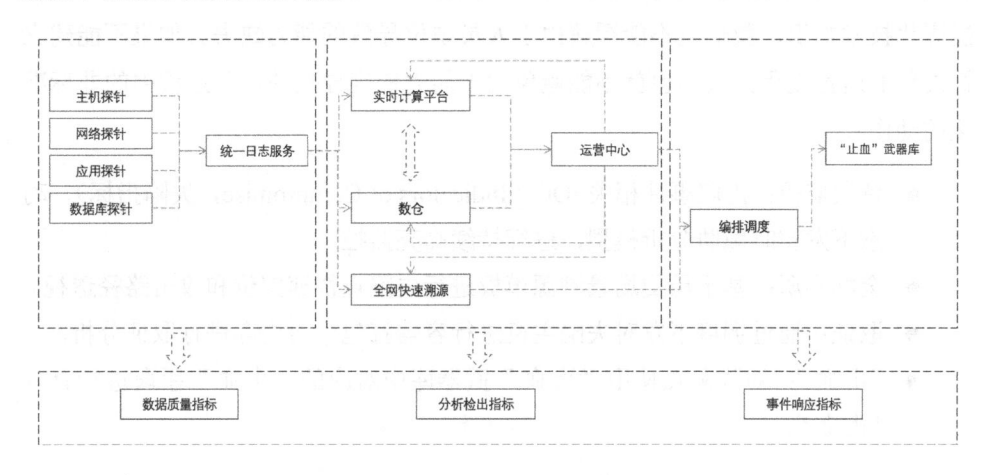

图 9-4-1 威胁感知与响应体系

2. 分析研判

智能化威胁分析模型是威胁感知的"大脑"，分析目的是快速从海量多源数据中聚焦于真实的威胁，同时满足高时效性、低误报率的要求。基于 Blink 计算引擎构建的统一威胁分析中台，对 PB 级数据进行准实时的分析检测。基础规则模式采用基于知识库的强特征检测，检出效果取决于知识库对攻击手法的覆盖度，而且基于已知威胁的假设使其只能检出已知的威胁，对于未知的威胁则无能为力，但可以将其作为基础规则进行有效检测。进阶规则模式采用基于实体的多维历史画像刻画，将新产生的实际行为与历史画像进行对比，从而发现异常。单一行为维度的异常容易产生大量的误报，导致无法聚焦于真实的威胁。基于多行为维度的异常检测，将各维度数据加权后输入打分模型，通过运营中心运营打标、在线学习来降低模型的检出召回率。对检出的威胁在运营中心进行全生命周期的管理，包括告警运营、数据打标、溯源查询、事件响应等。

3. 响应"止血"

全天候的作战决定了必须通过自动化调度来替代人工卡点，针对可靠的事件检出，通过 SOAR（Security Orchestration，Automation and Response，安全协调、自动化和响应）系统进行编排调度，针对威胁事件基于场景进行区分，每个场景编排对应的调度作业，主要有持续监控、全网溯源、取证和"止血"等标准流程，有利于专家的运营经验沉淀和能力固化。威胁感知与响应的战线非常长，如果不能固化技术知识，我们就不能缓解由于人员缺位导致的能力缺失。如果不能建立标准化的运营流程，我们也就不能避免由于能力梯度导致的运营过程中的非标准化的动作。

- 持续监控：提取事件相关 IOC（Indicators of Compromise，失陷指标），动态下发实时威胁分析模型，进行持续高亮监控。
- 全网溯源：基于历史场景溯源模板进行失陷点快速定位和攻击路径透视。
- 取证：通过调度下发对失陷主机进行容器打包，对内存进行取证分析。
- "止血"：对失陷点使用"止血"武器库中对应的"止血"手段进行有效"止血"。

"止血"武器库的完备性在实战中也至关重要，是否支持细粒度的"止血"决定了"止血"的效果和"止血"成本。无损"止血"可以通过事件进行触发，确保对夜间的持续威胁也能够有效应对。有损"止血"手段应对极端场景，需要与应急通知机制、流程审批机制打通，日常进行模拟演练，确保真实事件发生时万无一失。

4. 指标体系

威胁感知与响应体系需要有保障机制监控各个环境是否有效运作，各个层面的保障机制需要提炼出关键指标，通过观察指标的浮动了解体系能力的变化。需要关注采集探针的覆盖率指标，而且数据经过汇聚、ETL（Extract-Transform-Load，抽取-转换-加载）计算等容易由预期外的原因导致其质量下降，可通过建立送达率校验机制发现数据丢失，了解不合理的数据处理和数据投递中偶发的丢失情况。我们在异常检测阶段需要关注威胁矩阵的覆盖率指标，在检测阶段的 SOAR 编排决定的 MTTD（平均检测时间）指标，以及在响应阶段的 SOAR 编排关联的 MTTR（平均响应时间）指标，它们都会是决定结果的关键因素。

9.5 实战演练检验

实战是检验安全性的唯一标准。

前面介绍了企业如何建立有效的安全防御体系，当企业的安全体系建设到一定程度后就需要对企业现有安全体系的"水位"进行检验。实战演练中扮演攻击者角色的红队会模拟各种各样的攻击形式，利用最先进的攻击技术对企业发起攻击，以检验现有安全体系的有效性和"水位"。本节主要介绍如何通过实战演练检验企业现有安全体系的有效性和"水位"。

9.5.1 目标设定

每次实战演练红队都会有针对性地对企业防御能力进行检验，因此每次演练开始前需要设置明确的演练目标。通常情况下演练目标会设置为企业安全建设需要保护的资产，如客户资料、公司机密文件、交易系统等。例如某次实战演练的目标可以设置为获取公司的客户资料，红队会有针对性地了解业务、网络环境等，确定客户资料存放位置，然后根据设置的目标去规划或选取攻击路径，有针对性地检验现有安全体系对目标资产保护的有效性和"水位"。

9.5.2 红队攻击规划

实战演练需要有规划地进行，总体上红队在前期需要对公司面临的威胁有整体的梳理，结合公司的网络环境、业务、开发技能栈等信息，根据企业安全建设保护的资产梳理出攻击者所有可能的攻击路径，构建出威胁路径图，如图9-5-1所示。红队的威胁路径图包含了外部攻击者可能选取的所有攻击路径。随着内部业务、网络、开发技能栈等的变更，威胁路径图会同步更新，不断完善。每次实战演练红队都会根据实战目标选取数条攻击路径进行演练，对威胁路径图内攻击路径的全面覆盖确保红队可以全方位地检验企业现有安全体系的有效性和"水位"。

为了达到有针对性检验企业现有安全体系的有效性和"水位"的目的，红队也需要根据设置的目标进行演练前的规划。演练前红队针对演练目标在威胁路径图中选取多条攻击路径，根据攻击路径进行安全研究，准备攻击工具、木马、上线服务器等基础设施。互联网上公开的 APT 组织的攻击技术、"MITRE ATT&CK"攻击矩阵图中各个阶段的攻击技术都会成为红队的攻击手段，红队会以最大力度模拟已知的攻击。

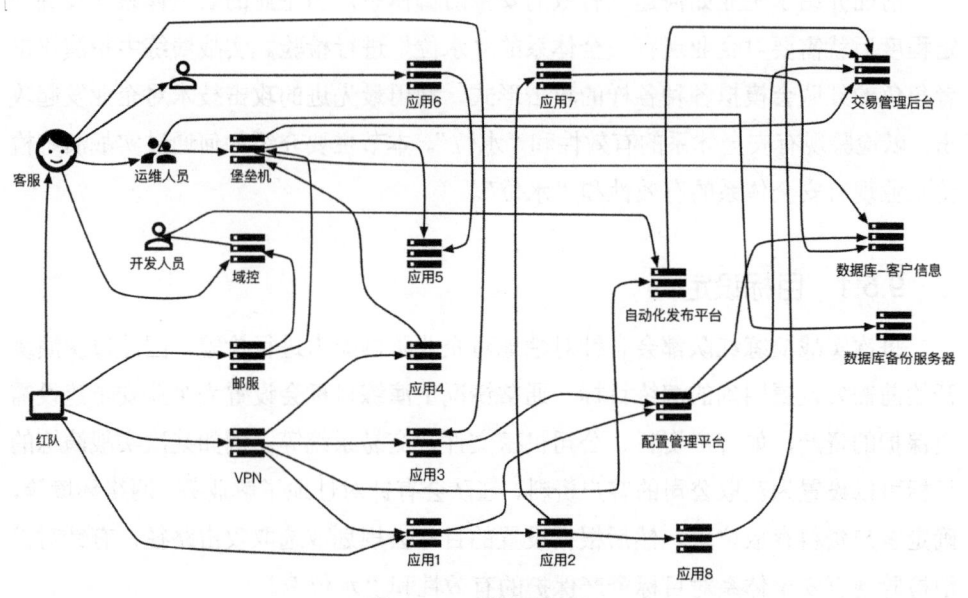

图 9-5-1 威胁路径图

9.5.3 实施演练

在实战演练中，红队的目的是检验企业现有安全体系的有效性和"水位"。作为一支扮演攻击者角色的队伍，红队的每一步行动都是深思熟虑且有意义的操作，应该避免简单的挖漏洞、无意义的扫描、盲目批量获取机器权限的行为。

红队会严格依照前期规划的攻击路径进行演练，红队的攻击会覆盖规划内的所有路径，即使获取到了前期设置的目标信息也会对规划内的其他路径进行演练。红队在实施攻击过程中会对攻击行为进行记录，失败的攻击尝试也会记录在案。以上操作有助于红队在演练结束后全方位评估此次演练中企业现有安全体系的有效性和"水位"。

演练过程中蓝队是否对发现的红队攻击行为进行压制、"止血"等操作需要视情况而定。为了红队尽可能地发现问题，可以只进行观察，不进行阻断，要检验蓝队的压制、"止血"等能力是否有效时可以对发现的红队攻击行为进行阻断。

9.5.4 实战演练规范

实战演练在尽可能模拟真实攻击的前提下也需要遵守如下规范。

- 红队需要在授权范围内进行攻击，严禁对未授权的系统发起攻击。
- 红队使用的攻击手段需要可控，禁止开展蠕虫类型的攻击、攻击工具需要确保安全可信。
- 红队在演练过程中可能造成风险的攻击行为需要进行报备，等获得审批后再进行操作。
- 红队需要全程记录攻击行为和操作行为，以便演练结束后"打扫战场"。
- 蓝队在演练过程中不得对红队基础设施的特征进行监控。

上述规范可以作为参考，每个企业需要针对演练目的、安全制度等设置不同的规范，以避免因为演练导致安全违规事件的发生。

9.5.5 复盘

红队完成全部规划路径的演练后需要和蓝队进行复盘。红队根据前期的规划阐述整个攻击流程，针对发现的问题给出有针对性的解决方案。蓝队将演练期间发现的攻击行为与红队阐述进行对照，对没有发现的攻击行为需要进行重点分析。红蓝队需要分析实战演练的每条攻击路径是否存在有效的纵深防御能力，对于没有纵深防御能力的路径需要加强防御能力建设。

9.6 数字化与智能化

可信架构是一套精密而庞大的安全技术架构，涉及了多层次的系统架构、数据流转、管理控制，技术面广，相关的资产、流程、角色、数据众多，仅靠人力运营无法完成宏大的目标。

可信架构数字化平台，是基于云计算、大数据、人工智能、区块链等技术实现的综合性平台，提供了可信架构描述与巡检、安全运营作业编排、实时流量自动化分析溯源、全链路策略分析等基础功能，通过将这些基础能力组装成周期性或基于事件的工作流，插接在基础架构的变更流程、流量采集、应用访问、数据分析等位点，可以自动化地解决可信架构各个子领域的问题，实现可信架构的智能化、自动化运转，保障全网的信息安全。

本节从可信架构数字化平台的技术组成、具体实现、发展趋势等方面，介绍可信架构的数字化方向。

1. 可信架构数字化平台

从技术实现上来看，可信架构通常包含以下方面。

（1）全局可信计算架构：提供完整的可信防御体系，包括安全架构拓扑、安全防控产品、可信计算自动化中控、安全研发流程等。

（2）全局态势感知响应：收集安全事件进行综合分析，并给出响应控制反馈，包括安全事件采集、入侵检测、实时处置等。

在国际化联系日益紧密的今天，人工智能与区块链技术的兴起，又为可信架构带来了新的发展方向。

（1）垂直领域智能策略：对各个安全业务子领域，使用机器学习等技术，制定员工、主机、端设备等的访问控制策略，供可信计算架构使用，替代人工构造策略。

（2）数据共享与多方安全计算：对金融机构间的数据共享、合约履行等业务，使用区块链等技术，提供防篡改、隐私保护、可信计算环境等一站式服务，大幅降低多方业务的复杂度与成本。

从这些信息中，可以浓缩出可信架构数字化平台，如图 9-6-1 所示。可信架构数字化平台既要支撑可信防御纵深达到默认安全，又要用好大数据对抗网络入侵，还要紧追先进技术引领信息安全的创新。

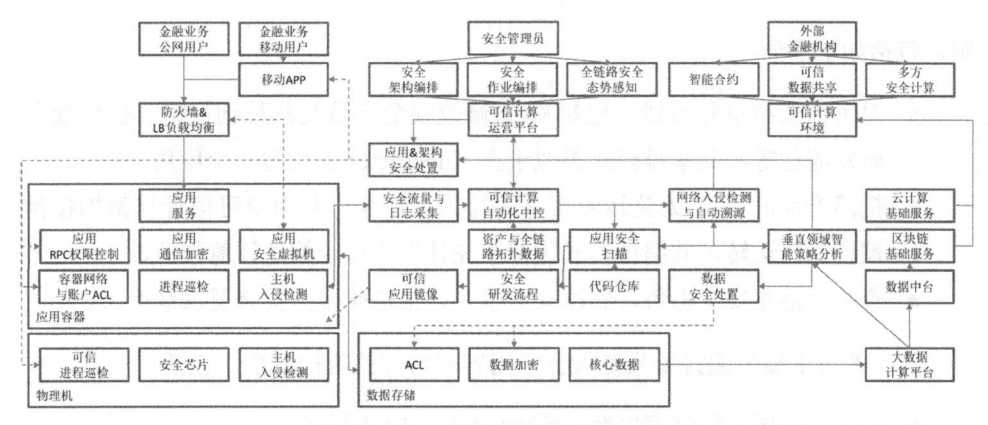

图 9-6-1　可信架构数字化平台

2. 全局可信计算架构

全局可信计算架构是可信信息系统的核心部分，在可信架构数字化平台中包括如下部分。

- 可信计算自动化中控：可信计算架构的核心，是架构拓扑、全局数据的管理中心，可信模型、安全运营工作等的编排中心，全局安全策略的流转、卡点中心。
- 资产与全链路拓扑数据：收录了架构包含的物理机、容器、IP 地址、应用、域名、节点关系等，可供安全服务引用，进而管控全局架构。
- 物理机/容器安全防控产品：对单机系统进行安全防控的安全产品，如单机访问控制、进程执行控制、安全虚拟机等。
- 网络安全防控产品：对网络系统进行安全防控的安全产品，如防火墙、负载均衡设备、链路加密等。
- 数据存储安全防控产品：对存储系统进行安全防控的安全产品，如敏感信息保护、存储/备份透明加密等。
- 安全研发流程：对应用研发流程的生命周期进行安全卡点，确保满足可信架构各安全产品的需求。
- 安全扫描产品：旁路监控架构、应用、数据源等是否符合安全标准，如容器账户扫描、容器可信进程扫描、白盒代码扫描、黑盒应用服务扫描、敏感数据扫描等。

安全工程师可通过可信计算运营平台，完成对全局可信计算架构的设计和控制，包括如下部分。

- 对可信模型进行编排，包括添加/修改安全产品及其基础策略、优化安全研发流程等，其编排模式类似于在 Kubernetes 上构建一个应用。
- 把跨产品的计算-处置运营工作编排为工作流，从而令可信计算架构按预期自动化运转，其编排模式类似于在计算平台上构建计算作业。
- 查验全链路安全态势，阅读安全报表，推进研发人员修复漏洞等。

典型的可信模型编排场景是设计应用容器内部的防护体系，包括：

- 访问控制层：控制可以登录/访问容器的 IP 地址源。
- 账号治理层：控制可以登录/访问容器的账号。
- 信息采集层：控制容器的日志/流量信息采集和输出。
- 进程巡检层：控制可在容器内运转的进程。
- 主机入侵检测层：容器内的入侵检测。
- 安全虚拟机层：为应用主线程提供可控的安全虚拟机，控制可访问的系统调用、文件、共享内层等。

一旦编排了各个领域的可信模型，即可通过工作流将可信模型部署到各个业务领域，并进行定期巡检，从而保障在全局架构下时时处处有相同的安全标准。可信模型与多领域编排结构如图 9-6-2 所示。

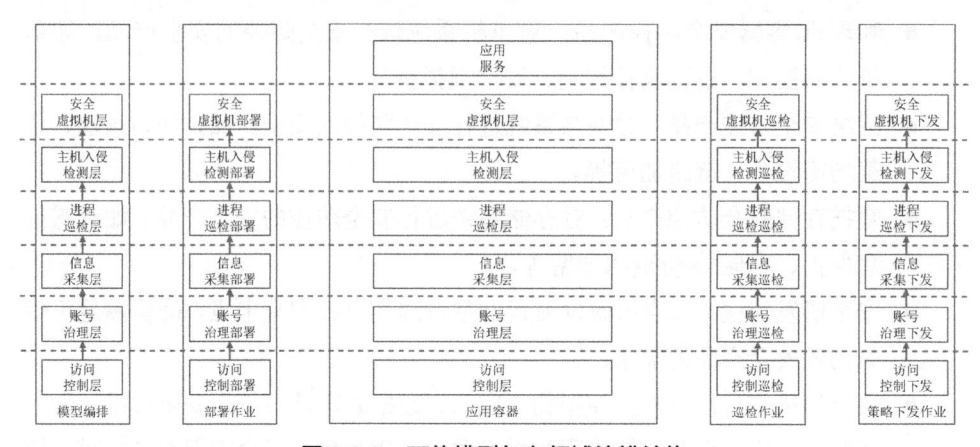

图 9-6-2 可信模型与多领域编排结构

典型的安全运营工作流编排场景是定期采集漏洞数据并通知应用责任人，包括如下部分。

- 筛选资产范围：筛选需要采集漏洞数据的资产，如容器、物理机等。
- 制定灰度采集策略：制定资产采集的批次、量级，减少资产本身的资源消耗，避免引发稳定性问题。
- 批量执行采集动作：对目标资产执行特定脚本，进行批量数据采集。
- 集中分析采集数据：对采集信息进行分析、关联。
- 评估漏洞分析结果：剔除无效信息，补全缺失信息，并对信息进行结构化处理，将其转换成漏洞数据。
- 批量漏洞提交：将漏洞数据输送到相应的运营平台中，以进行多平台联动。
- 推送漏洞事件给应用责任人：将漏洞信息推送给相关应用责任人，并展开后续的漏洞修复工作。

一旦编排了安全运营工作流，即可自动化完成一组相关的安全工作，除了能精准高效地解决某领域的安全问题，还能大幅减少人力投入。安全运营工作流如图 9-6-3 所示。

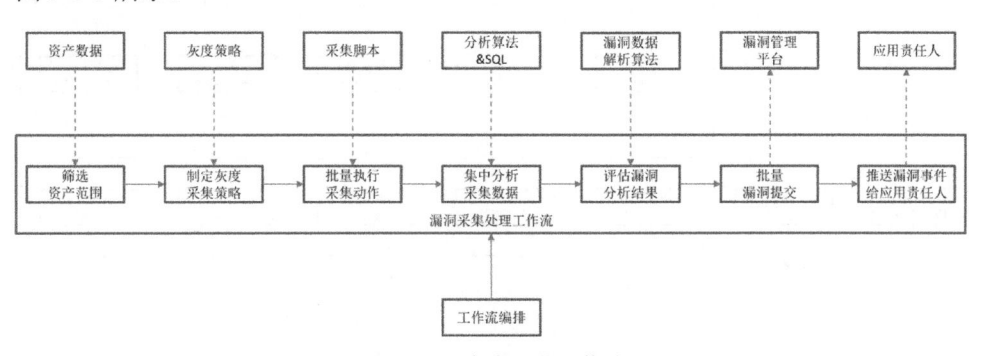

图 9-6-3 安全运营工作流

3. 全局态势感知响应

有了全局可信计算架构做静态安全防控，还需要全局的安全态势感知系统做动态安全防控，实时收集/分析各类流量、日志，生成安全事件，并进行自动化响应控制。可信架构数字化平台包含如下部分。

- 安全流量与日志采集：收集各个容器/物理机上的流量、各级日志，统一归集到队列、数据仓库、搜索引擎中，可供后续分析、检索等。
- 主机入侵检测系统：快速进行容器/物理机本地的入侵检测，必要时进行实时"止血"处理。

- 网络入侵检测系统：对归集的流量和日志，进行集中的大规模实时分析，快速定位入侵事件，并进行实时"止血"处理。
- 事件实时溯源系统：对各级入侵事件进行实时溯源，找出攻击链条，并快速进行联动处置、二级溯源/分析等。
- 应用与架构安全处置：根据入侵事件的内容，调用安全产品进行处置响应，如增加防火墙规则，限制某些 IP 地址连入等。

入侵检测系统是轻量级的规则匹配系统，用于快速过滤出可疑安全事件，然后将这些事件送入事件实时溯源系统，进行深度分析，整个溯源系统可以视为运转在数据仓库上的 ETL 计算作业网格，这个网格既构成了深度分析规则体系，又适配了各个安全处置系统，以支撑自动化的处置。入侵事件的自动化溯源流程如图 9-6-4 所示。

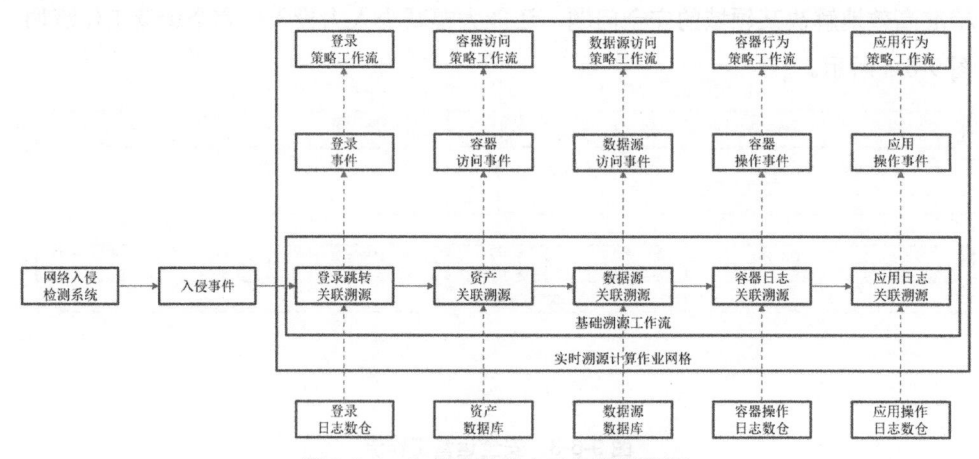

图 9-6-4 入侵事件的自动化溯源流程

4. 垂直领域智能策略

随着应用系统和数据系统的爆炸式发展，人工已经无法再维护各个系统间的数据流转和访问控制策略，而机器学习则是解决各类垂直安全领域策略分析的最佳技术。

- 链路拓扑分析：根据全网业务的流量、审计日志、资产数据等，综合分析得出各类资产节点间的流转关系，以及流转的数据内容等。
- 访问控制策略分析：根据资产和链路拓扑，综合分析产出资产节点、安全产品的访问控制策略，避免不必要的授权，大幅提升安全防御精度。

- 敏感信息流转分析：根据资产和链路拓扑，综合分析出身份证、人脸信息等敏感数据的流转过程，从而对这些敏感信息进行全链路的防护，包括数据加密、限制访问、跨机构共享溯源等。
- 入侵预测模型：根据流量、资产数据等，生成合适的预测模型，提前发现隐秘的未上报的攻击模式。

分析得出的策略和模型，可快速应用到可信架构的在线业务部分。

- 对于网络入侵检测系统：可以应用入侵预测模型，尽早发现可能的攻击行为，并输出审计日志，反馈入侵预测的精准程度，帮助改善模型。
- 对于事件实时溯源系统：可以根据链路拓扑，自动化、系统化地生成溯源计算网格，从而更加精密地定位入侵行为，制定精准的综合防御策略。
- 对于应用与架构安全处置：可自动化生成精确的个性化访问控制策略，细化到进程级、容器级、应用级、机房级、安全域级等多种维度，形成安全纵深。
- 对于数据安全处置：可自动化分析和生成数据源、数据内容的保护策略，精细化控制应用、人员对数据源全部或部分数据的访问权限、访问模式等。

5. 数据共享与多方安全计算

可信计算架构为金融机构内部的信息系统提供了强大的安全防护能力，但金融机构间的联合信息系统，却没有如此简洁而高效的安全架构。近年来高速发展的区块链技术，正好能与可信计算架构相辅相成，使得跨金融机构的安全信息系统迎来了曙光。

- 基础区块链服务：提供可信的数据访问环境，解决数据加密、隐私保护、行为溯源、多方共识等问题，从根本上保护了联合信息系统数据访问的可信与安全。
- 可信计算环境：提供可信的计算场所，解决编码和执行标准、执行场所、执行资源实体、计算过程可信等问题，从根本上保护了联合信息系统计算过程的可信与安全。
- 数据共享：基于区块链服务，让期望共享的业务数据加密/加签后"上链"，处于区块链联盟中的机构，可根据共享协议取得数据，并支付一定成本，共享过程中，数据的分发是完全可溯源的，数据本身经过加密，同时也有来源机构的签名,保证了数据的完整性,去中心的架构也让整个共享过程完全透明,消除了伪造数据的可能。

- 多方安全计算:基于区块链服务和可信计算环境,多个机构的联合计算过程、数据访问过程有相同的可信强度,监管机构可以充当计算的一方参与全过程。
- 智能合约:基于区块链服务和可信计算环境,提供了图灵完备的链码标准,可覆盖几乎所有的跨机构金融场景,合约链码的执行处于可信计算环境中,完全不可违背,从根本上保障了合约的履行。

第 10 章

未来展望

面向未来，金融 IT 该如何发展？"以古为镜，可以知兴替"，回顾金融历史的发展历程，可以更清醒地认识金融在政治、经济、社会等方面的演进。科技力量推动了社会的发展，更推动了金融服务的完善，从而加速了资本、财富的积累。金融和科技的结合，是历史的印证，也是时代的召唤，金融科技应运而生。展望未来，金融科技将借助大数据、人工智能、区块链等科技能力，构建低成本、高效率、高可靠、弹性、安全可信的金融 IT 基础设施，为每一个社会化的个体提供普惠、绿色的金融服务，让每一家小微企业拥有平等的发展机会。

在几千年的金融发展史上，有了楔形文字记录的抵押、契约、贷款、期货合同等行为，人类的金融活动便已经开始。古希腊的雅典确立的财产权，也形成了经济货币化的文明社会基础。罗马帝国形成了复杂的金融体系，并通过商业贸易和政治权力维持了长达千年的金融活动和经济发展。中国在世界金融发展史中扮演着举足轻重的角色，秦朝统一中国后，出现了统一的货币、度量衡作为金融交易的基础，一直发展出纸币、汇票、纸质证券等金融工具。历史告诉我们，金融一直渗透到生活的方方面面，推动着世界经济的发展，同时经济发展又作用于金融工具的创新和完善。

亚当·斯密的《国富论》，构成了现代资本主义经济制度的基础，确立了自由市场、自由贸易以及劳动分工理论；大卫·李嘉图的《政治经济学及赋税原理》，提出了政治经济学的税收理论；卡尔·马克思和弗里德里希·恩格斯的《资本论》，以剩余价值为中心，对资本主义进行了彻底的批判；约翰·梅纳德·凯恩斯的《就业、利息和货币通论》，确立了宏观经济发展理论。大量的政治经济学家，毕其一生解决经济长期繁荣发展遇到的问题，然而资本主义发展仍然经历着衰退、萧条、复苏、繁荣的经济轮回，金融危机也始终伴随，并未消除。

"二战"以后，确定了布雷顿森林体系，创建了世界银行、国际货币基金组织，为全球化经济创造了条件，形成了现代金融格局。在今天的全球化自由贸易中，金融作为全球化的纽带，影响着全球化经济活动，推动着全球化金融的繁荣发展。

1978年改革开放以后，中国逐步融入全球化市场经济，参与国际分工。1992年开始建立社会主义市场经济体制，中国真正迎来市场经济的浪潮，充分发挥了市场的作用。特别是1999年，中国加入世界贸易组织，真正开始参与全球化、社会化的分工，中国经济进入快速发展的快车道。中国改变了国际分工的格局，也推动着全球经济的持续发展。为了满足市场经济和全球化的发展，中国人民银行以及金融机构逐步探索市场经济的模式，形成了今天的金融市场格局。中国从金融行业的学习者，到如今营造出金融创新的热土，并随着经济的发展和人民日益增长的金融需求，运用科技的力量，在很多领域领先全球。

金融的历史演进，一方面是人类社会活动的驱动，另一方面是人类智慧的创新突破，两者相互作用，推动着经济的持续发展。

第一次工业革命中蒸汽机的大规模应用，是人类发展史上的一次技术改革，更是一场深刻的社会变革。机器代替手工劳动，产生了大量的社会财富，也改变了世界的格局。同时，国际贸易和国际金融中心转移到伦敦，银行业和证券市场随之发展起来。科技驱动了金融体系的演进，金融促进了科技的发展和完善，造就了人类历史的一次飞跃。

第二次工业革命中电气设备的应用以及内燃机的发明，极大地推动了社会生产力的发展，对人类社会产生了深远的影响。科学技术与工业生产紧密结合，科技推动了生产力的发展，让资本主义生产的社会化属性大大加强，经济、政治、文化、军事、科技都发生了翻天覆地的变化，产生了世界发展的不平衡，帝国主义争夺市场经济，形成了世界霸权格局。然而，第二次工业革命在美国发展起来，而非第一次工业革命的主导者英国，很大程度上是科技驱动的大规模的工业生产，促进了劳动生产率的提高，使得垄断组织应运而生，资本主义经济迅速发展起来，资本积累迅速增加。与此同时，银行业和证券投资的海外扩张以及殖民地再投资，最终确立了资本主义的世界体系。

第三次工业革命中信息科技的发展，促进了生产自动化、管理现代化，社会经济结构和生活结构发生了重大变化。以全球互联网为标志的信息高速公路，缩短了人类交往的距离。金融行业借助信息科技，获得了前所未有的发展：SWIFT为国际金融业务提供快捷、准确、优良的服务，运营着世界级的金融电文网络；互联网金融将传统金融机构与互联网技术结合，实现了资金融通、支付、投资等新型金融业务模式。社会活动和金融行为全面融合，进入人们生活的方方面面。

纵观工业革命的发展，科技改变了交易方式，从面对面交易、信用交易、信托交易，发展到如今的互联网金融。科技也改变了货币属性，从以物易物、原始货币、金属货币，发展到今天普遍存在的法币，以及处于试运行阶段的数字货币。科技也改变着金融机构从实体到虚拟的服务形态。金融实体将不复存在，金融服务却无所不在，无处不在。

随着云计算技术不断发展，云原生技术日趋成熟，云基础设施的重大变化带来研发场景、软件生产模式的一系列变革，带来了安全可信、节约成本和敏捷开发的能力，是更高层次的基础设施抽象，让研发的关注点从基础设施进一步转移，聚焦上层业务逻辑的实现。基于云原生打造的基础能力，可以快速便捷地实现应用服务的安全访问控制，系统的纵深防御能力覆盖面扩大，在保证业务研发效率的同时可以大幅度提升安全性，为业务发展提供安全、稳定、高效和敏捷的基础设施能力，用于帮助金融机构快速构建可扩展、高性能、低成本的金融级分布式系统。

附录 A

本书插图索引

图 1-1-1　3 种容灾级别的对比 / 4
图 1-1-2　数据层的容灾能力 / 5
图 1-1-3　应用容灾 / 6
图 1-1-4　业务容灾 / 7
图 1-1-5　传统的"两地三中心"示意图 / 8
图 1-1-6　"两地三中心"示意图 / 9
图 1-1-7　"多活中心"示意图 / 9
图 1-2-1　应用服务器数与数据库连接数同时增长 / 13
图 1-2-2　数据库读写分离架构示意图 / 14
图 1-2-3　数据库垂直拆分示意图 / 14
图 1-2-4　数据库水平拆分示意图 / 15
图 1-7-1　网商银行三代架构发展历程 / 23
图 1-7-2　网商银行分布式云计算架构 / 24
图 1-7-3　侵入式微服务架构 / 27
图 1-7-4　非侵入式微服务架构 / 27
图 1-7-5　云原生架构与传统架构的对比 / 33
图 1-7-6　基于云原生构建新的应用部署架构 / 35
图 1-7-7　网商银行云原生关键技术架构 / 35
图 1-7-8　技术风险防控体系 / 37

图 2-1-1　数字金融与传统金融对比 / 43
图 2-2-1　专用宿主机与共享宿主机的差异 / 47
图 2-2-2　块存储产品类型说明 / 52
图 2-2-3　ESSD 产品详细说明 / 54
图 2-2-4　对象存储类型说明 / 55
图 2-2-5　日志存储使用场景介绍 / 56
图 2-3-1　网络拓扑整体设计 / 58
图 2-3-2　专有网络规划 / 59
图 2-4-1　金融系统云产品整体架构 / 62
图 2-4-2　高可用架构 / 63
图 2-4-3　SWIFT 架构设计 / 64
图 3-1-1　"三地五中心"架构 / 72
图 3-1-2　集中式代理与分布式数据库 / 73
图 3-1-3　分布式事务处理过程 / 75
图 3-1-4　传统银行的"两地三中心" / 76
图 3-1-5　分布式数据库"两地三中心" / 77
图 3-1-6　分布式数据库"三地五中心" / 78
图 3-1-7　"两地三中心" / 79
图 3-1-8　"两地四副本" / 79
图 3-1-9　可进行流量调拨数据的访问 / 81
图 3-1-10　全局数据模式下应用与数据的访问 / 82
图 3-1-11　全局城市级数据模式下应用与数据的访问 / 82
图 3-1-12　网商银行应用 L1 架构图 / 83
图 3-1-13　网商银行数据库集群划分 / 84
图 3-1-14　容器化部署 / 85
图 3-1-15　将一个备节点切至容器化节点 / 85
图 3-1-16　将备节点选为主节点 / 85
图 3-1-17　将 ECS1 节点替换为容器化节点 / 86
图 3-2-1　用户、业务、分库集群的关系 / 88
图 3-2-2　秒级弹性数据源 / 90
图 3-2-3　历史库方案 / 95
图 3-2-4　历史库自动迁移 / 97
图 3-3-1　单元化的缓存架构图 / 99
图 3-3-2　CZone 缓存同步及访问示意图 / 100
图 3-4-1　应用存储日志全链路 / 102

图 3-5-1 数据库迁移架构 / 104

图 3-5-2 数据库架构的演进 / 106

图 3-5-3 数据库架构平滑演进 / 107

图 3-6-1 网商银行数据库备份归档架构 / 109

图 3-6-2 数据库租户备份分类图 / 110

图 3-6-3 两级密钥管理 / 112

图 3-6-4 中间件透明加密 / 113

图 3-6-5 数据库透明加密 / 114

图 4-1-1 集中式 IT 系统架构 / 116

图 4-1-2 分布式系统架构 / 117

图 4-1-3 单体式架构 / 118

图 4-1-4 应用服务器与数据库服务器拆分 / 118

图 4-1-5 引入缓存缓解数据库压力 / 119

图 4-1-6 数据库读写分离 / 120

图 4-1-7 数据库垂直/水平拆分 / 120

图 4-1-8 应用拆分及服务组件化 / 121

图 4-1-9 微服务架构 / 122

图 4-1-10 跨城市容灾架构 / 123

图 4-1-11 单个数据库连接存在上限 / 123

图 4-1-12 单元化架构 / 124

图 4-2-1 网商银行总体架构 / 125

图 4-3-1 云原生架构设计目标 / 125

图 4-3-2 多地多中心部署架构 / 126

图 4-3-3 多机房流量分布 / 126

图 4-3-4 全业务"异地多活"模式 / 127

图 4-4-1 云单元架构示意图 / 130

图 4-5-1 云单元部署架构 / 132

图 4-5-2 GZone 系统部署模式 / 133

图 4-5-3 RZone/CZone 系统部署模式 / 134

图 4-5-4 单库数据迁出 / 135

图 4-5-5 RZone 路由转发 / 136

图 4-5-6 跨城市依赖 GZone 服务 / 137

图 4-5-7 CZone 数据来源 / 138

图 4-5-8 CZone 数据时延 / 139

图 4-6-1 规则下发及流量路由 / 140

图 4-6-2　移动端单元化路由实现 / 143

图 4-6-3　容灾切换场景中的路由转发 / 143

图 4-6-4　RPC 服务发布、引用以及调用流程示意图 / 145

图 4-6-5　非单元化架构下的 RPC 路由机制 / 145

图 4-6-6　RPC 服务云单元化架构下分布式服务调用路由 / 146

图 4-6-7　Kafka 消息发布订阅 / 147

图 4-6-8　消息中心单元化部署 / 148

图 4-6-9　RZone 消息单元化路由 / 149

图 4-6-10　GZone 消息单元化路由 / 150

图 4-6-11　CZone 消息单元化路由 / 151

图 4-6-12　调度任务单元化路由 / 153

图 4-6-13　GZone 数据库单元化路由 / 154

图 4-6-14　CZone 数据库单元化路由 / 155

图 4-6-15　RZone 数据库单元化路由 / 155

图 4-6-16　容灾场景中的数据库单元化路由 / 156

图 4-6-17　RZone 缓存单元化路由 / 157

图 4-6-18　CZone 缓存单元化路由 / 157

图 4-7-1　分布式架构下应用和数据服务器分布的形态 / 158

图 4-7-2　网商银行分布式应用架构 / 159

图 4-7-3　分布式数据形态 / 159

图 4-7-4　分布式数据访问 / 160

图 4-8-1　注册中心推送数据拓扑 / 167

图 4-8-2　单元化架构下的分布式调度 / 169

图 4-8-3　单元化架构下的配置中心 / 173

图 4-8-4　数据访问代理原理 / 177

图 4-8-5　单元化与连接数 / 178

图 4-8-6　分布式可靠事务处理示意图 / 180

图 4-8-7　事务消息处理过程 / 181

图 4-8-8　云单元架构下的同城消息处理过程 / 182

图 4-8-9　云单元架构下的异地消息处理过程 / 182

图 4-9-1　理财交易 / 184

图 4-9-2　RPC 请求单元化路由实现 / 184

图 4-9-3　RPC 流量路由转发机制 / 187

图 4-9-4　从接口维度进行流量转发 / 187

图 4-9-5　跨城路由生效前后 / 188

图 4-9-6　OceanBase "三地五副本" 机制 / 189

图 4-9-7　通过消息实现缓存数据同步 / 190

图 5-0-1　混合云弹性架构 / 192

图 5-1-1　弹性单元整体搭建 / 193

图 5-1-2　流量拆分 / 194

图 5-1-3　外部请求流量弹出 / 195

图 5-1-4　交易创建（弹出前）/ 198

图 5-1-5　交易查询（弹出前）/ 199

图 5-1-6　交易创建（弹出后）/ 199

图 5-1-7　交易查询（弹出后）/ 200

图 5-1-8　账户余额扣减（弹出前）/ 202

图 5-1-9　账户余额扣减（弹出后）/ 203

图 5-2-1　交易查询（弹回后）/ 204

图 5-2-2　账户余额扣减（弹回后）/ 205

图 6-0-1　网商银行架构演进 / 207

图 6-0-2　应用与基础组件强耦合 / 208

图 6-0-3　应用与基础组件弱耦合 / 208

图 6-0-4　应用与基础组件松耦合 / 209

图 6-1-1　云原生架构概览 / 210

图 6-2-1　虚拟机发布模式 / 212

图 6-2-2　类虚拟机模式容器状态 / 213

图 6-2-3　云原生发布模式 / 213

图 6-2-4　云原生模式容器状态 / 214

图 6-2-5　可变基础设施 / 215

图 6-2-6　不可变基础设施 / 215

图 6-2-7　技术栈结构 / 216

图 6-2-8　基础设施架构演进 / 217

图 6-2-9　基于 P2P 智能镜像分发技术的镜像仓库架构 / 219

图 6-3-1　网商银行的应用架构 / 223

图 6-3-2　传统的 RPC 请求 / 224

图 6-3-3　应用内模块分布 / 225

图 6-3-4　带有 MOSN 的 RPC 请求 / 225

图 6-3-5　接入 MOSN 后应用内模块分布 / 226

图 6-3-6　接入 MOSN 后应用的研发流程 / 226

图 6-3-7　集中式部署 / 227

图 6-3-8　客户端模式访问数据库 / 228
图 6-3-9　客户端通过 Sidecar 访问 DB / 228
图 6-3-10　在 DBMesh 作用下对应组件的工作原理 / 229
图 6-4-1　Serverless 具体结构 / 231
图 6-4-2　常规架构模式的开发流程 / 231
图 6-4-3　Serverless 部署架构 / 232
图 6-4-4　Serverless 架构研发流程 / 232
图 6-4-5　Ark Serverless 应用结构图 / 234
图 6-4-6　Serverless 的整体架构 / 234
图 6-4-7　平台架构图 / 235
图 6-4-8　调整后的平台架构图 / 236
图 6-4-9　业务部署模式变化 / 242
图 6-4-10　新的集群部署模式 / 242
图 6-5-1　网商银行研发流程 / 244
图 6-6-1　安全可信架构 / 247
图 6-6-2　云原生管控平台 / 248
图 6-6-3　容器可信组件启动流程 / 249
图 6-6-4　容器应用可信模块作用机制 / 249
图 6-6-5　微服务时代 RPC 访问控制 / 250
图 6-6-6　云原生时代 RPC 访问控制 / 251
图 6-6-7　服务调用机制 / 252
图 6-6-8　数据访问鉴权架构图 / 254
图 6-7-1　资源调度平台整体架构 / 256
图 6-7-2　容器调度平台整体架构 / 257
图 6-7-3　Kubernetes 集群管理系统架构 / 258
图 6-7-4　集群终态保持器架构 / 260
图 6-7-5　Kube-on-Kube-Operator 核心架构 / 261
图 6-7-6　故障自愈闭环系统架构 / 262
图 6-7-7　容器集群轮转迁移过程 / 263
图 6-7-8　应用 Mesh 化改造及运维支撑能力架构 / 265
图 6-7-9　应用镜像化部署流程 / 267
图 6-7-10　应用容器迁移替换过程 / 268
图 6-7-11　应用 Sidecar 注入流程 / 270
图 6-7-12　应用 Sidecar 升级流程 / 271
图 6-7-13　灰度变更流程 / 272

图 6-7-14　变更管控平台及变更管控流程 / 273
图 6-7-15　监控配置及采集方案 / 274
图 6-7-16　Sidecar 故障自愈流程 / 276
图 6-8-1　在线实时混部架构 / 281
图 6-8-2　离线在线混部架构 / 283
图 6-8-3　SDK 能力下沉至 Sidecar 后的架构 / 289
图 6-8-4　全链路压测精细化流量管控 / 291
图 6-8-5　应用 LDC 单元化改造逻辑 / 292
图 6-8-6　业务单元隔离架构 / 293
图 6-8-7　指定策略灰度发布整体架构 / 294
图 6-8-8　分布式数据访问能力下沉到 Sidecar / 295
图 6-8-9　应用弹性伸缩架构 / 298
图 6-8-10　多应用定时任务调度托管 / 299
图 6-8-11　业务单元隔离部署 / 300
图 6-8-12　迭代串行发布流程 / 301
图 6-8-13　Ark 并行迭代发布流程 / 301
图 6-8-14　链路安全加密及服务鉴权架构 / 302
图 6-8-15　应用数据访问加密鉴权架构 / 303
图 7-1-1　分区发布策略 / 305
图 7-1-2　灰度发布 / 306
图 7-1-3　灰度分组发布 / 306
图 7-2-1　变更核心架构 / 308
图 7-3-1　网商银行资金安全挑战 / 309
图 7-3-2　网商银行资金安全防线 / 311
图 7-3-3　飞轮场景分析建模 / 312
图 7-3-4　校验充分性分析 / 313
图 7-3-5　灰度环境验证方案 / 314
图 7-3-6　智能核对规则挖掘 / 315
图 7-4-1　全链路压测 / 317
图 7-4-2　全链路压测流量图 / 318
图 7-4-3　业务链路流量模型 / 320
图 7-4-4　压测流量模型 / 321
图 8-1-1　不同时期的银行发展情况 / 334
图 8-1-2　互联网平台化设计思路 / 336
图 8-1-3　网商银行发展历程和科技成果 / 337

图 8-2-1　双轮驱动中台体系 /343

图 8-2-2　数据中台 /347

图 8-2-3　基于全生命周期的数据资产构建和管理 /349

图 8-3-1　大数据和云计算 /352

图 8-3-2　大数据和人工智能 /352

图 8-3-3　大数据风控体系 /354

图 8-3-4　算法模型风控体系 /354

图 8-3-5　信用和欺诈风险预测和评估 /355

图 8-3-6　利用大数据识别虚假交易 /356

图 8-3-7　个人用户和商户支付网络 /357

图 8-3-8　线下商户授信与风控体系 /357

图 8-3-9　成本与风险的平衡 /358

图 8-3-10　基于深度学习的时序预测平台 /359

图 8-3-11　任意客群预测 /360

图 8-3-12　行业客群预测 /360

图 8-3-13　头寸的管理以及交易流量的调配 /360

图 8-3-14　目标-洞察-策略 /361

图 8-4-1　金融开放生态 /363

图 8-4-2　智能电销 /366

图 9-1-1　安全建设思路 /370

图 9-2-1　默认安全架构 /373

图 9-2-2　基础架构安全建设生命周期 /374

图 9-2-3　网络入口默认安全设计方案 /375

图 9-2-4　资源持续交付安全生命周期 /377

图 9-2-5　应用安全生命周期 /378

图 9-2-6　以结果为目标的应用安全建设逻辑 /379

图 9-2-7　准确率和召回率的定义 /383

图 9-3-1　安全可信纵深防御框架 /389

图 9-4-1　威胁感知与响应体系 /391

图 9-5-1　威胁路径图 /394

图 9-6-1　可信架构数字化平台 /397

图 9-6-2　可信模型与多领域编排结构 /398

图 9-6-3　安全运营工作流 /399

图 9-6-4　入侵事件的自动化溯源流程 /400

探寻阿里二十年技术长征

呈现超一流互联网企业的技术变革与创新

Alibaba Group 阿里巴巴集团 | 技术丛书 阿里巴巴官方出品,技术普惠精品力作

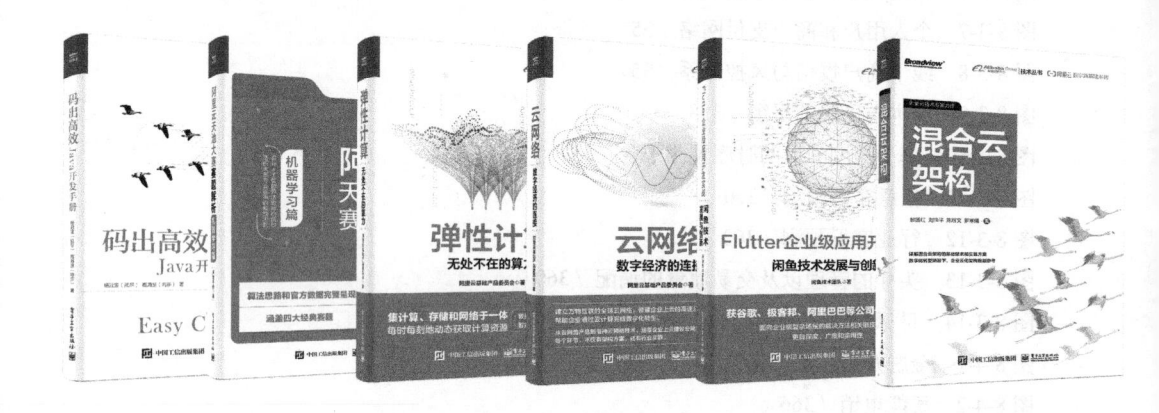

架构领域权威巨著

《架构整洁之道》
【美】Robert C. Martin 著
孙宇聪 译
ISBN 978-7-121-34796-2
2018年9月出版
定价：99.00元
- 纵横中外几十年Clean系列决战架构之巅
- 代码巨匠Bob大叔封山之作再续传奇神话
- 熔举世热门架构于一炉
- 揭通用黄金法则以真言

《混合云架构》
解国红 刘悴平 陈煜文 罗寒曦 著
ISBN 978-7-121-40958-5
2021年5月出版
定价：129.00元
- 阿里云核心技术团队实践沉淀
- 数字化转型背景下，未来企业云化架构规划与实践
- 原创绘制200余张技术插图，让读者鸟瞰云技术

《业务架构·应用架构·数据架构实战》
温昱 著
ISBN 978-7-121-40485-6
2021年4月出版
定价：89.00元
- 国内知名架构专家温昱创新力作
- 打通业务架构、数据架构、应用架构、技术架构
- 确保技术支撑业务、业务支撑战略

《从零开始学架构：照着做，你也能成为架构师》
李运华 著
ISBN 978-7-121-34791-7
2018年9月出版
定价：99.00元
- 阿里前资深技术专家李运华作品
- 自成一派的架构设计方法论
- 教你体系化的架构设计技能

《大型网站技术架构：核心原理与案例分析》
李智慧 著
ISBN 978-7-121-21200-0
2013年9月出版
定价：59.00元
- 十年畅销经典，解答无数从业者困惑
- 最接地气的网站架构经验，网站生存技术心要
- 应对大数据挑战的干货分享

《软件架构设计（第2版）：程序员向架构师转型必备》
温昱 著
ISBN 978-7-121-17087-4
2012年7月出版
定价：69.00元
- 十年畅销经典，程序员向架构师转型必备
- 从"程序员"成长的视角，深入浅出地讲述了架构师的修炼之道
- 内容务实、技能梳理清晰，软件开发者职业生涯发展的重要参考书

《金融级IT架构：数字银行的云原生架构解密》视频精解

本书作者——网商银行技术团队的14位技术专家亲授

授课核心内容：

针对银行数字化过程中可能会遇到的容灾、容量、IT系统高可用、资金安全保障、安全体系建设等核心问题进行深度解析。

作者们将自身在各自技术领域中的实践和经验，用通俗易懂、深入浅出的方式进行了精炼的讲解，能够帮助读者们更好地加深对书中技术内容的理解。

课程容量： 共14讲，总时长约300分钟。

限时优惠： 博文视点读者福利——原价69元，仅售**19.9元**（前3讲可免费观看）。

课程介绍

视频课程主要包含以下内容：

- 金融级安全架构面临的挑战
- 存储架构的实践
- 异地多活单元化架构的设计
- 为什么要做云原生架构
- 容器技术和服务网格
- 多级发布控制和变更自动化管控
- 大促活动保障和全链路压测
- 智能电销场景和案例
- 云计算基础设施架构
- 分布式数据库的选型与部署架构
- 混合云弹性架构设计
- 云原生架构的挑战和设计思路
- Serverless
- 资金安全三层防线
- 兼顾效率的安全体系建设

课程目标

本视频课程的目标是通过对书中核心技术章节的精炼讲解，帮助读者掌握以下内容：

- 如何解决容量和容灾的问题
- 如何设计银行的数据库架构
- 如何通过混合云弹性架构低成本应对爆发式流量
- 云原生架构的业务价值以及如何落地
- 自动化变更管控如何落地
- 数字银行的安全体系是怎样的
- 云基础设施架构和最佳实践案例
- 如何进行数据库选型
- 如何设计异地多活架构
- 银行背后的资金安全保障体系
- 如何构建全链路压测能力
- 智能化技术在电销场景中的应用

扫码即刻订阅本课程